博士论文
出版项目

俄汉双向换译系统研究

A Systematic Study on Translation Substitution between
Russian and Chinese Languages

倪璐璐　著

中国社会科学出版社

图书在版编目（CIP）数据

俄汉双向换译系统研究/倪璐璐著.—北京：中国社会科学出版社，2023.12
ISBN 978-7-5227-1142-3

Ⅰ.①俄… Ⅱ.①倪… Ⅲ.①俄语—自动翻译系统—研究 Ⅳ.①H355.9

中国版本图书馆CIP数据核字（2022）第238427号

出 版 人	赵剑英
责任编辑	顾世宝
责任校对	张依婧
责任印制	戴　宽

出　　版	中国社会科学出版社
社　　址	北京鼓楼西大街甲158号
邮　　编	100720
网　　址	http://www.csspw.cn
发 行 部	010-84083685
门 市 部	010-84029450
经　　销	新华书店及其他书店

印　　刷	北京君升印刷有限公司
装　　订	廊坊市广阳区广增装订厂
版　　次	2023年12月第1版
印　　次	2023年12月第1次印刷

开　　本	710×1000　1/16
印　　张	29
字　　数	405千字
定　　价	169.00元

凡购买中国社会科学出版社图书，如有质量问题请与本社营销中心联系调换
电话：010-84083683
版权所有　侵权必究

出 版 说 明

为进一步加大对哲学社会科学领域青年人才扶持力度，促进优秀青年学者更快更好成长，国家社科基金设立博士论文出版项目，重点资助学术基础扎实、具有创新意识和发展潜力的青年学者。2019年经组织申报、专家评审、社会公示，评选出首批博士论文项目。按照"统一标识、统一封面、统一版式、统一标准"的总体要求，现予出版，以飨读者。

全国哲学社会科学工作办公室

2020 年 7 月

序　　言

小题大做　译学究本

译学研究跟风现象本世纪初有所改善，其本体研究正逐步加强。倪璐璐著《俄汉双向换译系统研究》（下称"《换译》"）便是一例。

换译作为全译七法之一，乃仅次于"对译"的第二大全译之法。《换译》尝试厘清换译概念的内涵与外延，总结其类型，模拟其机制，阐释其理据，形成了内部自洽的开放性研究系统。

作者善做微创手术，入口小，切得深，能小题大做，深耕细作，力求做到观察充分、描写充分和解释充分，从"语表—语里—语值"小三角和"双语对比—思维转换—文化交流"大三角聚焦换译，重新界定其内涵，不少地方新人耳目，将常人所知的换译析得淋漓尽致。其中，换译机制论得尤为出色，能模拟思维流，明确翻译思维重在变化，全译思维重在转化，换译思维重在替代。同时基于双语文本对比，动静结合，聚点成线，以线带面，立面成体，描写了换译之"换"的程序和方式，刻划了换译的动态过程，揭示了译者换译思维的运行机制。而理据阐释部分，能循序渐进地旁征博引，以哲学为指导，以美学为辅助，基于思维学和文化学，将翻译行为上升为翻译艺术，进而获得理性认识，步入小题大做的理论境界。

《换译》这把剑自2008年起，磨了十年。2011年作者以《俄汉全译之换译探析》为硕士论文题目毕业于黑龙江大学；此后她工作三年，积累了口笔译经验，2014年返校以《俄汉双向换译系统研究》为博士论文题目开展研究至今。期间她数次质疑："换译能做博士论文么？"身为她的硕士生和博士生导师，我助她坚定了继续研究"换译"的信念，让她继续匍匐于全译实例和事例，做先立地再顶天的接地气式研究。她在质疑中寻觅，在寻觅中质疑，一路爬山，见木见林终见森！近五年来，璐璐在《外语学刊》《解放军外国语学院学报》《中国科技翻译》《中国俄语教学》《西安外国语大学学报》等CSSCI和中文核心期刊上发文6篇。2018年以"基于移动学习平台的中俄信息型文本换译机制研究"为题获批陕西省社会科学基金一般项目，2019年以"俄汉双向换译系统研究"为题获批国家社科基金后期资助项目之优秀博士论文出版项目，同年入选西安外国语大学"青年优秀人才支持计划"。十年来她虽说不只磨这一剑，却是一剑磨了它十年！专攻"换译"，淬成宝剑，足见其力道与恒心！

  语言学以研究语言为本，文艺学以研究文艺为本，翻译学自然要以翻译的研究为本。本不清，流无源；如治理黄河，中下游治理之本在于中上游保护与维护。译学界需要一批人扎根本体，以便为应用或其他研究正本清源。《换译》如滴水映日，能以小见大，是本土译学研究照着说、跟着说、接着说的生动写照。我们衷心希望她以及更多学者走向领着说。

黄忠廉

2019年隆冬

于白云山麓

摘　　要

俄汉双向换译系统研究有两解。一解为俄汉双向换译系统的研究；一解为俄汉双向换译的系统研究，即系统性研究，此为本研究的落脚点。本研究明确了换译概念的内涵和外延，总结换译的具体类型，探讨换译的机制，运用多学科的相关知识，从不同视角论证换译的理据，在此基础上尝试构建一套开放的换译的系统性研究。

本研究通过整理"换译"相关文献，梳理"换译"称名流变，发现其应用领域广泛。对换译现象认识的不足必将影响翻译学科的发展，因而本研究通过归纳换译现象，意欲探究换译本质、统计换译类型，以期模拟换译运行机制，阐释换译原因，以便系统性地研究换译。换译的系统性研究的基本理论框架由换译研究述评、换译概念界定、换译类型解析、换译机制假说和换译理据阐释五部分构成。

第一章，换译研究述评。本章综合国内外相关研究成果，概述俄苏及欧美一些学者对"换译"的研究情况，简述国内研究进展，肯定换译的地位和价值。将换译定位在翻译策略、方法和技巧范畴下，梳理国内外相关文献，旨在清晰全面地揭示换译发展变化趋势，结论为换译之雏形孕育于翻译实践之中。随后从换译术语流变、类型理据和多学科等视角对换译研究进行简评，指出换译研究不足之处，预测换译发展趋势。

第二章，换译概念界定。通过换译称名的历时考察，明确换译概念的内涵，界定其外延。首先，本书确定"换译"术语的英文形式为 substitution，俄文形式为 замена，充分显现了换译定名的准确性、概念内涵的精确性、概念外延的可控性，进而证明了相较于其他术语，"换译"更具科学性。其次，从特点到本质审视概念，重新界定换译概念为：换译是指译者（人和/或机器）将原语文化信息转化为译语时，替代原语对应单位或表达方式，以化解双语语形、语义、语用矛盾，使其符合译语思维方式和表达习惯的全译方法。最后从换译的类型、目的、原则、地位、应用以及关联等反观换译概念的科学性。

　　第三章，换译类型解析。在分析大量双语语料的基础上，结合具体实例分析论证，根据"语形—语义—语用"矛盾，以形态为标准，以可操作性强为旨归，归纳出有形换译和无形换译。有形换译以语形为矛盾出发点，包含单位换译、标点换译和形象换译，可通过更换双语语形来破解。单位换译依据翻译单位——音位、词素、词、短语、小句、复句和句群，分为同层和跨层单位换译。标点换译分为标点内部换译和标点外部换译；形象换译分为物质层、制度层和精神层形象换译三类。无形换译重在转化语义和语用价值，分为词类换译、语气换译、语态换译和视角换译，采用替换、互换、变换等手段来化解形义矛盾。词类换译即十大词类内部及相互之间的换译；语气换译涉及陈述语气、疑问语气、祈使语气和感叹语气之间的互换；语态换译分主动态、被动态和中动态之间的互换；视角换译阐述动态和静态以及肯定和否定二元对立范畴之间的互换。换译各具体类型有交叉，相互渗透，相得益彰，共筑换译类型体系。

　　第四章，换译机制假说。模拟"理解—替代—表达"过程，尝试弄清双语语形、语义和语用之间的关联，点线交织、动静结合，发掘显性换译机制和隐性换译机制。显性换译机制以静态的点，即概念和意象作为轴心，以语形、语义、语用为线，穿点成线，以线汇点，以点聚线，显隐结合，力求成面，重在论述概念和意象的替代的程序和方式，以静态发展的眼光剥离内容之下隐藏的译者认知。概念替代程序从语言符号能指、所指和实指之间的替代来论证。概念替代方式有同层和跨层两种。意象替代程序基于时间顺序和空间认知意象映射。意象替代方式分为换意和换象两种。隐性换译机制模拟认知思维流，以描述与假设方式进行逻辑推演，使用换喻的相关性和隐喻的象似性为关联—明示手段，替代概念和意象，以线穿点，构成线条式逻辑脉络。在原语理解、语际替代和译语表达三步中，析出换译思维步骤。隐性换译机制分成（语义→语形）+语用和语用→语义→语形两大思维操作程序，逐步推演，层层关联。具言之，前者分三步：1）原$_形$→原$_义$，2）原$_义$→中间语，3）中间语+原$_用$→译$_形$。后者分四步：1）原$_形$→原$_用$，2）原$_用$→原$_义$，3）原$_义$→中间语，4）中间语→译$_形$。最终，换译机制以概念和意象为点，属一维。以语形、语义、语用思维操作为线，属二维。点线结合成面，属三维。应该指出，换译机制模式是假设，不具强制规定性，需待进一步科学论证。

第五章，换译理据阐释。说明换译的语言学、思维学、文化学、哲学、美学等学科理据。以语言学理论为基体，以思维学和文化学理论作为两翼，以哲学理论作为宏观支撑，辅之以其他各学科如美学等理论阐释，构成"一体两翼+空间+点缀"式理据阐释框架。

本研究尝试建立"现象—概念—类型—机制—理据"要素齐全、相对客观、自成体系的换译研究。综合五章内容，主要观点提炼如下：

1. 随着对翻译本体研究的深入，换译理应由翻译技巧上升为翻译方法；
2. 对换译现象的归纳、整理与分析，可重新定义换译并解读概念；
3. 换译时，双语语表特征为：语形矛盾、语词相异、语值极似；
4. 换译本质为：换形保义显值、换形舍义融值、换形增义升值；
5. 据类型学视角，统筹换译类型为有形换译和无形换译；
6. 单位换译、标点换译和形象换译等构成有形换译；
7. 词类换译、语气换译、语态换译和视角换译等构成无形换译；

8. 换译具体小类源自俄汉翻译实践，彼此可交叉，共筑换译类型；

9. 模拟思维流，假设换译机制为显性和隐性，并点线结合解读；

10. 显性换译机制以概念和意象替代为点，分析替代程序和方式；

11. 隐性换译机制以语形、语义和语用为线，依次按步线性流动；

12. 换译"一体两翼+空间+点缀"式理据，辐射多学科探寻缘由；

13. "一体"源自语言符号之语形、语义和语用视角，以意驭形；

14. "两翼"分拓思维学与义化学，思维与文化差异导致因材施换；

15. "空间"上寻哲学矛盾论，此为换译的本质属性，因矛盾而必换；

16. "点缀"下溯多学科，如美学之形美、意美和神美促生换译；

17. 换译研究"现象→概念→类型→机制→理据→现象"求自圆达系统。

总之，本文旨在小题大做、深挖细耕。抓住换译这一现象，从语言学角度，正本清源、深耕细作、旁征博引，建立一套全方位、多角度、系统性的研究体系，力求观察充分、描写充分与解释充分。俄汉双向换译系统研究，吸收历史上翻译家翻译方法的精华，明确了换译由翻译技巧上升为翻译方法是学科完善的标志，深化了对全译的理解，更促进了对翻译本质的认识。换译处于全译七法范畴中心，遵循全译求化机制，利于全译方法论的建设，直接补充应用翻译理论，间接促进翻译理论的完善。

关键词：换译；概念界定；类型；机制；理据

Abstract

There are two solutions to thesystematic study of substitution in translation between Russian and Chinese Languages. One is the study of translation substitution system between Russian and Chinese languages; the other is the systematic study of translation substitution between Russian and Chinese languages. That is systematic research, which is the foothold of this study. Thus the study clarifies the connotation and denotation of the concept "substitution", and summarizes the specific types of substitution, and explores the mechanism of substitution from interdisciplinary perspectives to build an open systematic study on translation substitution.

The study, by investigating into literature related to "substitution" and tracing the evolution of the term, has revealed that it has been used in various areas. The lack of understanding of "substitution" will affect the development of the discipline of translation studies. Therefore, by summarizing the phenomenon of substitution this study attempts to explore the nature of substitution and the categorization of substitution, with the aim to simulate the mechanism of substitution and explain the reasons of substitution in order to systematically study on substitution. The basic theoretical framework of systematic study on substitution is composed of five parts: the critical review on studies of substitution, the definition of substitution, the categorization of substitution, the hypotheses mechanism of substitution, andthe rationale of substitution.

Chapter one is a critical overview of studies of substitution. The purpose is to review the relevant research results at home and abroad, outlining the research findings of some Russian, European, and American scholars, as well as a briefing of the domestic research progress, which helps to affirm the status and value of the study on substitution. This study focuses on the translation strategies, methods, and techniques, and combs the relevant literature at home and abroad, in order to clearly and comprehensively reveal the development trend of substitution. The conclusion is that the prototype of the substitution is gestated in the translation practice. Then, it makes a brief review of studies of translation from the perspectives of historical evolution as terminology, categorization, motivation, multi-disciplinary, and so on, and it points out the shortcomings of the study on substitution, and forecasts its development trend.

Chapter two is about the definition of substitution. Through the diachronic investigation into the historical evolution of the names of "substitution", the author has clarified the connotation and denotation of the concept of "substitution". First of all, in this study, the author has determined that the English term is "substitution" and the Russian term is "замена", which fully explains the accuracy of naming, the accuracy of concept connotation, and the controllability of concept extension, proving that the term "substitution" is more scientific than other terms. Secondly, from the characteristics to the essence, redefine the concept of "substitution" is: substitution, as one of the method in complete translation methods, means that in the process of transformation for cultural information from the original language into the target language, the translator (human and/or machine) replaces the corresponding unit or expression of the original language by non-corresponding unit or expression so as to resolve the contradiction of linguist form, linguist meaning and pragmatic value between two languages, which is in line with the thinking mode and expressive habits of the target language. Finally, the author looks at the scientific nature of the concept of "substitution" from the perspectives such as the classification, aim, principle, status, application, and relevance of substitution.

Chapter three is about the categorization of substitution. Based on analysis of a large number of bilingual corpus and specific examples, according to the contradiction of "linguist form-linguist meaning-pragmatic value", the author takes form as the standard and strong operability as the purpose, and sums up the marked substitution and unmarked substitution. The marked substitution starts from the linguistic form, including the substitution of language units, the substitution of punctuation marks, and the substitution of images. It can be solved by exchanging linguistic forms between two languages. The substitution of language units is based on the translation unit — phoneme, morpheme, word, phrase, clause, complex sentence, and sentence group, which are divided into the same level and cross-level substitutions. The substitution of punctuation marks can be divided into internal and external substitutions, and the substitution of images can be divided into material, institutional, and spiritual levels substitutions. The unmarked substitution focuses on the transformation of linguistic meaning and pragmatic value, which can be divided into parts of substitution of word class, substitution of modality, substitution of voice, and substitution of perspective. It uses replacement, exchange, transformation and other method to resolve the contradiction between linguist form and linguistic meaning. The substitution of word class refers to the substitution within and among the ten parts of speech; The substitution of modality involves the exchange between declarative mood, interrogative mood, imperative mood, and exclamatory mood; The substitution of voice is divided into the exchanges between active voice, passive voice and middle voice; The substitution of perspective describes the exchanges of the binary opposition between dynamic and static, between the positive and negative categories.

Chapter four is about the hypothesis mechanism of substitution. By simulating the process of "comprehension-replacement-expression", the author attempts to illustrate the relationship between the linguistic form, linguist meaning, and pragmatic value in two languages, in order to comprehensively explore the mechanism of explicit and implicit substitution. The mechanism of explicit substitution is using the static point, i. e. concept and image as the axis, taking "linguistic form, linguistic meaning, and pragmatic value" as the line, and making every effort to form the surface. It focuses on the alternative procedures and methods of concept and image, and surfaces the hidden translator's cognition from the content with the static development perspective. The procedure of conceptual substitution is demonstrated by the replacement of signifier, signified, and referent of language symbols. The method of conceptual substitution is divided into two alternatives: on the same level and across the levels. The procedure of image substitution is based on time sequence and spatial cognitive image mapping. There are two methods of image substitution: variation in meanings and variation in images. The mechanism of implicit substitution simulates the flow of cognitive thinking and replaces the concept and image with the description and hypothesis as the logical deduction and the relevance of metonymy and the iconicity of metaphor as the relevance-explicit means, in the three steps of comprehension of the source language, intra-lingual replacement and expression of the target language, translation thinking steps are separated out. The mechanism of implicit substitution can be divided into two major thought operation procedures: (*linguistic meaning* → *linguistic form*) + *pragmatic value* and *pragmatic value* → *linguistic meaning* → *linguistic form*, which are gradually deduced and connected layer by layer. In a word, the former is divided into three steps: 1)

SOUSE LANGUAGE $_{\text{linguistic form}}$→ SOUSE LANGUAGE $_{\text{linguistic meaning}}$, 2) SOUSE LANGUAGE $_{\text{linguistic meaning}}$→ INTERLANGUAGE, 3) INTERLANGUAGE + SOUSE LANGUAGE $_{\text{pragmatic value}}$ → TARGET LANGUAGE$_{\text{linguistic form}}$. The latter is divided into four steps: 1) SOUSE LANGUAGE $_{\text{linguistic form}}$→ SOUSE LANGUAGE$_{\text{pragmatic value}}$, 2) SOUSE LANGUAGE$_{\text{pragmatic value}}$ → SOUSE LANGUAGE $_{\text{linguistic meaning}}$, 3) SOUSE LANGUAGE $_{\text{linguistic meaning}}$→ INTERLANGUAGE, 4) INTERLANGUAGE →TARGET LANGUAGE$_{\text{linguistic form}}$. Finally, the mechanism of substitution is three-dimensional. It should be pointed out that the mechanism of substitution is hypothetical, which needs to be further studied.

Chapter five is about the rationale of substitution. The author illustrates the theoretical foundation from many disciplines such as linguistics, thinking and cognitive sciences, culture, philosophy, and aesthetics. It takes on linguistic theory as one body, with the theory of thinking and culture as two wings, taking philosophy interpretation as macro support and supplementing by other theoretical interpretations from other disciplines such as aesthetics and so on, thus constituting a "one body, two wings + space + embellishment" type of interpretation framework on rationale.

The contribution of the research is to conduct a relatively objective, systematic and self-consistent study on substitution with elements such as "phenomenon-concept -categorize-mechanism-rationale" as its essential components. Based on the five chapters, the main ideas of this study are summarized as follows:

 1. With the development of the study on translation, substitution should be upgraded status from translation skill to translation method;

 2. To sum up, sort out and analyze the phenomenon of substitution, we can redefine the concept of substitution and interpret it;

 3. In the process of substitution, the features between two languages are: thecontradiction in linguistic forms, the difference in language words

and the similarity of pragmatic values;

4. The essence of substitution is: tochange linguistic form to keep linguist meaning and show pragmatic value, change linguistic form to abandon linguist meaning and to assimilate pragmatic value, and change linguistic form to increase linguist meaning and sublimate pragmatic value.

5. From the perspective of typology, the categorization of substitution can be divided into marked and unmarked substitution;

6. Substitution of language units, substitution of punctuation marks, and substitution of images constitutemarked substitution;

7. Substitutionof language units, substitution of modality, substitution of voice, and substitution of perspective constitutes unmarked substitution;

8. The specific types of substitution are derived from Russian and Chinese translation practices, which are intertwined and constructed as the categorization of substitution;

9. To simulate the flow of thinking by assuming that the mechanism of substitution is explicit and implicit;

10. Themechanism of explicit substitution based on the concept replacement and image replacement as the points, analyze the procedures and methods of substitution;

11. Themechanism of implicit substitution based on the linguistic form, linguistic meaning, and pragmatic value as the lines, flow step by step;

12. The theoretical foundation of substitution is "one body, two wings + space + embellishment", which explores the reasons from multi-discipline;

13. "One body" originates from the perspective of linguistic form, linguistic meaning, and pragmatic value between two language symbols, and controls the form with the meaning;

14. "Two wings" comes from thinking and culture, the differences in thinking and culture lead to the replacement accordingly;

15. "Space" seeks the philosophical theory of contradiction, which is the essential attribute for substitution, and must be substituted because of contradiction;

16. "Embellishment" can be traced back to many disciplines, such as aesthetics, the beauty of form, meaning, and spirit promotes the use of substitution;

17. The study on substitution is to conduct an objective system "phenomenon→concept→categorize→mechanism→rationale→phenomenon".

In a word, from the linguistic point of view, the study aims to grasp the phenomenon of substitution with quotations from classics, and to establish a comprehensive, multi-angle, systematical research in order to achieve sufficient observation, description, and explanation. The systematic study on substitution in translation between Russian and Chinese languages has its origin from practices of translators in history, and deepens the understanding of complete translation as well as the nature of translation. It also points out that acknowledging substitution as a translation method rather than a rudimental skill marks the further development of the discipline. Substitution as the central method of the seven methods of complete translation follows the sublimation mechanism of complete translation. Its study is conducive to the construction of methodology of complete translation, supplemental to applied translation theory, and hence indirectly benefits the development of translation theory.

Key words: substitution; concept definition; categorization; mechanism; rationale

目　　录

绪　论 …………………………………………………………（1）
　一　研究对象与目的 ……………………………………（1）
　二　研究内容与方法 ……………………………………（3）
　三　研究价值与意义 ……………………………………（5）
　四　研究重点与创新之处 ………………………………（7）

第一章　换译研究述评 ………………………………（10）
第一节　换译研究综述 …………………………………（10）
　一　国外换译研究概述 …………………………………（10）
　二　国内换译研究简述 …………………………………（19）
第二节　换译研究简评 …………………………………（25）
　一　换译视角研究简评 …………………………………（25）
　二　换译研究不足之处 …………………………………（30）
　三　换译研究发展趋势 …………………………………（32）
　本章小结 …………………………………………………（33）

第二章　换译概念界定 ………………………………（36）
第一节　换译称名流变 …………………………………（36）
　一　换译称名梳理 ………………………………………（37）
　二　换译称名溯源 ………………………………………（44）

三　换译称名术语化 ………………………………………（50）
第二节　换译内涵 ……………………………………………（55）
　　一　换译的特点 ……………………………………………（56）
　　二　换译的本质 ……………………………………………（59）
　　三　换译的定义 ……………………………………………（63）
第三节　换译外延 ……………………………………………（66）
　　一　换译的类型 ……………………………………………（66）
　　二　换译的目的 ……………………………………………（68）
　　三　换译的原则 ……………………………………………（70）
　　四　换译的地位 ……………………………………………（71）
　　五　换译的应用 ……………………………………………（75）
　　六　换译的关联 ……………………………………………（76）
本章小结 …………………………………………………………（91）

第三章　换译类型解析 …………………………………………（93）
第一节　有形换译 ……………………………………………（93）
　　一　单位换译 ………………………………………………（94）
　　二　标点换译 ………………………………………………（167）
　　三　形象换译 ………………………………………………（178）
第二节　无形换译 ……………………………………………（189）
　　一　词类换译 ………………………………………………（189）
　　二　语气换译 ………………………………………………（225）
　　三　语态换译 ………………………………………………（236）
　　四　视角换译 ………………………………………………（242）
本章小结 …………………………………………………………（262）

第四章　换译机制假说 (265)

第一节　显性换译机制 (266)
一　概念替代机制 (266)
二　意象替代机制 (281)

第二节　隐性换译机制 (301)
一　（语义→语形）+语用思维假说 (303)
二　语用→语义→语形思维假说 (319)

本章小结 (337)

第五章　换译理据阐释 (339)

第一节　换译的语言学理据 (340)
一　语形之更替：换译形式因 (340)
二　语义之流动：换译模式因 (347)
三　语用之价值：换译限制因 (356)

第二节　换译的思维学理据 (359)
一　思维同一性：换译内部因 (360)
二　思维矛盾性：换译本质因 (366)

第三节　换译的文化学理据 (372)
一　文化同质性和文化异质性：换译外部因 (372)
二　文化空缺与文化冲突：换译现象因 (380)

第四节　换译的其他学科理据 (385)
一　哲学：换译宏观因 (386)
二　美学：换译目的因 (395)

本章小结 (404)

结　论 (407)

参考文献 …………………………………………………（412）

索　引 …………………………………………………（435）

后　记 …………………………………………………（438）

Contents

Introduction ·· (1)
   0.1 Research Object and Aim ························ (1)
   0.2 Research Content and Methods ···················· (3)
   0.3 Research Value and Significance ·················· (5)
   0.4 Research Focus and Innovative Points ············· (7)

Chapter 1 Critical Review on Studies of Substitution ········ (10)
   1.1 Literature Review on Substitution ················ (10)
      1.1.1 Studies on Substitution Abroad ············ (10)
      1.1.2 Studies on Substitution at Home ············ (19)
   1.2 Critical Review on Substitution ··················· (25)
      1.2.1 Review on Research Perspectives of
           Substitution ····························· (25)
      1.2.2 Limitations of Current Research on
           Substitution ····························· (30)
      1.2.3 Possible Areas for Substitution ············ (32)
   Summary ·· (33)

Chapter 2 Defining of Substitution ······················· (36)
   2.1 Historical Evolution of Substitution as Terminology ········· (36)
      2.1.1 Overview of Substitution as Terminology ········· (37)

2.1.2　Historical Origin of Substitution ………………… (44)
　　2.1.3　Terminological Usage of Substitution …………… (50)
　2.2　Connotations of Substitution ………………………………… (55)
　　2.2.1　Features of Substitution …………………………… (56)
　　2.2.2　Essence of Substitution ……………………………… (59)
　　2.2.3　Definition of Substitution ………………………… (63)
　2.3　Denotation of Substitution …………………………………… (66)
　　2.3.1　Classification of Substitution ……………………… (66)
　　2.3.2　Aim of Substitution ………………………………… (68)
　　2.3.3　Principle of Substitution …………………………… (70)
　　2.3.4　Status of Substitution ……………………………… (71)
　　2.3.5　Application of Substitution ………………………… (75)
　　2.3.6　Relevance of Substitution …………………………… (76)
　Summary ………………………………………………………………… (91)

Chapter 3　Categorization of Substitution ……………………… (93)
　3.1　Marked Substitution …………………………………………… (93)
　　3.1.1　Substitution of Language Units …………………… (94)
　　3.1.2　Substitution of Punctuation Marks ………………… (167)
　　3.1.3　Substitution of Images ……………………………… (178)
　3.2　Unmarked Substitution ………………………………………… (189)
　　3.2.1　Substitution of Word Class ………………………… (189)
　　3.2.2　Substitution of Modality …………………………… (225)
　　3.2.3　Substitution of Voice ……………………………… (236)
　　3.2.4　Substitution of Perspective ………………………… (242)
　Summary ………………………………………………………………… (262)

Chapter 4　Mechanism of Substitution …………………………… (265)
　4.1　Mechanism of Explicit Substitution …………………………… (266)

  4.1.1 Concept Replacement Mechanism ⋯⋯⋯⋯⋯ (266)
  4.1.2 Image Replacement Mechanism ⋯⋯⋯⋯⋯⋯ (281)
 4.2 Mechanism of Implicit Substitution ⋯⋯⋯⋯⋯⋯⋯⋯⋯ (301)
  4.2.1 Operation Mode Ⅰ: (Linguistic Meaning → Linguistic Form) + Pragmatic Value ⋯⋯⋯⋯⋯⋯⋯⋯⋯⋯ (303)
  4.2.2 Operation Mode Ⅱ: Pragmatic Value → Linguistic Meaning → Linguistic Form ⋯⋯⋯⋯⋯⋯⋯⋯⋯ (319)
Summary ⋯⋯⋯⋯⋯⋯⋯⋯⋯⋯⋯⋯⋯⋯⋯⋯⋯⋯⋯⋯⋯⋯⋯⋯⋯⋯ (337)

Chapter 5 Rationale of Substitution ⋯⋯⋯⋯⋯⋯⋯⋯⋯ (339)
 5.1 Substitution Motivated by Linguistics ⋯⋯⋯⋯⋯⋯⋯⋯ (340)
  5.1.1 Substitution Motivated by Linguistic Forms ⋯⋯⋯ (340)
  5.1.2 Substitution Motivated by Linguistic Meaning ⋯⋯⋯⋯⋯⋯⋯⋯⋯⋯⋯⋯⋯⋯⋯⋯⋯⋯⋯⋯ (347)
  5.1.3 Substitution Motivated by Pragmatic Value ⋯⋯⋯ (356)
 5.2 Substitution Motivated by Thinking Science ⋯⋯⋯⋯⋯⋯ (359)
  5.2.1 Similarity of Thinking between Two Languages ⋯⋯⋯⋯⋯⋯⋯⋯⋯⋯⋯⋯⋯⋯⋯⋯⋯⋯⋯ (360)
  5.2.2 Paradox of Thinking between Two Languages ⋯⋯⋯⋯⋯⋯⋯⋯⋯⋯⋯⋯⋯⋯⋯⋯⋯⋯⋯ (366)
 5.3 Substitution Motivated by Culture Studies ⋯⋯⋯⋯⋯⋯⋯ (372)
  5.3.1 Substitution Motivated by Culture Homogeneity and Culture Heterogeneity ⋯⋯⋯⋯⋯⋯⋯⋯⋯⋯ (372)
  5.3.2 Substitution Motivated by Cultural Vacancy and Cultural Conflict ⋯⋯⋯⋯⋯⋯⋯⋯⋯⋯⋯⋯⋯⋯ (380)
 5.4 Substitution Motivated by Other Reasons from Other Disciplines ⋯⋯⋯⋯⋯⋯⋯⋯⋯⋯⋯⋯⋯⋯⋯⋯⋯⋯⋯ (385)
  5.4.1 Substitution Motivated by Philosophical Reasons ⋯⋯⋯⋯⋯⋯⋯⋯⋯⋯⋯⋯⋯⋯⋯⋯⋯⋯ (386)

5.4.2　Substitution Motivated by Aesthetic
　　　　Reasons ································· (395)
　Summary ··· (404)

Conclusion ··· (407)

Bibliography ····································· (412)

Index ··· (435)

Afterword ·· (438)

绪 论

一 研究对象与目的

任何一项研究的前提是明确研究的客体、对象与目的。翻译学的研究客体是一切具有多面性、多层次的翻译活动。翻译学的研究对象则是研究者根据自己的学术兴趣选择的，具有单层次特点。因而，本书首先交代研究的对象和目的。

（一）研究对象

对全译和变译两大翻译现象的描述属于宏观翻译策略研究，对具体方法和技巧的描述则归为微观翻译方法研究。换译是全译七法之一，作为本书的研究对象，是对翻译技巧的提升。俄汉双向换译系统研究有两解。一解为俄汉双向换译系统的研究；二解为俄汉双向换译的系统研究，即系统性研究。一解重点介绍俄汉双向换译系统，研究面较窄；二解关注对俄汉双向换译这一对象进行系统性的研究，是本研究的落脚点。对换译进行系统性的思考，包括换译方法体系、机制假说、理据阐释，以期达到多维度的系统性研究。笔者认为系统是一种研究方法论，是客观存在，不以某个人的意志为转移。体系是一种建构方式，带有主观特点，因个体差异而有别。俄汉双向换译，旨在总结历史上许多翻译家的翻译技巧，虽然各个翻译家的经验具有一定的主观性，但将这些技巧归纳总结提升至方法，则具备了一定的客观性。

（二）研究目的

关于"翻译是科学，还是艺术"的争论，早已不是问题。如果说翻译技巧更靠近"艺术"一点,那么翻译方法无疑偏向"科学"一些。将"换译"从单纯的技巧层面上升到方法层面,这种目的本身也就更"科学"一些。

1. 明确换译概念

翻译概念当与时俱进。随着翻译主体、客体、行为、工具、原因、目的等属性的变化,翻译的定义也随之变化,翻译本体研究与外围研究更加深入。由于本体研究中全译与变译范畴的确立,更需对翻译方法进行细致阐述。换译作为一种翻译方法,其概念界定非常重要,黄忠廉和余承法从语表、语里和语值出发界定了换译概念。但实践操作中移译(即转译)与换译仍然难以区分。对于研究对象,必须有清晰的界定,才能对实践具有充分的解释性与说服力。因此本研究拟结合义素分析法,根据"换"的内涵和外延,从翻译的主体、客体、行为、工具、目的、思维和符号类型等角度切入,提出更加科学的换译定义。

2. 归纳换译类型

翻译界早已提出翻译转换技巧,但时至今日仍被认为是雕虫小技而忽略,并未严格区分"转换"。宏观上讲,翻译本身就是一种时空转换行为。深入时空转换,聚焦翻译行为,直至翻译方法最底层,仍可探究"转换"。双语到底是如何转化内容、更换形式的,到目前为止仍然没有被完全破解。本研究在大量俄汉双向语料平行对比的基础上,归纳换译的各种具体类型,旨在将零散的小类合并整理成具有共性的层次类型。

3. 探讨换译机制

全译的机制是求化,余承法在博士论文中已有论述。那么全译之下的换译在"化"的机制下,自身机制如何?这一点至今无人知晓。如果结合符号学理论,以语形、语义和语用为切入点,则语义、逻辑、思维、心理等在换译法进行时表现出哪些特点,原语语形是如何跨越语义和语用进入译语语义和语用并最终具体化为与原语非对应译语语形的?一个原语文本可以有多个译语文本,这些译本为何各具特色，共存互促？一位译者针对同一原语也可得出不同的多个译语，他的依据是什么？在具体翻译过程中，在采用换译方法时，他的思维呈现怎样的动态变化特征？这些问题都将在换译机制中得到说明。

4. 阐释换译理据

语言学、思维学和文化学作为翻译的一体两翼，带领翻译跨语言、跨文化、跨学科。作为具体翻译方法的换译，其理据宏观上可追溯到母源学科哲学中，微观上可聚焦到思维领域，换译的目的则可在美学中探究。原语理解、语际替代和译语表达重在逻辑和思维，落实于语言学和符号学。语言学与文化学的知识为换译操作提供媒介，思维学和认知学则从微观上支撑换译的进行，美学为换译提供学理支撑，语用学为换译提供操作语境，等等。可见，换译理据来自多学科。

5. 形成系统性研究

本研究从翻译实践与实例出发，通过对大量俄汉互译文本——文学文本俄译汉以契诃夫小说汉译为主，汉译俄以《围城》为主，非文学类文本以《习近平谈治国理政》、俄罗斯国家语料库、人民网双语新闻为主，以网络、微信客户端等各种渠道语料为辅。以"换"为圆心，以"译"为半径，建立"换译"圆，尝试建构换译的系统性研究。即平行对比俄汉互译语料，进行实例分析，明确换译概念的内涵和外延，总结换译的具体类型，探讨换译的机制，多学科论证换译的理据，在此基础上尝试构建换译的系统性研究。

二 研究内容与方法

本研究基本理论框架由换译研究述评、换译概念界定、换译类型解析、换译机制假说和换译理据阐释五大部分构成。其内容和方法如下：

(一) 研究内容

本研究的基本内容包含以下五个方面：第一，采用历时方法收集国内外文献，完成换译研究述评；第二，通过换译称名历时考察，厘清换译发展脉络，界定换译概念；第三，通过对大量双语语料的总结与分析，归纳出有形换译和无形换译；第四，以换译微观过程作为基点，模拟换译思维"理解—替代—表达"运作过程，动静结合发掘显性换译机制和隐性换译机制；第五，阐释换译以语言学、思维学和文化学理据为主，哲学和美学理据为辅。从而整体上建构一个 what-how-why/что-как-почему 的换译系统性研究。

(二) 研究方法

1. 语料库方法

就某一文本，如文学文本，尝试建立小型封闭式双语语料库，对比分析，进行数据统计，在定量研究的基础上得出定性结论，剖析俄汉互译时换译方法使用的场合和条件。

2. 平行对比法

以同语同文不同译者在不同文化背景下的译本为参照，总结换译方法的使用情况，说明谁使用了换译，在什么情况下，为何选择换译，从而在平行比较中得差异、现思想。

3. 实证调查法

文献实证：要得到换译称名流变过程，可采用地毯式方法穷尽搜索期刊，从创刊开始至现今，所有关于换译方法的文章一一摘录，记录所使用名称，再综合整理，分析其内在和外在变化过程，旨在清晰全面地揭示其发展变化趋势。译本实证：要深入阐释换译机制的内在规律，可基于同一文本的不同译者的不同译本，进行对比分析。

4. 归纳演绎法

翻译方法最初即根据译者长期翻译实践经验总结而出，具有感悟性。熟能生巧，技巧来自实践，上升为方法，又回馈于实践。归纳出真知，演绎成体系。归纳翻译实践中具体的换译方法，随即用演绎来验证。换译方法一方面结合全译翻译实践归纳换译类型，另一方面对换译机制进行演绎性解释，两相结合。

三 研究价值与意义

（一）研究价值

将换译作为研究对象，看其如何在翻译实践中发挥作用，有何体系，成何系统，进而丰富翻译理论，且可影响诸多应用领域的研究，如全译方法、全译教学、翻译思维、翻译批评、词典编纂等。以换译为研究对象，具有如下理论价值和实践意义：

1. 利于全译方法论建设

传统翻译研究对象是全译，通过大量翻译实践，译者和学者不断总结和更新着翻译技巧和方法。可惜的是这些宝贵的方法仅停留在技巧层面，理论高度不够，很难对实践发挥应有的作用。学科的理论突破，一般先从方法的突破开始。20世纪80年代，科学翻译实践蓬勃发展，使得学者关注用何种方法能更有效地指导实践，各种行之有效的方法促使翻译理论不再停留在旧体系里打转，而是随着社会的需要不断更新。换译的研究可以丰富全译方法论，利于全译方法论建设。

2. 补充应用翻译理论

翻译方法与技巧的研究是理论联系实际和指导实践的重要途径之一，翻译方法论丰富和深化翻译批评理论。新时期翻译的面广量大，文本类型多样，政治、经济、文艺、科教等不一而足，翻译方法和技巧不能一概而论。翻译学科的飞速发展，新兴翻译学科的崛起，要求翻译方法与技巧不断完善，对翻译实践更具对策性和指导性。因此，需对不同的翻译方法和技巧作出描写和解释，使它们符合当下所需。翻译教学离开方法技巧，仅凭语感，将成为经验之谈，好似无源之水，不能被信服，方法技巧需要推陈出新。总之，换译研究可以补充应用翻译理论。

3. 促进翻译理论完善

面对不断产生的新问题，翻译方法和技巧的研究仍是翻译研究的重要领域。全译作为翻译策略的一级范畴，其二级为直译和意译两种策略，三级为对应、增减、移换、分合四种模式，四级为对、增、减、移、换、分、合七种方法。翻译理论上的突破能够有效地指导翻译实践，翻译硕士（MTI）、翻译博士（DTI）、同声传译等需要理论指导。然而现有翻译理论对翻译实践指导力的疲软，使得教学的发展并不顺利，课堂教学效果并不理想。当务之急，需将翻译技巧从感性认识上升到理论高度，从而有效指导翻译实践。作为全译七法之一的换译，其内部构成如何，怎样在翻译实践中发挥作用，可在哪些学科中找到依据得到理论支撑，都是本研究拟解决的重点。换译系统研究从微观翻译过程入手，从分类标准至体系构建，深入阐释翻译原理、翻译策略和翻译技巧，直接丰富全译方法论，进而促进翻译理论的完善。

（二）实践意义

1. 指导笔译实践

自古以来人们把翻译当作一门技艺，译者或心织笔耕，或心口并用，积年有技，熟能生巧。翻译技巧产生于实践，应用于实践，对译者具有普遍性。翻译学的建立促进翻译理论指导翻译实践。译者系统地掌握换译法，能够更加自如流畅地进行翻译实践，更加自信地突破双语语表形式障碍。换译研究直接促进口译、笔译水平和质量的提高。

2. 有利于翻译课堂教学

单一的翻译技能训练不能够培养出高素质的翻译人才。翻译教育必须同时具备理论知识和实践技能，翻译的职业教育应该与一定的理论和学术融合起来。换译系统研究将为翻译课堂教学提供坚实的理论基础和方法论指导，使师生在翻译实践中不光凭语感，不仅靠直觉，而是有理可依，有据可查，科学理性地进行翻译实践。此外，科学指导下的翻译实践能促进翻译教材编写、翻译教学课堂设计，使翻译教学更加科学与规范。

3. 支持双语词典编纂

郑述谱认为搞翻译离不开词典，翻译时标准化专业术语严格遵循词典，普通词汇不照搬词典。翻译实践光掌握词汇量还远远不够，更需要不同的翻译方法。而翻译方法的细化，特别是微观层面的转化机制，若能掌握其流程，可促进词典的编纂，利于机器翻译深层转换设计。词典编纂实践无论是词目翻译还是例证翻译，都需要换译法支撑。本研究可以使词典编纂者更加确信对照译文的科学性和可信度。

4. 推进双语语料库研究

语料库研究近年来发展势头迅猛，基于语料库研究、库助研究以及语料驱动研究，均有增长。双语语料库，特别是翻译语料库，是许多学者的研究领地。然而基于平行语料库和对比语料库仅可为翻译实践提供参考，并不能解决所有翻译实践难题。换译法的研究可反推语料库的建设，使得语料库所提供的大量语料和数据为译文质量优劣的判断提供强有力的证据。

5. 促进翻译批评质量提高

我国的翻译批评传统是以印象式、随感式、审美式为主。批评文章大都模式化为语言赏析，价值判断标准一般简单化为评论者对某类文笔和风格的喜好。从对学术、对社会负责的心态出发，评论者应该更加客观公正地对待译者的劳动心血，正面引导读者。如此，翻译批评就不应仅仅停留在分析译文的语言正误上，更应理论化，提出赏析方案。赏，不仅个人领悟，还应具体化，可操作可模仿；批，则说明道理，提出建设性解决方案。换译可为批评提供一些方法论上的指导。

四　研究重点与创新之处

(一) 研究重点

1. 语料采集多样化

换译系统研究应语料丰富，以文学、科技、口语等语体为语料来源，以此建立的换译系统才是可信的、可用的。但目前来看，如何全面覆盖各领域，如何在海量语料库中甄选出具有代表性的实例仍是考验笔者的一大难题。

2. 换译机制深入化

换译作为全译七法之一，在实践中与其他方法结合使用，可以有效指导实践。但换译本体研究亟待深入，只有剥离其他方法，对换译进行显微镜下的解剖，才能明确其微观运行机制。要想达到模式化，仍需反复实践、修改、完善。

3. 换译方法系统化

通过语料归纳了换译的各种类型，条分缕析，整合批判，直至建立起一套完整统一的分类标准，构成系统性地研究换译，仍需不断论证。

4. 理据解释多元化

换译作为一种全译方法，其研究是复杂而抽象的，涉及认知心理学、认知语言学、文化学、思维学等诸多领域，对换译机制的论证应多角度、多学科、多元化。

(二) 创新之处

本研究首次尝试将翻译的一种具体方法作为研究对象，进行归类，并建立一整套系统性研究，有一定难度，却正体现了其创新之处。具体如下：

1. 术语界定

方法论是抽象、复杂的。换译作为翻译方法之一，其内涵、外延的界定，与同一体系中同一层级的翻译方法移译（即转译）的划分，换译之"语际替代"与宏观翻译之"时空转换"的区分，很难有定量标准。而定性的描写和本质考察往往带有主观性，因此为上述关系下界定术语并非易事。

2. 调查分析

对换译机制加以探讨并试图将之模式化，需要大量的语料分析、思维转换、心理甚至神经方面的探索，而这些方法很难实证。调查分析应在观察充分的前提下描写充分，描写充分的条件下解释充分。换译机制的论述力图做到三个充分。

3. 理论升华

对换译方法进行深入细致的研究，可使全译方法系统得到升华，进而丰富翻译理论。本研究是小题大做，深入挖掘，旨在建立一套全方位、多角度的阐释系统。整个论证过程是一种理论的思辨，力图直接促进理论与实践的联系，从而使理论得到升华，能够切实有效地指导翻译实践。

4. 科学论证

抽象复杂的科学论证需要多学科的理论支撑，采用哪些学科的何种理论才能解释充分，其选取过程和论证过程都有一定难度，需要深厚的多学科理论基础和敏锐的学术洞察力。方法论是普遍适用于各门具体社会科学并起指导作用的范畴、原则、理论、方法和手段的总和。人文科学的方法论，大都建立在感性的基础上，而感性意味着难以把握。尽管换译在科学论证方面尚存在一系列问题，但毕竟开了个头，是一种大胆的尝试。

第 一 章

换译研究述评

换译研究述评包括换译研究综述和换译研究简评两部分。综述部分对从俄苏、欧美等国外研究状况到国内19世纪50年代起至今相关研究状况进行简单概述。国内部分通过书籍和报刊两大阵地进行归纳总结。换译研究简评则不分国度与时间，针对换译研究视角、换译不足之处和换译发展趋势进行评价。

第一节 换译研究综述

翻译方法伴随翻译理论随翻译活动的开展应运而生。换译属于翻译方法，来自对翻译实践的总结，并回馈于翻译实践。笔者从国外和国内两个方面叙述，并加以简评。

一 国外换译研究概述

据记载，世界的翻译史产生于公元前3世纪前后，72名犹太学者在埃及的亚历山大城翻译《圣经·旧约》。翻译方法历史悠久，谭载喜认为翻译的标准方法与技巧将西方翻译理论史自西塞罗起就贯穿起来了①。古罗马时期，西塞罗（Marcus Tullius Cicero）提出的所谓"解释员"式翻译与"演说家"式翻译，这就是"直译"与"意译"两种基本译法的滥觞。中世纪波伊提乌（Anicius Manlius Severinus Boethius）提出直译论，但丁（Dante Alighieri）倡导文学不可译。俄苏和欧美两大阵营关于换译也有自己独特的贡献。

（一）俄苏换译研究概述

翻译活动在基辅罗斯时期就已产生。17世纪翻译活动促成了独具特色的翻译思想，认为"忠实的译者"不仅要翻译内容，更要注重形式，产生了所谓"内容"与"字面形式"的矛盾问题，为此一大批学者寻求破解二者矛盾之方法。18世纪彼得大帝进行全方位的改革，渗透到翻译领域中的表现是他本人反对逐字翻译。当时翻译的首要任务是发展俄罗斯经济，军事、技术、科学、法律等领域著作的翻译力求"意思"明白准确。此后翻译领域开始转向文学艺术等领域，我们知道19世纪是俄罗斯文学的黄金时代。普希金（А. С. Пушкин）坚定地认为逐字翻译不可能正确，"因为普希金提倡尊重外国读者的特点，同时又反对逐字死译，他认为逐字死译会导致对母语的践踏，所以他一方面要求在意义方面忠实原文，另一方面应保留原著的特色"②。普希金早期译法国诗歌时曾使用删节、改写和重构等策略，后期则反对译坛中出现的改写（переделка）原著的倾向，他提倡忠实（верность）而非准确（точность）。果戈理（Н. В. Гоголь）认为"贴近思想比贴近词汇更重要"③，文学译著有时必须故意远离原著的词语，才能更接近原著，譬如某些句子、表达法和词汇，不能采用词对词式的翻译。车尔尼雪夫斯基（Н. Г. Чернышевский）提倡文学翻译不应拘泥于原文，但也不能违

---

① 谭载喜：《西方翻译简史（增订版）》，商务印书馆2004年版，第21页。

② 吴克礼主编：《俄苏翻译理论流派述评》，上海外语教育出版社2006年版，第40页。

③ 转引自吴克礼主编《俄苏翻译理论流派述评》，上海外语教育出版社2006年版，第44页。

反标准与规范而歪曲意义,他提倡"尽量使用朴实、新鲜的标准语"[①]。费特(А. А. Фет)是作家、诗人兼翻译家,第一个对译著提出"等同性"(адекватность)要求,他是"19世纪中叶唯一一位提倡逐字翻译和形式至上的翻译家"[②],他这种翻译观虽有偏颇,却为诗歌翻译提供了一条借鉴思路。别林斯基(В. Г. Белинский)认为"贴近原著不是传达原著的字面意义,而是传达原著的精神"[③]。双语必有其独特的表达法和特点。这些独特之处若成为双语转化的重点,则其传达某些形象或句子时,势必制约着译语句式或词汇的选择。原著的精神借助于句式或词汇,且在译语中彻底改变,变成非对应词汇,因为相应的形象和句子一样,不一定在于字眼表面上的一致。杜勃罗留波夫(Н. А. Добролюбов)认为译者在精通母语的前提下,译笔应正确雅致,更应流畅洒脱。双语形式上的改动应有理有据,保留原著的效果,要求翻译不拘泥于原文,但反对意义上的歪曲,在翻译原则上,他"承认形式上译文与原文相去甚远,改动很大,但是这样做只要能保留原著的效果就行"[④]。20世纪后,随着文化的繁荣,翻译方法取得进展。学院式的形式主义(академический формализм)和逐字翻译现象逐步得到改善,以高尔基为代表的作家提倡创造性地翻译方法和技巧,立足于双语思想内容上的忠实,并保留原作的艺术特色。苏联翻译理论逐步形成,如Фёдоров、Рецкер、Швейцер、Бархударов、Комиссаров对翻译方法和技巧都有各自的论述。

[①] 转引自吴克礼主编《俄苏翻译理论流派述评》,上海外语教育出版社2006年版,第58页。
[②] 谭载喜:《西方翻译简史(增订版)》,商务印书馆2004年版,第72页。
[③] 转引自吴克礼主编《俄苏翻译理论流派述评》,上海外语教育出版社2006年版,第47页。
[④] 转引自吴克礼主编《俄苏翻译理论流派述评》,上海外语教育出版社2006年版,第62页。

费奥多罗夫（А. В. Фёдоров，1953，1983）[①] 认为带有明显地方色彩的词汇手段，如方言和行话，可以通过其他词汇和语法手段再现它们的作用。虽然可能会失去某些功能，但对于整个作品而言，具体成分构成整体，这些成分不是机械式组合、单个发挥作用，而是与作品内容构成一个有机整体。"在整体的系统中就有可能替代或补偿"[②]，这种可能性促进了换译这一翻译方法的产生。原文中不同上下文里重复的词，译文允许就用同一个词来再现，译语上下文不允许，就用不同的词来替代翻译。因此出现了创造新词、复合词或词组。他还将翻译区分为描写性翻译（описательный перевод）和同指转换翻译（перифрастический перевод）。

什维采尔（А. Д. Швейцер，1973，1988）[③] 提到义素等值层面上也要进行翻译转换。如用此类形态手段代替彼类形态手段；用句法手段代替形态手段；用此类句法手段代替彼类句法手段；用词汇、成语手段代替形态手段和句法手段。这四种语法转换的针对点是双语结构上的差异。双语形式和结构没法完全对应，才导致使用语法转换方式为保留原语所有义素，从而必然地改变了译语中原语的对应结构形式。

列茨克尔（Я. И. Рецкер，1974）[④] 提出在词汇转换时可以进行 генерализация значений（意义概括化）、антонимический перевод（反面着笔）和 целостное преобразовани（整体转换）等。其文《论外译俄中的规律性对应单位》（«О закономерных соответствиях

[①] Фёдоров, А. В. *Введение в теорию перевода*. М.: Литература на иностранных языках, 1953; Фёдоров, А. В. *Основы общей теории перевода（лингвистические проблемы）*. М.: Высшая школа, 1983.

[②] Фёдоров, А. В. *Основы общей теории перевода（лингвистические проблемы）*. М.: Высшая школа, 1983, стр. 123.

[③] Швейцер, А. Д. *Переводилингвистика*. М.: Воениздат, 1973; Швейцер, А. Д. *Теорияперевода: статус, проблемы, аспекты*. М.: Наука, 1988.

[④] Рецкер, Я. И. *Теория перевода и переводческая практика Очерки лингвистической теории перевода*. М.: Международ. отношения, 1974.

при переводе на родной язык»）中确立了规律性对应单位的三种范畴：эквиваленты（等值）、аналоги（类似）和 адекватные замены（等同替代）。他指出在术语翻译中起决定作用的是术语的等值物；翻译社会政治类文章时，重要的是要找到近似物；翻译文学作品时，广泛采用的是等同替换手段。

巴尔胡达罗夫（Л. С. Бархударов, 1975）[①] 总结了 перестановки（移位法）和 замены（替代法）。移位法即为移译法，也称转译法。替代法分为语法替代和词汇替代，以及词汇—语法替代。可替代的可以是个别语言单位，也可以是整个句子结构，如名词的数、动词的时等语法形式可以采用词汇手段来替代。词类替代、句子成分替代这些现象早已在翻译实践中存在。至于复合句中的句法替代可以用复合句替代简单句或相反，用从属句替代主句或相反，用并列从句替代主从句或相反，等等。从词汇角度看，词汇的具体化、概括化和因果替代等就构成了词汇替代。关于肯定结构和否定结构可以采用反面着笔法。最后对于译语中没有原语等值成分也无适当表达方式的情况，利用其他手段补偿原语失落的语义信息，这种方法称为补偿法。

拉特舍夫（Л. К. Латышев, 1988）[②] 详细论述了置换法和转换法，并提到了词法转换。针对外语专业的师生，以俄德互译为语料，他区分了 Транслирующие（置换法）和 Модифицирующие（转换法）。转换法旨在使译者在聚合层面上寻找与原语表达法不同的译语表述手段，有两种转换类型，一为结构层转换，包括词法转换、句法转换、修辞转换和词汇转换；二为内容层转换，包括情景语义转换、内容重新分配、内容明确化及各种功能等同替代。

[①] Бархударов, Л. С. Язык и перевод（Вопросы общей и частной теории перевода）. М.：«Междунар. отношения», 1975.

[②] Латышев, Л. К., Семенов, А. Л. Перевод：Теория, практика и методика преподавания. М.：Издательский центр «Академия», 1988.

科米萨罗夫（В. Н. Комиссаров，1990）[1] 论述从整体上描述翻译过程的方法，总结了 ситуативная модель（情景模式）、трансформационная модель（转换模式）和 семантическая модель（语义模式）三种翻译转换模式。而 переводческие трансформации（翻译转换）的具体方式更能详细地描述翻译过程。翻译转换有词汇转换、语法转换和词汇-语法间的转换。词汇转换包括 транскрипция（音译）、транслитерация（形译）、калькирование（仿译）、конкретизация（具体化）、генерализация（概括化）、модуляция（引申）和词汇语义替代等。翻译技巧中有换位和代词重复。

加尔博夫斯基（Н. К. Гарбовский，2007）[2] 涉及翻译方法论，包括语际转换理论、转换操作类型、翻译转换的符号学方法、语用转换和语用限制的转换、语义转换以及意义转换的逻辑语义基础等部分，他还阐述了专有名词、特有事物的翻译，以及句法转换、деформации（变形）和翻译错误的类型。在翻译文本转换的целостность（整体性）性质下，广泛涉及具体化、概括化、代词替换、反面着笔和同义替换等。

（二）欧美换译研究概述

当代西方翻译理论大致可以分为语言学派翻译理论、阐释学派翻译理论、功能学派翻译理论、文化学派翻译理论、解构学派翻译理论、女性主义翻译理论、后殖民翻译理论等。这些学派的代表人物对翻译理论的阐释各有特点。翻译理论宏观指导下的翻译方法和技巧的研究也各有不同，下面仅简略介绍一二。

加拿大的维纳（Jean-Paul Vinay）和达尔贝勒纳（J. Darbelnet）1958 年合著《法英风格比较：翻译方法论》（*Stylistique Comparée du*

---

[1] Комиссаров, В. Н. *Теория перевода*（*лингвистические аспекты*）: Учеб. для ин-тов и фак. иностр. яз. М. : Высш. шк., 1990.

[2] Гарбовский, Н. К. *Теория перевода*（*2-е издание*）. М. : Изд-во. Моск. Ун-та, 2007.

Français et de L'anglais），从语用学角度出发，提出了音译法、译借法、直译法、换位法、变调法、应变法和对等译法共七种①。其中换位法指词性、词序的转换；变调法指表达手段的转换，如明喻转暗喻；应变法指用社会功用相当的译文表达形式去翻译文化背景不同的原文表达形式。可见这三种译法均不同程度地与本书所研究的"换译"相似。

德国19世纪解释学翻译理论代表人物施莱尔马赫（F. D. E. Schleiermacher）是西方第一个将翻译明确区分为口译和笔译并加以阐述的人。他阐述了两种途径，即异化和归化。异化是尽可能地不扰乱原作者的安宁，让读者去接近作者。归化是尽可能不扰乱读者的安宁，让作者去接近读者。其中"归化"思想成为笔者所倡导的换译法的一种文化取向。德国学者提出的翻译功能理论，倡导"译文功能论"，代表人物是莱斯（K. Reiss）、弗米尔（H. J. Vermmer）、诺德（Christiane Nord）等人。诺德（1991）和莱斯（1989）提出"语篇功能转换模式"，根据语篇的不同功能进行相应的信息转换。莱斯指出"理想的目标文本应该从概念内容、语言形式和交际功能上与源文本对等，但在实践中她又发现有些方面是不可能实现对等的，而且有时也是不应该追求的。于是她认为，有时因特殊需要，目标文本的功能会与源文本不同，这时应该考虑的就不是对等原则，而应该是目标文本的功能特征"②。弗米尔（1989，2000）倡导翻译功能理论，将翻译的主旨等要素融入转换行为，信息对应以"目的性"为准则。弗米尔的基本思想是把"立足点放在目标读者和翻译任务委托者身上，特别是放在目标文本在他们所属文化中的功能上，译者必须根据目标文本在目标文化中所要承担的功能来决定在翻译中应当采取何种方法和策略"③，即在翻译目的论下，译语文本的功

---

① 转引自谭载喜《西方翻译简史（增订版）》，商务印书馆2004年版，第199页。
② 谭载喜：《西方翻译简史（增订版）》，商务印书馆2004年版，第258页。
③ 谭载喜：《西方翻译简史（增订版）》，商务印书馆2004年版，第255页。

能在译语文本的产生中起决定作用。这些理念从根基上为变译的"改译法"和全译的"换译法"提供语用上的理据。

法国学者乔治·穆南（Georges Mounin）客观地分析了翻译中各类不同障碍，明确其产生的原因。他提出"意识形态方面的差异"反映在语言中，表现为文化缺项造成的词汇缺项，"只能通过'借词'去解决，而'借词'的生命力长短取决于这一文化现象在目的语国家能否扎根及被了解的程度"[①]。笔者认为"借词"在某种程度上即为换译法。"又如各种不同语言对非语言经验实际切分不同造成的语义单位的非对应，就要求译者采取灵活的手段加以传达，这也在实践上说明了翻译单位的非确定性。"[②] 这种翻译单位的非确定性即为笔者所倡导的跨层换译的又一深层理据。以达尼卡·塞莱丝柯维奇（Danica Selescovitch）为代表的法国释意派理论认为"为保证意义的转达，应该确定可直接转达与不可直接转达的范畴，例如，专有名词、数字、单一意义的词汇、固定词组、有对应意义的谚语或格言、习语等可以直接转达，其余应由译者借助自己的语言知识和百科知识加以创造"[③]。这个"其余"在实践中，如"打招呼、问好"等，其实就是指根据场合进行换译，才能确保交际意义明确传达。

英国学者卡特福德（John Catford）的"描写理论"对翻译的"对等、转换"问题进行了较为深入的论述。其与"完全翻译"对应的"受限翻译"包括语音翻译、词形翻译、语法翻译和词汇翻译。解决"受限翻译"的翻译转换方法则包括"层次转换"和"范畴转换"。如果把原语脱离形式进入译语的过程叫"翻译转换"，那么卡

---

① 转引自许钧等编著《当代法国翻译理论》，湖北教育出版社 2001 年版，第 58 页。
② 转引自许钧等编著《当代法国翻译理论》，湖北教育出版社 2001 年版，第 58 页。
③ 转引自许钧等编著《当代法国翻译理论》，湖北教育出版社 2001 年版，第 171 页。

特福德提出的层次转换（level shifts）和范畴转换（category shifts）对翻译微观过程的推进无疑是有积极意义的。层次转换即双语翻译单位处在不同语言层次上是否对应的问题，与本书的同层和跨层提法有异曲同工之妙。范畴转换，按照卡特福德（1965）[①]的观点，分为结构转换、类别转换、单位转换和内部体系转换。结构转换涉及主动、被动语态，肯定、否定结构，主语突出、主题突出等结构成分。类别转换则或多或少地涉及词类换译。单位转换即语言单位在双语中不对应的情况，即本书的单位跨层换译。内部体系转换则涉及非对应体系，论述比较模糊。整体来看，卡特福德的分类并没有十分清晰的标准。纽马克（P. Newmark）主要从事德英互译理论和实践教学，他认为翻译既是科学，又是艺术和技巧。他从广义上将新词分为几类：新生词、赋有新意的旧词、派生词、组合词、人名化和地名化的词、短语词、外来词、缩略词与假"新词"；并提出意译法、直译、译随"客"变、译随语境等四种对应策略。其中我们认为译随"客"变和译随语境可以作为换译的两条原则。

美国学者奈达（E. Nida）[②]借鉴乔姆斯基的"转换生成语法"理论，分析翻译文本语义结构、句子结构特征，对双语之间"能指"和"所指"在句子、词语层面的各种"等值"问题进行了系统研究。他倡导"语言结构主义翻译观"，把信息论应用于翻译研究，揭示了双语在语言形式与意义对应过程中的复杂形态变化，提出了"形式对等"和"动态对等（即功能对等）"两个重要观点。翻译是一个文本的建构过程，语义上要准确地再现原文的语义内容，形式上要和原文保持最切近的自然对等。但形式很可能掩藏原语的文化意义并阻碍文化交流，翻译时切不可单求文字表面的死板对应，更要在两种语言间达成功能上的对等。在其著作中，对核心句的语法

[①] Catford, J. A. *Linguistic Theory of Translation*. London: Oxford University Press, 1965.

[②] Nida, Eulgen A. & Taber, Charles R. *The Theory and Practice of Translation*. Shanghai: Shanghai Foreign Language Education Press, 2004.

转换问题作了论述。他把单个核心句的转换分为主动句转换成被动句、肯定句转换成否定句等。这其实就是笔者提倡的语气换译。奈达论述了话语结构即直接话语和间接话语，还论述了句子结构在语序、双重否定、主动结构与被动结构等方面的转换，这可以对应肯否换译、主被换译等方法。雅各布森（Roman Jakobson），美籍俄裔，布拉格语言学派代表人物，对翻译的主要贡献体现在其从符号学观点出发，将翻译分为语内翻译、语际翻译和符际翻译。我国很多学者认可并发扬了他的这种三分法，尽管这种三分法也频遭质疑。但语际翻译就是我们所言的双语翻译，这一观点得到普遍认同。语际翻译中译者不仅要关注双语符号之间的对应（或曰逐词对应），更要关注符号与符号组合的对应关系，即语义关系。雅各布森认为："所有语言都具有同等表达能力，如果语言中出现词汇缺乏，那么人们可以通过译借词、新造词、语义转移和迂回表达法等方式，对语言进行修饰加工。"[①] 雅各布森从信息论和交际学角度看待翻译，认为准确的翻译取决于信息的对等，翻译因而包括信息和价值两部分，这些理论宏观上为换译法提供了科学依据。

二　国内换译研究简述

在传统的翻译研究中，翻译技巧的研究占据重要位置。古代佛经翻译是翻译领域最浓墨重彩的一笔。在中国第一个探讨翻译原则、理论和方法的人是支谦，而玄奘提出的"五不翻"原则以及增词、减字、变位、拆并、代词还原、译音假借等翻译技巧都被后人津津乐道。后人总结其翻译技巧为补充法、省略法、变位法、分合法、译名假借法和代词还原法。笔者认为译名假借法和代词还原法对应换译法。除佛经翻译外，文学翻译领域和科技翻译领域更见翻译技巧的论述。四次翻译高潮——古代的佛经翻译、明清的科技翻译、

---

① 转引自谭载喜《西方翻译简史（增订版）》，商务印书馆2004年版，第200页。

近代的文艺翻译、新世纪的高科技翻译在取得了辉煌成就的同时，均不同程度地涉及翻译方法，且提出翻译方法在一定程度上受制于翻译标准。这时翻译标准、翻译方法和翻译技巧是混杂在一起的，如佛经时期的直译和意译，释道安的"五失本，三不易"，赞宁的"六例"，徐光启的"会通、超胜"，马建忠的"善译"，严复的"信、达、雅"，茅盾的"切要、系统、神韵"，郭沫若的"风韵、气韵"，朱生豪的"神味、神韵"，鲁迅的"直译、硬译"，傅雷主张"重神似而不重形似"等。其中以严复"信、达、雅"为楷模，影响了我国大部分翻译教材，之后不断有学者在此基础上修订完善，如刘重德1979年提出的"信、达、切"等。

（一）教材专著中换译研究简述

从20世纪50年代开始引进翻译理论思想，编写教材，形成相对完善的翻译方法和技巧。从引进理论、诠释思想，到逐渐形成符合中国国情的翻译实践理论与方法，一批批学者的艰辛付出，推动着翻译学科的发展。教材中大都把"换译"相关类型视为翻译技巧逐条列出。历时看，50年代，有语态变换法、抽象字句与具体字句变换法、语部变换法（名词译为动词等）等。60年代，有加词、减词、词性转译、词义引申、代换法、反面着笔等翻译方法。70年代，有转变、颠倒、否定等翻译方法。80年代，各个语种的关于翻译方法和技巧的教材相继问世，代表性的有《英汉翻译教程》（张培基，1980）、《法译汉理论与技巧》（罗国林，1981）、《实用俄汉科技翻译技巧》（阎德胜，1988）、《德汉翻译教程》（杨寿国，1985）等。90年代，翻译分类更加细化，方法研究领域相应扩大，如口译翻译方法，特别是同声传译方法研究。进入21世纪，翻译方法讨论开始借鉴多学科理论，既有语篇、文化视角，又涉及思维，特别是翻译本体的研究趋向，还有个人翻译艺术研究。黄忠廉《小句中枢全译说》（2008）首次出现"换译"术语。2010年至今，已明确提及换译方法的著作有《俄汉双向全译实践教程》（黄忠廉、白文昌，2010）、《应用翻译学》（黄忠廉、方梦之、李亚舒等，

2013)、《全译方法论》(余承法，2014)，详见附录，具体分析见后文。

上述教材一般都能引进无争议的翻译理论，列举一些切实有效的翻译方法和技巧，用简单易懂的言语进行说明，然后用来分析实例，给翻译提供借鉴。某些教材也会涉及一些较为深奥的翻译理论，但基本上不会对理论进行过多纠缠。在该理论下的翻译方法和技巧，也是本着为翻译实践服务的目的而罗列其中。这些教材对于翻译学科的发展，起到了不可忽视的作用。正是在这些翻译方法或技巧的指导下，才让翻译行为可以把控。

为此笔者又统计了各类学术期刊、学位论文等反映学术思想前沿与焦点的论文类成果。

(二) 期刊中换译研究简述

笔者浏览了《中国翻译》《中国俄语教学》《中国科技翻译》《外语学刊》等相关杂志，对俄语翻译方法相关内容进行了梳理。采用地毯式查找方式查阅了俄语界具有代表性的《中国俄语教学》和翻译界具有代表性的《中国翻译》。前者自1982年创刊起，就关注到中俄互译理论与实践问题。由于其换译相关内容较少，笔者采用历时归纳法统计了1982—2016年翻译内容，希望在探究中俄翻译走向的同时，对换译发展有一定的了解，其大致可分为三个阶段。

第一阶段为1982年至1999年，这十七年主导趋势是：翻译基本是为教学服务的，翻译译员研究者多从翻译实践出发，以文学和技术翻译实践为主，发表体会和感悟，总结点滴式翻译方法。较多涉及词汇翻译的具体翻译技巧问题，如姓名音译、姓名缩写音译、俄语书刊人名翻译、加词法、文学翻译中的修辞性增词、例句译法质疑、汉俄表达方式差异、科技文章译法心得、成语、翻译标准、标点符号、固定表达的翻译问题等。其中应引起特别关注的是"翻译讲座"栏目，自1988年第4期开始至1989年第6期结束，共9讲，分别为：第一讲，臧仲伦：翻译实质和翻译标准；第二讲，臧仲伦：翻译过程和翻译思维；第三讲，赵陵生：语言的民族特点和翻译；第四讲，臧仲伦：形式对应和动态对等；第五讲，张咏白：翻译中词、词组的转换；第六讲，张咏白：翻译和句子结构的转换；第七讲，张咏白：翻译时对语体、修辞的兼思；第八讲，臧仲伦：文学作品的翻译；第九讲，张咏白：政论文翻译的若干问题。涉及无等值词汇、简单句、句式衔接、词序等。此后，对比语言学、语法学、语义学、社会语言学、修辞学、文学、文化学等语言学宏观领域对翻译方法和技巧的影响研究逐渐增多。翻译标准问题、口译、机器翻译问题得到重视，翻译的文化学转向初见苗头。

第二阶段为2000年至2007年，这七年间注重应用型翻译，以社会服务为目的，传统的文学翻译逐渐没落，更为实用的技术翻译、工程翻译、外事翻译和经贸翻译等研究呈现繁荣之势。在引进与诠释俄苏翻译理论的基础上，继续用其他关联学科理论阐释翻译本体及学科体系建设，较多地讨论了口译、翻译教学、翻译技术等问题。这一时期继续探讨翻译标准，运用哲学思维差异和符号学观点对翻译具体概念进行辨析，对翻译学科建设进行指导，对翻译教学教材进行反思。宏观上向广处扩展至中国传统文化外译领域，进军翻译技术，展望机器翻译；微观上向深处探求，如虚词翻译研究等。

第三阶段为2008年至2016年，这八年间翻译专栏名称不固定，有"翻译研究""翻译理论与实践""翻译纵横论""翻译研究与教学""翻译教学及研究""翻译与文化研究""文学及翻译研究"及"学术会议"专栏。翻译研究集中在向内的翻译本体研究，包括理论和方法、技巧等，涉及变译理论、同声传译、翻译教学、MTI、词目翻译、电影对白、歌曲翻译、公示语翻译、菜名翻译和语料库等具体门类，其中具有创新意义的是"变译理论"和MTI。向外扩散的翻译学研究，即与其他领域的联合互证，各种理论学派，如语义学的框架语义学理论、歧义翻译、概念分析等；认知学的释意理论、先例现象、认知心理等；文化学的文化层次、文化外译、文化元素、文化修辞等；语篇学的接续式联系等关联手段、顺应论、话题焦点、语境、功能语体等方面。

《中国俄语教学》杂志主要涉及教学领域，语种也受一定限制，不足以说明"换译"研究的大致走向。创办于1980年的《中国翻译》则属翻译界的权威杂志。笔者分析了1980—2016年换译相关翻译方法与技巧变化趋势，希望以管窥豹。该杂志1980—1985年称为《翻译通讯》，1986年改名《中国翻译》。笔者选择其中关于翻译方法与技巧的文章，归纳翻译方法研究大概趋势是：创刊初期侧重翻译技巧的总结，且多为长期从事翻译实践总结出来的词语、句子等具体语言微观层面的操作技巧。20世纪90年代随着各种翻译理论引进与诠释，翻译技巧与方法研究趋少，但仍然是研究重点之一，并且结合理论进行阐释。2000年之后方法研究逐渐减少。长期以来概念"方法"与"技巧"不分，从其专栏名称"翻译理论·翻译研究与技巧""翻译研究与技巧""译技探讨""翻译实践与技巧"等即可看出。举办讲座专栏，《英汉笔译技巧》（共六讲，陈廷祐，1980）。具体译法如：意译、直译、逐字译（冯世则，1981）；加词法（沈杰，1982）；词类转换和句子成分转换（凌渭民，1982）；文字增减（故延龄，1983）；引申（方梦之，1983；王秉钦，1988）；反译法（林基海，1983）；死译·硬译·淡译（罗山川，1985）；肯定否定转换（倪祥荣，1986）；得"意"岂能忘"形"（叶子南，1987）；补偿法（王恩冕，1988）；增词减词（孙迎春，1988）；直译和意译（劳陇，1989）；文学翻译思考（李锡胤，1989）；钱锺书的译艺谈（罗新璋，1989）；加注和增益（柯平，1991）；语际间表达方式的转换（张复星，1991）；视点转换、具体化和概略化（柯平，1992）；归化和回译（柯平，1993）；视点转换（陈小慰，1994）；可译性和等值（蔡毅，1995）；概念转换（丁树德，1996，2005）；"不可译"与"再创造"（袁筱一，1997）；形象转换（乐金声，1998）；合译（张德让，1999）；可译性及零翻译（邱懋，2001）；直译·顺译·歪译（孙艺风，2001）；增译和省译（田艳，2001）；顺译（杨承淑，2003）；增、减（林克难，2005）；意象转换（刘法公，2007）；词形转换（叶子南，2001，2007）；句法结构转换（陈小全，2008）；语域流变（王东风，2009）；思维模式转换（吕世生，2011）；加法（郭辉，2012）；补偿（栗长江、安翠丽，2013）；翻译策略、翻译方法和翻译技巧（熊兵，2014）；编译（郑宝璇，2015）；零翻译（刘学、薛笑丛，2016）等。

笔者对中国知网的搜索能够助力两份杂志得出的结论，即中俄翻译趋势和换译方法研究走向。2019年12月18日在中国知网上搜索"文献—全文"以"翻译方法"为关键词找到79302条结果；搜索"翻译方法与技巧"找到329093条结果；搜索"俄汉翻译方法与技巧"找到23220条结果；搜索"换译"找到688条结果，其中1961—1999年每年为1至2篇，2000—2007年每年10篇左右，2008—2011年每年20篇左右，2012年开始增多，达到40篇以上，到2018年达至85篇，2019年有些回落，是42篇。细看这些文献，却发现大部分文献都不是研究翻译的，更谈不到换译。其中明确提出换译的有：《小句全译语气转化研析》（黄忠廉，2010）；《零翻译类型考》（李丹、黄忠廉，2012）；《释"对译"》（黄忠廉、贾明秀，2013）；《从全译之"化"看变译之"变"》（余承法，2014）；《科技隐喻汉译的转化类型与策略》（孙秋花，2014）；《"换译"之符号学诠释》（倪璐璐，2016）和《英俄汉科技文本形象换译探析》（倪璐璐，2018）。还有几篇硕士、博士论文：《小句中枢全译说》（黄忠廉，2005）仅在表格中有"换译"一词，并未详细说明或论述。博士论文《歌曲翻译三符变化说——以俄语歌曲汉译为例》（杨晓静，2012）和《俄语术语汉译方法论研究》（信娜，2012）明确"换译"提法，并采用"换译"作为相应的歌曲全译方法之一和术语全译方法之一。博士论文《全译语境作用机制论》（关秀娟，2012）在正文论述中涉及了"换译"。博士论文《全译求化机制论》（余承法，2013）讨论了七大全译求化机制，以英汉互译为语料，用15页的篇幅论述了"换化机制"的界定、理据和类型。硕士论文《俄汉全译之换译探析》（倪璐璐，2011）全篇论及换译，从换译研究概述、体系简述到体系构建最后到理据。

从上述著作类与论文类两大载体角度可以看出换译思想脉络的发展，即"换译"作为翻译方法，明确提出是在2000年之后。虽然该方法一直存在，却使用着不同的称名（详见后文《换译称名流变》一节）。而对翻译方法的研究集中在20世纪80年代至2000年前后。此后对翻译方法的兴趣渐淡，偶有提及，但明显已经不占翻译研究的主流方向。直到近年来，翻译理论与翻译实践脱节，译界学者对"翻译"概念重新反思，才又重视翻译的本体研究。

第二节 换译研究简评

根据换译研究概述可知，换译研究从20世纪50年代兴起，至20世纪80年代后被重视广泛论述，至21世纪渐渐没落，被当成雕虫小技或极端译意而忽略。其发展符合辩证发展观。本节从换译视角、换译不足之处和换译研究发展趋势三个角度简评换译研究。

一 换译视角研究简评

翻译的母源学科为语言学和思维学，翻译的目的是传递文化信息，因此下面笔者以专著和《中国翻译》《中国科技翻译》《外语学刊》《上海翻译》《中国俄语教学》等期刊文章为载体从换译术语演变、换译类型理据、换译多学科研究视角入手，梳理国内外换译研究情况。

（一）换译术语演变视角

笔者统计了1958—2014年著作文摘等相关文献，发现对于"换译"的研究很不充分，术语不统一，分类层级不固定，且大部分著作和文章都不区分转换，涉及"换译"的部分也星星点点。截至目前相关提法的次数排序是：转换＞词类转换＞换译＞替代＞词类转译＞反译＞代换法＞调换＞改换＞变换＞更换＞置换。

"换译"与"转译"截然分开，最先出现在黄忠廉2005年的博士论文中，但并未对之加以论述，只是作为全译七法列举在表格中。"全译"亦称"全文翻译"，即"整段整句地将全文译完"①。黄忠廉（2008）赞成该观点，并以是否保持原作完整性为标准，将翻译分为一对新范畴：全译与变译。所谓全译就是人或机器将甲语文化信息转化成乙语以求信息量极似的智能活动和符际活动。换译是全译的方法之一，可是同年出版发行的《小句中枢全译说》并未专门论述"换译"研究，直至2009年《翻译方法论》的出版标志着"换译"的正式确立。

（二）换译类型理据视角

从目前得到的文献来看，换译过程研究不充分，换译类型区分标准不统一。大多学者仅就语表形式与语里意义的差别提出"词类转换""成分转换"等技巧。黄忠廉（2009）从翻译方法论角度将换译的研究扩展到语用价值、语里意义和语表形式的层面上，指出换译是应语用价值和语里意义的需要而进行的语表形式变化，并将换译分为肯否换译、主被换译、动静换译、语序换译、句型换译、虚实换译、词类换译等七类。倪璐璐（2011）尝试从翻译单位角度将换译划分为音位换译、词素换译、词的换译、词组换译、小句换译、复句换译和句群换译七大类。余承法（2014）发展了黄忠廉的思想，提出换译是应语值再现和语里意义以及译文语表形式的需要，交换双语表达手段和方式的全译方法。换译类型分为词类换译、成分换译、句类换译、动静换译、肯否换译和主被换译六种。直至目前，笔者一直致力于换译的相关研究。

换译理据研究意识目前还比较薄弱。大多数学者仅从语表和语义结构角度谈什么时候换译而已，对于为何换译却闭口不谈。有少数学者从文化学角度切入，但只是将换译作为解决文化障碍的一种

---

① 方梦之主编：《中国译学大辞典》，上海外语教育出版社2011年版，第122页。

手段。关于换译本体研究并未详加说明，如刘宓庆（2005）仅将"替代"作为文化信息双语转换手段而已。倪璐璐（2011）说明可以从逻辑学、语言学、文化学和美学视角阐释理据，但不够深入。余承法（2014）也认为换译因不同操作类型差异而有不同的原因。目前来看，关于换译理据的论述仍需加强。

（三）换译多学科研究视角

有人戏称翻译研究门槛低，什么学科都可介入。虽为玩笑，却有些道理。翻译涉及跨语转换，因此与其他学科形成交叉。笔者顺着翻译学是本体，语言学与思维学是两翼，即翻译学"一体两翼"思路，简单总结换译多学科研究。

1. 翻译学角度

从翻译教学角度看，翻译方法可归纳为"觅同法、对应法、替代法和移植法"① 四种。觅同法即寻求绝对等值手段，如 как рыба в воде（如鱼得水）。对应法即寻求相对等值手段，如 убить двух зайцев одним выстрелом（一箭双雕）。替代法即寻求确切替代手段，如 колосс на глиняных ногах（泥足巨人）。移植法即把原语中的语言现象直接引进译语，也就是鲁迅所说的拿来主义，如纸老虎（бумажный тигр）。从语言形式上上述四种方法实则为增、减、移、换四大转换法；从语义上有词义引申法、抽象法、具体法、反译法、语义阐释法、补偿法、色彩表达法、形象觅同法、对应法、替代法、移植法等。刘宓庆将翻译的方法归纳为对应、替代、转换、重写等，其中转换细分为词性、肯定与否定、句式、动词形态等转换。加尔博夫斯基（Н. К. Гарбовский）探讨了转换操作的类型，以表格形式列举了什维策尔、巴尔胡达罗夫、科米萨罗夫、明亚尔-别洛鲁切夫、加克保尔·维纳和让·达贝尔内等人的具体类型，概括起来大致如下：词汇转换、语法转换、意义分化、意义具体化、意义概括化、意义引申、反面着笔、整体转换、加词法、减词法、补偿法、

---

① 王育伦：《俄译汉教程》，黑龙江教育出版社2002年版，第170页。

移位法、替代法（语法替代、词形替代、词类替代、句子成分替代、复合句中的句法替代、词汇替代、因果替代等）、音译、形译、仿译、逐字翻译、拆句法、并句法、描写法、调整等①。除了归纳他人的研究成果，他还重点论述了意义转换的逻辑—语义基础，即"对应概念间不同逻辑语义关系类型而采取的各种'调整'（模уляции）策略，如具体化、概括化、代词替换、反面着笔以及同义替换等"②。从翻译本体研究、翻译学科理论建设角度论及换译的当属黄忠廉先生。黄忠廉、李亚舒（2003）、黄忠廉（2004，2007，2009，2010，2013）等文章站在翻译本体理论的高度均涉及换译。他叩问翻译本体，提出全译与变译两大范畴，全译七法，变译八种手段。余承法（2014）建构了一套全译方法体系，换译作为体系成员之一，得到了深入的阐释，体现在"概念界定与体系建构、事实挖掘与规律总结、实践导向与理论提升"③三个方面。"换译"最先作为一种翻译技巧，后而上升为一种翻译方法，正是本书的研究对象。

2. 语言学角度

20世纪80年代以前，大多数国内外学者主要从语言学角度研究翻译问题，如费奥多罗夫（А. В. Фёдоров，1958，2002）认为要达到翻译艺术性，就必须从语言学角度研究翻译问题，特别是词汇问题。列茨克尔（Я. И. Рецкер，1974）著作的副标题即"翻译理论的语言学论纲"。巴尔胡达罗夫（Л. С. Бархударов，1975）也着重从语言学角度论述替代法（замены），细分为词性替代、词类替代、句子成分替代、复合句中的句法替代、词汇替代、反面着笔和补偿法等。中国国内20世纪80年代和90年代以科技翻译为主的翻译教材

---

① Гарбовский, Н. К. Теория перевода（2-е издание）. М.：Изд-во. Моск. ун-та, 2007, стр. 384 – 385.

② Гарбовский, Н. К. Теория перевода（2-е издание）. М.：Изд-во. Моск. ун-та, 2007, стр. 416 – 468.

③ 黄忠廉：《全译研究：返本出新——余承法〈全译方法论〉评介》，《东北亚外语研究》2015年第3期。

盛行，其中换译仍然主要从语言单位——词、语、句等角度加以论述和使用。俄汉方面，以科技文体为主论述的当属董宗杰（1985，1986）、应云天（1985）、何嵘（1988）、阎德胜（1988，1992）、徐长瑞（1989）。俄英方面，如科米萨罗夫（В. Н. Комиссаров，1990）。英汉方面，代表性人物有黄荣恩（1981）、凌渭民（1982）、保清、符之（1983）、谢国章（1987）、邹人杰（1988）。其他翻译教材期刊，无论语种如何，也大都以"词、语、句"方式进行编写，不作赘述。2000 年之后，翻译研究视角发生转变，语言学角度已成为传统研究，语种涉及英、俄、日、阿等语种。值得一提的有华先发（2000）、王育伦（2002）、肖桂芬（2003）、加尔博夫斯基（Н. К. Гарбовский，2004）、蔡毅（2005）、廖国强（2006）、雷鸣（2009）、程涛（2011）等学者的研究。

3. 思维学角度

2000 年之后，随着翻译外围学科的不断发展，从相关学科角度讨论翻译的著作开始涌现，从思维学角度论述换译方法的如张光明（2001）中讲到"代换法"。期刊论文有谭业升（2001）涉及转性译法（词类转译法）、换形译法等；谢云才（2013）从认知语义角度论述义素对应转换和义项对应转换，以及隐喻转换等；孙秋花等（2014）则将换译直接作为科技隐喻汉译的语际转化策略之一。思维学近年来与认知学、心理学、神经学等学科相结合，其解释力度逐渐增强。

4. 文化学角度

2000 年之后换译研究视角逐步扩大到篇章视角乃至文化视角的研究上，如李运兴（2000）、包惠南（2001）从文化语境的角度论及换译法，作者使用的术语是"改译"；刘宓庆（2005）提出了"替代"方法并指出替代是个开放系统，是文化信息双语转换手段。替代可行性的主要理据是文化适应性及审美有效性，相关期刊如袁顺芝（2014）论述了俄汉翻译中如何处理语言文化现象。

5. 其他学科角度

除了上述与换译最为相近的四个角度外，换译的研究中也涉及诸如哲学、美学、心理学、认知学、宗教学、词典学、语用学、教学法等相关外围学科，如王忠亮（1986）讲到转换和替代。转换分为主谓语调位，主从句颠倒，肯否、主被互换。替代分为两种类型，一种是普通词语不按原义直译，而是用其他词替换，以便更好地复现原作的丰姿；另一种是形象词语的借代问题。拉特舍夫（1988）的转换法包括结构层和内容层转换。阎德胜（1993）则将翻译上升到艺术高度进行论述。还有以译者翻译行为的个案研究为角度论述的，如孙迎春（2004）直接以张若谷的翻译艺术为例进行研究；陈伟（2014）以葛浩文的《丰乳肥臀》英译本为例来说明中国文学外译的滤写策略思考，并提出"变换，转化"等策略。

翻译模式研究可从大量的译例中分析归纳出具有普遍意义的规律，可借助相关学科的理论来解释具有普遍意义的翻译现象，可利用大量的译例来证明某些理论的正确性。本研究力求兼顾三点。第一，从大量中俄双向译例中分析归纳出具有普遍意义的类型规律，从而得到换译类型体系。这一体系是开放的，随着观察的日益细致和译例的不断出新，可以与时俱进增添新的具体类型。这种研究形式可以对应于что/what层。第二，在解释换译现象的同时，利用大量译例来证明换译理据的科学性，从而推导出换译的机制，对应于как/how层。第三，利用语言学、思维学、文化学，以及哲学、认知学、心理学等相关理论来解释换译现象，从而形成具有普遍意义的换译理据，对应于почему/why层。

二 换译研究不足之处

换译研究历经沧桑，从繁荣到衰落符合辩证发展观。对其研究的不足之处在于对其不够重视，导致研究内容空泛乏力。因不同学者关注点各有侧重，导致盲人摸象、表述各异，因而研究未成体系。

（一）重视不够

认知科学、文化学、语用学等多角度研究换译，有利于换译体系的建立。认知科学角度侧重对换译微观机制的解释。文化学角度不可译性是换译使用的直接原因。语用学关注换译在翻译过程中语境的作用。但从目前文献统计来看，很少有学者将换译作为研究对象，从不同角度论证。除了黄忠廉（2009，2010，2013）、倪璐璐（2011，2016，2018）、余承法（2014）简单涉及了语言与思维，文化与美学学科，其他学者大多没有重视换译，仅将换译作为处理翻译语言矛盾的技巧之一，停留于语言形式表面，并未提升到方法论层面。实践多，理论少；重复多，创新少。

（二）盲人摸象

国内外从20世纪50年代就开始涉及换译，但仅停留在"词类换译"和"成分换译"层面上，不免沦为泛泛之谈。80年代随着科技翻译的异军突起，对方法的研究才被重视起来。换译类型有所拓展，如"形象转换"，但其实质仍未突破传统，翻译技巧的讨论仅仅变成找语言上的错误。"转换"方法剥离仍未被普遍接受。黄忠廉提出"换译"后，对换译研究角度的论述并不多。余承法以全译为研究对象，自然对换译研究的深度不够。倪璐璐（2011）虽然专门讨论换译，但对于"转换"区分标准的描写仍然不系统不充分，且整个硕士论文理论高度不够，"换译"体系的构建标准还有待商榷，体系还有待完善。倪璐璐（2016）从符号学角度诠释了"换译"，倪璐璐（2018）以英俄汉科技文本为例来探讨形象换译，但仍然严重缺乏"换译"是如何指导翻译实践的论述。综观而言，对"换译"体系的描写还很片面。

（三）表述各异

据粗略统计，国内外的"换译"研究方法多集中在语言学语言单位上，从"换译"称名流变可以看出"换译"术语表述各异。对换译的研究方法基本上属于孤例型，离开这一例子，"换译"方法就不适用了，因此也就不具有广泛的说服力。况且从方法论上讲，研究对象如果连术语都不统一，就很难深入下去。

（四）未成系统

换译的方法研究处于初步描写阶段，目前关于转换区分还没有统一的标准，换译的定义还有待深入，分类标准五花八门，彼此之间没有逻辑性，换译的理据还有待进一步挖掘，特别是微观思维机制。换译研究需要借鉴和吸收其他学科的理论，以便系统性地研究换译。

三　换译研究发展趋势

对于换译研究不足之处，可顺藤摸瓜，各个击破。目前来看，换译研究有待系统化，微观过程有待深化，应用价值有待开发。

（一）换译研究有待系统化

国内外研究者对双语转换的机制、过程、方法有不同的见解，论述方式各不相同，但他们大都不区分转换。但是"换译"这一翻译技巧确实已经得到认同并在翻译过程中得到使用。综合国内外研究现状及发展趋势，完全有必要对"换译"这一翻译方法做更深入细致的研究。本书试图将翻译技巧提升为翻译方法，加以系统性研究。正如方梦之所言，"翻译研究应该回归本体，特别是回归到文本和翻译主体。不管是语言学的翻译研究也好，还是多学科的交叉研究也好，都要在译学的本体扎根，才能生发出新的东西，使译学不断丰富，不断完善"[1]。

（二）换译微观过程有待揭示

从国内外换译研究现状来看，涉及换译的文献大都停留在"词类转化、成分转换"的表面。涉及换译微观过程运行机制的文章少之又少。随着信息技术和认知语言学的发展，特别是翻译学科近些

---

[1] 方梦之：《译学的"一体三环"——从编纂〈译学辞典〉谈译学体系》，《上海翻译》2006 年第 1 期。

年蓬勃发展，对换译微观过程机制的探讨成为一种必然。换译有助于跨越语际思维认知障碍，找到合理译语。换译替代的隐性机制与显性原因亟待发掘。

（三）换译的应用价值有待开发

换译系统研究成果可直接指导实践，用于口笔译翻译实践、翻译课堂教学、双语词典编撰、双语语料库建设、翻译批评甚至机器翻译等，有助于翻译批评从感性上升到理性高度，促进译文质量的提高。换译作为一种方法，其机制如能模式化，将来有望服务于机器翻译。

本章小结

本章针对俄苏和欧美的一些翻译理论者对翻译方法，特别是换译的相关研究进行了概述。基于对中国国内书籍和报刊的浏览，简述了换译发展演变的大体思路和成果。这是一种现象层面的描述。

国外如巴尔胡达罗夫、加尔博夫斯基、卡特福德、奈达等学者在翻译理论研究中涉及了换译法，但大都未作强调，因为他们的研究重点在宏观翻译理论的构建上。换译法，或曰传统的"替代法"，仅仅是翻译技巧与方法中的一小部分，而翻译方法则属于翻译实践范畴。由于换译法的分布范畴与战略地位，使得所受关注较少，也是自然的。

国内部分以《中国俄语教学》和《中国翻译》两大杂志为主，以自创刊起至今关于"换译"的研究为主线，统计了中国知网相关文献的数量。得出翻译技巧与翻译方法长期不加区分，"转"与"换"作为一种翻译操作方法，尚嫌笼统的结论。通过对教材和专著的综述，认为蔡毅、张培基、董宗杰、王秉钦、闫德胜、王育伦、刘宓庆、黄忠廉等人在探讨翻译理论和实践的同时，也论述过换译相关方法。这类论述一是为教材各种译法提供例证，二是为阐释各个学者所提倡的理论。整体而言，"换译"是服务于其他的，地位低下。直至黄忠廉、余承法、倪璐璐等人的系列研究，才正视"换译"的地位，将其归入翻译方法体系中。换译属于实践方法论，围绕全译单位将技巧提升为方法。他们的研究系统性强，但单论"换译"尚需深入。

　　国内外相关文献的综述，为"换译"找到了具体存在。通过换译研究述评，得到换译可以从换译术语演变、类型理据和多学科研究三大视角看出换译研究存在重视不够、盲人摸象、表述各异和未成系统等四大不足之处。这些不足制约着换译的发展。以此为问题出发点，预估换译的发展趋势，从宏观到微观是：换译研究有待系统化，换译微观过程有待揭示，换译的应用价值有待开发。

　　本章的研究思路是从现象出发整理相关文献的研究方式，目的是归纳换译具体类型，探求换译运行机制，寻觅换译理据。换译即"替代"，本身并不是新发明、新创造，而是将一直以来不受重视的"替代"纳入翻译方法，具体而言是在全译方法体系中，使得"替代"术语化为"换译"。这种老问题新思路的研究方式，正如新瓶装旧酒，欲将佳酿的醇正口味用最美的方式呈现出来。

　　文献综述是本书换译研究的出发点。只有掌握了充足的文献和语料，才能归纳出较为科学的翻译方法。换译，自产生之日起，就被认为是一种技巧。然而不论是技巧，还是方法，都直接来自译者的实际翻译经验与感悟，来自翻译实践。翻译实践孕育翻译理论，翻译理论指导翻译实践。当翻译学逐渐脱离语言学，从艺术走上科学之路时，翻译理论也逐渐得到重视。翻译外围研究促进翻译本体研究，而本体研究中翻译方法的研究占重要地位。方法论是关于方法的理论与学说，是普遍意义上的概括知识。换译作为全译七法之一，是全译的组成部分，更是翻译学的有机组成部分。翻译理论对换译进行高屋建瓴式指导。

　　传统从语言学角度探讨换译的最多，这与语言学是翻译的母源学科息息相关。换译作为翻译方法，必将落实在具体可感的文字或语音层面，即文本上。而文本最终构成了大量的文献。本章对理论文献的梳理，既涵盖了国内外翻译方法相关理论文献，又包括翻译实践方法的总结性文献。对文献进行梳理并考察，对文本进行语言学、思维学、文化学等各个角度的解读，将会深化对换译的认知。即便是换译微观机制的探讨，也需建立在文本上，模拟思维步骤，借助思维、心理与认知等科学成果，才能描述与假设大脑黑匣子中的换译操作步骤。

因此本章看似是基本的文献综述，却能对后文换译的概念界定、类型划分、机制假设、理据阐释等章节产生至关重要的作用。正所谓根深才能叶茂，故而笔者单辟一章专门用于换译研究述评。

第 二 章

换译概念界定

黄忠廉2000年提出翻译变体概念，2002年发展为变译并出版专著《变译理论》。据此翻译分为全译与变译两大范畴。而本书所研究的换译隶属全译范畴，来自"转换"。1975年巴尔胡达罗夫提出перестановки（移位法）和замены（替代法），将二者统筹在"转换"范畴下。随着译学本体研究的深入，"转"与"换"进入译学术语范畴，内涵变大，外延缩小，普通词汇在使用过程中获得了专业化特点，成为关键词，逐步变成术语。"转换法"分为"移（转）译"和"换译"是大势所趋。换译研究先从称名出发，探讨称名流变及最终选择的依据。基于此分析换译概念的内涵，采用经典定义法加义素分析法得出换译定义并从外延论述以明确换译概念范畴。

第一节 换译称名流变

卡特福德提出翻译转换理论，认为"转换（shift）是从原语到译语过程中形式对应的偏离"[1]。转换意为改变、改换。转指改换方

---

[1] Catford, J. A. *Linguistic Theory of Translation*. London：Oxford University Press, 1965, p. 73.

向、位置、形式、情况等；换指变换、更换、兑换。"转"与"换"义素有重合，译界将二者视为同一。"换译"常与其他翻译方法相混淆，特别是"移（转）译"，究其原因是概念不清。《翻译研究关键词》收录了 interchange 互换/换译①，而《现代汉语词典（第 6 版）》（文中简称"现汉 6"）和《中国译学大辞典》（方梦之主编，2011年）尚未收录"换译"。

一 换译称名梳理

作为全译七法之一的"换译"历史渊源怎样？笔者采用调查法并选取了 1953—2015 年的代表性文献 100 篇，作"换译"称名流变表，见表 2-1。本表以俄译汉、英译汉和日译汉相关称名为出发点，附带德译汉、法译汉、阿译汉。各语种翻译相互借鉴、互相促进、协同发展。

表 2-1　　　　　　　　"换译"称名流变

序号	年份	作者	名称	载体	语种	"换译"称名
1	1953	林汉达	英文翻译——原则，方法，实例	专著	英汉	语态变换法；抽象字句与具体字句变换法；语部变换法（名词译为动词等）
2	1955	宋更平	词类的转译	期刊	俄汉	词类转译
3	1955	程度	略谈词性的转译	期刊	俄汉	词性的转译
4	1956	奚建瀛	被动句的译法	期刊	俄汉	被动译主动
5	1956	王士燮	逐词翻译与翻译实践	期刊	俄汉	词类转换；逐词翻译
6	1957	朱然元	汉俄被动语态的比较译法	期刊	俄汉	比较译法
7	1957	黎泽济	译文的反面着笔	期刊	俄汉	反面着笔

---

① ［加拿大］迪里索（Delisle, J.）、［瑞士］利加恩克（Lee-Jahnke, H.）、［法国］科米尔（Cormier, M. C.）编著：《翻译研究关键词》，孙艺风、仲伟合编译，外语教学与研究出版社 2004 年版，第 73 页。

续表

序号	年份	作者	名称	载体	语种	"换译"称名
8	1958	А. В. Фёдоров（费奥多罗夫）	Введение в теорию перевода（翻译理论概要）	专著	俄英	Транслитерация（转写）；гипонимический перевод（上义法）
9	1959	张会森	俄译汉中颠倒原文语法形式关系	期刊	俄汉	颠倒语法形式
10	1963	蔡毅	我对翻译教学的一些看法	期刊	俄汉	同义代换
11	1964	北京外国语学院	翻译（汉译俄）	教材	汉俄	词性转译；词义引申；代换法；反面着笔
12	1965	屈华荣	汉语成语俄译的方法试探	期刊	汉俄	替换式；借用；改动（改译）
13	1974	Я. И. Рецкер（列茨克尔）	Теория перевода и переводческая практика: Очерк-илингвистической теории перевода（翻译理论和翻译实践：翻译理论的语言学论纲）	专著	俄英	Адекватные замены（等同替代）；Целостное преобразование（整体转换）
14	1975	Л. С. Бархударов（巴尔胡达罗夫）	Язык и перевод（语言与翻译）	专著	俄英	Замена 替代法
15	1976	刘大民	英文翻译方法和实例	教材	英汉	同义字互用法；语态变换法；抽象字句与具体字句的变换法；
16	1978	罗斯	习语英译法	专著	汉英	同义习语借用法；还原法；粗俗语的回避法
17	1979	伍海伦	英文翻译手册	教材	英汉	转变；颠倒；否定
18	1980	张培基	英汉翻译教程	教材	英汉	词类转译；正反、反正表达法
19	1981	罗国林	法译汉理论与技巧	教材	法汉	反译法；词类转换译法
20	1981	郑泽生，耿龙明	俄汉翻译教程	教材	俄汉	变通；更改形象

续表

序号	年份	作者	名称	载体	语种	"换译"称名
21	1982	周允，王承时	汉译俄教程	教材	汉俄	转换
22	1983	保清，符之	科技英语翻译理论与技巧	教材	英汉	转换法
23	1984	殿兴	俄译汉中词的翻译方法概说	期刊	俄汉	代替法
24	1985	王册	科技英语翻译技巧	教材	英汉	转换；反译
25	1985	杨寿国	德汉翻译教程	教材	德汉	词类转换
26	1985	董宗杰	俄汉科技翻译教程	教材	俄汉	转换；变序
27	1986	应云天	俄汉科技翻译	教材	俄汉	改变词序；改换词类；改变句量；语法结构的正反处理；改变句子成分
28	1986	黄龙	翻译技巧指导	教材	英汉	词性转化
29	1986	王忠亮	距离等值翻译论	期刊	俄汉	替代
30	1986	应云天	俄汉科技翻译	教材	俄汉	改换词类
31	1987	谢国章	科技英语翻译技巧	教材	英汉	词类转换；成分转换；语序颠倒
32	1987	王秉钦	文序与翻译	期刊	俄汉	句式的选择和变换
33	1988	邹人杰	汉英科技翻译技巧	教材	汉英	句子转换技巧；词序的变换
34	1988	何嵘	科技俄语翻译技巧与方法	教材	俄汉	词类转译
35	1988	Л. К. Латышев（拉特舍夫）	Перевод: проблемы теории, практики и методика преподавания（翻译：理论，实践与教学法问题）	教材	俄德	Транслирующие（置换法）；Модифицирующие（转换法）
36	1988	阎德胜	实用俄汉科技翻译技巧	教材	俄汉	句型转换
37	1989	董金道	现代科技俄语翻译技巧	教材	俄汉	词类转译
38	1989	蔡毅	俄译汉教程	教材	俄汉	词类转译
39	1989	徐长瑞	科技俄语翻译技巧与练习	教材	俄汉	代换法

续表

序号	年份	作者	名称	载体	语种	"换译"称名
40	1989	阎德胜	科技俄语主客转换翻译技巧	期刊	俄汉	主客转换
41	1989	王秉钦	论翻译中的形象转换	期刊	俄汉	形象转换
42	1990	王秉钦	新编俄汉翻译教程	教材	俄汉	形象转换；类别转换；结构转换；语态转换；单位转换
43	1990	阎德胜	俄译汉中偏正结构调换语序翻译技巧	期刊	俄汉	调换语序
44	1990	黄邦杰	谈翻译	教材	俄汉	词性转变
45	1990	В. Н. Комиссаров（科米萨罗夫）	Теория перевода（翻译理论）	专著	俄英	Лексико-семантические замены（词汇语义替代）
46	1991	蔡毅	翻译：语言形式的转换	期刊	俄汉	语言形式的转换
47	1991	倪波，顾柏林	俄语语句同义转换——方法和手段	教程	俄汉	换位词
48	1992	阎德胜	俄汉科技翻译技巧——翻译新探	教材	俄汉	调换段序；调换句序
49	1992	罗选民	论翻译的转换单位	期刊	英汉	转换
50	1993	阎德胜	翻译的艺术	教材	俄汉	转换词类；转换语形
51	1994	范仲英	实用翻译教程	教材	英汉	改变词类（conversion）；反译法
52	1998	徐亚男，李建英	外事翻译：口译和笔译技巧	教材	俄汉	改译法
53	1999	王秉钦，李霞	简明俄汉翻译教程	教材	俄汉	范畴转换；形态转换
54	1999	张维为	英汉同声传译	专著	英汉	转换；反说
55	2000	华先发	新实用英译汉教程	教材	英汉	转换
56	2000	李运兴	语篇翻译引论	专著	英汉	替代同构
57	2001	包惠南	文化语境与语言翻译	专著	英汉	改译
58	2001	张光明	英汉互译思维概论	专著	英汉	代换法

续表

序号	年份	作者	名称	载体	语种	"换译"称名
59	2001	谭业升	从语义认知角度看翻译技巧	期刊	英汉	转性译法（词类转译法）；换形译法
60	2002	王育伦	俄译汉教程	教材	俄汉	替代；转换法；词类转换；句型转换
61	2002	王利众	新编大学俄语翻译技巧与训练	教材	俄汉	转换
62	2003	常波涛	日汉互译基础与技巧	教材	日汉	变译（变序译）
63	2003	肖桂芬	阿汉汉阿翻译教程	教材	阿汉	词类转换
64	2003	刘宓庆	翻译教学：实务与理论	专著	英汉	Substitution（替代）；conversion（转换）
65	2003	赵桂华	翻译理论与技巧	教材	英汉	词类的转译
66	2003	黄忠廉，李亚舒	论翻译策略系统	期刊	英汉	换转
67	2004	Н. К. Гарбовский（加尔博夫斯基）	Теория перевода（翻译理论）	教材	俄英	Модуляция（调整）
68	2004	方梦之	翻译新论与实践	教材	英汉	升华（词组转换）
69	2004	黄忠廉	论全译的中枢单位	期刊	汉英俄	词语与小句互换；短语与小句互换
70	2004	黄忠廉，李亚舒	科学翻译学	专著	英汉	转换策略
71	2004	孙迎春	张若谷翻译艺术研究	专著	英汉	conversion of parts of speech（词类转换）
72	2004	苏琦	汉日翻译教程	教材	日汉	词类转换
73	2005	王大伟，魏清光	汉英翻译技巧教学与研究	专著	汉英	变换用词
74	2005	蔡毅	俄译汉教程	教材	俄汉	词类转译
75	2005	刘宓庆	新编当代翻译理论	专著	英汉	替代；转换（词性，肯定与否定，句式，动词形态等转换）；重写

续表

序号	年份	作者	名称	载体	语种	"换译"称名
76	2005	刘宓庆	文化翻译论纲	专著	英汉	替代；易词而译
77	2005	黄忠廉	小句中枢全译说	博士论文	汉英俄	换译
78	2005	李红青，黄忠廉	俄译汉教程6（修订版）问题分析及其对策	期刊	俄汉	换译—虚实换译；词类换译；动静换译；主被换译；正反换译
79	2006	廖国强	英汉互译理论技巧与实践	教材	英汉	词的转换
80	2006	刘保华	英汉翻译技巧——视角转换	期刊	英汉	词性转化；语态变换
81	2007	黄忠廉	小说全译的宏观探索——《叙事类型视角下的小说翻译研究》读后	期刊	俄汉	更换
82	2008	黄忠廉	小句中枢全译说	专著	英俄汉	换译
83	2009	雷鸣	日语翻译理论与实务	教材	日汉	反译；变译（改译）
84	2009	于斌	俄语翻译的技巧探讨	期刊	俄汉	代换法
85	2009	黄忠廉	翻译方法论	专著	英汉	换译
86	2009	黄忠廉	文化翻译层次论	期刊	俄汉	换
87	2010	何元建	论本源概念的翻译模式	期刊	英汉	换译
88	2010	黄忠廉	小句全译语气转化研析	期刊	英汉	语气换译
89	2010	黄忠廉，白文昌	俄汉双向全译实践教程	教材	俄汉	换译
90	2011	倪璐璐	俄汉全译之换译探析	硕士论文	俄汉	换译
91	2011	程涛	再议科技俄语翻译的方法与技巧	论文汇编	俄汉	代换译法
92	2012	信娜	俄语术语汉译方法论研究	博士论文	俄汉	换译
93	2012	杨晓静	歌曲翻译三符变化说	博士论文	俄汉	语符换译；点符换译

续表

序号	年份	作者	名称	载体	语种	"换译"称名
94	2013	黄忠廉,方梦之,李亚舒	应用翻译学	专著	英汉	换译
95	2013	黄忠廉,贾明秀	释"对译"	期刊	汉英俄	换译
96	2013	关秀娟	科学翻译的逻辑性重构论	期刊	俄汉	逻辑性换译
97	2013	谢云才	翻译中形象转换的语义模式	期刊	俄汉	义素对应转换；义项对应转换；隐喻转换
98	2014	余承法	全译方法论	专著	英汉	换译
99	2014	孙秋花	科技隐喻汉译的转化类型与策略	期刊	英汉	换译
100	2015	黄忠廉	全译研究：返本出新——余承法《全译方法论》评介	期刊	英汉	换译

共时角度看，1953—1980年（序号1—18），除了1956年的"词类转换"，学者们并未将"转换"合在一起，这一阶段较多出现的为"词类/词性转译/转写"等。1981—1990年（序号19—45），"转换"作为一个概念突然兴起，共出现15次，此间"转换"基本停留在"词类换译"层面上，少许涉及了语序、句型和形象及类别换译。"置换法"和"代换法"概念提法相对比较明确，"词类转译"虽以"转"命名，实指"换"。"改换词类"重点也落在"换"上。1991—2000年（序号46—56），"转换"共出现6次。此间"转换"内涵扩大了，不仅指微观的翻译技巧，还指宏观上处理跨语矛盾的一种方式，甚至扩大到将翻译视作两种语言间的转换。2001—2010年（序号57—89），随着语种的增多，称名方式借鉴了以前取得的成果并发展繁荣，不拘小节，大胆创新，如"调整，升华，变译，改译"等。随之而来的问题是某些术语概念更加模糊，

不易辨别。仍有学者如刘宓庆采用"替代""转换"和"重写"等概念；雷鸣使用"反译、变译"等词语。即便提出"换译"术语的黄忠廉，其"换译"也历经了换转（2003）—转换（2004）—互换（2004）—换译（2005）—更换（2007）—换（2009）—换译（2008，2009，2010，2013，2015）。可见"换译"称名经历了从模糊到清晰的辩证发展历程。2011—2015年（序号90—100），"换译"成为翻译术语，地位比较稳固了，使用的学者也越来越多。这说明，"换译"正在逐渐被翻译界接受。

从历时角度看，自20世纪50年代至21世纪初期，"转换"不分，"换译"称名变化不大。50年代有"变换法、词类转换、比较译法、转写、反面着笔"等。60年代有"词性转译、词义引申、代换法、反面着笔"等。70年代"整体转换、等同替代、变换法、互用法、借用法、还原法、回避法、转变、颠倒"等。80年代俄汉语界平分秋色，借鉴于俄罗斯及苏联取得的成就，中国国内的翻译方法研究也取得了极大的进步。这一时期的研究涉及词类、句型、句序、形象换译等，提法更加多样化，如"反译法、成分转换、变通、代替法、置换法"等，同时对英、法、德等语种也有所涉猎。90年代继承过往，研究更加深入，新出现的提法有"反译法"和"改译法"等。21世纪以来，英、俄、汉、日、阿拉伯语界越来越重视翻译技巧的研究。这一时期，除了传统的"词类转换"和"成分转换"等提法外，尤为可贵的是2005年黄忠廉首次提出"换译"概念并逐渐得到翻译界的认同。此后笔者一直致力于此方面的研究。

二　换译称名溯源

翻译对应俄语перевод，英语translation（通常指笔译）和interpretation（通常指口译），笔者认为interpretation是阐释、解释的意思，在译学中也作"翻译"，着重于"口译"，其词源来自俄语интерпретация，意思是：注解，解释，阐释。俄语翻译术语，特别是"口译"这一术语没有定为интерпретация，而是устный перевод。其中词素 пере-和 trans-以及 inter-都含"跨"义素，即从一种语言跨到另一种语言，这种跨语言跨时空的行为传统称为"转换"，翻译也随之称为转换行为。巴尔胡达罗夫认为"翻译是将某一语言的言语产品在保持内容（意）不变的情况下转换成另一种语言的言语产品的过程"[1]。切尔尼亚霍夫斯卡娅认为"翻译旨在改变言语产品的结构，即在保持内容不变的情况下改变表达方式，用一种语言来代替另一种语言"[2]。从"跨"义素上讲，上述两个定义中与之相近的关键词为转换（преобразования）、改变、代替。

2019年12月18日检索中国知网"文献、主题"搜索关键词"翻译转换"得到503条结果，大部分文献将其作为一种理论（以卡特福德的"翻译转换理论"为代表）、过程、机制（以黄忠廉"翻译转换机制"为代表）、模式、视角等进行研究。以"转换法"为篇名的文献9条，大部分将其视为翻译的方法进行例证分析，以"转换法"为主题9条，以"变换法"为主题7条。以"换译"为关键词搜索得到71条结果，但文献标题中明确注明"换译"字样的仅5条，其中3条是笔者的文章《英俄汉科技文本形象换译探析》（2018）、《"换译"之符号学诠释》（2016）和2011年硕士论文《俄汉全译之换译探析》。硕士论文中历时考察翻译教材、专著、论文中换译称名的嬗变，重新厘定其概念，构建了包括音素、音位、词、短语、小句、复句、句群等各个单位在内的俄汉全译之换译体系，并从逻辑学、语言学、文化学视角考察换译的理据。另外2条是《从言语幽默概念的视角探讨换译和意译在幽默中的不同表现》[3] 和《韩中翻译中的主语成分换译与

---

[1] Бархударов, Л. С. *Язык и перевод* (*Вопросы общей и частной теории перевода*). М., «Междунар. отношения», 1975, стр. 11.

[2] Черняховская, Л. А. *Перевод и смысловая структура*. М.: Международные отношения, 1976, стр. 3.

[3] 王孝、戈玲玲：《从言语幽默概论的视角探讨换译和意译在幽默翻译中的不同表现——以〈许三观卖血记〉及其英译本为例》，《海外英语》2015年第21期。

语序变换》①，细观二文，发现未对"换译"进行深入分析。若采用高级检索方式、以"换译"作为主题关键词，模糊搜索，以具有代表性的 16 家翻译学研究权威杂志《解放军外国语学院学报》《外国语》《外语教学》《外语教学与研究》《外语研究》《外语界》《中国外语》《外国语文》《外语电化教学》《外语教学理论与实践》《外语学刊》《外语与外语教学》《现代外语》《上海翻译》《中国科技翻译》《中国翻译》作为文献来源，进行搜索，仅得到结果 12 条。可见，"换译"在当代是少有人问津的冷门话题。

从表 2-1 看，"换译"研究在 20 世纪 80—90 年代曾热闹一时。与此呼应的是大部分教材都将"转换"作为一种翻译方法或技巧加以分析，但名称不一，分类混乱。如：钱歌川（1980）② 主张的"改译法"包括主动与被动、人称主语与非人称主语、肯定与否定、句子成分之间的改译，也包括语序的改动；张培基（1980）③ 提到"词类转移法""正反、反正表达法""被动语态的译法""名词从句、定语从句、状语从句的译法"；吕瑞昌等（1983）④ 提出"词类的转换""语态的变换""正说与反说""无主句的译法""省略句的译法""汉译英中标点符号的转换"等。附表 1 中的称名既有带"译"字的，也有不带"译"字的，如"等同替代""词性转变""词汇语义替代""调换段序；调换句序""改译法""变译（变序译）""变换用词""变译（改译）"。

明亚尔-别洛鲁切娃（А. П. Миньяр-Белоручева）和波克洛夫斯卡娅（М. Е. Покровская）认为随着世界一体化进程，英俄历史

---

① 单体瑞、朱丽彬：《韩中翻译中的主语成分换译与语序变换》，《韩国语教学与研究》2016 年第 3 期。

② 钱歌川：《翻译漫谈》，中国对外翻译出版公司 1980 年版，第 89—91 页。

③ 张培基编著：《英汉翻译教程》，上海外语教育出版社 1980 年版，第 44—57、100—108、115—149 页。

④ 吕瑞昌编著：《汉英翻译教程》，陕西人民出版社 1983 年版，第 26—30、47—80、165—175 页。

称名词汇需要明确清晰的对应术语，对应术语过程是逐步实现的①。笔者也认为，称名如此繁杂，不利于学科发展，亟须统一，以便科学使用。术语是专门指称某一专业领域一般概念的词汇单位。从翻译学科的发展来看，只有翻译学术语系统建立好，翻译学科发展才能健全。从翻译学术语体系来看，只有其内部概念界定清晰，才能更好地指导翻译实践，促进翻译学科发展。从翻译学术语涉猎的内容来说，与"换译"最为相近的提法有1964年北京外国语学院以蔡毅为代表的学者提出的"代换法"，1975年巴尔胡达罗夫提出的"замена"（替代法），1984年殷兴提出的"代替法"，1989年徐长瑞提出的"代换法"，1998年徐亚男、李建英提出的"改译法"，2001年张光明提出的"代换法"，2005年黄忠廉提出的"换译法"。以词频统计表2-1，得到更加直观的表2-2。

表2-2　　　　　　　　　"换译"称名词频

序号	关键词	次数	百分比	年代及人物
1	转换；преобразование	43	29.2%	1956 王士燮；1974 列茨克尔；1981 罗国林；1982 周允，王承时；1983 保清，符之；1985 王册；1985 杨寿国；1985 董宗杰；1987 谢国章；1988 邹人杰；1989 阎德胜；1989 王秉钦；1990 王秉钦；1991 蔡毅；1992 罗选民；1993 阎德胜；1999 王秉钦，李霞；2002 王育伦；2002 王利众；2003 肖桂芬；2003 刘宓庆；2004 方梦之；2004 黄忠廉，李亚舒；2004 孙迎春；2004 苏琦；2005 刘宓庆；2006 廖国强；2006 科米萨罗夫；2013 谢云才

---

① Минияр-Белоручева, А. П., Покровская, М. Е. "Русско-английские соответствия исторических названий русского государства с точки зрения периодизации", *Вестник Московского университета*, 2012, №3, стр. 85–95.

续表

序号	关键词	次数	百分比	年代及人物
2	换译	19	12.8%	2005 黄忠廉；2005 李红青，黄忠廉；2008 黄忠廉；2009 黄忠廉；2010 何元建；2010 黄忠廉，白文昌；2011 倪璐璐；2012 信娜；2012 杨晓静；2013 黄忠廉，方梦之，李亚舒；2013 黄忠廉，贾明秀；2013 关秀娟；2014 孙秋花；2014 余承法
3	转译	10	6.7%	1995 宋更平；1955 程度；1964 蔡毅；1980 张培基；1988 何嵘；1989 董金道；1989 蔡毅；2001 谭业升；2003 赵桂华；2005 蔡毅
4	替代；замена；substitution	9	6.1%	1974 列茨克尔；1975 巴尔胡达罗夫；1986 王忠亮；1990 科米萨罗夫；2000 李运兴；2002 王育伦；2003 刘宓庆；2005 刘宓庆
5	变换	7	4.7%	1953 林汉达；1976 刘天民；1987 王秉钦；1988 邹人杰；2005 王大伟，魏清光；2006 刘保华；2014 陈伟
6	代换	6	4.0%	1963 蔡毅；1964 蔡毅；1989 徐长瑞；2001 张光明；2009 于斌；2011 程涛
7	改译	4	2.7%	1965 屈华荣；1998 徐亚男，李建英；2001 包惠南；2009 雷鸣
8	反译	4	2.7%	1981 罗国林；1985 王册；1994 范仲英；2009 雷鸣
9	颠倒	3	2.0%	1959 张会森；1979 伍海伦；1987 谢国章
10	正反	3	2.0%	1980 张培基；1986 应云天；2005 李红青，黄忠廉
11	转化	3	2.0%	1986 黄龙；2006 刘保华；2014 陈伟
12	调换	3	2.0%	1990 阎德胜；1992 阎德胜
13	反面着笔	2	1.4%	1957 黎泽济；1964 蔡毅
14	借用	2	1.4%	1965 屈华荣；1978 罗斯
15	互换	2	1.4%	2004 黄忠廉
16	转变	2	1.4%	1979 伍海伦；1990 黄邦杰

第二章 换译概念界定　49

续表

序号	关键词	次数	百分比	年代及人物
17	改变	2	1.4%	1986 应云天；1994 范仲英
18	变译	2	1.4%	2003 常波涛；2009 雷鸣
19	比较译	1	0.7%	1957 朱然元
20	转写 транслитерация	1	0.7%	1958 费奥多罗夫
21	上义法 гипонимическийперевод	1	0.7%	1958 费奥多罗夫
22	词义引申	1	0.7%	1964 蔡毅
23	替换	1	0.7%	1965 屈华荣
24	互用	1	0.7%	1976 刘天民
25	回避	1	0.7%	1978 罗斯
26	还原	1	0.7%	1978 罗斯
27	否定	1	0.7%	1979 伍海伦
28	更改	1	0.7%	1981 郑泽生，耿龙明
29	变通	1	0.7%	1981 郑泽生，耿龙明
30	代替	1	0.7%	1984 殿兴
31	变序	1	0.7%	1985 董宗杰
32	改换	1	0.7%	1986 应云天
33	置换 транслирующие	1	0.7%	1988 拉特舍夫
34	换位	1	0.7%	1991 倪波，顾柏林
35	反说	1	0.7%	1999 张维为
36	换形	1	0.7%	2001 谭业升
37	换转	1	0.7%	2003 黄忠廉，李亚舒
38	调整 модуляция	1	0.7%	2004 加尔博夫斯基
39	易词而译	1	0.7%	2005 刘宓庆
40	重写	1	0.7%	2005 刘宓庆
共计	40	147	100%	

注：100 篇文献得到 40 个关键词，共出现 147 次；比例取小数点后一位，四舍五入。

由表2-2可知，前三名为转换、换译、转译。这符合长期"转换"不分的现实。40个称名，虽称名方式各异，但表达的是同一思想，转译在此，虽用"转"命名，实指"换"，"变译"亦如此。"换译"来源于"转换"。以往学者们大都认为"转换"近似于"翻译转换"，即翻译就是两种语言思维的转换。甚至有人将其用来指代对翻译文本进行翻译的"间接翻译"。

巴尔胡达罗夫1975年首次区分了перестановка（移位法）和замена（替代法），这是迄今为止笔者发现最早区分"转译"与"换译"的学者。他认为移位即在译语中变动原语成分的位置，替代法分为语法替代和词汇替代，具体为词形替代、词类替代、句子成分替代、复合句中的句法替代、词汇替代、反面着笔以及补偿法。2002年黄忠廉提出变译理论后，作为其对立范畴的全译理论，其系统的建立与完善需要明确各级概念，认识到"转换"区分已成必然。2005年黄忠廉将翻译术语进一步凝练，正式确定перестановка为移译（起初叫"转译"），замена为换译，遗憾的是并未深入论述。直至2009年《翻译方法论》的出版才正式标志着"转译"与"换译"单立门户。最初"转换"作为翻译领域的关键词，经历理论调试，修正完善，逐步发展成术语，实现术语化。

三 换译称名术语化

翻译学方法体系内，经常使用的关键词是"转换"。关键词经历理论调试，修正完善，逐步发展成翻译学的基本用语，经历类术语、初术语、准术语，直至发展成真正的术语，这一缓慢过程就是术语化过程。"术语化"[①]指某一词汇单位由普通词汇范畴向术语范畴过渡，其实质是去掉其词汇意义并附上严格、准确的科学定义。"一个学科的术语绝不是一些术语的任意组合，而应该是彼此有机联系、

---

① 信娜：《术语翻译的术语化探究》，《外语学刊》2012年第1期。

相互制约的系统"①,因此普通词汇(如转换)在使用过程中获得了专业化特点,并以准术语身份获得定义进入术语系统。转换＞换译＞转译＞替代＞变换＞代换。"换译"术语化程度并不高,且与其最接近的"替代、变换、代换"所占比例也不高。

(一) 术语命名之称名语素

一般认为,名称和客观事物或现象之间是"约定俗成"的关系,但是人们最初在给某个事物或现象命名的时候,总是要以语言的构词规律和事物的某一特征和标志作为命名的根据。术语命名时形式和意义有着密切的联系,"术语的语音形式和内容的关系不是任意的,应确切地反映概念的本质特征"②。术语的称名语素的形式标志应在称名中有所体现。与动词"换"同义的还有动词"替、代、变、置、改、调",七者之间还可以双双叠用,构成联合式动词,如"替代、变换、置换、调换"等。表"换"义动词可以称名换译行为,但也可以是其他领域甚至是生活中常见的一种行为,如"换取、换班、换季、换洗、换钱、换位置"等,如果加上了词素"译",则成了翻译学特有的术语词汇。

(二) 术语命名之称名字数

从术语命名字数来看,命名有二字、三字、四字、五字等之别,表2-1中有二字(换译)、三字(比较译)、四字(易词而译),基本采用名词词组或动宾词组。换译,最先作为一种翻译技巧,随着岁月的变迁逐渐积累而来,使用描述性说法(反面着笔)不足为怪。待技巧上升为方法,则出现××法(替代法、代换法)。然而方法与翻译学结合,就成为翻译方法,则具备独特的一套术语体系。同一学者,其命名字数及词语因不同时期研究细度深度差别有所变动,如阎德胜在1988年总结成"句型转换",1992年具体为"调换段序;调换句序",到了1993年更加具体为"转换词类"。术语是专业

---

① 郑述谱:《试论术语标准化的辩证法》,《中国科技术语》2008年第3期。
② 邢福义主编:《现代汉语》,高等教育出版社2006年版,第181页。

的、意义受限制的词，这些词作为对概念的准确表达与事物的称名趋于单义，因此术语执行称名功能时要求严密、简明、单义，两字"换译"是翻译学专业术语最佳选择。

（三）术语命名之称名方式

从术语命名方式来看，表"换"义动词既可以称名动作，也可称名行为，表中有带标记和不带标记两种。带标记者即带"换、译"字，具体分三类。"×换"式，共计8个：转换、变换、代换、调换、互换、替换、改换、置换；"换×"式，共计4个：换译、换位、换形、换转；"×译"式，共计7个：换译、转译、改译、反译、变译、比较译、易词而译。不带标记者基本上属于归纳描述性词语，如"调整"等。作为翻译学术语，应与同级术语称名一致。"换译"构词方式为"行为+方法"，"换×"与"×译"合并同类项，即得到"换译"。其中"换"表行为，"译"既表示翻译学范畴，更体现方法之思想，"换译"为地道的翻译学术语。

（四）术语命名之译学考量

汉字"换"，形声字，形旁从手，指工具，本义为互易，换词条释义[①]有三个：①给人东西同时从他那里取得别的东西。②变换；更换。③兑换。第550页有"互换"词条，第646页有"交换"词条。常见搭配为"变换、岔换、撤换、串换、倒换、抵换、掉换、动换、兑换、改换、更换、交换、轮换、淘换、替换、贴换、退换、置换、转换"[②]"调换"[③]"互换"[④] 等。笔者将目前出现的"换译"相关

---

① 中国社会科学院语言研究所词典编辑室编：《现代汉语词典（第6版）》，商务印书馆2012年版，第567页。
② 中国社会科学院语言研究所词典编辑室编：《倒序现代汉语词典》，商务印书馆2002年版，第279—280页。
③ 张立茂、陆福庆编：《动词逆序词典》，福建人民出版社1986年编，第284—285页。
④ 中国社会科学院语言研究所词典编辑室编：《倒序现代汉语词典》，商务印书馆2002年版，第550页。

词组中，凡是带"转"字和"移"的均归为"移译"，将带"改"字和"变"字的归为变译的"改译"中。这样就剩下"互换、交换、代换、调换、更换、置换"，然而这些词条大都采用同义词循环释义方式，在此也很难区分其细微差别。术语体系具有系统性、名词性等特点。"换"与全译之"对、增、减、转、分、合"分别加"译"，构成偏正词组，"译"是中心词，指翻译行为，"换"为限定性成分。"换"和"译"都为动词，动词是描述事物运动变化的词，而运动变化乃是事物存在的形式，是这一事物与其他事物相互关联的表现，所以讲运动变化必然要涉及某种事物，因此"换译"可以做动词，指行为，同时又可以做名词，指方法。

"换译"作为翻译学术语，必须有明确的称名，所谓名不正则言不顺，名称往往也会影响实质。"换译"这一术语所指称的翻译现象，其概念内涵即翻译方法，而其俄语术语和英语术语应达成一一对应关系，即一个汉语术语应对应确定的俄译术语和英译术语。

俄语 замена 为动名词，做名词，意为代替人或代替物，旧词意为变化；做动词，意同 заменить, заменить[①]，意为替代、代替、顶替、接替。Замена[②] 的俄文释义为 тот, кто（или то, что）заменяет кого-что-н（人/物替代另一人/物）。«Толковый переводоведческий словарь» 检索到词 замены[③] 和搭配 замены адекватные, замены грамматические, замены лексические, замены эквивалентные。一般来讲动名词就其本质而言属于抽象名词，没有单复数的对立。但如果动名词派生出该动作、状态的具体表现或结果，以及相应的具体事物意义，则可以产生对应的复数形式，此时复数形式的名词便获

[①] 黑龙江大学俄语语言文学中心辞书研究所编：《大俄汉词典（修订版）》，商务印书馆 2001 年版，第 583 页。

[②] Ожегов, С. И., Шведова, Н. Ю. *Толковый словарь русского языка*. М.：ООО «А ТЕМП», 2006, стр. 211.

[③] Нелюбин, Л. Л. *Толковый переводоведческий словарь*. М.：Флинта Наука, 2003, стр. 272.

得了普通具体名词的特征。因此 замена 的复数形式为 замены 就表示具体方式，吴克礼等学者将 замены 译为"替代法"，是十分合理的。

《应用翻译学》（2013）附录中收录了 conversion。英语 conversion 意为转变、改造、转换、换算、改变、皈依、归附等。《翻译研究关键词》（2004）第 73 页和第 211 页收录了 interchange。英语 interchange[①] 在《牛津高阶英汉双解词典》中解释为：做动词，指交换、互换（思想、信息等）；将……交换；使互换位置等；做名词指（思想、信息等的）交换，互换；立体交叉道。《中国译学大辞典》中有词条"替代 substitution"，释义为"指用替代词（pro-form）去替代上下文出现过的词语，在翻译中，替代也是一种翻译方法"[②]，并说明英文中被替代的词语可以有名词性替代和动词性替代。这样的替代实际上发生在单语（英语）内部，一为避免重复，二为连接上下文。

就本书的"换译"而言，笔者认为 conversion 更接近翻译本身的交换形式保存意义，即更接近两种语言之间的 shift 和 transposition，突出强调翻译的转和换的过程，更多地用来指技巧中的词性转换、语序转换、语态转换，突出不同语种语言形式层面的转换，较少涉及对应形式差异后再次的替代与更换。笔者最初将"换译"的英语术语定为 interchange[③]，因为 interchange 更侧重"互换"：词素 inter-可对应俄语词素 взаимо-（相互的）；change 可对应俄语 замена，为 A 与 B 的互换，侧重信息的交流互换。然而考虑到俄语术语并未限制在 взаимозамена 上，且 interchange 的动词性词义更为

---

① ［英］霍恩比:《牛津高阶英汉双解词典（第 7 版）》，王玉章等译，商务印书馆 2009 年版，第 1063 页。

② 方梦之主编:《中国译学大辞典》，上海外语教育出版社 2011 年版，第 117 页。

③ 倪璐璐:《"换译"之符号学诠释》，《中国科技翻译》2016 年第 2 期。

普遍，因而更改为 substitution①：substitution 倾向于"替代"义，是具体操作层面的替代，为行为，同时也是意义层面的转换、改换，即行为产生的结果。替代同代替，同替换，替代是行为，即替＝代＝换，进入翻译学完成术语化过程。况且考虑到 substitution 最先进入《中国译学大辞典》，按照习非成是的规约，本研究仍采用 substitution 这一术语，同时应强调本书的 substitution 并不局限于词语，范围比《中国译学大辞典》中规定的要大得多。

综上所述，笔者认为在翻译学方法论中应调整 замены 对应于"换译法"，замена 对应于"换译"。因此可以说"换译"对应的英语术语为 substitution，俄语术语为 замена。

第二节　换译内涵

概念是理论确立的前提，是全译体系的必备要素。概念以术语为归宿，术语是高密度概念的整合，对于翻译学科的发展至关重要。俗话说名正则言顺，翻译学中概念内涵应精确，外延应明确，术语的界定应准确。概念是反映对象及其特有属性的思维形式，具有内涵和外延两个方面。内涵是指概念所概括的对象本质特有属性的总和。"概念的内涵是反映到概念中来的事物的特有属性，也就是构成这个概念的所有属性的总和。"② 逻辑学中内涵的术语是 connotation/коннотация，外延的术语是 denotation/денотация。关于 connotation/коннотация，张会森（2007）③ 专门辟文研究，他认为 denotation/денотация 在词汇学领域使用时，突出"词汇意义"，而"词汇意义"又称"概念意义"、"概念—物象意义"（логико-понятийное значение）

---

① 倪璐璐：《英俄汉科技文本形象换译探析》，《中国科技翻译》2018 年第 2 期。
② 冯志伟：《现代术语学引论》，语文出版社 1997 年版，第 20 页。
③ 张会森：《张会森集（汉、俄）》，黑龙江大学出版社 2007 年版，第 211—222 页。

或"理性意义"。索绪尔"语言"（язык）—"言语"（речь）二分后，意义（значение）专指语言意义，而不包括言语的语义内容，言语的语义内容可称为"意思"（смысл）。而 denotation/денотация 进入修辞学等领域时，指各种"修辞色彩"（стилистическая окраска），包括感情—评价色彩（эмоционально-оценочная окраска）和功能语体色彩（функциональностилевая окраска）。张会森总结说："语言学界普遍认为，connotation/коннотация，'修辞色彩'有两种：一种是语言的，属于语言系统的，是社会积淀下来的，对该语言集体来说，概言之，是共通的，是一种常规现象，也即人们常说的'静态义'。另一种情况是词语平常没有的，或者说孤立地看没有，而在具体的语境，具体上下文，具体的语句中产生某种附加信息，某种修辞色彩，某种 connotation。这种 connotation/коннотация 是言语的，是在具体的言语中产生并体现出来的。这也就是所谓的'动态义'。"[①]对术语"换译"下定义时，绕不开逻辑学和语言学中的概念内涵与外延两部分。从内涵方面来看，换译即换词、换语或换表达方式而译。其中"换"是本质的、核心的区别性特征，而"译"是类、是种属。据此，"换译"的内涵可从"换"的特点与本质特征推出。

一　换译的特点

从符号学视角看翻译，侧重符号形式与结构，促成了翻译的符号学转向，以雅各布森为代表。他于 20 世纪 50 年代提出翻译的"语内翻译、语际翻译和符际翻译"三分法，正是基于语言与符号交叉并列。20 世纪初形成以索绪尔为代表的结构主义语言学，一方面发展了符号学对语言形式结构的研究，另一方面又排斥语义和语用两个方面。语义学兴起后恢复了语言与现实之间的割裂关系。学者们的注意力从"语言是怎样构成的"转向"语言是怎样使用的"，

[①] 张会森：《张会森集（汉、俄）》，黑龙江大学出版社 2007 年版，第 217 页。

从而产生了语用学。俄语语言学常采用词汇、语法、语义、修辞、语用等术语。汉语语言学界常采用语表、语里、语值等术语。符号学角度更是有"语内—语际—符际 3 类译域、内在—指称—语用 3 类文本符号、语构—语义—语用 3 个符号世界"① 等术语。翻译研究应基于多学科的综合借鉴，本书综合上述术语，整理出语形、语义和语用为翻译学基本术语。基于对大量既有现象的归纳总结，静态对比双语平行文本，建立双语形式之间的对应关系。使用换译时，双语语表呈现矛盾，词语或表达方式不同，效果却能达到极似，即语形矛盾，语词相异，语值极似。

（一）语形矛盾

语形，是语表形式的简称，是语言单位的组织方式和表现手段，包括体裁、结构、语言、表现手法等要素。语言类型的差异直接显现在双语语形上，语言受制于思维，语言类型虽不同，却有语义共性，表达的思想可以相同，语言单位形成对应，于是在双语间先后出现了"等值说"（苏联 Фёдоров，1953；吴新祥，1990 等）、等效说（美国 Nida，1964，2004；金隄，1998 等）、求似说（黄忠廉，2009）。实践证明，由于不同语言对世界图景的划分不同，表达方式因而有别，造成双语之间对应词或对应形象的缺失。且符号意义与形式非一一对应的属性允许一个符号表达多个意义或多个符号表达一个意义。

语形矛盾是指双语在语言单位上不能形成一一对应关系，具体表现在词性、词类、词义、句类、标点等上。翻译正在于解决一系列形式与意义的辩证矛盾。传统从语言学视角看待翻译，也是从双语形式入手，基本以词语为对应单位。词汇学中将词汇超常搭配视为一种修辞手段，认为超常搭配偏离了词汇规范、违背了语法规范、冲撞了语义规范，然而其结果却能使文本具有超常的感染力和表现

---

① 王铭玉：《翻译符号学的学科内涵》，《解放军外国语学院学报》2016 年第 5 期。

力,从而消除了形式与意义之间的隔膜。对于这种异常现象,双语转换时就可以借助于换译法以突破原语表达方式的限制,而采用译语读者习惯的表述方式来替代。

(二) 语词相异

语词相异指词语或表达方式不同,语言单位上主要体现为词和语(此处"语"泛指短语、小句等单位),涉及语义。语义是语表形式所承载的内容。语义学研究的重点为词义和句义。"语义"指语里意义,指包括词义的句义,从意义单位维度按照从小到大的顺序排列,可分为义素、义项、义丛和表述四类,相应地外化为语素、词、短语、句子等语言单位。全译中,语义主要限于逻辑意义和语法意义,语用意义并入语用价值。全译转化的对象主要是句义及其所含的词义。语义、句义与词义的关系见图2-1。

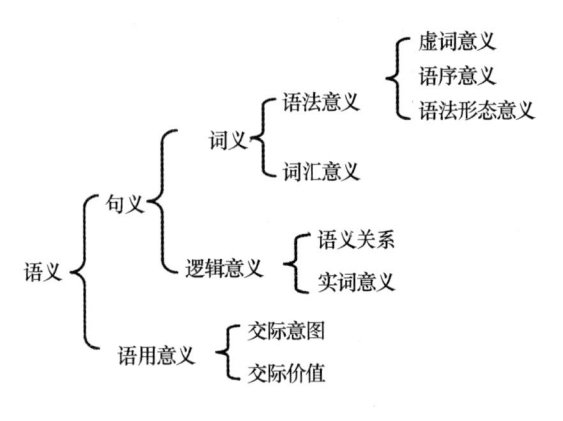

图2-1 语义与句义、词义的关系

尽管语言符号的意义包括概念义、附加义、语法义、搭配义、修辞义和文化义等分类。但本研究并非以此为分类标准,而是采用翻译单位手段,使得翻译方法的论证过程更有操作性。双语语言单位在语表形式上显现矛盾,具体表现为表达手段不对应,最典型的就是词语不对应。拉特舍夫总结了四类双语词汇语义非完全对应的情况：第一，原语词词义在译语中有几个词词义相对应；第二，原语词词义与译语几个词词义交叉或原语词是译语几个词的平均意义；第三，原语词与译语词词义不交叉，但有对等单位，且通常以隐喻构成对等单位，"这时因为不同语言中的习惯隐喻的形成不尽相同，意义相去甚远的原语和译语词汇在固定的词组中可能获得等值的意义"①；第四，原语词词义在译语中没有等值词词义来表达。上述场合下就可以考虑使用换译法。

（三）语值极似

语值是语用价值的简称，包括修辞值、语境值和文化值。换译的目的是有效地传达交际意图，最大程度地转化修辞、语境和文化的风格。无论口译还是笔译，其目的和功能都体现在译文中。翻译为确保跨文化交际成功，不仅要注重字面含义，更应考察言语交际情景的各种组成因素，交际场合、主体、客体、受体以及交际形式等都制约着风格的传达。风格的转化需兼顾作品的内容及其神韵，而神韵的形成靠原作的词、句型、修辞手段和艺术手法等。

在双语意似基础上，选择一个最恰当的形式，通过语言特点将风格呈现出来，在"意似"的基础上求"形似"，即语值求同，语义求真，语表求美。"经验表明，能够较好地传达原作风格的译文往往在语言形式上与原作是十分贴近的。"② 在翻译成语、谚语、习语、惯用语等时，可以考虑原语的词、句型、修辞手段等，更替词语，采用替换表达方式的形象换译法，以传递修辞值为主，以传递文化值为辅，忽略语境值，促成语值极似。

二　换译的本质

循着换译的特点可以追溯换译的本质属性。从语形、语义、语

---

① 转引自吴克礼主编《俄苏翻译理论流派述评》，上海外语教育出版社2006年版，第419页。
② 黄忠廉等：《翻译方法论》，中国社会科学出版社2009年版，第12页。

用三个维度分析，则换译的语形本质为换形，语义本质有保义、舍义和增义三种，换译的语用本质在于显值、融值和升值。综合三个维度，则得到换译的本质在于换形保义显值、换形舍义融值和换形增义升值三大类。该分类基于译语和原语极度接近的"相似律"。

（一）换形保义显值

换形保义显值指更换词语或表达方式，保留语义，显现语值。显值是指采用换译法凸显原语隐含的语值。换译为彰显原语语值，顾全原语语义而更替译语语形，表现为某些词语或表达手段被替换。

语言类型学告诉我们，每一种语言都有其个性，独特的表达法构成其突出特质。当与其他语言互译时，这些突出的特质在译语中有时不得不舍弃，其蕴藏的形象和意蕴也随之被抹去。这种彻底的改变并非完全出自译者的无奈，而是语言形式与内容的矛盾关系制约使然。形式与内容是辩证统一的，形式变化往往牵动意义。"全译转移的对象主要是句义及其所含的词义。"[①] 句子是最小的交际单位，由词有机构成，词义可以融入句义，加之全译的中枢单位是小句，所以全译的语义重心是句义。如此，保义指保住词义，也就说语法意义和词汇意义都不变。语义不变，语值自然得到彰显。

（二）换形舍义融值

句子是最小的交际单位，由词有机构成。一个句子的意义由逻辑意义加上词义构成。具体而言，由词汇（实词）意义、虚词意义、语序意义、语义关系和语法形态意义构成。语义义项错位指义项与义素、义从和表述之间的不对应，语表显现为语素、词、短语、句子等语言单位不对应。相对于换译而言，既可指双语同层语言单位不对应，也可指跨层语言单位不对应，外化为词语或表达方式不对应。

[①] 黄忠廉等：《翻译方法论》，中国社会科学出版社2009年版，第18页。

在上述情况下，换了形，就意味着舍掉了部分语义，语用价值只能绕道传达。如此，换形舍义融值指更换词语，舍弃了词义句义，将语义融入语值中。舍义重点指舍弃词义，即舍去词的语法意义和词汇意义，但其逻辑意义因受句义的制约而得以保留，与其语用意义一起融入语值中。必须再次强调，换译力求换形不换义，此处"义"指部分语义，即词语的词义。

（三）换形增义升值

换形增义升值，即随着语形的更换，语义部分增加，语值超过原语，达到精妙。换译遵循全译"语用价值优先、语里意义次之、语表形式再次之"的原则，对应于符号学的"语用、语义和语形"。换译，更换语形，以传达语值为主，以传达语义为辅。增义指词的语用意义锦上添花，在全译中表现为"胜似"。升值是全译的极端情况，是指随着语形的更替，语义增加，语值得到最大程度的彰显，甚至于超过原语，从而构成绝妙的翻译经典。这种情况在翻译中比较少见，且只有翻译经验丰富的大翻译家才能妙笔生花，诸如绝妙的诗歌翻译，译本的影响力反而胜过原作，在翻译中实属可遇不可求。

以语义高度浓缩的英语谚语 Never cast your pearls before swine 为例，其对应俄译 Не мечите бисер перед свиньями。对应汉译方案有二，一为切莫明珠暗投，二为切莫对牛弹琴。

首先，词源角度看，该习语源自《新约·马太福音》第 7 章：Give not that which is holy unto the dogs, neither cast ye your pearls before swine, lest they trample them under their feet, and turn again and rend you（别把神圣的器物送给狗，也莫将珍珠置于猪前。它们践踏了宝物还会伤害于你）。从字面看 cast pearls before swine（把珍珠撒在猪的面前），猪当然不会欣赏这么美的东西，所以这个习语实际的意思是"做无谓的努力"。俄译词源与英语相同，修辞值、语境值和文化值都对应，其中词 бисер 是宗教用语，基辅罗斯时期指 жемчуг（珍珠），固化保留，进入现代俄语。

其次，从语义联想看，汉语提到"珍珠"，自然联想到成语"明珠暗投"，其义为：比喻怀才不遇或好人失足参加坏集团，也泛指珍贵的东西得不到赏识①。显然二者寓意只有小部分相吻合，如果选择"明珠暗投"，会增加新寓意，建议舍弃。按 cast your pearls before swine 的比喻义，换译成汉语"对牛弹琴"，其义为：比喻对不懂道理的人讲道理，对外行人说内行话，现在也用来讥笑说话的人不看对象②。两个形象"pearls（珍珠）—琴"和"swine（猪）—牛"换了，却最大程度地保证了修辞值。

再次，比较英语原文和汉译。译文在语言形式上与原作贴近，才能较好地传达原作的风格。语值上，"珍珠"与"猪"之间没有形成良好的联想机制，需反复刺激，不符合中国人的认知。"对牛弹琴"为典型的中国成语，语义广为知晓，与原文一样随着使用频率的增加，语境的泛化，形象性减弱，换译形象，语义不受影响，修辞值和文化值都得到传达。语义上用浓缩了文化精华的成语译成语，但语义传达可能会受阻。语形上，最理想的状态就是一个词对应一个字。英语六个词，汉译六个字，都是最优方案。综合语值语义和语形，"对牛弹琴"是最佳方案。

最后，从熟语角度看，原文是富于联想的、充满感情色彩的圣经式说教语言，随着使用频率的增加，语境的泛化，其形象性减弱，固化为熟语，仍可归化为"对牛弹琴"。因此对于英汉惯用语，以归化为策略，考虑原作的词、句型、修辞手段等，进行语义更替，采用替换表达方式的形象换译法，以传递修辞值为主，以传递文化值为辅，语境值可忽略，达到最大相似度的语值。

---

① 中国社会科学院语言研究所词典编辑室编：《现代汉语词典（第6版）》，商务印书馆2012年版，第910页。
② 中国社会科学院语言研究所词典编辑室编：《现代汉语词典（第6版）》，商务印书馆2012年版，第330页。

三 换译的定义

定义就是用一个已知概念来对一个概念作综合的语言描述。一般采用"种差"加"邻近的属概念"的逻辑定义方式。换译是全译体系中的核心部分,处于全译方法中间地带,它前涉对译、增译、减译、移译,后牵分译与合译,构成全译七法。换译的定义可采用"属+种差"经典定义法,也可采用义素分析定义法。综合二者,得到的换译定义更科学。

（一）属+种差定义换译

翻译研究向来将方法与技巧并用或混用,余承法单辟方法论及与其密切相关的五个概念来论述,尽管只是蜻蜓点水,但说明著者意识到了方法与技巧并非相同层次的范畴。这"避免了以往翻译研究中策略、方法、技巧的混淆、乱用、缺乏体系,又……对全译七法的详细论证形成了一个清晰、连贯的逻辑思维线条,真正实现了两个基本用途：向下旨在解决全译实践的具体问题,向上旨在构建全译的理论体系"[1]。而换译,最初作为翻译技巧,论述较少,重视不足,定义较晚。换译现象早有,定义较晚。目前已查到的具有代表性的定义仅三个。巴尔胡达罗夫[2]提出了замены,但并未给出定义,仅仅总结了广泛使用的三类翻译转换手法：语法替代、词汇替代和词汇—语法替代。黄忠廉认为"换译,即交换式全译,指相对或相应的语言表达手段相互交换的全译活动"[3]。余承法认为"换译,是交换式全译,是指译者根据原文语用价值和语里意义以及译文语表形式的需要,交换双语表达手段和方

---

[1] 黄忠廉：《全译研究：返本出新——余承法〈全译方法论〉评介》,《东北亚外语研究》2015年第3期。
[2] Бархударов, Л. С. *Язык и перевод*（*Вопросы общей и частной теории перевода*）. М.,《Междунар. отношения》, 1975, стр. 191.
[3] 黄忠廉等：《翻译方法论》,中国社会科学出版社2009年版,第67页。

式的全译方法"①。上述两个定义采用"被定义项＝种差＋属"的形式，二者都找出了被定义项（换译）最邻近的属概念（即其上位概念——全译）。在寻找"种差"时，这两个定义的重点放在了"行为"（交换）上，没有突出强调相应的种差。换译是全译方法之一，是指照顾译语结构和表达习惯而进行的相对或相应的语言表达手段的相互交换。这一定义的侧重点也在"行为"。那么，换译的"种差"到底是什么呢？

"换译"的种差体现在与同级概念"对译、增译、减译、移译、分译、合译"的差别中，更确切地说就是"换"字。"换"，形声字，形旁从手，指工具，本义为互易，"换"在《现代汉语词典》释义为：给人东西同时从他那里取得别的东西。变换；更换；兑换②。常见搭配为"变换、岔换、撤换、串换、倒换、抵换、掉换、动换、兑换、改换、更换、交换、轮换、淘换、替换、贴换、退换、置换、转换"③ "调换"④ "互换"⑤ 等。笔者认为将上述"换"义素融合取"替代"之意最合适。"替代"⑥ 同"代替"⑦，作动词，意为：以甲换乙，起乙的作用。"所谓替代，就是用替代词去取代某一个成分，因此替代词只是形式，它的语义要从所替代的成分去索

---

① 余承法：《全译方法论》，中国社会科学出版社2014年版，第171页。
② 中国社会科学院语言研究所词典编辑室编：《现代汉语词典（第6版）》，商务印书馆2012年版，第567页。
③ 中国社会科学院语言研究所词典编辑室编：《倒序现代汉语词典》，商务印书馆2002年版，第279—280页。
④ 张立茂、陆福庆编：《动词逆序词典》，福建人民出版社1986年版，第284—285页。
⑤ 中国社会科学院语言研究所词典编辑室编：《现代汉语词典（第6版）》，商务印书馆2012年版，第550页。
⑥ 中国社会科学院语言研究所词典编辑室编：《现代汉语词典（第6版）》，商务印书馆2012年版，第1282页。
⑦ 中国社会科学院语言研究所词典编辑室编：《现代汉语词典（第6版）》，商务印书馆2012年版，第250页。

引。"① 从换译的特点和本质可以推出换译的目的是化解双语语形、语义和语用之间的矛盾，因此"换形"可概括为替代相对或相应的语言表达形式手段，具体而言是更替对应语言单位。

（二）义素分析定义换译

丹麦语言学家叶姆斯列夫（Hjelmslev）等于1943年提出了义素分析法，亦称成分分析法（componential analysis）②，基于语言与思维的统一，从义素的角度分析词义。换译的上位概念是全译，相应的种差体现在与"对译、增译、减译、移译、分译、合译"的差别"替代"中。笔者尝试从义素分析视角切入。词义的义素分析就是要弄清它们的组合规律，并通过词义与词义的相互比较来确定每个具体词义的义素构成，从而使对词义的解释清楚明确。

经典义素分析通过纵向与上下位词和横向与同位词的比较，确定具体名词的属、种义素，以给出词典定义。莫斯科语义学派的义素分析与此不同，其"释文针对的不是孤立的词汇单位，而是置于特定配位结构中的词汇单位"③，即将词汇单位的释文直接置于特定题元框架结构中分析，因而对具体名词和抽象词汇单位都有效。"换译"既可做名词，表方法，也可做动词，表行为，其"客观意义由自身的概念语义和反映情景参与者的配价语义两个方面组成"④，在词汇系统成员的组合关系中得以确定，其行为主体（译者：人和/或机器）、客体（原语文化信息）、行为（转化，具体为替代）、工具（译语）、原因（双语语形、语义、语用矛盾）、目的（符合译语思维方式和表达习惯）、属性（全译方法下的次级范畴）等因素的意义，都是词义的有机构成。换译的题元框架因此可表述为：换译 =

---

① 胡壮麟等：《系统功能语法概论》，湖南教育出版社1987年版，第154页。
② 转引自 Nida, Eugene. *Componential Analysis of Meaning*. Mouton：The Hague, 1975。
③ 张家骅：《莫斯科语义学派的义素分析语言》，《当代语言学》2006年第2期。
④ Уфимцева, А. А. *Лексическое значение. Принцип семитологического описания лексики*. М.：Наука, 1986, стр. 139.

主体+客体+行为+工具+原因+目的+属性。

  主体：译者（人或/和机器）；
  客体：原语文化信息，具体表现为文本；
  行为：转化，具体表现为替代；
  工具：译语，即原语对应单位（包括音位、词素、词、短语、小句、复句、句群）或表达方式（固定词组、句式等）；
  原因：双语语形、语义、语用矛盾；
  目的：符合译语思维方式和译语表达习惯；
  属性：翻译方法，全译方法下的次级范畴。

  从换译的特点到本质属性，再结合经典逻辑定义法和义素分析法，得到：换译是指译者（人或/和机器）将原语文化信息转化为译语时，替代原语对应单位或表达方式，以化解双语语形、语义、语用矛盾，使其符合译语思维方式和表达习惯的一种全译方法。

第三节　换译外延

  外延是指一个概念所概括的思维对象的数量或范围。概念外延是概念所反映的具有特有属性的事物，是概念对事物范围的反映。换译的外延依赖于换译的内涵，其分类标准来自对换译本质属性的认识。换译外延可以从换译的类型、目的、原则、领域、地位、关联性等方面加以分析。

一　换译的类型

  分类是一种逻辑方法，是根据事物的本质属性或显著特征，将事物分为具有稳定性和系统性并具有从属关系的小类。从不同角度研究事物得到的小类就是类型。分类原则对分类层次和面貌有直接影响。换译分类标准不统一，势必影响换译的研究层次及进展。对于换译类型，1975 年巴尔胡达罗夫在论述 переводческие трансформации（翻译转换法）时，将 замены（替代法）分为 грамматические замены（语法替代）、лексические замены（词汇替代）和词汇—语法替代三类。黄忠廉 2009 年区分了七类：肯否换译、主被换译、动静换译、语序换译、句型换译、虚实换译和词类换译；2010 年整合为三大类：语法性换译、语义性换译和语用性换译；2013 年进一步整合为五大类：词类换译、句类换译、主被换译、动静换译、正反换译。倪璐璐（2011）以翻译单位为分类标准得到七类：音位换译、词素换译、词的换译、词组换译、小句换译、复句换译和句群换译。余承法（2014）认为有六类：词类换译、成分换译、句类换译、动静换译、肯否换译、主被换译。可见类型有二分、三分、五分、六分、七分之别，但并未基于单一的分类标准。语法、语义、语用三分，翻译单位标准七分虽然层次明晰，操作起来却比较困难。其他分类是从不同角度描述现象，不成体系。且其中的语序换译、虚实换译、成分换译应归属到"移译"中。分类随分析对象的选择以及侧重点的不同而相应有别，上述分类缺乏系统性和完备性，不利于换译类型体系的建设。

　　仅就换译法而言，目前提法纷杂，有具体论述的如：词类换译、语气换译、句类换译、句型换译、动静换译、可否换译、主被换译、形象换译、语序换译、正反换译、虚实换译、成分换译。无具体论述只是提出名称的有：视角换译、时空换译、矛盾换译等。其中语气换译、句类换译和句型换译其实描述的是同一现象，可统一为语气换译。成分换译即句子成分主、谓、定、状、补语之间的移位，应划为移译。虚实换译既可以归为换译，也可以看成移译的无形移译。至于视角换译，至少可以包括动静换译、肯否换译、主被换译和虚实换译。时空换译则立足点较高，提法可以成立，具体实践中并不具备较强的操作性。而矛盾换译则上升到哲学高度，正因为存在矛盾，才会更换，才会替代，从这个角度说矛盾换译涵盖其他一切具体类型。

　　换译本质属性为换形保义显值、换形舍义融值和换形增义升值。语义和语用从价值论看，体现为持平、减少和增加，语形只体现为"换"。若将符号学之语形、语义和语用矛盾载体作为分类标准，可得：第一，语用标准，即双语语形和语义都对应，但因语境、文化等其他因素制约，语用价值出现矛盾，为此采用换译法更换"时空"。时空＝时间＋空间，是抽象概念，前者表达事物的生灭顺序，后者表达事物的生灭范围。空间可以向时间转化。当一物体从 a 点到 b 点时，位置产生变化，该物体不能同时在 a 点又在 b 点，于是有了先后，得出时间。词汇的意义空间，即配价关系，构成语言的空间形态。思想即处于这一空间形态之中。双语表达同一思想的两个时间和空间有差异，构成了四维交错。主要体现在思维逻辑关系的差异上，进而产生了不同的习惯表达方式。换译法使用后即更换了双语文化时空，具体体现为更换风俗习惯和语言表达规范等。这主要体现在无形换译的语气换译、语态换译等类型中。

第二，语义标准，即主要矛盾点在语义上。前文已经论述过语义至少包括词义和句义，可细化为词汇意义、语法意义和逻辑意义。这些在翻译单位上也就构成了无形换译，包括词类换译和视角换译，视角换译又可细分为肯否互换、动静互换和虚实互换等类型。

第三，语形标准，即采用换译克服语言形式上的矛盾。该视角比较直观，对比双语语表形式即可观察到，直接构成了有形换译，即单位换译和符号换译等类型。符号学分类标准很清晰，但在翻译实践中语用和语义总是相伴关联，不具操作性。因此本书采用形态分类标准，即将换译分为有形换译和无形换译。

二　换译的目的

从符号学切入，采用义素分析法和属加种差结合定义法得出的换译定义中带有一定的目的性，即化解双语语形、语义和语用矛盾。"美国哲学家符号学家莫里斯 1946 年提出的语形学、语义学和语用学三分法，分别研究符号与符号的关系、符号与对象的关系和符号与人类的关系。"① 这与汉语界"表、里、值"② 三个概念不谋而合。表是语表形式，里是语里意义，值是语用价值的简称。笔者认为"语形"可以对应于"表"，"语义"可以对应于"里"，"语用"可以对应于"值"。

换译目的是译者采用替代原语对应单位或表达方式的手段，为帮助译文听读者理解原文说写者所表达的信息内容，化解双语语形、语义、语用矛盾，求得双语信息在"似"的前提下为"真"，确保跨语言、跨文化交际的成功。译者充分为读者考虑，站在读者文化世界，采取归化策略，用读者熟悉的文化习惯或语言规范方式，来了解异域文化信息。跨文化交际是一个循序渐进的过程，最初采取文化归化策略。换译方法，只是一种权宜之计。当对异域文化有了初步印象后，深入研究时，就可以采用文化异化策略了，这时可以使用对译或对译加注方法，以便全面揭示文化内涵。所以说面对陌生的异域文化，无论是归化还是异化策略，无论是汉译外还是外译汉都应适时适当使用，考虑到目标读者的接收，切忌一味使用某一种方法，而造成闭关排外的心理，给跨文化交际带来障碍。这也就是求"真"的哲学内涵。

换译，换了语表，换了对应表达方式，却不影响双语信息的"真"。有"真"才能"善"和"美"。"真"脱离了语表，进入了语义，是内容与意义的高度相似。"真"是换译的根本旨归，服从于严复的"信"。所有换译，必须以"信"为伦理标准，若不"信"，就不可能"真"。换译要求全译者具备极高的语言能力与文学功底。全译者可以不去深究符号学、语言学、文化学等学科理论基础，但是要对各个学科有通俗的概览，也就是民间所言的"学富五车，才高八斗"。真正掌握了渊博的学识，才可能在换译行为进行时，跳出双语语言词汇、语法等条条框框，如行云流水

---

① 转引自王铭玉《语言符号学》，高等教育出版社2004年版，第86页。
② 邢福义：《汉语语法学》，东北师范大学出版社1998年版，第439—442页。

般自如。应了那句话：最高超的翻译方法就是法无定法。在尚未达到这种状态前，译者还是应该遵守一定的翻译规范与原则，只有对换译的规范与原则掌握到炉火纯青的地步，方可跳出换译的窠臼。

三 换译的原则

语形、语义、语用矛盾的化解，需要借助于翻译的内在规律"似"。余承法、黄忠廉（2006）[①]引入钱锺书"化境"思想，认为"化"是全译转换的精髓，是易与不易、得失兼备的量变过程，是"真"和"美"的有机统一。"化"包含理想之"化"与实际之"讹"且兼有"师法造化"和"笔补造化"。"化"的实质就是求得译文与原文"极似"。"全译求极似，译文与原文的'似'是意似、形似和风格似。"[②]

一般来讲，非文学作品重在信息的传递，因此翻译时以意似为主，形似为辅。文学作品的翻译则要求在意似的基础上做到形似，即要求文化信息内容与形式的高度统一，二者结合恰巧促成了"极似"的风格。可见，意似指文化信息内容的似，形似是指尽量保持原文的宏观和微观结构。宏观结构主要指原文的体裁；微观结构涉及话语的表层结构，即语言层面，如音韵节奏、句式结构、修辞手法等。风格似则主要体现在文艺作品内容和形式的各种要素中，是内容和形式的高度统一。风格转化关注的重心应是原作风格意义之所在，分析原作风格意义，并在此基础上获得译作风格对原作风格的"适应性"。如果从符号学视角看，这其实就是所谓的"语用极似"。原语语用价值因文化差异、时空变迁、修辞手段等因素在译语中会发生错位或变化，译语中反映的往往是不同于原语的文化值、

---

① 余承法、黄忠廉：《化——全译转换的精髓》，《华中科技大学学报》（社会科学版）2006年第2期。

② 黄忠廉等：《翻译方法论》，中国社会科学出版社2009年版，第8—12页。

语境值和修辞值，因此再现原语的语用价值成为指导译者使用换译法的第一准则。换译因语用价值和语里意义的需要，在语表形式上变动，即换一种表达方法，意义力求不变。

换译的操作原则是"换形不改意不动值，即交换原文和译文的语表形式，力求不变换原文的语里意义，尽可能不更动其语用价值"①。我们知道，单语内部的形式与意义因言语发生场合、语境制约等情况并非总是一一对应。语际转化中更甚，原语的形式与意义加上译语的形式与意义四者相互交叉，在词入句后义素流动整合。此时若再添加主观情感或文化语境之类的语用因素，则变成六者相互交叉。因此要求表意的汉字和俄语单词在语表形式上完全一一对应，非常困难。此时适当使用换译法，遵循双语文化信息语义相似的前提，才能确保语义在句中或篇章中达到极似的风格，也就是能用译语语表形式巧妙传达原语语言单位、语法句型、修辞手段和艺术手法形成的整体神韵。内容彰显神韵，体现在语形上，通过译语语言特点呈现出来。

换译时若能追求三全其美"风格似、意似和形似"，当然再好不过。然而实践中往往在语用制约下保义变形、因义借形、取义舍形。换译求"似"，主要体现在语值相似，语里意似，至于语表形似，必要时可舍弃。综上所述，换译的原则为语用第一、语义第二、语形第三。该原则符合全译三大原则，即语用价值第一、语里意义第二、语表形式第三。

四　换译的地位

翻译学方法论包括翻译实践方法论（即翻译方法论）与翻译研究方法论（即翻译学研究方法论）。翻译方法论分为全译方法论与变

---

① 余承法：《全译方法论》，中国社会科学出版社2014年版，第171页。

译方法论。黄忠廉和方仪力①通过对翻译学学科产生、历史与当下的反思，以及对翻译学发展的元反思，基于翻译本质建构了理论翻译学，定位了翻译的译学研究坐标，引用其图如下：

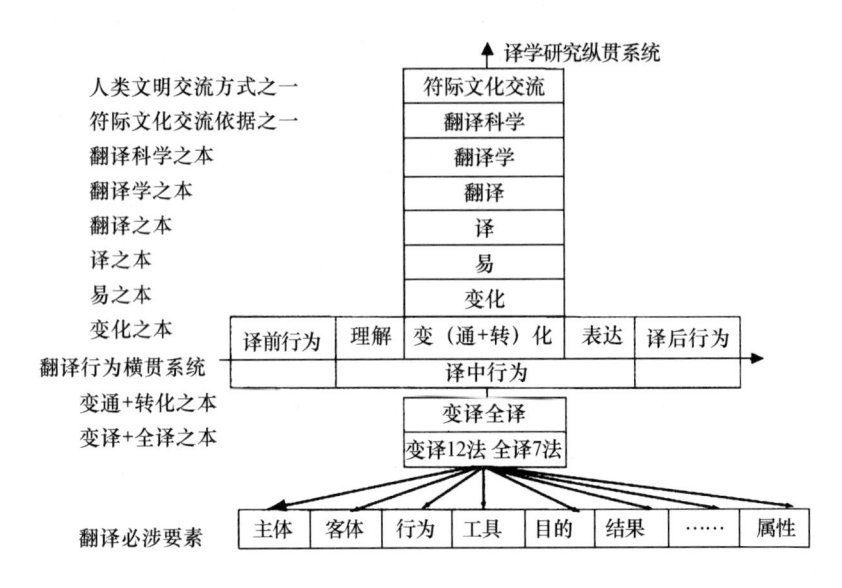

图 2-2　翻译在译学研究坐标中的定位

在该体系中，"全译"处在翻译行为横贯系统和翻译学研究纵贯系统的交叉地带"变（通＋转）化"的下位范畴"变译全译"。作为具体的翻译行为方法，全译方法论不仅是全译经验的总结，更是全译技巧与方法的理性提升。全译方法具有五级范畴，是以小句为轴心，语素、词、短语、复句、句群、语篇为脉络的操作体系。一级为翻译类型：全译（与变译相对）；二级为全译基本策略：直译和意译；三级为全译四种模式：对应、增减、移换、分合；四级为全译七法：对译、增译、减译、移译、换译、分译、合译；五级为四十一种全译技巧：词对译等。全译方法论体系是

---

① 黄忠廉、方仪力：《基于翻译本质的理论翻译学构建》，《中国翻译》2017年第4期。

"范畴—策略—模式—方法—技巧"一个自上而下的逻辑严密、脉络清晰的体系。

表2-3　　　　　　　　　　全译方法体系

范畴	全译						
策略	直译　意译						
模式	对应	增减		移换		分合	
方法	对译	增译	减译	移译	换译	分译	合译
技巧	音位对译	音位增译	音位减译	音位移译	音位换译	/	音位合译
	词素对译	词素增译	词素减译	词素移译	词素换译	/	词素合译
	词对译	词增译	词减译	词移译	词换译	词分译	词合译
	短语对译	短语增译	短语减译	短语移译	短语换译	短语分译	短语合译
	小句对译	小句增译	小句减译	小句移译	小句换译	小句分译	小句合译
	复句对译	?	复句减译	复句移译	复句换译	复句分译	复句合译
	句群对译	/	/	/	句群换译	/	/

注：/表示无，没有；? 表示可能有，也可能无，至今存疑，待考察。

从表2-3看，全译方法论体系中概念按从上到下逐级包含的层次分为：

主旨概念（1个）：全译方法论；

先导概念（2个）：全译、方法；

框架概念（5个）：翻译范畴、全译策略、全译模式、全译方法、全译技巧；

支撑概念（6个）：直译、意译、对应、增减、移换、分合；

核心概念（7个）：对译、增译、减译、移译、换译、分译、合译；

具体概念（49个）：词对译等。

从体系看，"换译"是译学术语，"术语称谓概念，是概念的载体"①。全译方法体系的技巧层面中，词、短语、小句、复句作为分类标准是没有疑义的。虽然理论上是 49 种全译技巧，然而实际操作上数量却远非如此，疑点大都集中在音位、词素与句群上。

第一，音位。把音位作为全译单位，则音位对译主要是指音译。"把一种语言中的词按其语音结构转换成另一种语言中的表音手段，并构成新词的现象叫作音译。"② 对比俄汉语字母对照表，贾明秀认为俄汉语元音存在 5 个单元音对译，分别占俄语单元音字母总数的 50%，汉语单元音字母总数的 83%；10 个音组对译；5 个增译③。足见得音位对译和音位增译是有现实操作意义的。音位减译按音位分类可分为元音音位减译和辅音音位减译。音位换译主要用在翻译俄汉语中的无对等词和部分对等词。音位合译主要用于翻译人名、地名和外来词。音位移译和音位分译没有相关实例。

第二，词素。词素是由词析出的最小表义部分，形式上体现为词根、词缀等具体形素。词素对译包括词根对译和词缀对译。词素增译有达旨性增译、显豁性增译、重复性增译和事理逻辑性增译。词素减译有语法性减译、修辞性减译和逻辑性减译三大类。词素移译（杨静称为转译④）分为前缀移译和后缀移译。倪璐璐论述了词素换译⑤。汤玉婷认为词素合译包括词素语法性合译与词素语义性合译⑥。词素分译未见论述。

第三，句群。句群又叫句组，是几个在意义和结构上有密切联系的各自独立的句子组成的言语交际单位。句群移译指句子汉译时句群位置的移动，其本质是句群的内部要素（复句或小句）在译文中的位置发生前后移动，并非真正意义上的整个句群与另外句群位

---

① 信娜：《术语翻译思维单位转换说》，《中国科技翻译》2015 年第 1 期。
② 齐光先：《实践汉俄音译法》，成都科技大学出版社 1991 年版，第 2 页。
③ 贾明秀：《俄汉全译之对译探析》，硕士学位论文，黑龙江大学，2012 年。
④ 杨静：《俄汉全译之转译研究》，硕士学位论文，黑龙江大学，2012 年。
⑤ 倪璐璐：《俄汉全译之换译探析》，硕士学位论文，黑龙江大学，2011 年。
⑥ 汤玉婷：《俄汉全译之合译研析》，硕士学位论文，黑龙江大学，2013 年。

置调整。倪璐璐（2011）论述了句群换译包括句序换译和句群内部换译。深入细究，其视角仍落在句群内部构成要素上，非真正的句群与句群的换译。汤玉婷（2013）叙述了句群合译为复句的情况。余承法指出原文句群可以压缩、整合为译文单句或译文复句[①]。很明显上述论述主要是指跨层全译方法，而非真正意义上的同层操作。句群对译、句群增译、句群减译、句群分译未见论述。全译的中枢单位是小句，变译的中枢单位是句群。从这一理念来看，句群作为全译方法的操作单位，主要应指跨层操作。若以同层操作为标准，则理论上的句群增译、句群减译、句群移译、句群换译、句群分译、句群合译实际上已经归属到了变译中。全译方法论中只有句群对译具有现实操作意义。句群对译指译文跟原文在句群层面的对译[②]。另外复句增译未见论述，这也符合现实，因为复句增译后（暂不考虑其他全译六法同时应用），其单位至少是句群及以上了。因此从全译单位角度来看，实践中全译方法之技巧目前有41种。

综上所述，换译在全译方法论中战略地位重要，与移译一样，处在全译方法体系的中间地带，向上可追溯到全译，表现为：换译方法→移换模式→直译，意译策略→全译范畴。若继续上行追溯到"翻译"，表现为：换译方法→移换模式→直译、意译策略→全译范畴→翻译。这也就不怪有些人模糊地认为翻译就是转换了，因为二者同源。关于换译与移译的关联，将在下文论述。

五 换译的应用

换译作为一种翻译方法，其涵盖领域应该全面，才能具有科学性，指导翻译实践才更有说服力。二分法是非此即彼的矛盾分类法，表现为A与非A，形成封闭式整体。换译义素中行为的主体是译者：人或/和机器，可三分为人换译、机器换译（具体指基于双语平行语

[①] 余承法：《全译方法论》，中国社会科学出版社2014年版，第322页。
[②] 余承法：《全译方法论》，中国社会科学出版社2014年版，第47页。

料库的机器翻译）以及人和机器一起换译。其中人换译按方式可再二分为口译换译和笔译换译；换译客体（文本）二分为内译（即俄译汉）和外译（汉译俄）。根据实践观察，我们发现，换译法使用频率大概为：人译＞机译；笔译＞口译；外译＞内译。这种趋势多少说明了人作为换译行为主体，比机器（也可说是人工智能）更加具有灵活的主观性。笔译相对于口译，译者可以思考时间更长，灵活性更大，因此使用的译法也就更多。外译中换译法使用多于内译，想必也与中国国情相关吧！在中国文化"走出去"战略下，译者更多地采用归化策略，以适合国外需求和接受习惯。而内译，曾经是引进，现在更倾向于诠释，更多地采用异化策略，以充分掌握国外文化精华，为我所用。

文本在本研究中体现为具体的语料。语料具有多样性，来源覆盖自19世纪50年代起直至2016年，时间跨度大。笔者采用俄汉对照本（参见语料来源文献），涉及文学、公文事务、政经财贸、科技信息等语篇，还采自网络语料库、手机客户端等众多领域。翻译按文本涉及领域也可二分为应用翻译和文学翻译两大类。前者可具体分为社科翻译、科技翻译、涉外翻译和科普科幻翻译等具体领域，后者也可进一步区分为小说翻译、诗歌翻译、戏剧翻译和散文翻译。这种二分与多分的方式基本上能够包括所有换译的语料。笼统地讲，换译法在文学翻译中使用较多，尤其是无形换译，体现在某些特有文化内涵的句式或表达中，集中地体现在成语、谚语、俗语等涉及形象的现象。应用翻译中则多为有形换译，为符合译语规范而调整句子结构形态。

六　换译的关联

翻译，translation/перевод，宏观看都是从一处跨到另一处，时空视角下都是"转换"。微观看，汉字"翻"和词素 trans-、пере-都有"跨"义素，意指在语言、思维与文化中穿行跨越。"换"是翻译的细胞核，是翻译的灵魂所依，是翻译的最核心概念。"换译"是

"换"的方法层面的具体化。"换译"与"翻译"范畴层次不同,地位不同。"换译"是"翻译"家族中方法论体系中的一员,战略位置十分重要。将换译这一方法研究透彻,必将促进对翻译的深入理解。换译关联可从相同范畴和相异范畴来论述,即换译与全译中移译的关联和与变译中改译的关联。

(一) 换译与移译的关联

巴尔胡达罗夫说 перестановки(移位法)作为翻译转换法之一,是在译语中变动原语成分,即词、词组、小句等单位的位置(顺序)。句子结构中词和词组移位现象最常见。"移译,即转移式全译,是指译者遵循译语表达习惯和规范,转移原文语表形式的全译方法。"①

1. 换译与移译的联系

移译(也称转译)与换译同来自"转换"。"转、换"义素有重合,译界将二者视为一种方法有其道理。表2-2"换译"称名词频中"转换"的比例为29.2%,占据百分比第一位。全译有直译、意译两大策略,对应、增减、移换、分合四种模式,对译、增译、减译、移译、换译、分译、合译七种具体方法。全译微观过程的轴心是转化,转原语内容,换原语形式,化解双语内容与形式的一义多言式矛盾。正是出于轴心—模式—方法用字考虑,"转化"与"转换模式"及"转译"同用一个转字,但三者内涵却不完全相同。

为避免概念的混淆,将"转换模式"改成"移换模式",将"转译"改为"移译",原因在于全译本质是转化。"转化"② 在《现代汉语词典》中释义为:①动词,转变、改变。②矛盾的双方经过斗争,在一定的条件下各自向着和自己相反的方面转变,向着对立面方面所处的地位转变。本质之"转化"与方法之"转译"

---

① 余承法:《全译方法论》,中国社会科学出版社2014年版,第131页。
② 中国社会科学院语言研究所词典编辑室编:《现代汉语词典(第6版)》,商务印书馆2012年版,第1711页。

同用"转"字，意旨不同，层次不同，因而需抛弃汉字虚化之美感，提取其精髓，重新定位术语概念。"转"① 在《现代汉语词典》中释义为动词，指改换方向、位置、形势、情况等或把一方的物品、信件、意见等传达给另一方。"移"② 在《现代汉语词典》中释义为动词：①移动；②改变、变动。二者结合可构成"转移"。"转移"③ 在《现代汉语词典》中释义为动词：①改换位置，从一方移到另一方；②改变。可见，"转"与"移"为同义词，从词汇学角度看可以互换。另外，源于翻译史，"转译"作为不同语种的转述，如鲁迅译《死魂灵》是从日语版本转译而来，并非直接从俄语原本。"转译"④ 在《现代汉语词典》中释义为动词，不直接根据某种语言的原文翻译，而根据另一种语言的译文翻译，叫转译。有趣的是在《现代汉语词典（第5版）》中"移译"⑤ 释义为"迻译"，而"迻译"⑥ 释义为"翻译"，是书面语。"移译"在《现代汉语词典（第6版）》⑦ 中直接释义为"翻译"。可见"迻译"少用，趋近于历史词汇。至少在实践操作中"移译"目前还代替不了"翻译"，不能与"翻译"混淆。因此从说文解字角度看，采用"移译"是可行的。

---

① 中国社会科学院语言研究所词典编辑室编：《现代汉语词典（第6版）》，商务印书馆2012年版，第1709页。

② 中国社会科学院语言研究所词典编辑室编：《现代汉语词典（第6版）》，商务印书馆2012年版，第1534页。

③ 中国社会科学院语言研究所词典编辑室编：《现代汉语词典（第6版）》，商务印书馆2012年版，第1711页。

④ 中国社会科学院语言研究所词典编辑室编：《现代汉语词典（第6版）》，商务印书馆2012年版，第1711页。

⑤ 中国社会科学院语言研究所词典编辑室编：《现代汉语词典（第5版）》，商务印书馆2005年版，第1606页。

⑥ 中国社会科学院语言研究所词典编辑室编：《现代汉语词典（第5版）》，商务印书馆2005年版，第1605页。

⑦ 中国社会科学院语言研究所词典编辑室编：《现代汉语词典（第6版）》，商务印书馆2012年版，第1535页。

参考术语命名译学考量，本研究将术语概念浓缩提升，将表示具体方式的动名词复数形式 перестановки/замены 对应于具体的"移译法/换译法"，对应的英语为 transfer/substitution；将其单数形式 перестановка/замена 对应于抽象概念"移译/换译"，对应的英语为 transfer/substitution。从而进一步明确了移译与换译在全译方法论体系中的地位与联系。

巴尔胡达罗夫提出 перестановка（移位法）和 замена（替代法）成为"移（转）译"与"换译"作为翻译方法的基石。他把 перестановка（移位法）视作翻译技巧之一，将其定义简单描述为在译语中变动原语成分的位置。对 замена（替代法）也是如此，甚至没有定义，只是将其简单分为语法替代和词汇替代，翻译操作时将其细化为词形替代、词类替代、句子成分替代、复合句中的句法替代、词汇替代、反面着笔以及补偿法。2009 年黄忠廉将"移（转）译"和"换译"提升为翻译方法并给出定义。"转译，即转移式全译，指照顾译语结构和表达习惯转移原文语言手段的全译活动。"① 转译可区分为移位、转化和词义引申三大具体技巧。换译即交换式全译，指相对或相应的语言表达手段相互交换的全译活动，可细分为肯否换译、主被换译、动静换译、语序换译、句型换译、虚实换译和词类换译七种技巧。2013 年黄忠廉将"词序换译"归为移译中的有形移译即移位（或换序），"虚实换译"归为移译中的无形移译（即词义引申）②。据此移译分为原形移译、有形移译和无形移译；换译分为五种类型：词类换译、句类换译、主被换译、动静换译、正反换译。这种"转""换"的区分基于事实的归纳，并无严格逻辑界限。在笔者看来，正反转换、主被转换、动静转换、词类转换属于换译，而成分转换、语序转换和词义引申属于移译，虚实换译既可归为移译，又可归为换译。余承法进一步指出移译遵循

---

① 黄忠廉等：《翻译方法论》，中国社会科学出版社 2009 年版，第 56 页。
② 黄忠廉等：《应用翻译学》，国防工业出版社 2013 年版，第 79—84 页。

信息质量守恒定律，原文某些语表形式或保持原封不动或进行空间移动，或对信息内涵加以引申①。换译是双语语表形式的互相交换，根据语言单位互换的不同角度和层面，可分为词类换译、成分换译、句类换译、动静换译、肯否换译、主被换译等六种具体类型。转换要区分，必须有明确的区分标准。

　　换译与移译相伴而生。换译包括移译。从方向性角度看，移译属于单向行为，发生在译语中（移位）；换译属双向行为，由原语到译语，互换后折回原语（替换）检验。两次移译构成一次换译（互换）。移译是单向行为，重在调整语言单位的空间位置，具体指按照译语的思维方式和表达习惯，适当调整语序。语序是句子成分的排列顺序，任何语言都包含自然语序（常态）和倒装语序（变态）。换译属双向行为，指在语表形式上更替原作的语言单位，调换表达方式，实际形式发生变更，意义力求不变。移译调整某些搭配关系，移动语法成分位置改变语序；换译先对原语结构和语义进行整合，整个过程或变换视角或调整思维方式，选择原语之外的语法成分填充译语语表。

　　目前转换仍有模糊地带，难舍难分。移译与换译共用移换模式，移换模式指译者根据实际需要转移原文语言单位的位置或交换表达方式时选择的操作样式，目的是完整再现原文语用价值、准确传达其语里意义。转移的语言单位主要是词和短语，偶尔涉及复句中的某一分句。交换的表达方式包括词类、句类、句子成分、动静表达、主被表达、正反表达等，具体运用移译和换译两种全译方法。从方向性角度看，两次移译构成一次换译。如俄语 книга Ленина，脱离上下文，既可以是"列宁所拥有的书"，也可以是"列宁写的书"，还可以是"关于列宁的书"，其英译 Lenin's book/the book of Lenin 两种都可，体现了汉语思维和印欧语思维的差异。俄汉跨语转化时，语言单位位置颠倒，是移译。但若再次从汉语返回至俄语，则形成

---

① 余承法：《全译方法论》，中国社会科学出版社 2014 年版，第 127—173 页。

两次移译，就是一次换译。事实上，翻译实践中换译的论述中经常伴随着移译，只不过是同一问题的论述视角不同而已。

2. 换译与移译的区别

方梦之主张翻译研究回归本体，才能使翻译学不断完善。移换二者长期处于难解难分之胶合状态。翻译界以往论述将二者作为一种翻译技巧，作为处理双语词汇不对应或表达方式不对应的一种手段而已，并未对二者作过多的思辨与区分。笔者认为随着翻译本体研究的深入，换译与移译的区分成为一种必然，这本身就是翻译本体研究深入的结果。

换译目的在于化解双语语形、语义、语用矛盾，即解决原语与译语"表—里—值"不对应的矛盾。移译则不然，移译使用时"表—里—值"是对应的，移译调节译语某些语表形式排列顺序，原语与译语语表对应内容并未发生质的变化。"移译"语义上表现为在译语表达时，调整原语某些搭配关系，移动语法成分位置，改变语序，以符合译语思维表达习惯或达到译语修辞效果。"换译"在语义上表现为先对原语结构和语义进行整合，然后外显于译语语表，整个过程或变换视角，或调整思维方式，或选择原语之外的语法成分填充译语语表，以达到译语语法规范，给出符合译语修辞色彩、语境交际价值和文化意义的表达。

语形上，使用移译时双语语形不矛盾，使用换译时矛盾；语义上，使用移译时双语语言单位呈现语义组合关系，以词为例，若词 A 的义项 $A_1 A_2 \cdots\cdots A_n$，在跨语转化时，词 A 发生义项上的位移，表现为普通词汇专业化引申、抽象词汇具体化引申以及具体词汇抽象化引申。使用换译时则不然，仍以词为例，跨语转化时发生词的聚合关系。若词 A 换译，跨语替代成了词 B，A 与 B 的关系可以是语义场中的上下位关系，也可以是同级关系。最明显的例证是形象的换译，如形象 ABC 换译后四个元素中必有不同，可能保留部分元素语义 A/B/C/AB/AC/BC，外加其他元素如 E，也可能既保留部分元素语义又外加其他元素语义 AE/BE/CE/ABE/ACE/BCE 等，也即语义义项错位。语用上，移译求词义似、句义似，换译则求语义似，意义不等于符号的累加，如习语、固定短语等。

（二）全译与变译的关联

要论述换译与改译的区别和联系，应先论述二者的上位范畴全译与变译的区别和联系，因为换译与"改译"的区别和联系主要体现在其上位范畴全译和变译的关系上。

黄忠廉和杨荣广将20世纪90年代末创建的变译分为三个发展阶段：建构期（1998—2008）、发展期（2009—2017）和拓展期（2018—）[1]。随着2001年黄忠廉《变译理论》的出版，变译的学科地位正式得到了确立。自此传统的翻译学分为全译与变译两大范畴，变译理论研究逐步展开。2019年12月18日在中国知网搜索"文献主题"关键词为"翻译"得到278428条结果，搜索"全译"得到802条结果，搜索"变译"得到972条结果。尽管翻译学科从语言学中独立出来，但随着翻译本体研究的深入，全译与变译研究均需加强。

1. 全译与变译的联系

翻译是人或/和机器将甲语文化信息变化为乙语的符际活动和智能活动。全译是人或/和机器将甲语文化信息转化为乙语以求信息量极似的符际活动和智能活动。变译是人或/和机器将甲语文化信息变通为乙语以满足特定读者特殊需求的思维活动和符际活动。随着对翻译实践行为的多元反思，对翻译本体的深入探究，使得宏观上对翻译主体的研究进一步细化深化。黄忠廉将变译繁式定义为"变译是人或/和机器用乙语摄取甲语文化信息以满足特定条件下特定读者特殊需求的智能活动和符际活动"[2]。在中国知网搜索"全译"802条结果中只有全译策略21条，全译本12条，明确出现"全译"字样，其他小分类更多地涉及翻译方法和变译，比如翻译方法29条，

---

[1] 黄忠廉、杨荣广：《变译理论：深究与拓展》，《民族翻译》2018年第2期。
[2] 黄忠廉等：《应用翻译学》，国防工业出版社2013年版，第91—92页。

翻译策略28条，变译理论53条，翻译变体34条等。在中国知网搜索"变译"972条结果中变译理论381条，翻译变体80条，变译策略71条，变通手段40条，变译手段24条。可见，变译作为21世纪的理论突破，还需加大研究力度。全译与变译的区别至今仍是值得深入探讨的问题。全译与变译是翻译新概念及其本质二分的结果，二者是并立互补的关系，变译是从全译到创作的过渡。这些研究标志着变译理论作为中国本土翻译理论，受到越来越多的关注。变译理论中十二分法，变译伦理，变译策略价值观，变译与传统翻译中的改译、误译、美译、创译等概念的关系，变译与全译的区别和联系等，亟待澄清。随着变译研究的推进，全译问题也凸显出来。

2. 全译与变译的区别

对于全译与变译的区别，主要从翻译研究维度和翻译本体拷问两大视角分析。

（1）翻译研究维度

第一，变译研究热度逐渐上升。变译"建构期以《翻译变体研究》《变译理论》《科学翻译学》等专著为载体，在变译与全译关系、变译论与西方译论比较、变译个案等方面进一步丰富相关研究"[1]。到目前为止，变译论得到越来越多学者的肯定，不断有关于变译概念周延、变译理论自洽和拓展等视角的研究。《上海翻译》2018年第4期设立"变译理论专栏"专栏，刊发了3篇文章，依次为：《变乃译中应有之意》[2]《变译理论与中国翻译理论学派的建构》[3]《变译和全译在文化对外传播中的不同

---

[1] 黄忠廉、杨荣广：《变译理论：深究与拓展》，《民族翻译》2018年第2期。

[2] 杨全红：《变乃译中应有之意》，《上海翻译》2018年第4期。

[3] 吴自选：《变译理论与中国翻译理论学派的建构》，《上海翻译》2018年第4期。

效度》①。《民族翻译》2018 年第 2 期设立《变译理论研究》专栏，刊发 4 文，涉及"变译论"立名和立论问题②、变译理论回顾与断想③、变译路径④、在批评中共建译学理论的中国学派⑤等问题的探讨。

第二，宏观上应用领域有差别。全译的使用几乎涵盖所有的翻译。而变译概言之，应用于文艺作品、社科作品和科技作品等范畴。变译与文化传播密切相关，有效译介原语文化信息使之被译语文化语境接收并接受。变译更多地使用在工程、旅游、商贸、网络、娱乐、新闻等实用翻译领域。变译属于宏观操作，由译者从原文直接变通而来，与其他材料兼容，多快好省。变译十二法：摘译、编译、译述、缩译、综译（《变译理论》中为"综述"）、述译（《变译理论》中为"述评"）、译评、改译、译写、阐译、参译、仿译（《变译理论》中没有，《译学研究批评》称为"仿作"），是从"全译"到"创作"的一个渐进过程。中央电视台、《环球时报》、《参考消息》等媒体在报道国外信息时，经常使用换译法，当然也可称为编译，因为编译也在变译范畴内，且作为变译最重要的方法之一，在翻译实践中占据重要位置。全译属于微观操作，对原文深入解读，字里行间求得信息极似，一般很少去找寻其他材料。

（2）翻译本体拷问

对全译与变译的本体拷问，拟从"翻译"本质性的分类视角考察，即逐一分析比对全译与变译在主体、客体、手段、目标等因素

---

① 张永中：《变译和全译在文化对外传播中的不同效度》，《上海翻译》2018 年第 4 期。

② 贾一村、贾文波：《"变译论"立名、立论：回归本源，兼收并蓄》，《民族翻译》2018 年第 2 期。

③ 邹付容、冯阳光：《"易"带"译"路——变译理论回顾与断想》，《民族翻译》2018 年第 2 期。

④ 张娟：《我国文化"走出去"视听变译路径》，《民族翻译》2018 年第 2 期。

⑤ 李东杰、蓝红军：《在批评中共建译学理论的中国学派——"第二届理论翻译学即译学方法论高层论坛"述略》，《民族翻译》2018 年第 2 期。

方面的差异。

第一，译者主体性不同。研究主体重在探讨主体性。在传统的翻译实践中，将翻译作为过程来看，即审视翻译行为，翻译历经零主体→一元主体→多元主体。将翻译作为结果来看，即审视译本，翻译历经原作者主体→译者主体→读者主体→多元主体。将翻译作为主体来看，即审视翻译本身，则经历主体性→主体间性的反复辩证趋势。语文学时期，对译者主体性认识是矛盾的，强调译者的"仆人"特征。语言学时期，遮蔽了译者主体性，强调原文或原作者的主体性。文化转向时期逐渐强调了译者的主体地位，逐步彰显了译者的身份。后现代主义理论思潮大兴的当下，出于对译者主体性的张扬，强调译者对译作创造的核心作用，变译开始浮出水面，大显其能。葛浩文翻译莫言时连译带改，就是变译最典型的案例。仅从译文书名就可管窥葛浩文的主体性发展过程：《红高粱》英译名 Red Sorghum（俄译名 Красный гаолян，由 Власова Наталья 翻译，2018 年 Текст 出版社出版）①，《蛙》英译名 Frog（俄译 Лягушка，至今未见到俄译本），《变》英译名 Change（俄译名 Перемены，由 Власова Наталья 翻译，2014 年 Эксмо 出版社出版）②，《酒国》英译名 The Republic of Wine（俄译名 Страна вина，由 И. Егоров 翻译，2013 年 Амфора 出版社出版）③ 几乎是完全对应的翻译。《天堂蒜薹之歌》英译名 The Garlic Ballads（俄译名 Чесночные баллады，至今未见到俄译本）则是部分对应翻译，显然"天堂"不乏英文对应词汇，但没有译出，删减了透析着文化寓意的这个故事元素。《丰乳肥臀》英译名 Big Breasts and Wide Hips（俄译名 Большая грудь，

---

① Мо Янь. *Красный гаолян*；пер. с кит. Власова Наталья. Издательство: Текст, 2018.

② Мо Янь. *Перемены*；пер. с кит. Власова Наталья. Издательство «Эксмо», 2014.

③ Мо Янь. *Страна вина*：Роман；Рассказы пер. с кит.，примеч И. Егорова. СПб.，Амфора. ТИД Амфора, 2013.

широкий зад，由 И. Егоров 翻译，2012 年 Амфора 出版社出版①），英译和俄译译名具有异曲同工之妙，逐字比对，"丰乳肥臀"变形错位为"大胸宽臀"，性感基调迎合了英语俄语读者的审美共性。《生死疲劳》英译名 Life and Death Are Wearing Me Out（俄译名 Устал рождатья и умирать，由 И. Егоров 翻译，2014 年 Амфора 出版社出版②），译态酣畅，标题英译用进行时态，俄译用过去时态，搭配诙谐。《檀香刑》英译名 Sandalwood Death（俄译名 Сандаловая казнь 或 Пытка сандалового дерева，至今未见到俄译本）。《四十一炮》英译名 Pow（俄译名 Сорок одно орудие，至今未见到俄译本）体现"译有所为"姿态，英语 Pow 是拟声词"砰"，用声响形象来换译，将熟悉且陌生的故事元素纠缠在一起，动感十足地冲撞读者的眼球，满足其期待视阈。可见从全译到变译，译者对客体操控的自由度越来越大，主体性越来越强。莫言本人也承认葛浩文的译文与原著是一种旗鼓相当的搭配，为原著增添了光彩，让他的汉语作品蒙上了英语文字的洒脱面纱。

第二，对待客体的态度存异。翻译中的客体主要是指翻译对象，即原语文化信息，当然包括文化信息的载体工具：原语。全译与变译的客体相同，全译对待原语文化信息的态度较为保守，亦步亦趋，求信求达，求原语文化信息量的"似"。变译对待原语文化信息则大胆得多，变译在语码转换和意义再现时经常突围，不重数量只求质量。特别是综述、述评和仿译，其翻译客体也就是原语内容，不局限于原语一个版本，更可能有多个原作，其跨语变通的信息量明显多于或少于或异于原作。而全译则通常只有原文一个客体。变译时，译者有权对原作的标题进行变通，对原作结构层次进行调整，改变原作的著录方式等，这些都是全译不

---

① Мо Янь. *Большая грудь, широкий зад: Роман; Рассказы* пер. с кит., примеч. И. Егорова. СПб., Амфора. ТИД Амфора, 2012.

② Мо Янь. *Устал рождатья и умирать: Роман; Рассказы* пер. с кит., примеч. И. Егорова. СПб., Амфора. ТИД Амфора, 2014.

敢为之的。变译时，译者不单单追求文本信息量的"真"，更为重要的是追求文本质量的"善"，即译文的效果，所以译者行为就会突破翻译的常规，由此变译伦理问题也显得十分突出，正如周领顺所言"变译可操作性评价单位的出台是解决评价实践上的一个有效出路"①。变译与全译的评价单位涉及三个要素："文本求真度、效果务实度、译者行为合理度"，平衡好三者，更利于全译与变译的发展。"概念的思辨与逻辑推理是原理研究必走的一步，也是变译理论研究的高级阶段。"② 总体来说，对于客体的文化信息，全译求量变，变译显质变。

第三，翻译操作手段有别。全译的核心在于"转化"，变译的精髓在于"变通"。二者融合共筑"变（通）+（转）化"。翻译活动体现变化思想，无论是语言层面的，还是文化层面的。变化，有"小与大、形与质、少与多、渐与骤之别"。大变化称为"变"，小变化称为"化"。"中国哲学史上'变'与'化'是一对相对的范畴：'变'相当于绝对运动，'化'相当于相对运动。由此，人类翻译活动亦可分为两大类：信息量力求守恒、化原作之形极力转达原作之意者，谓之全译；信息量不求守恒、变通原作满足读者之特需者谓之变译。古今中外，论全译者多，言变译者少，这是变译及其理论研究的起因。"③ 全译与变译是翻译的一体两生，阴阳互调。全译与变译是并立又互补的关系，二者合力共融填补翻译到创作的距离。手段的不同，直接导致微观翻译动作（行为）有异。全译重在"转化"原语文化信息，变译重在对原语有关内容进行变通摄取。全译求真，变译务实。因需要解决的矛盾类型不同而产生全译和变译行为。"全译的精髓是'化解'原作内容与译语形式的矛盾，转移

---

① 周领顺：《"变译"之名与实——译者行为研究（其九）》，《外语研究》2012 年第 1 期。

② 黄忠廉、关秀娟等：《译学研究批判》，国防工业出版社 2013 年版，第 197 页。

③ 黄忠廉、袁湘生：《变译理论专栏》，《上海翻译》2018 年第 4 期。

的是原作内容，化掉的是原作的形式，其方法对、增、减、转（应为'移'——笔者注）、换、分、合多半活跃于词句之间，它们可能包融于变译，但不全为其所有。"① 变译是译者根据特定条件下，特殊读者的特殊需求，采用增、减、编、述、缩、并、改、仿八种变通手段摄取原语内容，具体为十二法：摘译、编译、译述、缩译、综译（《变译理论》中为"综述"）、述译（《变译理论》中为"述评"）、译评、改译、译写、阐译、参译、仿译（《变译理论》中没有，《译学研究批评》称为"仿作"）。这十二种译法的定名是笔者极力追求与全译七法"对译、增译、减译、移译、换译、分译、合译"的一致，即都带个"译"字，能否成立还需进一步探讨，且笔者也认为十二法彼此之间不好清晰地划分，但又没有更好的提法，所以仅提出个人意见，留待讨论和商榷。

第四，翻译目标存在差异。全译旨在保全信息量，追求完整而准确地传递文化信息，促进文化理解与交流。变译却在"三特"（特定条件、特殊读者、特别需求）下追求特效，即变译充分体现译者的人生价值，突出原作的使用价值，满足读者的特殊需求，追求翻译的社会效益。如果说得通俗一些，全译旨在促进全人类的文明互鉴，而变译则为满足一小部分人的利益追求。在当今快节奏、碎片化的时代，相对于全译，变译有奇效，信息比重大，质量高，传播速度快，省时不见得省力，却针对性极强，基本能做到"有的放矢"。概言之，尽管全译与变译的直接目标存在差异，但从翻译范畴来审视，全译求极似，变译求特效，终极追求均为造福人类，达到文化互鉴、文明交流的目的。

因此，全译与变译既相互关联，缺一不可，又求同存异，展现各自的特点风格，共同促成翻译的繁荣。全译适合有时间慢品细品的经典翻译，变译适合短平快的应用翻译。全译创造长期经典的价

---

① 黄忠廉、关秀娟等：《译学研究批判》，国防工业出版社2013年版，第193页。

值，变译创造短期速效的受益。

(三) 换译与改译的关联

《中国译学大辞典》对"改译"的解释如下："改译（modification translation）指为达到预期的翻译目的，在翻译时对原文的形式或/和内容作一定程度的修改和变化，以适应目的语国家或读者的政治语境、文化背景或技术规范。"[①] 改译小到词语、大到语段，形式体裁发生改变，如将记叙文改为诗，将问答式的访问记录改为记叙文等。

根据黄忠廉2001年的观点"改译是根据特定要求改变原作形式或部分内容乃至原作风格的一种变译活动"[②]，改译是为了满足特定层次特定读者的一种归化处理手段，包括内容的替换、形式的更改和风格的转变。改译时译者根据读者的特定需求，将原语的相关内容改编、改换和改造。有译有改，但改有前提，切不可胡乱地改，否则就成为"胡译、乱译"。内容上的改译与全译的换译关联性最强，局部的微小的内容改译往往与换译难解难分。换译与改译既有联系，又有区别。

1. 换译与改译的联系

换译与改译有着密切的联系。第一，换译与改译都是一种翻译方法，都服务于译者，且各有其定义、原则、目的、技巧。第二，换译与改译最大的联系就是其操作单位部分重合，即词换译—词层改译、短语换译—短语层改译、小句换译与复句换译—句层改译、句群换译—句群层改译。

改译与换译最难区分的当属词层，单位越小，越难找到明确的划分标准。外国人名的中国化，外国地名的中国化，都为了使本族读者更好地理解原作内容，形式与风格似乎也没发生变化。尽管黄忠廉等人认为从全译观之是换译，从变译俯瞰是改译。但是笔者坚

---

① 方梦之：《中国译学大辞典》，上海外语教育出版社2011年版，第123页。
② 黄忠廉：《变译理论》，中国对外翻译出版公司2001年版，第149—150页。

持将其统一归入"换译",因为全译的中枢单位是小句,而换译的中枢单位是句群。

至于外国故事归化,用本土例子替换国外的例子,将《西游记》改成适合外国儿童接受的形式则是明显的改译,因为此时不仅内容发生变化,形式与风格也发生变化。方重用散文体改译乔叟用诗体写成的《坎特伯雷故事集》,朱生豪用散文体改译莎士比亚剧本中的无韵诗体人物对白等,这种体裁和结构的变化是显著的宏观变化。徐朝友曾经撰文质疑过变译,并指出如果外国人名中国化译法是"微观化"的处理方法,那就进不了《变译理论》的"宏观化"之"变译"的圈子①(笔者注:徐先生指的是变译之改译法)。黄忠廉与张永中随后应答了徐朝友先生关于"变译"定名的问题②,这正是学术观点交锋的魅力所在。从宏观文化视野来看,外国人名中国化当属改译,属于典型的文化归化策略,为我所用,换我所装,因为名字携带的文化信息已然全部被替换。但从微观翻译操作来看,特别是从翻译单位来看,不管译者翻译的出发点是宏观还是微观,在实际翻译操作时,根据上下文语境要求适当而不过分地将外国人名中国化,将中国人名外国化等特有的"归化"操作,也可归入全译之"换译"法。

2. 换译与改译的区别

换译与改译的区别表现在以下四点上。

第一,上位概念不同。换译隶属于全译,改译归属于变译。因为变译=变通+全译,所以改译可能包含换译。

第二,信息量不同。换译时信息量遵循质量守恒定律,是局部的微调;改译时信息量一定不守恒,信息量或增或减,是宏观的变化。

第三,翻译操作单位不同。换译的单位遵循全译单位,即音位

---

① 徐朝友:《〈变译理论〉的两大问题——与黄忠廉先生商榷》,《外语研究》2006年第4期。

② 黄忠廉、张永中:《变译:考察翻译的新视点——兼答徐朝友先生》,《外语研究》2007年第2期。

换译—词素换译—词换译—短语换译—小句换译—复句换译—句群换译，以小句换译为中枢单位。而改译的单位遵循变译单位，即词层改译—短语层改译—句层改译—句群层改译—段层改译—篇层改译—章层改译—书层改译，以句群改译为中枢单位。

第四，忠实度不同。换译求似，改译却一定不似。换译后译作忠实于原作，靠近原作。改译后译作则一定叛逆于原作，靠近读者。改译是为了避开敏感信息，迎合读者阅读习惯而跨越文化障碍，从而加速信息传播。

本章小结

概念是逻辑思维的起点。换译概念界定，一方面廓清了研究对象的范围，另一方面又为换译类型的划分提供了理论内核。只有概念界定清楚了，概念的内涵明晰、外延确切，才能为类型划分提供更为合理的依据。

本章第一节是对换译称名演变的分析。通过梳理换译各种称名，得到换译相关术语：转换、换译、转译、替代、变换、代换、改译、反译、颠倒、正反、转化、调换、反面着笔、借用、互换、转变、改变、变译、比较译、转写、上义法、词义引申、替换、互用、回避、还原、否定、更改、变通、代替、变序、改换、置换、换位、反说、换形、换转、调整、易词而译、重写等。溯源换译称名，从术语命名之称名语素、称名字数、称名方式和称名翻译学考量为视角得出"换译"这一术语最具科学性。并将俄语术语定为замена，英语术语定为substitution。

第二节论说换译的内涵。通过静态平行对比双语文本，发现换译具有语形矛盾、语词相异和语值极似等三个外在的特点。以此推出换译的本质属性为换形保义显值、换形舍义融值和换形增义升值。之后采取义素分析加属＋种差相结合的定义方式来重新定义换译，即换译是指译者（人或/和机器）将原语文化信息转化为译语时，替代原语对应单位或表达方式，以化解双语语形、语义、语用矛盾，符合译语思维方式和表达习惯的全译方法。

第三节圈定换译的外延。从换译类型、换译目的、换译原则、换译应用领域、换译地位和换译联系等多个角度论述，更加深入地揭示换译定义的科学性。换译内涵和外延的分析更加明确了换译的概念，并以定义方式展现，有理有据。换译的应用领域和战略地位，辅之以与全译之移译和变译之改译的关联，明确了研究对象。笔者全方位多角度阐释换译外延，从换译的类型及其划分标准，到换译的目的、原则，直至换译的领域与地位。还说明了换译关联项，即全译之移译和变译之改译。本节的论述采取归纳法，不一定全面，力求点到为止。换译从三类本质属性为核心，向外延展至语形矛盾、语词相异、语值极似的特点。加之换译的类型、目的、原则、领域、地位、联系等，更加廓清了换译的外延。换译的内涵和外延明确无疑为换译类型解析和换译机制论说提供了坚实的理论基础。换译内涵的说明，可进一步深挖引入换译理据。换译内涵是从特点到本质属性。换译理据可正好相反，即从本质属性反观特点。换译因而能够更加深入地从语言学、思维学、文化学，乃至哲学和美学等学科找寻理论支撑。

换译外延的阐释，特别是换译类型的划分，直接成为换译类型的划分标准。既然语法—语义—语用标准和方向性标准都具有这样或那样的毛病，在翻译实践中不能充分地囊括各类换译现象。那自然要求笔者寻找更加明确、更具操作性的区分标准。这即是本书第三章换译类型解析的伏笔。

综上所述，换译概念界定，绝非仅给换译下个定义，而是充分论述换译这一全译方法的称名科学性、定名准确性、概念内涵精确性以及概念外延可控性。通过换译称名、换译内涵和换译外延的分析，明确了换译概念，为本书第三章换译类型、第四章换译机制和第五章换译理据提供坚实有力的根基。

第 三 章

换译类型解析

辩证唯物主义告诉我们，内容决定形式，形式承载内容。从形式入手研究意义是经典研究模式之一。形式是事物的形状、结构。形态学本为生物学术语，研究生物机体外部形状、内部构造及其变化，进入语言学后叫作"词法"，是语法学的一部分。形态学研究词的形态变化，具体而言研究词的语法意义、语法意义的表达手段和语法范畴。将形态学引入换译类型研究，一则看词汇形态，二则看句法形态。形态学上的区别表现在性、数、格各个范畴上。以"形式"变化，包括词形、句形、语形的变化为显性突破口，作为类型划分标准，可分为有形换译和无形换译两大类。本章突破了单纯的现象罗列，将换译现象整理分类，并用形态划分作为统一分类标准，使换译分类具备科学性。

第一节 有形换译

有形换译即互译过程中有显性的形态表征，对比双语可直观显现，包括单位换译、标点换译和形象换译。有形，指有形态标志，直观可见。单位、标点在换译过程中，语表形式都发生了变化，是典型的有形换译。形象换译时，形象发生变化，用来表示形象的语言形式（词语）随之变化，是直观显示形式差异、内涵形象变异的有形换译。

一 单位换译

翻译单位是翻译本体研究核心问题之一。语言学把语言层次分为六层，即音位（字位）层、词素层、词层、词组层、句子层和话语层。巴尔胡达罗夫认为翻译单位是原语文本在译语文本中有着对应单位的最小语言单位，据此分为"音位（字位）层翻译、词素层翻译、词层翻译、词组层翻译、句子层翻译和文本层翻译"[1]，进而得到六个翻译单位：音位、词素、词、词组、句子和话语。全译单位即全译操作单位，从小到大有七个，依次为：音位、词素、词、短语、小句、复句和句群，换译遵循全译七单位划分。在七个单位之间使用换译法时即为单位换译。每一个单位换译按照层次可分为同层单位换译和跨层单位换译。

第一，音位换译。音位学研究音素的区别能力。19 世纪 70 年代音位学在俄国开始萌芽，最早提出音位概念的是喀山学派的创始人库尔德内（И. А. Бодуэн де Куртенэ），他采用历史比较分析法，从心理学及生理学的角度研究音位，指出"音位指的是心理上经常存在的音的表象，即若干发音动作及其引起的印象相互协同所组成的综合体"[2]。音位是语言的心理现实。翻译是两种语言的转化，同样涉及语言的最小单位——音位。音位（фонема）是最小音质独立的区分单词和词形语音外壳的语音单位。如 дак，док，дук 中［a］、［o］、［y］把语音外壳区分开，称这些音素为音位。王福祥指出"音位是词素语音结构的可变化组成部分，成为形态标志，通过词素

---

① Бархударов, Л. С. Язык и перевод (Вопросы общей и частной теории перевода). М., «Междунар. отношения», 1975, стр. 175 – 176.

② Бодуэн де Куртенэ, И. А. Лекции по введению в языкознание. Спб.：Спбу, 1917, стр. 13.

与语义发生联系"①。俄语与汉语的音位没有严格的对应关系，互译时根本无法完全对应，只能求得基本对应或部分对应。卡特福德根据翻译的层次将翻译分为完全翻译和有限翻译，"有限翻译是指原语的文本材料仅在一个层次上（音位层次、字形层次、语法层次、词汇层次）被等值的译语文本材料所替换，具体为音位翻译、字形翻译、语法翻译和词汇翻译四种类型"②。其中，音位翻译指用等值的译语音位来代替原语文本音位的限制性翻译，此时原语中的语法和词汇保持不变。音位本身并没有独立的意义，只是起着辨别意义的作用。音位翻译的基础是原语与译语有类似的语音成分，否则就无法对译。当原语的音位需要在译语中获得对应时，就成为翻译单位。音位是最小的全译单位，也是最小的换译单位。音位（有些学者也称"字位"）和词素（语素）虽然只是构件单位，无法独立表义，自主性不足，仅在语言单位中起区别意义的作用，在特定的场合仍然可视为翻译单位。翻译中特别是音译借词和专有名词的翻译上，"当原语中的音位和字母需要在译语中获得对应时，就成为翻译单位"③。音位换译是指双语语言单位在音位层不对应时用非原语对应音位或其他语言单位来替代原语音位的全译方法。需要强调的是，音位换译在换译单位体系中处于最边缘地带。由于音位不是意义的载体，互译时运用范围非常有限。

第二，词素换译。1810年喀山语言学派的创始人首先使用了词素这一术语。词素（фонема）又称语素，是从词的结构中分解出来的最小表义部分。词素是最小的音义结合体。"音"指词素的物质外壳，"义"是词素指称的事物、现象等在人脑中的反映。词素是语言学术语，俄汉双语互译时，涉及词素互译，以此方式进入翻译学。

---

① 王福祥等：《语言学历史·理论·方法》，外语教学与研究出版社2008年版，第178—179页。

② 转引自穆雷《中国翻译教学研究》，上海外语教育出版社1999年版，第32页。

③ 王德春：《论翻译单位》，《中国翻译》1987年第4期。

俄语是音素文字，以 33 个字母的不同组合、排列顺序构成单词。俄语词素按其意义区分为词根词素（即词根）和词缀词素（即词缀），具体为词根（корень）、前缀（префикс 或 приставка）、后缀（суффикс）、间缀（интерфикс）、词尾（окончание 或 флексия）和尾缀（постфикс）。汉语属于语素文字，以基本笔画为书写单位，依赖词序和虚词来表达语法关系。语素分为成词语素和不成词语素。成词语素是词根语素，如：地、天等。不成词语素是附加词素（也称词缀），包括前缀词素，如：老哥、大姐等；后缀词素，如：孙子、花儿等；尾缀词素，如：网吧等。根据语素在合成词当中的位置还可分为定位语素和不定位语素。"从构词角度看，不定位语素就是词根，定位语素就是词缀。"① 词素、语素与形素自产生之日起就纠缠在一起。语言学传统采用词素，结构语言学兴起之后多采用语素，词素的具体形态如词根、词缀等叫作形素，三者内涵不完全相同。同时字与词又有纠缠，黄忠廉和倪璐璐曾以俄/英语词素与词合译成汉字为例，讨论了词素与语素、字与词的关系问题②。字一般指"汉字"，是文字体系中最小的独立运用的视觉符号单位。汉字中最多的是形声字，由意符加音符构成。作为语言符号时，汉字是代表语素的，但"汉字和语素并非一一对应"③。汉字更不代表音节。即便从语形看，一个汉字对应一个音节，但相同的音节有时可用好几个不同的汉字表示，意义不一样。吕叔湘建议"专门指形体的时候，最好管它叫'汉字'。专门指声音的时候，最好管它叫'音节'。专门指音义结合体的时候，最好管它叫'语素'"④。语素是最小的音义结合体，既表音又表义，词素仅表义，功能为构词。构词学与语

---

① 张斌：《简明现代汉语》，复旦大学出版社 2004 年版，第 115 页。
② 黄忠廉、倪璐璐：《跨层合译的语义—认知诠释——以俄/英语词素与词合译成汉字为例》，《外语学刊》2016 年第 6 期。
③ 朱德熙：《语法讲义》，商务印书馆 1982 年版，第 10 页。
④ 吕叔湘：《语文常谈》，生活·读书·新知三联书店 1980 年版，第 41 页。

音学、词汇学、词法学并列出现在《俄语语法》①（简称"80 语法"）中。俄语构词法分为简单构词法和混合构词法。简单构词法包括后缀法、前缀法、尾缀法、形容词和形动词名词化、复合法、融合法、缩略法等。混合构词法包括前缀后缀法、前缀尾缀法、后缀尾缀法、前缀后缀尾缀法、后缀复合法等。汉语中的词缀构词法相对简单，指在词根上黏附词缀构成新词。相应地前缀法是用前缀加词根构成新词，如"阿"：阿姨、阿斗、阿哥、阿爸等。后缀法则是用后缀加词根构成新词，如"儿"：女儿、胎儿、哪儿、泪人儿等。汉语词缀一般可以表示词汇意义，如后缀"手"表示做某种事情或擅长某种技能的人（弓箭手、坦克手、高手、凶手等）；后缀"子"可以附加在名词、形容词、动词后面，使其变成名词，具有新的词汇意义（粒子、傻子、瘦子、夹子、梳子等）。汉语词缀还可以表示抽象语法意义、确定词性等，如带有后缀"子""者""家"等都可以定性为名词，前缀"第"加基数词可以构成序数词。俄语与汉语中都存在一缀多义或同音异义现象。如：汉语前缀"不"一般加在名词或名词性语素前面，构成形容词，俄语中与汉语"不"构成对应关系的词缀有 без（с）-、не-、рас-、де-、а-、ин-等，如不安（беспокойство），不仁（бесчеловечность）、不合理（нерациональность）、不符（расхождение）、不景气（депрессия）、不可知论（агностицизм）、不变式（инвариант）等。汉语词缀派生词译为俄语时，有时借助形容词名词化的俄语词进行翻译，这常见诸后缀"室"的词转化。如茶室（чайная）、盥洗室（умывальная）、浴室（ванная）、吸烟室（курительная）等。

"词素层翻译即原文词的每个词素在译语对应词中都有相应的词素"②，如 заднескамеечник（后座议员）一词中 задне-对应"后"，

---

① 信德麟等编：《俄语语法》，外语教学与研究出版社 1990 年版。
② 吴克礼主编：《俄苏翻译理论流派述评》，上海外语教育出版社 2006 年版，第 358 页。

-скамееч-对应"座"，-ник 对应"议员"。对比语言学中为了满足对比研究的需要，"俄汉语的词（语素），以至俄语的词素与汉语的'字'，是可以作为对应（但绝不是完全相等）的语言单位进行对比的"①。词素换译是指双语语言单位在词素层不对应时用非原语对应词素或其他语言单位来替代原语词素的全译方法。词素换译同音位换译一样处于换译的边缘地带，实践中应用不多，只有在特定的场合为表达特定的需要方才使用。

第三，词换译。词层翻译指原语词与译语词相对应。在全译实践中原语词和译语词经常不对应，用非译语词对应词替代，已经是广泛使用的手段或技巧。换译条件是指影响换译使用的因素，根本在于语义。词换译是指双语语言单位在词层不对应时用非原语对应词或其他六个语言单位来替代原语词的全译方法。该定义中"其他语言单位"主要指短语、小句和复句。词素距离词最近，但实践中较少，不作重点论述。理论上的音位和句群在实践中操作性较小，本书不论及。该定义中的"非原语对应词"是指全译单位中的词。语言单位则包括音位、词素、短语、小句、复句和句群在内的全译六个单位。换词，因句义统摄，虽词义发生变化，但句义整体不变。句义非单独的词义相累加，而是包括词义的句义，即语义。词换译处于单位换译的核心地带，是单位换译的中枢，使用最多最频繁。词的换译包括词的同层换译和词的跨层换译两类，且使用频率都很高。

第四，短语换译。短语是现代汉语的概念，是"语法上能够搭配的词组合起来没有句调的语言单位，又叫词组"②。其基本结构有联合、偏正、动宾、正补、主谓等方式。汉语"短语"与俄语"词组"却并非完全对应。俄语词组表示一个统一的，但可以分解的概

---

① 林春泽、郑述谱：《词素层级的静态对比》，载张会森主编《俄汉语对比研究·下卷》，上海外语教育出版社 2003 年版，第 16 页。

② 吕叔湘：《汉语语法分析问题》，商务印书馆 1979 年版，第 24 页。

念，是由两个或两个以上在语法上有主从联系的实词组成的句法单位。俄语词组是词汇学和句法学研究的现象，是一种称名性句法单位，词组"同句一起作为建筑成分进入到句子中，同时实施着对事物和现象符合称谓的词汇—语义功能"①，汉语短语的外延比俄语词组大，本书采用汉语"短语"概念，旨在涵盖更为广泛的研究对象。依照翻译单位，短语换译指双语语言单位在短语层不对应时用非原语对应短语或其他语言单位来替代原语短语的全译方法。该定义中"其他语言单位"主要指词、小句和复句。理论上的音位、词素和句群在实践中操作性较小，本书不论及。短语换译包括短语同层换译和短语跨层换译。很多短语随着使用频率的增加，语义已经泛化，出现词化现象，短语换译和词换译一样，处于换译中心位置，使用频率极高。

第五，小句换译。小句是汉语界的概念，通常认为是最小的具有表述性和独立性的语法单位。经常还会提到的概念有简单句、单句、子句、分句、从句、从属句等。句子表达相对完整的信息，由词按照语法规则组成，具有术语性和表达语调。俄语句子分为简单句和复合句，复合句包括主句和从句。"小句是话语层翻译的基本转换单位"②，小句的转换涵盖词与短语的转换。因为小句具有独特的兼容性和趋简性，便于互译操作，且黄忠廉（2004，2005，2008）明确提出了小句是全译的中枢单位，所以小句可以作为换译操作单位。小句换译是指双语语言单位在小句层不对应时用非原语对应小句或其他语言单位来替代原语小句的全译方法。该定义中"其他语言单位"主要指短语、复句和句群。实践中还有少量的词，而理论上的音位、词素在实践中操作性较小，本书不论及。邢福义从"成活律、包容律和联结律"③说明了小句的结构特点。有的学者认为

---

① 张家骅主编：《新时代俄语通论》（下册），商务印书馆2006年版，第177页。
② 罗选民：《论翻译的转换单位》，《外语教学与研究》1994年第4期。
③ 邢福义：《汉语小句中枢语法系统论略》，《华中师范大学学报》（人文社会科学版）1998年第1期。

小句包括分句，单句，居于宾语、补语、主语或谓语位置上的可以独立成句的主谓结构体和紧缩句等。汉俄对照，从结构上可以大致认为简单句、从句或分句相当于汉语小句。全译转化机制下的小句可细分为"独立小句、半独立小句、非独立小句和潜在小句"① 四类。韩礼德的系统功能语法强调以功能概念为框架，包括语篇解释意义、系统解释意义和语言结构成分解释意义，进而推导出语言的概念意义、人际意义和语篇意义，分别对应于小句的表述功能、交换功能和信息功能。俄语有形动词、副动词结构，定语从句等多种修饰成分，汉语有连动句、兼语句、紧缩句、主谓谓语句等，汉译时应据汉语习惯，利用汉语特有的句法形式，在不改变原义的前提下，进行小句同层换译或跨层换译。

第六，复句换译。复句又称复合句，提复句必提单句、分句、主句、从句、副句、小句等。汉语界复句和单句相纠缠。汉语界和俄语界虽然对复句的概念定义不同，但所指大致相同。俄语叫复合句（сложное предложение），是指由两个或两个以上述谓单位组成的具有完整语调、表达相对完整意思的句子。汉语叫复句，是指包含两个或两个以上分句的句子。俄语复合句在构成和语义上大致相当于汉语复句，因此本书用"复句"统称。从对比研究入手，在承认俄、汉复句存在差异的前提下，着眼于二者的共性，看互译时的规律，正是本节的目的。双语对比，在一种语言的映衬下，另一种语言的特点会凸显出来。正因如此，在对比汉、俄复句时，我们可以大致认为汉语复句对应于俄语复合句。复句换译是指双语语言单位在复句层不对应时用非原语对应复句或其他语言单位来替代原语复句的全译方法。该定义中"其他语言单位"主要指短语、小句和句群。理论上的音位、词素和词在实践中操作性较小，本书不论及。复句换译可以分为复句同层换译和复句跨层换译。

第七，句群换译。句群也叫句组，"是一个独立的语篇单位，是

---

① 黄忠廉：《小句中枢全译说》，华中师范大学出版社 2008 年版，第 3 页。

两个或几个句子的组合，表达一层完整的意思，有一个意义中心，具有独立性"①。语义上，各个句子有逻辑关系，在语法上有结构关系，在语流中表现为一群句子组合且语义衔接连贯，是介于句子和段落之间的语言表达单位。俄语中句群又被称为"超句统一体"，是由数个句子组成的，在结构—语义上完整统一的句法单位，表达的意思相对完整，形成一个与某一连贯语总的主体相关联的小主体。俄语界认为，句群通常由启句（зачин）、展题（развитие темы）、结句（концовка）几部分组成。句群换译是指双语语言单位在句群层不对应时用非原语对应句群或其他语言单位来替代原语句群的全译方法。该定义中"其他语言单位"主要指小句和句群。翻译实践中特别是口语句群中还会涉及少量的短语，而理论上的音位、词素和词在实践中操作性较小，本书不论及。句群换译也可按照翻译单位层级分为句群跨层换译和句群同层换译。但实践操作中，句群同层换译已经归为变译范畴，因为变译的中枢单位是句群，因此，句群同层换译从实践方法论角度来看，已属变译的改译方法。关于变译的改译与全译的换译之间的关系，请见第二章第三节换译外延的论述。本书中句群换译类型，主要涉及句群跨层换译。

（一）同层单位换译

同层单位换译指语言单位内部发生换译的情况，分为音位换译为音位、词素换译为词素、词换译为词、短语换译为短语、小句换译为小句、复句换译为复句和句群换译为句群七种具体情况。使用频率大概分为三级：第一级为高频，包括词换译为词，短语换译为短语；第二级为中频，包括小句换译为小句，复句换译为复句；第三级为低频，包括词素换译为词素，音位换译为音位，句群换译为句群。

1. 音位同层换译

翻译中双语音位不对应是常见现象。一般而言对于双语音位上

---

① 邢福义：《汉语语法学》，东北师范大学出版社1996年版，第397页。

的音，常采用双语发音类似的字母（拼音等）对译来传达原语词的音响形式，且冠名为音译。因某种原因无法音译的，我们即采用换译法。音位换译中"非原语对应音位"主要是指非原语对应音位上的音，"其他语言单位"则主要指"词"，理论上的词素、短语、小句、复句和句群因在翻译实践中十分罕见，且不具操作性，不作论述。笔者将以没有任何意义的音来代替原语音位上的音的情况归为音位同层换译，这种情况大都属于规范要求或习非成是。

（1）因无对等形式而换译

俄语属于印欧语系斯拉夫语支，使用斯拉夫语字母，共有42个音位，其中元音音位6个，辅音音位36个，按功能强弱又分为强音位和弱音位。汉语属于汉藏语系泰汉语支，使用拼音文字，拉丁字母，共有32个音位，其中10个元音音位，22个辅音音位。现代俄罗斯标准语语音系统有随位变化性质，所以语音可以随位替换，即在单词中，音素由于语音条件的不同而发生规律性变化。音位在双语有对应音位时则对译，无对应音位或对应音位错位时则换译。俄语词汇分为无对等词和有对等词，有对等词分为完全对等和部分对等。音位换译主要用在俄汉互译中的无对等词和部分对等词。音译时双语单位之间的对应建立在音位层上，传达的是声符。形译时双语单位之间的对应建立在字位层上，传达的是字符（原语单位的书面形式）。潘炳信提出"换音求音似"[①]方法，即原语音节转换为译语音节后，若无对等音节，或无合适的译语词汇或文字，则只好在单音或音节上加以变换。如 Владимир Ильич Ленин（弗拉基米尔·伊里奇·列宁）中 р 是俄语辅音、颤音、颚齿音，是俄语特有，汉语中无对译音，换译为 л 的汉语对译音"尔"。若 р 和 л 为词的首字母，则音译为"勒"。

俄汉互译外来词，传统的译法多为意译，较少用音译，且一般会利用汉字的特点，或加上形符以表义（如将 кофе/coffee 译成"咖

---

① 潘炳信：《从音位学角度看音译》，《外语与外语教学》2000年第3期。

啡"——两字各有一"口"部，表示该物是入口之物），或选择表意性的汉字使本来并不表意的外来词带上望文生义的特征，形成"音意兼顾"。但当俄语科学术语汉译时，由于科学术语只是一种文字符号，不能如汉语般顾名思义，可采用音译，音译时要用通俗的、不具有明显褒贬意义的字，要避免几个字连贯引发歧义。

俄语、汉语对于自然界的拟音大部分是相似的。拟音，又称拟声，与汉语的摹状相似，通过人的感觉把事物或动物的声音、颜色、状态等临摹出来以渲染气氛，如猫叫"喵喵—мяукать"，可以直接对译。但也有很多不同的拟音，如敲门声汉语中是"咚咚"，而俄语是тук-тук。拟音呼唤主要是呼唤或驱赶家禽牲畜用语。俄罗斯人民对家禽的呼唤与驱赶经常使用如下表达：кис-кис = кыс-кыс 咪咪（唤猫声），брысь 去（赶猫声），чух = чух-чух 勒勒（唤猪声），гуль-гуль = гуля-гуля 咕咕（唤鸽子声），цып-цып 咕咕（唤鸡声），гусь-гусь 鹅鹅（唤鹅声），уть-уть = ути-ути 鸭鸭（唤鸭子声），но 喔（车夫催马走的喊声），тпру-тпрр 吁（车夫止马的呼声）等；还有一些根本无法音译，如：кш-киш、кыш 驱赶家禽声（鸽子、鸡、鹅、鸭），выть（驱赶猪声），пте-пте-пте（唤牛声）等。汉译这些呼唤用语时应采用中国人民熟悉的呼唤方式。如：И вдруг руки татянули вожжи, осадили коней: Тпр-ру-у! ……Эй!（Тендряков. Кончина），可以译为：突然双手紧握缰绳，让马停下：吁——吁！

俄语 Тпр-ру-у 只是几个字母构成的音，并不表示实际意义，是车夫止马的呼声 тпру-тпрр 语音变体形式。汉语中骑马汉子口中经常发出的就是"吁——吁！"，第一个"吁——"字拉长音，第二个"吁！"简短干脆形成完整的连续语流。因而根据实际换译是一种最简单有效的翻译方法。

（2）因习惯而换译

俄语中音译外来人名、地名或特有事物时应按原语音译，遵循"名从主人"的原则。专名汉译俄时不能单凭汉语发音音译，而应按

照其在本族语中的发音来翻译,特别是碰到日本、韩国、朝鲜、越南等国的专名时,应尤其注意,因为"它们在俄语中是音译的,而在汉语中则是借形"①,如日本首相安倍晋三,俄译为 Синдзо Абэ,是从日语あべしんぞう而来。再如东京(日)Токио＜とうきょう＞,大阪(日)Осака＜おおさか＞,日立(日)Хитати＜ひたち＞,东芝(日)Тошиба＜とうしば、東芝＞,金日成(朝)Ким ир сен＜김일성＞,武元甲(越)Во нгуен знап＜Võ Nguyên Giáp＞等。

音译一般以通用的《俄汉译音表》为准,但有些人名已有约定俗成的翻译,为了避免"认知上的混乱",则不能修改,应遵循"定名不咎"原则。俄语初学者应牢记这些换译,可理解为因习惯而换译。如 Александр(亚历山大,非"阿列克桑德尔"),Москва(莫斯科,非"莫斯科瓦")。王育伦指出三种情况需要注意,一是经过另一种语言的转译,歪曲了,如 Москва→Moscow(英)→莫斯科。第二种情况是译者所操方言对译名的影响,如 Иван(伊万)→伊凡。第三种是汉化倾向,如肖伯纳(乔治·伯纳德·肖 George Bernard Shaw)。②

(3) 因强调而换译

某些社会学家往往通过说话人的口音可以了解他的年龄、出生地、对标准语掌握的程度等情况。关于口音,有个关于 English 的发音的经典笑话,银行行长会念成"应给利息",菜贩子会念成"阴沟里洗",哲学家会念成"因果联系",政客会念成"硬改历史",海外华侨会念成"英国里去",而打工仔会念成"应该累死"。这虽然是笑谈,但却说明了不同社会角色带有不同口音,从而证明了音译理据性和任意性的特点。钱锺书在《围城》中调侃某人说英语像小狗咕噜,就用 vurry wul 仿拟 very well 音。vurry wul 是错误的字母组合形式,字母组合形式本身没有语义,但因为上下文语境而产生

---

① 王育伦:《俄译汉教程》,黑龙江教育出版社 2002 年版,第 340 页。
② 王育伦:《俄译汉教程》,黑龙江教育出版社 2002 年版,第 355 页。

崇洋媚外的语用联想意义。俄译时 very well 采用零形移译为 вурри вул，却实实在在是对 vurry wul 的音译仿写替代形式，是典型的音位换译。

另外，一些使用广泛的外来口语，在不同语言中往往夹杂使用，形成独特的风景，表达独特的现象。如汉语夹杂的英语，俄译时可以原封不动地移译，也可以用俄语音转写英语音，从而构成音位换译。当原语单位和译语单位之间对应关系是在字位层上，"要传达的内容不是原词的音响形象，而是书写形式，则叫翻译转写"①。这在翻译中是一种特殊手段，表现为"洋腔洋调"，是音位换译发挥效力的场合。

[1] 可是我有 hunch；看见一件东西，忽然 what d'you call 灵机一动，买来准 O. K.②

Ho у меня бывает hunch¹: иной разпоглядишь на вещи и вдруг — what do you call — возникает необъяснимый порыв. Купишь, выясняется, что о'кей. [¹предчувствие（англ.）]③

原语是汉语夹杂英语，前两个英语直接零形移译，落入俄译中。最后一个 O. K. 由于其广泛的穿透力，已经被俄语吸收内化。故采用音位替代方式，其中英语字母 O 对译俄语字母 о 音，英语字母 K 用字母组合 кей 替代，而非找 к 或 г 对译，形成音位换译。

（4）因避讳而换译

避讳是中国特有文化，是指帝制时代对于君主和尊长的名字，必须避免直接说出或写出。《公羊传·闵公·元年》所言"春秋为尊者讳，为亲者讳，为贤者讳"是古代避讳的总原则。避讳大致分为国讳、家讳、圣讳、宪讳、个人讳等类型。比如中国人名中"慧、

---

① 吴克礼主编：《俄苏翻译理论流派述评》，上海外语教育出版社 2006 年版，第 183 页。
② 钱锺书：《围城》，人民文学出版 2013 年版，第 42 页。
③ Цянь Чжуншу. Осажденная крепость: Роман; Рассказы Пер. с кит. В. Сорокина. М.: Худож. лит., 1989, стр. 72.

辉"等字表达美好的希望，慧寓意智慧，辉寓意光辉，但俄译时应尽量避开音译 хуй（男性生殖器），可采用其他音节 вуэй 或 хэй 或 хой 等来代替，如"李慧峰"俄译为 Ли Вуэйфэн。避讳性结构往往涉及委婉表达，委婉表达作为一种语言现象在中俄都大量存在，反映民族心理特点和文化特征。委婉语语表为虚，语里为实，因此跨语转化时往往涉及换译问题，特别是人名翻译中涉及音位同层换译。

2. 词素同层换译

在俄罗斯语文词典编纂传统中，除了把词目以及其他一些派生形式单独列为词条以外，构词词缀（前缀、后缀）也经常单列。可见，双语词典编纂过程中词素可以作为独立词条排入词典，如此即说明词素作为全译单位是完全合理的。以词素换译词素，即词素同层换译理论上是可行的。每种语言中都会接纳外来词、新词，对其称名必然要有相应的词素。"语言中的称名基础通常是由表属概念的词素充当，而称名特征常由表区别性特征的种概念词素充当。"[①] 称名的途径一是利用本族语言固有的词素；二是借用外来语的音译形式，这会产生新的外来词素。

（1）固有词素同层换译

别尔科夫（В. П. Берков）指出考虑到双语词典的任务，有必要把语言中能产的构词词素也纳入词表并单独列条[②]。例如同音异义词缀 -вод- ［复合缩略词一部］ 表示① "水的" Главводопуть，Главводхоз。② "水路的" главвод，наркомвод；与 -вод ［阳，复合词第二部］ 表示"某一方面专家"之意，如 овощевод（蔬菜专家），садовод（园艺专家）。很显然词素也是多义的。

原语多义的词素换译为译语时，因不同场合或不同语境而采取不同的译语形式，包括译语词素。如俄语构词学中后缀 -щина 在文

[①] 王灵玲：《称名视域中的俄汉语词素义对比研究》，《外语学刊》2013 年第 4 期。

[②] Берков, В. П. *Вопросы двуязычной лексикографии（словник）*. СПб.：Изд-во Ленинградского университета, 1973, стр. 45.

学作品中常与表示历史人物的主人公名词组合，派生出带有明显贬义色彩的新词，如 маниловщина（马尼洛夫习气）、обломовщина（奥勃洛莫夫性格）。汉语"习气"一般强调事物或人的外部特征，"性格"强调人的内在特征。除此之外，-щина 还可换译为"精神、理论、谬论、思想、思潮、主义"等指事物或人的内部活动或精神世界，坚持某种见解做法的思想作风，如 козёнщина（官僚主义）。再者-щина 与由地区、河流、民族等名词派生的形容词词干构成名词，表示地理概念。这种名词主要由俄罗斯、乌克兰等中心城市派生的形容词词干构成，是该地的通俗的非正式名称，可换译为名词"市、城、地区"等。集合名词带后缀-щина，如 интеллигентщина（旧知识分子们），表示贬义色彩，可换译为表复数意义的汉语后缀"们"。这些都可以说是根据具体情感色彩，而使用的词素同层换译。固有词素同层换译也可以说是对译，不易区分，也不宜过分区分。对这种情况的掌握需要译者对词素理论进行深入细致的理解，光凭简单的形态还不足以说明全部问题。但词素同层换译这一视角无疑对促进译法的发展具有一定的参考价值。

（2）外来词素同层换译

俄汉两种语言在发展过程中会吸收一些外来词素，在构词中通常用作直接称名。一般情况下外来词素的语音形式与所指称的客观事物之间缺少理据联系，因而略显异类，不易被有效接受，因此译者需巧妙地用译语的字母或文字建立音与义之间的联系。王东风以英语 laser 汉译为例，说明词素连贯不仅要求词素与词素之间能构成有效的形式和语义连贯，而且还要求这一语义连贯能同原文概念所指的实物、行为或特征之间构成有效的语义关联[①]。laser 俄译 лазер 是成功的音译，汉译"莱赛"则不成功，因为汉语词素"莱"与"赛"各自的搭配范围之间存在着明显的不相容性，词素与词素之间不能构成有效的连贯，能指与所指或词义与事实之间也难以构

[①] 王东风：《语篇连贯与翻译初探》，《外语与外语教学》1998 年第 6 期。

成关联，因此不久就被更能体现词素连贯、更能体现汉语"因形见义"的文化图式的"激光"所取代。"激光"即"受激发光"之略，既准确地反映了原文的内在含义，又能让中国读者顾名思义，而顾名之后能思义者便是最佳的连贯境界，是音、形、义俱佳的译名。

俄语新词不断出现，大部分源于英语音译过来的俄语词，如супермен（超人）。作直接称名的外来词素可以和固有词素复合成新词，即"土洋结合"造词模式。一些常用的英语词汇进入俄语后，与俄语"融合"并逐渐被俄语同化，即所谓的"英语俄化词"（русифицированныеслова）。薛静芬和赵爱国曾归纳了五种构词模式①，分别为：第一，英语缩略词借助连字符与俄语名词、形容词等构成英俄复合词，如 ATM-аппарат（ATM 机，柜员机）；第二，英语截短词借助连字符与俄语名词、形容词等构成英俄复合词，如 Hi-Tech-продукция（高技术产品）；第三，英语缩略词直接与俄语构词词素构成英俄复合词，如 SMSка（短信服务，短信）；第四，英语普通词汇与俄语词汇构成英俄复合词，如 bluetooth-технология（蓝牙技术）；第五，英语缩略词素与俄语词汇构成英俄复合词，如 e-банк（电子银行）等。可采用音借法，如 SMSка（短信服务，短信）→эсэмэска，PR→ПР（пиар）（公关）等。如《俄罗斯消息报》2002 年一则消息：Но события 11 сентября радикально изменили PR-планы президента［Буша］…（Известия，18.01.2002），可译为：但"9·11"事件大大改变了［布什］总统的公关计划……其中 PR 为英语 Public Relations 的缩写，表示"公共关系、公关"。由于 PR 的原义带有"宣传"色彩，因而有学者将其在俄语中的构词活动视作一种修辞手段，构成带戏谑意味的 PRопаганда（≈ пропаганда 宣传）、PRпродукция（公关产品），如директор PRопаганды（公关

---

① 薛静芬、赵爱国：《当代俄语中的英俄复合词构词模式及俄化方式浅析》，《中国俄语教学》2012 年第 2 期。

宣传经理）等短语。这种借助于文字游戏引入新词的方法，会随着使用范围与频率的变化而不断更新。

科技语体中常见词素换译，特别是某种新型产品或技术的出现，形成了用词素来换译的情况，如 U-shaped magnet 俄译为：дугообразный магнит 或 подковообразный магнит，汉译为：马蹄形磁铁。俄语 дугообразный（弧形的，拱形的）和 подковообразный 是复合形容词，构词模式为：词根—中缀—词根—后缀—词尾（дуг-о-образ-н-ый 和 подков-о-образ-н-ый）。这两个复合形容词还可进一步分为两部分，第一部分 дуг-（弯成拱形的东西）/ подков-（马蹄形的东西）和 -образный（……形的）。从词素上讲，"马蹄"形象替代了字母形象"U"，准确而生动。

汉语也会不断接受新词。由于中医用语在英语或俄语中缺少对应语，如中医术语"阴、阳、卫、气、寸、关、尺及经络系统理论十二经中的三阴三阳经（太阴、少阴、厥阴、太阳、阳明、少阳），以及各个穴位等"，由于缺少对应的译名经常采用音译或音译加注等方式。"科学的标准化的中医名词术语的英译形式要语义准确，词形简明，符合现代科技名词术语的机制。"① 可是以词为单位进行翻译往往使译语冗长而不清楚，以词素为单位来翻译某些中医术语虽有争议，但却越来越受到中医翻译界的重视。李永安坚定地说："用词素层译法译出的中医名词术语完全符合英语现代医学名词术语的形式要求，又能避免因释义性的直译、意译所造成的译语冗长的缺陷，消除了因译语不当使外国人对中医产生的隔膜感和排斥感。"② 如闭证 избыточный синдром удара，痹症 Би-синдром。闭证根据症状和西医病名进行解释。痹症先音译词素"痹"，后意译属概念"症"进行解释，属于词素同层换译。蒲松龄《聊斋志异》中有一短篇

---

① 李照国：《中医翻译导论》，西北大学出版社1993年版，第151—154页。
② 李永安：《词素层译法在中医名词术语翻译中的应用》，《中国科技翻译》2005年第2期。

《雹神》，其中"雹神"是小说的主人公，是道教神仙谱系中主管降雹的神仙。"雹神"李左车（音 ju）祖籍山东雹泉，是秦楚时期著名的谋士，为人英勇无畏、正直不阿。玉帝感其正直，册其为"雹神"，司掌大地、山川、江河、湖泊、雨雪、风雹及人间庄稼的奖惩。因此，"雹神"并非真假无所确认、形象只能想象的天宫神仙，他是出自民间的世俗"神人"。《聊斋志异》的俄译者是著名汉学家阿列克谢耶夫（Алексеев，«Бог града»）①，他将"雹神"随上下文语境处理成不同的表达，有 Бог града 和 Градовик，其中后者因"雹神"的宗教含义和世俗色彩，在"雹"град 上添加表示"人"的后缀-овик，译为 Градовик，精练而又达意地传达了"雹神"一词。利用俄语构词法，在原有俄语词上加词素（后缀或前缀），造出新词，使俄语母语者，或对俄语语法和构词法熟知的读者一目了然。这在一定程度上也会促进汉语中诸如"风婆、电母、雷神、雨神"等的俄译。马祖毅和任荣珍评价阿列克谢耶夫"用直译和意译两种译文对照的办法，力图解决汉语诗译成外文时准确和通达不能兼顾的问题，颇得后人的赞赏，也使他在苏联汉学界占据了首屈一指的地位"②。

3. 词同层换译

词的同层换译需要对照甄别，与胡译、乱译等误译不同，是有针对性、有理据的替代。词的换译还可根据词性的不同，分为词类换译（详见词类换译一节）。一般常见于称呼称谓词等换译情况。词的同层换译即原语词译换成译语非对应词。一般来讲，我们说双语有对应词或对应表达方式，比如 книга 在汉语中的对应词是"书"，二者对译即可顺利完成转化，这是理想状态，应用在机器翻译的"词对"原理上。但是翻译实践中，由于双语语法体系的差异，词汇

---

① Пу Сулин. *Рассказы Ляо Чжая о необычайном*. Пер. Алексеев Василий Михайлович. Москва: Художественная литература, 1983, стр. 333.

② 马祖毅、任荣珍：《汉籍外译史》，湖北教育出版社 2003 年版，第 417 页。

因素的制约，很多时候词没有所谓的对应词，比如因文化内涵空缺或冲突而造成的不同称呼体系中。

（1）称呼词换译

称呼词最常见的是姓名。俄罗斯小说中最让中国读者头疼的往往就是庞大的人名系统。除了小说内容涉及的众多人物外，甚至连一个人的姓名也有自己的小系统。因为俄罗斯的姓名分为名字、父称、姓三部分，还有指小表爱的不同乳名和爱称，既可以独立使用，又可以合用。《安娜·卡列尼娜》中 Алексей Александрович 草婴译本和力冈译本，都将这种"名字+父称"换译为姓"卡列宁"。这种处理从读者接收角度来看固然好，但也存在另外一个问题，那就是俄语中名字蕴含的"父权"或对父亲崇拜的文化伴随信息丢失了。因此，译者在翻译文学作品时，要考虑相关文本，比如翻译长篇文学作品时，一般在译文前列一个俄语名字汉译对照表，并标明名字、父称、姓、各类爱称都指同一个人。短篇小说中可以通过加注释的方式解决。但是一般情况下，如果文本对文学性的要求不强，译者可以采用换译法。

[2] — Андрюша, ты куда?

— Я не маленький, мамаша, — сказал Стрешнев, нахмуриваясь и берясь за повод. （И. А. Бунин, «Последнее свидание»）

"安德留沙，你上哪去？"

"我不是小孩子了，妈妈。"安德烈皱着眉头说，同时拉起了缰绳。①

该例来自布宁的小说《最后一次幽会》（«Последнее свидание»），对话中是男主人公全名为 Андрей Стрешнев，汉译应为安德烈·斯特列什涅夫。其中安德烈是名字，斯特列什涅夫是姓氏，安德留沙是安德烈的爱称。爱称之所以出现"是俄罗斯人名字随着主观

---

① 张建华主编：《布宁短篇小说选》，陈馥译，外语教学与研究出版社 2006 年版，第 76 页。

情感而发生变化"① 导致的。换译遵循逻辑同一律原则，将爱称保留，以凸显母亲因爱儿而忧的感情，姓换译为名，以免给读者造成负担。

（2）称谓词换译

中俄冒犯称谓同理，也因含有饱满的情感因素，互译时尤其当谨慎。所谓冒犯称谓，指的是大量的骂人词语、脏话口头禅等。汉语"窝囊废"俄译是 шляпа（帽子），符合 шляпа 俗语所携带的隐含文化内涵。

［3］哼！我偏不愿意女人读了那本书当我是饭碗，我宁可他们瞧不起我，骂我饭桶。"我你他"小姐，咱们没有"举碗齐眉"的缘分，希望另有好运气的人来爱上您。②

Хм, но я лучше буду стаканом чая, что бы женщипа могла освежиться, рюмкой вина, чтобы она опьянела, или чашкой кофе, чтобы она взбодрилась. Я не хочу, чтобы прочитавшая ту книгу девушка смотрела на меня, как на чашку риса! Пусть лучше она презирает меня, считает бездельником. Мисс Нита, нам с вами не суждено делить трапезу, пусть вас любит более удачливый человек. ③

汉语"饭碗""饭桶"是骂人称呼。俄语对应词语没有该文化意象，属于冲突型文化空缺现象。"饭碗"俄译用日常物品名称 стакан чая、чашка риса（茶碗、饭碗），рюмка вина…或 чашка кофе（酒杯……或咖啡杯）等加上阐释性文字来代替。"饭桶"用俄译寓意词汇 бездельник（游手好闲的人，坏蛋）来代替。汉语"'你我他'小姐"是因语境修辞而临时创造的词，俄语没有对应词语，也没有对应意象或形象，俄译直接用发音类似英语的词汇 Мисс Нита（妮妲小姐）来替代。该例中汉语"举碗齐眉"属于文化类固

---

① 陆永昌：《俄汉文学翻译概论》，上海外语教育出版社 2007 年版，第 39 页。
② 钱锺书：《围城》，人民文学出版 2013 年版，第 44 页。
③ Цянь Чжуншу. Осажденная крепость: Роман; Рассказы Пер. с кит В. Сорокина. М.: Худож. лит., 1989, стр. 75 – 76.

定表达，俄译也没有对应意象，用解释性文字 суждено делить трапезу（命中注定分享食物，共同进餐）来替代。

4. 短语同层换译

短语比词高一层级，包括自由短语和固定短语。而固定短语又分为专名短语和熟语两大类。熟语久经沿用、基本定型，包括成语、惯用语和歇后语。俄语词组可划分为简单词组、复杂词组和固定词组等，还可分为动词性词组、静词性词组和副词性词组。这些分类与俄语词组基本一致，先将二者的类型混合重排，可按短语黏合度从低到高对短语换译进行分类：自由类短语换译、专名类短语换译和熟语类短语换译。短语同层换译是指原语短语换译成译语非对应短语，常见于自由类短语、专名类短语和称呼类短语同层换译。

（1）自由类短语同层换译

自由类短语是指组成短语的两个或两个以上的词关系比较自由，结构不够紧密，可分可合。自由类短语类型众多，按照组成词之间的关系可以细分为联合、偏正、动宾、正补、主谓、连动、兼语短语等基本结构类型，此外还有复指、方位、能愿、量词、介宾、"的"字短语等非基本结构类型。按功能来区分又可分为名词性短语、动词性短语和形容词性短语等类型。自由类短语换译过程中，关注的重点是双语翻译单位词与义的不对应，用其他译语短语替代原语短语。

［4］Продавец задумчиво потер себе щетинистый подбородок. Достал из кармана сотовый телефон. Набрал номер и стал с кем-то говорить на своем языке. （Михаил Тимофеевич Пак, «Облака на юге»）

奥塔尔若有所思地摸了一下胡子拉碴的下巴，从口袋里掏出手机，拨了个号码，用方言和谁说起话来。①

---

① ［俄］米哈伊尔·季莫费耶维奇·帕克：《南方的云》，孟宏宏译，《译林》2014年第2期。

俄语 на своем языке（用自己的语言）是前置词短语。在俄语上下文中表义含糊，指听话人不熟悉的语言，却不造成理解与交际障碍。但汉译后如实译则会造成指代不清，为此实化为具体所指，汉语中有"方言"一说，故以此代之。

［5］方鸿渐午饭本来没吃饱，这时候受不住大家的玩笑，不等菜上齐就跑了，余人笑得更利害。①

Фан после обеда на берегу остался полуголодным, однако не выдержал насмешек соседей и удрал из столовой до окончания ужина, чем вызвал всеобщий хохот.②

短语"菜上齐"侧重的是饮食的一种程序文化，菜一道道地上桌，客人一道道地慢慢品尝。该句中在上下文语境要求下突出的重点是开玩笑后大家的反应及男主人公的窘态，因此属于义化次信息。俄译用 до окончания ужина（饭结束前）忠实地传达了语义，同时动词性短语"笑得更厉害"换译为名词性短语 всеобщий хохот（全体的哈哈笑）。

（2）专名类短语同层换译

专名类短语是指用短语表示的特定事物。由于文化差异，中俄词汇系统中会出现不同程度的词汇空缺现象。词汇空缺是指一种语言能用单个词语明确标记，但在另一种语言中没有可明确标记的单个词语，只有借助短语或其他表示方式才能揭示其内涵。

［6］Три часа пусть девушка будет в твоей власти. Делай с ней, что хочешь. Я тебе не помешаю. Но по истечении трех часов сам Аллах меня не остановит. Вот мое условие! Согласен?（Ибр., «Наступит день»）

三个钟点以内，这个姑娘归你发落。你爱怎么摆布她，就怎么

---

① 钱锺书：《围城》，人民文学出版 2013 年版，第 19 页。
② Цянь Чжуншу. *Осажденная крепость: Роман; Рассказы* Пер. с кит. В. Сорокина. М. : Худож. лит., 1989, стр. 46.

摆布她。我不来找你麻烦。可是，三个钟点过了，就是天王老子也阻挡不了我。这就是我的条件！同意吗?①

俄语 Аллах 本义是"伊斯兰教的真主"，前有限定代词 сам 要求，就构成强调"真主本人"的语义。汉译可以采用直译加注方式，但文学作品中，具有强烈宗教文化内涵的词"真主"不属于文化主信息，因而可以用汉语类似短语"天王老子"来换译。

[7] 麋鹿是中国特有的珍稀动物，因为它的角像鹿又不是鹿，头像马又不是马，身体像驴又不是驴，蹄子像牛又不是牛，所以又叫它"四不像"。②

Лось Это редкий, ценный вид дикого зверя встречается только на территории Китая. У него оленьи рога, но это не олень, голова похожа на лошадиную, тело похоже на коровьи копыта, поэтому его называют "странным существом".③

汉语"四不像"加引号本身是一种形象表达，俄译换译为同样加引号的实指 странным существом（奇怪的生物），语义明晰。

专名类短语翻译时因文本类型不同，而会采取不同策略。奴力耶夫（Нуриев）指出"文学作品中专名不能按译语对应语音自动选择词汇"④，而是要求译者和出版者根据一系列不同因素整体考虑，根据不同具体情况有针对性地分别对待。

（3）称呼类短语同层换译

日常交际中的称呼语具有指称功能和角色定位功能。某些称呼语因为亲疏、权势等不同的人际关系而发生变异，用短语来表达，

---

① 龚人放主编：《俄汉文学翻译词典》，商务印书馆 2000 年版，第 3 页。
② 国家汉语国际推广领导小组办公室、中华人民共和国国务院侨务办公室编：《中国地理常识（中俄对照）》，华语教学出版社 2006 年版，第 27 页。
③ 国家汉语国际推广领导小组办公室、中华人民共和国国务院侨务办公室编：《中国地理常识（中俄对照）》，华语教学出版社 2006 年版，第 29 页。
④ Нуриев, В. А. "Трудности перевода имён собственных в художественном тексте", *Вестник Московского университета*, 2013, №2, стр. 56–64.

且多携带不同的情感。称呼语变化了，说话人想表达的或赞誉拔高，或羞辱贬斥，或幽默滑稽的情感态度也随之变化。

［8］О чем ты это? — спросила она вдруг Марью Дмитриевну. — О чем вздыхаешь, мать моя?（И. С. Тургенев,《Дворянское гнездо》）

译1："你这是干吗？"她突然问玛丽娅·德米特里耶夫娜，"你叹什么气，我的妈呀？"①

译2："你怎么了？她突然问玛丽娅·德米特里耶夫娜，"好端端的叹什么气，我的姑奶奶？"②

译3："你这是怎么啦？她突然问玛丽娅·德米特里耶夫娜，"叹哪门子气呀，我的少奶奶？"③

在《贵族之家》这部小说中，这句话是女主人公玛丽娅·德米特里耶夫娜和自己丈夫的妹妹，也就是小姑子马尔法·季莫费耶夫娜，一起坐在窗前聊天时，小姑子问她的话。很明显，从亲戚关系上，二者是同辈。从时间上看，二者聊天时，一位五十岁左右，一位已有七十岁。因而，短语 мать моя（我妈）表感叹意义，是口头语，在句中传达求饶无奈等询问意味，是一种戏谑称谓，汉译时忽略字面意义，直接替换为实指语义，中国式戏谑称谓"我的妈"（沈念驹、徐振亚译）、"我的姑奶奶"（戴骢译）、"我的少奶奶"（刘伦振译）或者译成"我的个妈呀""我的天啊"等都较传神。

［9］明天早晨方鸿渐起来，太阳满窗，表上九点多了。他想这一晚的睡好甜，充实得梦都没做，无怪睡叫"黑甜乡"，又想到鲍小姐皮肤暗，笑起来甜甜的，等会见面可叫他"黑甜"，又联想到黑而甜的朱古力糖，只可惜法国出品的朱古力糖不好，天气又热，不吃

---

① ［俄］屠格涅夫：《贵族之家》，沈念驹、徐振亚译，国际文化出版公司2005年版，第4页。
② ［俄］屠格涅夫：《罗亭 贵族之家》，戴骢译，上海译文出版社2006年版，第161页。
③ ［俄］屠格涅夫：《罗亭 贵族之家》，刘伦振译，中国致公出版社2005年版，第2页。

这个东西，否则买一匣请她。①

Когда Фан проснулся на следующее утро, солнце же сияло вовсю, часы показывали девять с минутами. Как же сладко он спал в эту ночь, даже снов не видел! Недаром о спящем говорят, что он пребывает в краю темном и сладком. «Бао смугла лицом, смех ее сладок, и она утомляет, как сон весной, — подумал он. — Следовательно, «темный и сладкий» — это как раз о ней... И еще — о шоколаде. Можно было бы подарить ей коробку, да французский шоколад не очень хорош, к тому же в такую жару есть его не рекомендуют».②

本例中"太阳满窗"换译为 солнце же сияло вовсю（太阳照耀得很），将形象"满窗"替代为 вовсю（到处，厉害）。自造短语形象性比喻"黑甜"换译为两个加引号的并列形容词短语 «темный и сладкий»（"黑与甜"），很巧妙。

5. 小句同层换译

小句同层换译指小句换译为小句，出发点是从形式入手。我们知道，功能决定形式，形式体现于意义，形式不同其意义也不同，但不同的形式可以表达同一概念意义。熟语类短语则指各组成部分在语义上完整，是不可分割的整体概念。熟语类短语实际上是介于短语和句子中间，本书重点考虑其整体概念意义，将其视为小句。俄语熟语汉译时套用汉语读者习惯的熟语，其中包括谚语、俗语、成语、歇后语、典故、诗词曲赋等，文化层面是归化，译法角度讲就是换译，是为迎合汉民族读者的文化接受心态和阅读习惯而进行的换译。如苏联诗人特瓦尔多夫斯基（А. Т. Твардовский）的长诗 «За далью—даль»，诗中反复出现 даль（远）这个词，借以说明俄

---

① 钱锺书：《围城》，人民文学出版 2013 年版，第 16 页。
② Цянь Чжуншу. *Осажденная крепость: Роман; Рассказы* Пер. с кит. В. *Сорокина*. М. : Худож. лит. , 1989，стр. 43.

罗斯幅员辽阔，诗人心中的远是永无止境的。如此题目若直译成《远方之外还是远方》则不足以传神。汉语译本套用"山外青山楼外楼"换译成《山外青山天外天》，传达了意韵神韵。综合俄汉双语现象，熟语类小句包括成语、惯用语、典故和歇后语等同层换译。

（1）成语同层换译

成语是指长期以来习用的、简洁精辟的定型词组或短语，言简意赅。成语概念中俄都有，外延很广，与熟语、警句等关系密切。"熟语（фразеологизмы）和警句（афоризм）是语言单位的构建手段，警句包括成语、俗语和名言警句。"① 由于成语与谚语、俗语、四字词组等结构难以泾渭分明地区分开来，因此，本书将它们统称为成语来论述，且归为小句层次。翻译成语时可以采用直译、意译、直译加注、套译等方法。其中套译是指用译语中同义的成语对应翻译，而不会产生歧义。因为符合译语规范和文化价值取向，从而使读者感觉贴切自然。该种套译法与本书提倡的"换译"法相似，都是在充分理解成语的大小语境的情况下，吃透成语的语里意义，用语表形式不对应的译文传达相同的语用价值。

［10A］ Наши силы намного превосходят силы врага, провоцировать нас для них не что иное, как идти на верную погибель.

我们的实力远远超过敌人，若向我们挑衅，那就无异于飞蛾扑火。

［10B］ При встрече с полицейскими преступник не только не сдался, он ещё оказывал им сопротивление, этим он решил свою участь.

一个罪犯见到警察不但不顺从，还要抗拒，这就等于飞蛾扑火。②

---

① Фелицына, В. П., Прохоров Ю. Е. *Русские пословицы, поговорки и крылатые выражения*. М.：изд-во. Русский язык，1979，стр. 3.

② 来源见网址 http：//russian. people. com. cn/n/2015/1211/c95184 - 8989409. html.

上例源自人民网 2015 年 11 月 12 日网络电视（Источник：«Жэньминь жибао» он-лайн），讲述"飞蛾扑火"。其字面意思为 мотылёк рвётся к огню，其隐含意思正好与俄语词组 идти на верную погибель（走向真正的死亡）相似，故可换译。

［11］中国和东盟国家山水相连、血脉相亲。①

Китай и страны АСЕАН имеют общие горы и реки, поддерживают кровные связи, они объединены общей судьбой.②

"山水相连、血脉相亲"是典型的中国四字成语，语义浓缩，形象生动。俄译很难词词对译，故用阐释性语言替代，将四字词组换译为俄语小句。

（2）惯用语同层换译

惯用语是熟语的一种，常以口语色彩较浓的固定词组表达一个完整的意思，多用比喻义。使用频率很高，多见于口语。有些中俄惯用语虽然意象不同，但寓意类似，这种文化内核上的相似性是惯用语换译的主要原因。

［12］Нет, хоть и сказано у людей: какова березка, такова и отростка, — а не ейный отросток эта девка. Она, Пелагея, разве посмела бы так ответить своей матери? (Абрам, «Повести и рассказы»)

不，虽然俗话说：有其母必有其女——可是这个孩子不大像她。难道她，佩拉格娅以前敢对自己的母亲这样回嘴吗？③

俄语 какова березка, такова и отростка（小桦树怎样，幼芽就怎样）中的 березка 小桦树往往是所思念的家乡亲人的象征，因此可以换译为中国俗语。

《红楼梦》第四十五回中有一句话：真真你是个水晶心肝玻璃

---

① 习近平：《习近平谈治国理政》，外文出版社 2014 年版，第 292 页。
② 习近平：《习近平谈治国理政（俄文）》，俄文翻译组译，外文出版社 2014 年版，第 394 页。
③ 龚人放主编：《俄汉文学翻译词典》，商务印书馆 2000 年版，第 15 页。

人。Панасюк 的译文是 У тебя душа нараспашку, ты всегда говоришь то, что думаешь!①（你的心很敞亮，想什么就说什么!）其中，形象"水晶心肝玻璃人"尽显语言的形象性与俏皮性。这个表述是李纨赞扬王熙凤聪明过人，又贬损她太过于聪明。除此之外，可以用俄语成语 У тебя что на уме, то и на языке（你想什么，就立刻能说什么）来替代翻译。两种译文均与原文语表不同，语里意义却大致相似，遗憾的是文字背后褒贬交杂的文化内涵在跨语转化时损失殆尽了。

（3）典故同层换译

典故是诗文等所引用的古书中的故事或词句。中俄典故多由形象生动的故事浓缩而成为一词或一语，含蓄深邃，令人回味无穷。典故中隐含的文化色彩因素，引导读者联想历史事件或文学作品。翻译典故通常采取直译加注的方式，但当译者对原文文化历史背景充分了解时，就可以使用换译法将典故"改头换面"，不露痕迹轻松传达，使译文词义贴切，传神达意。

[13] Все мучились от жары, все спрашивали друг у друга: «Как самочувствие? Как вы переносите эту Африку?» (Триф., «Старик»)

大家都受着暑热的煎熬，大家相互问着："你感觉怎么样？这样热的天气你怎么受得了？"②

Африка（非洲）本指称地名，但因为非洲气候炎热，故以气候特征借代整体，因而用特征意义"这样热的天气"来换译字面意思"这个非洲"，从我使语义显豁，传达明确。

---

① Цао Сюэ-цинь: *Сон в красном тереме том первый*, перевод с китайского В. А. Панасюка, Москва: Государственное издательство художественной литературы, 1958, стр. 621.

② 龚人放主编：《俄汉文学翻译词典》，商务印书馆2000年版，第4页。

[14] 柳得异人之传，精袁许之术。①

Лю владел наукой физиогномики, получив ее сам от какого-то весьма необыкновенного человека.②

"袁许之术"指相人术，隐含了唐朝"袁天罡和许负"精通相术的典故意义。在翻译专门研究《聊斋志异》的学术性文献时，最好采用直译加注的方法，以传达全部文化信息。而俄罗斯汉学家阿列克谢耶夫的翻译属于文学型翻译，旨在介绍中国文化，读者群是广大社会群体，而非仅面向单纯职业研究者。同时要考虑阿列克谢耶夫翻译的年代，属于早期的翻译，在那个年代是正确的。因为那时"袁许之术"可归入文化次信息，俄译用физиогномика（相面术）替代"袁许之术"之意义，取其精髓，况且袁许二人，中国人也未必熟知。"在无法或没有必要传达宗教文化因素的全部内涵时，可以淡化其中国宗教意味和异域色彩，着重意译其实质内涵"③，将其外在形式和次要信息部分淡化，保留其实质内涵，本质上就是赞成换译。今天再看该例，时代不同了，"异人"指具有特异功能的，可以白日飞升的人。因此наука экстрасенции可能更合适。

（4）歇后语同层换译

歇后语一般由两个部分组成，前半部分像谜面，后半部分像谜底。通常只说前半部分，而本意在后半部分，如"泥菩萨过河——自身难保"等。汉语歇后语往往比喻新奇，形象生动，前半部分是形象，后半部分是喻义或双关，二者语义相互牵涉，令人豁然开朗。歇后语又称"俏皮话"，往往来源于民间，韩庆果将其英语术语定为

---

① 蒲松龄：《聊斋志异·柳生》，https://baike.so.com/doc/2226085-2355453.html.

② Алексеев. "Физиогном Лю", Опуликовал LONGMAN, 23.07.2010, http://smartfiction.ru/prose/lu/.

③ 胡谷明、黄西萌：《俄汉翻译中的补偿方法研究》，《中国俄语教学》2013年第1期。

Chinese folk wisecracks[1]，歇后语的翻译方法有直译法、意译法、直译加注法等。汉语歇后语俄译时，汉语比喻在俄语中较难理解时，可套用近义习语，即换译形象法。原语中独特的结构形式往往成为翻译中最大的语言障碍，而独特的民族特征又会造成文化障碍，歇后语兼具语言和文化障碍，是对译者的极大挑战，而"译者采用的办法往往是"舍弃歇后语这一独特的结构形式和民族特征而只译其意"[2]。

[15] 鸳鸯道："如今都是'可着头做帽子'了，要一点儿富余也不能的。"（《红楼梦》第七十五回）

译本 1：— Мы теперь лишнего не готовим, — промолвила Юаньян, — сколько едоков, столько и еды.[3]

译本 2：— У нас такое положение, — довавила Юань-ян, — когда «приходится делать шапку по голове»! Готовить лишнее нет никакой возможности.[4]

歇后语是汉语特殊的语言表达形式，通常由谜面和谜底两部分构成，语义重点是谜底。本例中"可着头做帽子"是谜面，"一点儿富余也不能"是谜底，大意是根据头的大小做帽子，需要量体裁衣，精打细算刚刚好，暗指贾府经济状况的每况愈下，不能再像以前那样铺张浪费了。虽然鸳鸯将歇后语谜面与谜底分开说，但其意义作为一个整体固定下来，不能分开译。网络俄译本 сколько едоков, столько и еды（有多少吃饭的人，就有多少饭）和帕纳秀克译本 приходится делать шапку по голове（按人头准备

---

[1] 韩庆果：《"歇后语"一词的英译名及歇后语翻译初探》，《外语与外语教学》2002 年第 12 期。

[2] 郭建中：《汉语歇后语翻译的理论与实践》，《中国翻译》1996 年第 2 期。

[3] https://www.rulit.me/books/son-v-krasnom-tereme-t-2-gl-xli-lxxx-read-5034-126.html.

[4] Цао Сюэ-цинь: *Сон в красном тереме том второй*, *перевод с китайского В. А. Панасюка*, Москва. Государственное издательство художественной литературы, 1958, стр. 220.

粥）是对歇后语的整体转化，是对谜底的意译，用"吃饭的人"和"饭"替代了汉语中"人头"和"帽子"的形象，俄译虽无法完全传递汉语歇后语的幽默风趣特征，但汉语歇后语语义已基本传达。

[16] Вестимо: чужую беду — руками разведу. А тут человек без толку пропадает.（Бун.，«Деревня»）

这也难怪，饱汉不知饿汉饥。难道，一个人愿意这样白白地等死。①

原文是俄语谚语的一半，补全是 Чужую беду руками разведу，а к своей ума не приложу。直译为对别人的灾难两手一摊，对自己的不幸则弄不清。卜爱萍论述过模因理论指导下的汉语歇后语英译。② 这种原则同样适用于俄译汉。译者先理解吸收歇后语语义，即对原语模因，成为宿主，紧接着在译语中寻找最准确贴切符合规范的表达方式以转化原语模因，文化归化为"饱汉不知饿汉饥"或"当局者迷，旁观者清"都可以。此时译语成为新宿主，最后歇后语中的潜在信息被读者解码顺利接收。

6. 复句同层换译

汉语界关于复句的分类，有因果、并列、转折三大类。这种分类是从关系出发，以标志作为控制原则，三大类基本上涵盖了汉语复句类型。三大类又可细分为十二小类，分别为：因果类复句：因果句、推断句、假设句、条件句、目的句；并列类复句：并列句、连贯句、递进句、选择句；转折类复句：转折句、让步句和假转句（见表3-1）。俄语界认为可以用述位结构的数量作为分类标准，因而俄语复合句按照是否有连接词可以分为无连接词复合句和连接词复合句。连接词复合句又可分为并列复合句和主从复合句。

---

① 龚人放主编：《俄汉文学翻译词典》，商务印书馆2000年版，第9页。
② 卜爱萍：《模因理论指导下的汉语歇后语英译》，《上海翻译》2014年第1期。

表 3-1　　　　　　　　　　汉俄复句类型对照

汉语复句			俄语复合句	
分类标准	关系	分类标准	形态	/
分类数量	多个分类标准	分类数量	述位结构的数量	/
因果类	因果句	有无连接词	无连接词复合句	/
	推断句			
	假设句		连接词复合句	/
	条件句			
	目的句			
并列类	并列句	连接词性质	并列复合句	联合
	连贯句			对别
	递进句			区分
	选择句			
转折类	转折句	结构—语义	主从复合句	限定从属句
	让步句			说明从属句
	假转句			疏状从属句
				接续从属句
				对比确切关系从属句
				熟语性从属句

我们知道，俄语形态丰富，汉语则缺少严格意义上的形态变化。俄语这种基于形态的分类标准，放在形态不发达的汉语中难以产生立竿见影的效果。汉语很多句子难以明确地划分为单句或复句，或称简单句和复合句。"直述和转述"在俄语中又称"直接引语和间接引语"，只是归为特殊句子。邢福义论证过"外套句和提引句"①这两类特殊的汉语句子。"外套句"用于外层，套住转述性话语的句子，尾部用"说"类动词。"外套句"相当于俄语的直接引语，还相当于言语类动词性说明从句。汉语"提引句"用于前头，提引出转述性话语的句子，用"这样，一段话"之类指别词，同后边的转

---

① 邢福义：《汉语复句研究》，商务印书馆2001年版，第546页。

述性话语之间有复指关系。作者认为其实指相当于俄语的 авторская речь（作者引入语）。研究汉语语法时把句子中"述谓结构的多少作为判定单复句的唯一标准，这样汉语中的复谓句和包孕句、俄语中的复谓句都可以划为复句"①。由于俄语复句的分类标准是形态，便于操作，所以笔者以俄语复句分类标准为突破口，拟将不同层次的复句归为复句并分为并列复句、主从复句和无连接词复句三类来讨论。

（1）并列复句同层换译

俄语并列复合句包括带联合连接词（и, да, тоже, также, и...и..., ни...ни... 等）、对别连接词（а, но, однако, зато 等）以及区分连接词（или, либо, то...то..., нето...нето, толи...толи 等）三大类。并列复句同层换译主要体现在句序上，与移译密切相关。因俄汉双语表达有别，语义差异或行文需要，小句或分句换序是强制性的。

[17] ① Подвижные опоры особо необходимы /② при обработке недостаточно жестких деталей, /③ могущих давать значительные упругие деформании/④ под действием усилий резания и зажима, /⑤а также при базировании деталей на точных опорах, /⑥ не могущих по своему расположению обеспечить достаточную устойчивость установки детали.

②刚性不够的零件在加工中/④因切削力和夹紧力的影响，/③能引起显著的弹性变形，/⑤以及零件用并点支承来固定，/⑥而并点支承的排列又不能保证零件安装有足够的稳定性时，/①活动支承尤其是必要的。②（注：序号及分隔斜线为笔者所加）

王秉钦等总结为俄语形联①—②—③—④—⑤—⑥，俄语是形

---

① 王利众：《俄汉科学语言句法对比研究》，哈尔滨工业大学出版社 2005 年版，第 161 页。

② 王秉钦、李霞编著：《简明俄汉翻译教程》，南开大学出版社 1999 年版，第 122 页。

合语言，由六个小句依次排列，形成语义关联，其中的 a также 标志着该复句是转折复句。汉语意联，汉译同样是有"以及、而"等标志的并列复句，但语序明显发生了变化，其调整顺序为②—④—③—⑤—⑥—①。①

（2）主从复句同层换译

俄语主从复合句包括限定从属句、说明从属句、疏状从属句、接续从属句、对比确切关系从属句和熟语性从属句。其中疏状从属句包括地点、条件、原因、目的、时间、让步、行为方法、程度、结果等从属句。

[18]（当马道婆要零碎绸缎，并说已在药王面前上了供时）赵姨娘叹气道："阿弥陀佛！我手里但凡从容些，也时常来上供，只是'心有余而力不足'。"（《红楼梦》第二十五回）

译本1：— Вот и хорошо! — кивнула головой наложница Чжао, снова вздохнув. — Я бы всегда делала подношения, если б жила лучше, а сейчас не могу. Желаний у меня много, а средств мало.②

译本2：— Вот и хорошо! — кивнула головой наложница Чжао, тяжело вздохнув. — Я бы всегда делала подношения, если б жила лучше, а сейчас не могу. Желаний у меня много, да средств мало.③

汉语的"但凡……，也……，只是……"构成虚拟让步标志，两个俄译均将这种虚拟分译成表示强烈愿望的虚拟条件从属句和原因从属句。从结构上看是主从复句同层换译。

（3）无连接词复句同层换译

俄语无连接词复句没有连接词或关联词，分句间的语义关系较

---

① 王秉钦、李霞编著：《简明俄汉翻译教程》，南开大学出版社 1999 年版，第122页。

② https://www.litmir.me/br/?b=5574&p=87.

③ Цао Сюэ-цинь: *Сон в красном тереме том первый, перевод с китайского В. А. Панасюка*, Москва. Государственное издательство художественной литературы, 1958, стр. 345.

为笼统含蓄。对上下文语境具有较强的依赖性。口语中主要依靠语调，书面语中依靠标点或一些特殊的诸如提位—复指结构等。提位—复指结构是说话人先说出某种事物或现象的名词，然后用代词指代叙述。

［19］ Сладкая, страстная мелодия с первого звука охватывала сердце, она вся сияла, вся томилась вдохновением, счастьем, красотой, она росла и таяла, ... и уходила умирать в небеса.

那优美的、热情的旋律，从第一个音节起始，就抓住了人们的心弦；它充满着灿烂的光辉，横溢着幸福、美丽和灵感的火焰；它抑扬着；……于是，飘逝，死寂了在遥远的天际。①

俄语原语一逗到底，中间穿插省略号，语义缓慢串联中。汉译将俄语无连接词复合句表示的语义重新提取组合。抓住全句焦点 мелодия 以及其两个代词 она，以此为语义分隔的标志，用分号表达相对完整的语义终结，因为分号的"结束"力度明显弱于句号。从形式上看，汉译仍为复句，即无连接词复句同层换译。

7. 句群同层换译

严格说来，句群同层换译应指句群换译为句群，这实际上已经属于变译范畴。变译的中枢单位是句群，特别是变译的改译法（详见第二章第三节），其操作的核心单位就是句群。而笔者所论述的句群同层换译主要焦点是在句群内容不变的前提下，其构成要素数量有差异，构成要素在此指小句。为论述方便，笔者将原语句群用 A 表示，译语句群用 B 表示，用 N 表示句子数量，以句号为完句标志，表示相对完整的思想，用 n 表示小句数量，以逗号或顿号为标志，强调语流。R 表示 N 个小句所表达的整体内容。当句群 A 与 B 的 N 和 R 不同时，归为变译范畴。全译的前提是 A 与 B 的 R 必须相同，N 与 n 可同可异，当 N 相同时，n 的排列顺序必须不同，才涉及换译情况，分 $A_N > B_N$、$A_N < B_N$ 和 $A_N = B_N$ 三种情况。

---

① 郝斌：《俄语简单句的语义研究》，黑龙江人民出版社 2002 年版，第 171 页。

$A_N > B_N$，即在 R 相同的情况下，A 句群的句子数量大于 B 句群。该情况多为汉译俄，因为俄语语法由于名词性、数、格，动词时、体、态、式等形态范畴的存在，句子内部逻辑严密，以形态凝聚意义（以形聚意）。汉语句子几乎没有形态变化，形随意变，意尽句止，得意忘形（以意摄形），汉语意合特征，多用流水小句表示完整的语流和思想。俄语句群内部句子之间语义主要由形态统摄，句子内部语法严谨，句子外部语序衔接比汉语灵活。

[20] ①我们在任何情况下都要牢牢把握这个最大国情，推进任何方面的改革发展都要牢牢立足这个最大实际。②不仅在经济建设中要始终立足初级阶段，而且在政治建设、文化建设、社会建设、生态文明建设中也要始终牢记初级阶段；③不仅在经济总量低时要立足初级阶段，而且在经济总量提高后仍然要牢记初级阶段；④不仅在谋划长远发展时要立足初级阶段，而且在日常工作中也要牢记初级阶段。①（注：文中序号为笔者所加，下同）

①В любых обстоятельствах мы должны твердо помнить об этой реалии и, продвигая реформы, исходить из соответствующей практики. ② Мы не только находимся на начальном этапе экономического строительства, но и на начальном этапе политического строительства, культурного строительства, социального строительства и строительства экоцивилизации. ③Мы должны помнить о том, что мы находимся на начальном этапе, не только когда объем нашей экономики мал, но и когда объем нашей экономики уже вырос, не только, когда мы разрабатываем план долгосрочного развития, но и когда занимаемся регулярной повседневной работой.②

$A_N = 4$，$A_n = 11$，$B_N = 3$，$B_n = 14$，显然 $A_N > B_N$。其中 A①为主

---

① 习近平：《习近平谈治国理政》，外文出版社 2014 年版，第 10—11 页。
② 习近平：《习近平谈治国理政（俄文）》，俄文翻译组译，外文出版社 2014 年版，第 14 页。

句，②③④具体展开①，省略了语义上的冗余信息"我们"这个主语。俄译 B 由 3 个小句组成，①②与汉语①②对应，只是语法性增译出主语 Мы（我们）。俄译③则采用关联方式 не только когда…но и когда 来整合了汉语的③④小句，逻辑清楚，干脆利落。

$A_N < B_N$，即在 R 相同的情况下，A 句群的句子数量小于 B 句群。汉语句内缺乏形态规则制约，句子之间组合成句群时讲究语序。由此俄译汉时，应调整译语语序以符合汉语句序习惯。汉语组织句群或篇章时有个最佳次序，包括"空间方位原则"①，可细化为三个细则：第一，视线移动原则，即随视线所及或推移及场景变迁展开描写。第二，同一方向原则，即描写顺序为由近及远，或由远及近；由上而下，或由下而上；由前而后，或由后往前；由里及外，或由外到里；由左到右，或由右及左等按照方向依次进行。第三，面向原则，即描写次序是从人或事物的正面到背面，从头到脚，从前面到后面或里面等。

[21] ① Славное место эта долина! ② Со всех сторон горы неприступные, красноватые скалы, обвешанные зелёным плющом, увенчанные купами чинар, жёлтые обрывы, исчерченные промоинами, а там, высоко-высоко, золотая бахрома снегов, а внизу Арагва, обнявшись с другой безымянной речкой, шумно вырывающейся из чёрного, тянется серебряною нитью и сверкает, как змея своею чешуёю. （Лермонтов,《Герой нашего времени》）

①这谷地真是个可爱的地方！②四周都是崇山峻岭；红彤彤的岩石上面爬满苍翠的常青藤，顶上覆盖着一丛丛法国梧桐；黄色的悬崖布满流水冲蚀的痕迹；③抬头远眺，那边高高地挂着一条金光闪闪的雪的穗子。④往下望去，阿拉格瓦河同一条从雾气迷蒙的黑暗峡谷里哗哗奔腾而出的无名小河汇合起来，像一根银线似的蜿蜒

---

① 廖秋忠：《廖秋忠文集》，北京语言学院出版社 1992 年版，第 137—141 页。

东去，它闪闪发亮，就像蛇鳞一般。①

原语A①总括，对译译语B①；原语A②是复句，展开描述优美的风景，对应B②③④，观察视线由远及近、由上而下，汉译将原文中静止的方位词 а там（而那里）、высоко-высоко（高高的）和 а внизу（而下面）换译为汉语动词短语"抬头远眺"和"往下望去"（此处若换成"低首俯瞰"，就更与"抬头远眺"相应），化静为动，使人更能有身临其境之感。

另外，由于汉语意合特点，行文中很多流水小句既可用句号表示语义终结，也可用逗号或顿号表示语义暂时停顿，标点符号在使用时没有严格的界限。由此，很多政论文献或发言讲话中经常见到满篇一个句号的情况。此时俄译应明确语义关联与停顿，才能在表义相同的情况下，更符合俄语的行文逻辑。

［22］全党同志必须坚持以邓小平理论、"三个代表"重要思想、科学发展观为指导，毫不动摇坚持和发展中国特色社会主义，坚持马克思主义的发展观点，坚持实践是检验真理的唯一标准，发挥历史的主动性和创造性，清醒认识世情、国情、党情的变和不变，永远要有逢山开路、遇河架桥的精神，锐意进取，大胆探索，敢于和善于分析回答现实生活中和群众思想上迫切需要解决的问题，不断深化改革开放，不断有所发现、有所创造、有所前进，不断推进理论创新、实践创新、制度创新。②

① Всем коммунистам необходимо руководствоваться теорией Дэн Сяопина, важной идеей «тройного представительства» и концепцией научного развития, без малейшего колебания придерживаться и развивать социализм с китайской спецификой, настаивать на воззрении о развитии в марксизме и быть верным тому, что практика — это единственный критерий проверки

---

① ［俄］米·莱蒙托夫：《当代英雄》，草婴译，上海译文出版社1978年版，第3页。
② 习近平：《习近平谈治国理政》，外文出版社2014年版，第21页。

истины. ②Предстоит трезво осознать изменение и неизменность реалий мира, страны и партии, выявляя историческую активность и творческую инициативу, всегда придерживать духа «когда проходит к реке, наводи мосты, когда проходит через горы, прокладывай дороги», проявлять неутомимость в достижении цели, вести смелые поиски, смело и умело анализировать и отвечать на актуальные проблемы, существующие в реальной жизни и настроении масс. ③Нужно неуклонно углублять политику реформ и внешней открытости, непрерывно искать, творить, достигать определенных сдвигов и непрерывно содействовать теоретической, практической и институциональной инновации.①

汉语原文 $A_N=1$，$A_n=22$，$B_N=3$，$B_n=20$，$A_N<B_N$。从内容 R 上看，A 由二十二个小句组成句群，逗号顿号交替使用，中心思想是说明"全党同志应该做的事情"。俄译 B 调整语篇连接手段，用三个复句构成的句群替代。将汉语人称句用三个无人称句来替代。第一个无人称句结构为"необходимо + 4 个动词不定式（руководствоваться，придерживаться，развивать，настаивать）"，第二个无人称句结构为"Предстоит + 6 个动词不定式（осознать，придерживать，проявлять，вести，анализировать，отвечать）"，第三个无人称句结构为"Нужно + 5 个动词不定式（углублять，искать，творить，достигать，содействовать）"，从而将汉语主语概括为俄译主体，强调不以个人主观意愿为转移的，作为义务必须内化遵从的心理状态。

$A_N=B_N$，即在 R 相同的情况下，A 句群的句子数量等于 B 句群。若 N 排列顺序相同，为句群对译；若 N 排列顺序不同，n 的数量和顺序差异明显，则为换译。

[23] ①Звали её Марфой Тимофеевной Пестовой. ②Она слыла

---

① 习近平：《习近平谈治国理政（俄文）》，俄文翻译组译，外文出版社 2014 年版，第 29—30 页。

чудачкой, нрав имела независимый, говорила всем правду в глаза и при самых скудных средствах держалась так, как будто за ней водились тысячи. ③Она терпеть не могла покойного Калитина, и как только её племянница вышла за него замуж, удалилась в свою деревушку, где прожила целых десять лет у мужика в курной избе. ④Марья Дмитриева её побаивалась. ⑤Черноволосая и быстроглазая даже в старости, маленькая, востроносая, Марфа Тимофеевна ходила живо, держалась прямо и говорила скоро и внятно, тонким и звучным голоском. ⑥Она постоянно носила белый чепец и белую кофту. （Тургенев,《Дворянское гнездо》）

①她叫玛尔法·季莫费耶夫娜·佩斯托娃。②她是个出名的怪太太,生性倔强,直言不讳,就是在最拮据的时候,也像腰缠万贯一样。⑤她身材矮小,鼻翼尖突,虽说年事已高,仍旧头发乌黑,目光锐利;她行动麻利,做事干脆,说话流畅、清楚,声音尖细、响亮。⑥她常戴着顶白色的包发帽,穿着件白色的短外套。③她讨厌已故的卡利京,当年她侄女一嫁给他时,她就到乡下去了,在一位农夫那没有烟囱的小木屋里住了整整十年。④玛丽娅·德米特里耶夫娜有点怕她。①

此句群 $A_N = 6$, $A_n = 17$, $B_N = 6$, $B_n = 22$, 语形上看很显然 $A_N = B_N$。句群焦点是佩斯托娃,介绍她的品行、外貌、衣着等,中间嵌入③④介绍她与侄女、侄女婿的关系。略显语无伦次,这极有可能是作者灵感突至,或是为了塑造人物形象故意而为。俄语因语法词形管控限制,不会出现逻辑谬误。但汉语因为是流水句特点,语序对逻辑的影响很大,最好调整句序,才能更好地再现原作的思想内容,使译文包含的信息条理清晰、井然有序。根据"相同或相关属性原则"和"主次原则"②,即把人的性格属性相关的信息予以集中描述,话语意

---

① 陈洁:《俄汉超句统一体对比与翻译》,上海外语教育出版社 2007 年版,第 289 页。

② 陈洁:《俄汉超句统一体对比与翻译》,上海外语教育出版社 2007 年版,第 285 页。

义因而联系紧密。依照心理上由重及轻、由主到次的顺序安排语序，因此将嵌入的侄女介绍移译，使行文紧凑严谨，逻辑清晰。

上例是陈洁用例，笔者没有找到原译者。为了验证语序"主次原则"，笔者按年代查询了《贵族之家》的众多译本，按年代和译者选择了较有代表性的三个译本，以对照比较。

赵询译本①	非琴译本②	沈念驹、徐振亚译本③
她名叫玛尔法·琪莫菲耶芙娜·彼斯托娃。人们都说这位老妇人脾气古怪。她一言一行都有自己的见解，对人总是当面说大实话。在那些艰难岁月里，她的言谈举止仿佛是位腰缠万贯的贵妇人。她不喜欢加里琴，看不惯他的所作所为。当她的侄女和加里琴结了婚，她就离开他们，到自己的小村庄过日子去了。她在一个庄户人烟熏火燎的小木房里度过了十年时光。玛丽娅·季米特里耶芙娜有点怕她。玛尔法·琪莫菲耶芙娜身材不高，鼻子尖尖的。她虽然人到暮年，却依然是一头黑发，目光锐利。她步履矫健，身子挺拔；说话很快，头脑清晰；声音虽细，但很响亮。她总是戴着一顶细纱布的花边小白帽子，系着同样的花边白裙。	她叫玛尔法·季莫费耶夫娜·佩斯托娃。她是个出名的怪人，性格独立不羁，不管对谁都是当面实话实说，尽管财产少得可怜，举止态度却好像拥有万贯家产似的。她不能容忍已故的卡列京，她侄女一嫁给他，她就躲回自己的小村里，在一个庄稼人的没有烟囱的农舍里度过了整整十年。玛丽娅·德米特里耶芙娜有点儿怕她。玛尔法·季莫费耶夫娜个子矮小，尖尖的鼻子，即使到了老年，仍然满头黑发，眼睛灵活，走起路来挺直身子，很有精神，说话很快，而且清楚，声音尖细而又响亮。她经常戴一顶白色包发帽，穿一件白色短上衣。	她叫玛尔法·季莫菲耶夫娜·彼斯托娃。谁都知道她为人古怪，性格独立不羁，对什么人都当面实话实说，虽然手头非常拮据，那举止却让人觉得她家有万贯似的。她容忍不了已故的卡里金，所以一当侄女嫁给他，她就离开他们，回到自己的小村庄，在一个农民家烟熏火燎的茅屋里过了整整十年。玛丽娅·德米特里耶芙娜怕她几分。玛尔法·季莫菲耶夫娜年事虽高，一头秀发依然乌黑，目光敏锐如故；她小小的个子，尖尖的鼻子，走起路来步履轻捷，腰背笔直，说话伶牙俐齿，毫不含糊，嗓音清脆而响亮。她总是戴一顶白包发帽，穿一件白短上衣。

---

① ［俄］屠格涅夫：《贵族之家》，赵询译，四川文艺出版社1986年版，第3页。
② ［俄］屠格涅夫：《贵族之家》，非琴译，译林出版社1994年版，第2页。
③ ［俄］屠格涅夫：《贵族之家》，沈念驹、徐振亚译，国际文化出版公司2005年版，第4页。

将这 3 个译本与原译比较，发现 1986 年版本、1994 年版本和 2005 年版本几乎是顺序而译的。尽管局部仍有小句与复句之间的换译，但整体而言，依旧是顺着话语自然逻辑顺序而排列。因此从语篇搭配整体而言，换译非金科玉律，使用时还须谨慎。

再看下例，源自童话«Дюймовочка»（《拇指姑娘》），发表于 1835 年哥本哈根出版的《讲给孩子们听的故事》。它既是童话，又是诗，因为它的情节美丽动人，同时又有浓厚的诗意。该童话汉译时也涉及了换译。

[24]①Однажды ночью, когда Дюймовочка спала в своей колыбельке, через открытое оконное стекло пролезла большущая старая жаба, мокрая, безобразная! ②Она вспрыгнула прямо на стол, где спала под розовым лепестком Дюймовочка. ③Как хорошо! — сказала жаба, взяла ореховую скорлупу с девочкой и выпрыгнула через окно в сад.

原译：①一天晚上，当她正在她漂亮的床上睡觉的时候，一个难看的癞蛤蟆从窗子外面跳进来了，因为窗子上有一块玻璃已经破了。②这癞蛤蟆又丑又大，而且是黏糊糊的。③它一直跳到桌子上。④拇指姑娘正睡在桌子上鲜红的玫瑰花瓣下面。⑤"这姑娘倒可以做我儿子的漂亮妻子哩，"癞蛤蟆说。⑥于是它一把抓住拇指姑娘正睡着的那个胡核桃，背着她跳出了窗子，一直跳到花园里去。①

原译 $A_N = 3$，$A_n = 10$，$B_N = 6$，$B_n = 12$，显然 $A_N < B_N$。

试译：①一天夜里，正当拇指姑娘在摇篮里熟睡时，一只又老又丑浑身湿漉漉的癞蛤蟆，从敞开的窗子跳进来，直接蹦到了桌子上。②此时拇指姑娘正在玫瑰花瓣下方熟睡。③"太好啦!"癞蛤蟆说，一把抓起拇指姑娘的胡桃核睡床，跳出窗子，奔向花园。

试译 $A_N = 3$，$A_n = 10$，$B_N = 3$，$B_n = 10$，显然 $A_N = B_N$。

俄语原文是 3 个句子构成的句群。原译则洋洋洒洒用了 6 个句

---

① 译文源自网络 https://wenda.so.com/q/1377608632066510.

子，充分利用了汉语形散而意不散的特征。笔者认为原译存在很多冗余信息，如 в своей колыбельке，原译是"漂亮的床"，不如试译的"摇篮"更贴切。ореховую скорлупу с девочкой（里面有姑娘的胡核桃）原译是"正睡着的那个胡核桃"，也不如"胡桃核睡床"形象。虽然童话受众是儿童，但我们仍然希望语言纯洁精确，富有表现力。试译 3 个句子正好对应俄语原文 3 个句子，$A_N = B_N$，佳于原译。

[25] 一着急，注意力集中不起来，思想的线索要打成结又松散了。隐约还有些事实的影子，但好比在热闹地方等人，瞥眼人堆里像是他，走上去找，又不见了。①

Сколько Фан ни старался собраться с мыслями, они нежелали складываться в единую цепь и разлетались в разные стороны. Что-то смутно припоминалось, но туже исчезало, как человек в густой толпе. ②

原语与译语形式上都是两个复句组成的句群，$A_N = B_N$。语义上第一个复句减译了条件从句"一着急"，第二个复句则减译了形象"瞥眼人堆里像是他，走上去找，又不见了"，从而使译文形象性减弱，但语义基本一致。语用上，通感的修辞效果没有较好地传达。但因语义制约，特别是用比拟从句替代汉语零散的小句，倒使俄译从整体上显示出一定的逻辑优势，进而弥补了形象的丢失。

(二) 跨层单位换译

跨层单位换译是指七个单位之中每个单位分别与其余六个单位的换译情况。根据翻译实践，词跨层换译、短语跨层换译和小句跨层换译是跨层换译的主体，在翻译实践中大量存在。复句跨层换译和句群跨层换译相对少见。具言之，词可跨层换译为词素、短语、

---

① 钱锺书：《围城》，人民文学出版社 2013 年版，第 35 页。
② Цянь Чжуншу. *Осажденная крепость: Роман; Рассказы Пер. с кит. В. Сорокина.* М. : Худож. лит., 1989, стр. 63.

小句和复句。短语可跨层换译为词、小句和复句。小句可跨层换译为词、短语、复句和句群。复句可跨层换译为短语、小句和句群。句群可跨层换译为短语、小句和复句。音位换译和词素换译极其少见，翻译实践中存在少量的音位跨层换译为词，词素跨层换译为词的现象。笔者在此仅简单罗列该类特殊现象，如音位跨层换译常涉及方言口音、谐音幽默、语音干扰等情形，词素跨层换译则涉及文字游戏、经济性构词、停顿与口头禅、有意强调和仿拟修辞等现象。

1. 音位跨层换译

译语以有意义的词（字或短语等）来代替原语音位上的音的情况归为音位跨层换译。音位跨层换译多出现在方言口音、谐音幽默、语音干扰等场合。

（1）因拟音呼语而采用音位跨层换译

语音学是语言学的分支之一，研究人类语言的声音。根据邦达尔科（Л. В. Бондарко）的研究，语音学沿着两条截然不同的道路发展，"一条与音系学平行，关心的是语声的区别性功能；另一条与心理生理学平行，研究语音序列产生与感知的机制"[①]。语音学的研究对象，有传统的元音、辅音、声调、重音以及节奏、音变等，属于定性研究，还有现代化的人机对话、人工智能语音信息处理等，这在总体上加强了语音韵律特征的综合研究和定量研究。语音学的基本概念除了有基础的元音、辅音等外，还有韵律特征。韵律特征包括音高、音强、音长和其相互关系的一切特征，在语音学中表现为声调、语调、重音、节奏。呼语中尤其要重视音调和节奏，而往往没有任何意义的音，一旦入句入境，就增加了意义。这时，其语义就可以随句而定，音可舍弃，换译成具有意义的其他音，即音位跨层换译。如俄语中习惯用 Киш 来催促家禽或牲畜。如：Киш！Киш！Пошли, гуси, с крыльца!（Гоголь，《Старосветские помещики》）可译

[①] Bondarko, L. V.：《音位系统与言语行为研究的语音基础》，陈肖霞译，《国外语言学》1988 年第 1 期。

为：去！去！下去！大鹅，从台阶上下去！因为，Киш 音只表达驱赶鹅的声音，此外没有任何实际意义。汉译赶鹅有很多种发音，因人而异。试译从整个句义出发，后关联 Пошли（离开）表达的命令式。用实义动词"去"替代，从而构成四个"去"字，语流顺畅，语势极陡，情绪彰显。这种音位换译是译者有意利用汉语特殊的功能相近的叠音词、同素词或音节配合来传达俄语原音和辅音音节所展现的意义。汉语叠音词、叠韵词，即词的两个字音节韵母相同，如苍茫 cangmang，重复韵母 ang，与俄语辅音重复的修辞功能相似，都能形象化地表现某些语法功能，画面感强，令读者仿佛身临其境。

（2）因口音方言而采用音位跨层换译

社会语言学区分了"地域方言、社会方言和个人方言"① 三种方言。同一种语言内都存在语言变体，何况双语语言体系之间的差异。语音的近似和差异，一定程度上显示说话人的身份，反映他所在社会群体的文化特点。不同地域、不同职业的人，对某些词有着不同的读法。译者可以用标准译语来翻译原语方言，也可用译语标准语中的边缘词汇来表现特殊的方言，即用非核心词汇来传达原语作者的特殊意图。比如汉语中已经进入全民语言的方言词语"俺、咱、旮旯、咋样、咋办、叮问、侃大山"等。"音位在语言中不是孤立存在的，它总是同其他音位一起被运用"②，反映在语言上，即不同音位构成不同音节，具有不同意蕴。跨语转化时，俄语中故意错用的单词，可以采用音位换译法，换成具有意义的相似发音。

［26］Почему-то он говорил вместо тише — "чише" и "хыть" вместо хоть.（А. М. Горький，《Рождение человека》）

不知为什么，他把"安静些"说成"安轻些"，把"虽然"说

---

① 冯奇、万华：《对立与统一排斥与互补——翻译的语言学视角》，《上海翻译》2012 年第 4 期。

② 周民权：《20 世纪俄语音位学研究及其影响》，《外语学刊》2012 年第 2 期。

成"非然"。①

俄汉语中都存在着谐音、近音、同形异义、同音异义等现象。对这些现象加以合理利用，效果会很好。用"安轻"与"非然"替代"安静"与"虽然"，省去了备注，内化了文化障碍，使读者轻松接受。

（3）因语音干扰而采用音位跨层换译

在学习外语的过程中，人们会不自觉受到母语音位系统的影响。比如学习俄语的东北人，受东北口音影响，发俄语音的时候，会潜意识地进行音位层翻译。汉字字音的三要素是声、韵、调，三者均可谐音，造就幽默效果，谐音是指两个或两个以上语言单位之间发音相同，语义上互不相同且无内在联系的语言现象，如 секреталь（书记）是"鞋窠里大滴（大母脚趾头）"。按此方式老辈俄语人曾留下记诵顺口溜：я（牙）是我，ты（嘚）是你，карандаш（卡伦大师）是铅笔。现代又不断有俄语人尝试用谐音法记忆单词，如 дасвидания（再见）——打死你大娘；литература（文学）——李杰拉肚啦；воскресение、воскресенье（复活、星期日）——袜子装在鞋窠里；ваза（花瓶）——袜子；солнце（太阳）——酸菜等。俄罗斯人名记忆过程中也会让俄语初学者玩味，优雅美丽的女子却偏偏叫大傻——Даша（达莎），还有以数字命名者，68——Люба（柳芭），还有人叫输啦——Шура（淑拉），真应了当下流行语"傻傻分不清"啊。上述用母语中相近的音去代替俄语发音的现象实则是干扰问题。"直接干扰指学生把已经掌握的母语规范无意识地直接移用于目的语，从而违反了目的语规范。"② 在初学阶段语音层面表现特别明显，学生总是不由自主地受了母语的干扰。还有个关于英语单词的笑话，说爷爷检查孙子的英语作业，只见上面赫然出现：

---

① 张建华主编：《高尔基短篇小说选》，李辉凡等译，外语教学与研究出版社 2006 年版，第 287 页。

② 赵陵生、王辛夷：《俄汉对比与俄语学习》，北京大学出版社 2006 年版，第 2 页。

bus（公共汽车）——爸死，mass（群众）——妈死，girls（女孩子们）——哥死，miss（想念）——妹死，yes（是）——爷死，guess（猜测）——该死。爷爷看后不禁倒吸一口凉气：英语这个洋东西，学不得呀，这是要全家死光光的节奏啊！爷爷继续看，还看到 five（5）——废物；pea（豌豆）——屁；Hands, hands, two hands, I have two hands（手，手，双手，我有两只手）——汉子，汉子，偷汉子，俺还来偷汉子。

2. 词素跨层换译

翻译中双语跨语转化时词素无法完全对应本是事实，词素换译正是要根据语形、语义或语用的需要用译语中非原语对应词素或其他表达方式替代。词素换译定义中"其他语言单位"主要指词和短语，理论上的音位、小句、复句和句群在实践中操作性较小，本书不论及。词素跨层换译常见于以下场合：

（1）因文字游戏而勉强采用词素跨层换译

俄语是由 33 个字母以不同的顺序排列而成，是纯粹的表音符号，其字母是没有任何意义的。汉字是语素文字，记录的是语言中的语素和词的意义，由点、横、竖、撇、捺五种基本笔形及其变化，通过上下、左右或内外组合方式构成，是形、音、义的统一体。汉语语里意义总是附着在每个音节上，汉语母语者总是在无意识的情况下力图寻求每个音节背后的意义，而俄语母语者却没有这样的意识。因为语素是要经过分析和比较才能得出的。但现实中人们总是无意识地运用着词素，如中国人在介绍自己姓名的时候，习惯使用拆字法，比如"弓长张""立早章""耳东陈"等。与之相对应，俄语中如需介绍姓名的写法，则需要依次拼出每个音节或字母。这说明语言意识背后具有文化差异，尤其表现在对待外来词的意义上。印欧语之间一般通过音译吸收外来词。汉语更容易接受意译的外来词，即使有时传达的是牵强的甚至歪曲了的意义，如"迷你裙"之类。当面对单音节现象时，汉语母语者把没有意义的音节也看成有意义，把音译外来词中的非语素音节按照汉语的习惯类推为有意义的音节。由此便有了音位跨层换译的使用场合。

　　文字游戏是指利用语言意义的暧昧性，以双关语、歧义或机智巧妙的措辞等达到幽默风趣的效果。文字游戏的形式有很多，例如汉语中的藏头诗、回文诗、拆字、绕口令、字谜等形式。在翻译绕口令时，如果重点是体现原文将几个音素巧妙结合所达到的效果，则可以适当放弃绕口令的字面意义，转而在目的语中寻找一种同样由这几个音素构成的绕口令。汉语有个笑话：从前有家财主，依仗有钱有势，爷俩花钱买了两个"进士"的官衔。大年三十，为了显示自己，写了一副对联。上联是，"父进士，子进士，父子皆进士"；下联是，"婆夫人，媳夫人，婆媳皆夫人"。有个聪明的长工除夕夜悄悄改了几笔，成了"父进土，子进土，父子皆进土；婆失夫，媳失夫，婆媳皆失夫"。大年初一财主开门一看，气得目瞪口呆。这属于拆字形式，很难通过全译让俄罗斯人张开笑口。因此，很多学者认为汉语与俄语文字游戏不能翻译，但也有学者认为文字只要能理解，就可以翻译，只不过翻译颇费周折罢了。维诺格拉多夫区分了原语和译语中文字游戏的三类翻译类型"基于形式的谐音双关翻译，基于非形式的谐音双关翻译以及一词多义的双关翻译"①。字谜也同样，由于牵涉文化和文字的特殊性，舍掉一定的字面意义非常有必要。最典型的字谜翻译是基于形式的谐音双关所组成的拆字文字游戏，如俄语的 Семья — это семь я 可以译成：家就是七个我。这种译法是典型的意译法，顺应俄语句式与词义 Семья = семь + я，懂俄语的人可以理解，不懂俄语的人则需一番文字学阐释，文化内涵传达不顺畅。既然对俄语 семья（家）的说文解字，用拆词法戏说 семья 的含义，那么就可以仿照汉语拆字法，照顾汉语方块字的特征，广泛用于作诗、填词、撰联或用于隐语、制谜、酒令等。俄语摘字则完全靠字母组合与分离，以此出现的文字游戏在跨语转化时

---

① Виноградов, В. С. *Введение в переводоведение*（общие и лексические вопросы）. М. : Издательство института общего среднего образования РАО, 2001, стр. 198 – 215.

往往在音节上做文章调整表达方式，视角从"家（Семья）"字为出发点，拆"家"作答，译为：家是房下养猪。换了形，舍弃了语义，语用价值得到了一定的传达。

（2）因经济原则而采用词素跨层换译

人在创造性运用语言的同时，总是在不断地努力推动语言向简约化方向发展，并将此作为语言发展的经济原则。波利万诺夫（Е. Поливанов）认为"人类的惰性"[1]心理使人们在表达话语时避开烦琐的表达方式，力求用最简单经济的手段来传达更多的信息。认知经济原则是指语篇处理操作中的一种调控原则，"它对心智中的知识在流向语言表层的过程中进行管理，以追求语篇效率"[2]。

[27] 古人有云："百足之虫，死而不僵。"（《红楼梦》第二回）

Ведь древние говорили, что «сороконожка и после смерти не падает». [3]

"百足之虫"中"百"指"多、众、大量"之意，形式上是偏正修饰短语，但作为一个整体可看作固定词语。俄译用复合词сороконожка（蜈蚣）替代，构词词素сорок-（百），中缀-о-起连接作用，没有语义，-ножка（足），舍弃词素"虫"，替代巧妙。

（3）因口头停顿或口头禅而采用词素跨层换译

现实生活中有人说话往往爱停顿或带口头禅，这反映说话者思维不连贯。文学作品中有时为了突出人物形象，在描写其话语时，合理利用这种停顿或口头禅，赋予生动的形象特点。如俄语用词素表达说话者啰唆时，可将词素换译为汉语语气词或连词，促进语义

---

[1] 转引自 Бархударов, Л. С. *Язык и перевод*（*Вопросы общей и частной теории перевода*）. М., «Междунар. отношения», 1975, стр. 175–176；崔卫《俄语口语与语言的经济原则》，《中国俄语教学》1999年第4期。

[2] 陈忠华、杨春苑：《认知处理经济原则与语篇效率》，《山东外语教学》2004年第5期。

[3] Цао Сюэ-цинь: *Сон в красном тереме том первый*, перевод с китайского В. А. Панасюка, Москва. Государственное издательство художественной литературы, 1958, стр. 43.

情感信息的传达。

[28] — Что, ударили? — спросил я, наклоняясь к ней, — она сучит, как муха, голыми ногами в пепельной пыли и, болтая тяжелой головою, хрипит: — Уди-и... бесстыжий... ух-ходи... (А. М. Горький, «Рождение человека»)

原译："怎么,中暑了？"我俯身问她。她像一只苍蝇,两条赤裸裸的腿在浅灰色的尘土里乱蹬乱踹,摇着沉重的头嘶哑地说："走开……不要脸的……走——走开……"①

试译："怎么,中暑了？"我俯身问她。她像一只苍蝇,两条赤裸裸的腿在浅灰色的尘土里乱蹬乱踹,摇着沉重的头嘶哑地说："滚……臭不要脸的……滚——滚开……"

在文学作品中为了凸显情景气氛,主人公言语中也往往涉及词素换译问题。бесстыжий（无耻的）,与下文的бес构成相互解释项。бес有两解,一为бес（恶鬼,吃人的恶魔）之意,二为бестыжий的词素。根据情境,一位母亲就要临盆,痛不欲生,看见一个男人正在靠近,本能反应是害怕,是威胁对方离开,且原文节律未尽,语流不完整,意犹未尽,类似林黛玉临死前的"你好……",让人回味无穷。词素猜测成立,试译口语化,用补全形式替代词素义,更能体现认知经济原则要求。将临盆母亲心智中贮存的知识形成紧密统一的网络,且不存在额外的冗余信息。因此说出词素义,便是整个词义,汉译时进行词素换译,更贴切原作风格。

[29] А таскал я его затем, что уж очень жалко было-с, все думал отстоять его от этого... от смерти-то. (И. А. Бунин, «Сверчок»)

我背他是因为我太疼他了,一心只想着不让他那个……不让

---

① 张建华主编：《高尔基短篇小说选》,李辉凡等译,外语教学与研究出版社2006年版,第289页。

他死。①

俄语 было-с 和 смерти-то 中的 "-с 和 -то"就属于口头禅，只表音，不表义，却有语用价值。汉译巧妙地用实词加省略号以及重复等词汇手段来共筑语用价值。

（4）因有意强调而采用词素跨层换译

有意强调词素意义时，表达了强烈的感情色彩，对于俄汉词素都很常见。如汉语"前辈"本是名词，但前缀"老-"在特定的上下文中与其同义，就可以替换。对应俄语有两个形容词 старший 和 старый。

[30] "这可不成！你叫我'前辈'，我已经觉得像史前原人的遗骸了。你何必又加上'老'字？我们不幸生得太早，没福气跟你同时同学，这是恨事。你再叫我'前辈'，就是有意提醒我是老大过时的人，太残忍了！"

唐小姐道："方先生真会挑眼！算我错了，'老'字先取消。"②

— Нет, прошу вас! «Старший» звучит как «старый», и я начинаю чувствовать себя останками первобытного человека. Конечно, жаль, что я родился слишком рано и не могу быть вашим однокурсником, но напоминать о моих летах так жестоко!

— Вы уже придираетесь! Хорошо, больше не буду звать вас старшим. ③

汉语"前辈"本是尊称，但文中主人公强调"前"与词缀"老"作为独立词语的意义，即"过时"。因此前缀"老"失去本身表亲热的感情色彩，转而带有讽刺的感情色彩，于是造成"老"字取消一说。而"老"字俄译时，没有译成对应词素，而是用形容词

---

① 张建华主编：《布宁短篇小说选》，陈馥译，外语教学与研究出版社 2006 年版，第 58 页。
② 钱锺书：《围城》，人民文学出版社 2013 年版，第 49—50 页。
③ Цянь Чжуншу. *Осажденная крепость: Роман; Рассказы* Пер. с кит. В. Сорокина. М.: Худож. лит., 1989, стр. 81.

старший 替代，是意义传达准确的词素换译法。

(5) 因仿拟修辞而采用词素跨层换译

仿拟是语言学分支修辞学的重要修辞手法，是有意仿照人们熟知的现成的语言材料，根据表达的需要临时创造出新的语言表达手段，巧妙、机智、有趣。仿拟是运用已知的概念或概念系统感知新信息，表现为模仿旧构式拟创新构式，形成半合语法半超语法的新奇表达方式。在论述广告仿拟时，"尽量以仿译仿，等效译出原仿拟仿点在音形义上与本体的关联，努力使译文与原文的语用标记值等效。不能以仿译仿时，弥补以其他辞格"①。这种翻译观其实质就是换译。语用学理论认为任何偏离常规的语言现象都有特殊的语用价值，特殊的文字符号，即便是错误的文字符号，在特定的语言环境中也能产生特定的意义。单语尚且如此，双语更是。

[31] А как рассветет, ко мне поедем. Идёть? У меня есть фельдшер, который никогда не скажет «идет», а «идёть». Мошенник страшный. Так идёть?（А. П. Чехов,《Дядя Ваня》）②

试译：天一亮，就到我家去，你愿依吗？我这有一个护士，从来不说"你愿意吗"，总是说"你愿依吗"。一个可笑的家伙。那么，你愿依吗？

本例出自契诃夫剧本，其中出现四次 идёт，идёть 是 идти 的错误变位形式。汉译面对有意误读的错误词素，仿拟以错译错，идёт 本意为"走来去"，根据上下文制约联想为"愿意"。例中说话者故意说 идёть，同时又想让听话者不会误以为他犯下了语法错误，解释了自己是在模仿护士的发音。为了保持音韵一致，风格相同，错误形式 идёть 采用词素换译，在 т 与 ть 的音素上做文章，仿拟 идёт（愿意）的汉译，采用同音/近音异形横向方式类推为"愿依"，达

---

① 吴春容、侯国金：《仿拟广告的语用修辞学解读和仿拟译观》，《当代修辞学》2015 年第 1 期。

② https：//www.litmir.me/br/? b＝94407&p＝22.

到了谐音类义的效果，并在审美功效上出奇制胜。从排列组合的角度来说，与"意"同音不同调的有阴平"一、伊、衣、医、依、漪"等，阳平"仪、怡、宜、咦、姨、移、遗、颐"等，上声"乙、以、椅"等；同音同调的常见汉字还有"亿、义、艺、忆、议、亦、异、抑、役、译、易、益"等。如此众多备选项，译者单单选中了"依"，不仅折射出译者钟情于音译方法，更折射出译者对汉语语言文字的敬畏和对人文传统的呵护。

3. 词跨层换译

词的跨层换译很常见，对照双语语表形式，一看便可看出差别。跨层换译涉及词换译为词素、短语、小句和复句。翻译实践中词的跨层换译更多地集中在词换译为短语和小句上，词素和句群偶有涉及。

（1）词→词素

俄语中词换译为词素，词多为虚词，汉语中借助于虚词使实词之间建立相互关联，从而表达完整明确的意思。俄语中存在以虚词传达实词和句法单位表达之外的对现实的语义补充，特别是汉语中没有的前置词。俄语前置词明显区别汉语介词的一大特征是构词。汉译时，将前置词与其语义关联的实词合译是一种有效的策略，笔者曾以俄/英语词素与词合译成汉字为例探讨过跨层合译的语义—认知诠释，换个视角可以认为是俄语词素换译为汉语词。使用词素替代词时，动词前缀意义之间的语义关系建立在联想关系基础上，概念整合以整聚散，以最简洁的语言形式获取最大的信息传递效果，达到语言的经济原则。同时符合译语的语法规范，避免了翻译腔。

[32] Санька некоторое время прислушивался к шуму дождя, потом спрыгнул с крыльца. （А. Андреев）

山卡倾听了一会儿雨声，然后跳下门廊。①

Прислушиваться 是 прислушаться 的多次体未完成体动词，直

---

① 张家骅：《新时代俄语通论》（下册），商务印书馆2006年版，第406页。

义为"留心听",转义为"听取",口语意为"听惯"。词根为 слух（听）。从构词角度看，прислушиваться = при（前缀）+ слу（词根）+ ш（х 词变）+ ива（多次体标志）+ ть（词尾）+ ся（尾缀）。词素 при 表示状态"留心",附着在表示"听"的动词上，汉译时，与前置词 к 合译，以汉语词素"倾"配合"听"字，完成状态的传递。此例若按字面意思直译成"山卡向雨的嘈杂声留心听"，则显得不伦不类，是翻译"中间语"，仅存在于译者思维中，须用概念整合，才符合汉语成句规范。顺势小句 спрыгнул с 则是虚词 с 向前合进 спрыгнул 的词素中，合译为"跳下"，符合语言经济原则。

再如，汉语中"对不起，我没听清楚你最后一句话"可以译成：Простите, я не расслышал вашу последнюю фразу. 其中汉语副词"清楚地"对应俄语为 ясно。但俄译却不能出现 ясно，因为动词 расслышать 中前缀 рас-表示"全方位地、四散地、清楚地"，是典型的词换译为词素。该类现象在俄汉互译中大量出现，一般出现在带有前缀 рас-的动词与表程度的副词连用的情形下，具有一定的典型性。

[33] 中长期青年发展规划专家委员会成立

В Пекине создана комиссия экспертов по средне- и долгосрочному планированию развития молодежи.①

这是新华社北京 2019 年 3 月 25 日报道标题。汉语"中长期政策"对应译语 средне- и долгосрочной，其中词"中"换译为俄语构词词素 средне-，完整形式为 среднесрочной，但因后有长期 долгосрочной 管控，为避免语义重复拖沓，直接用词素换译，简单利落，符合语言经济原则。类似的还有习近平主席在二十国集团峰会上致辞中所说：二十国集团"应该调整政策思路，做到短期政策

---

① 译文源自新华网俄语版，2019 – 03 – 27，http：//russian.news.cn/2019 – 03 – 27/c_137926644.htm。

和中长期政策并重，需求侧管理和供给侧改革并重"①。其俄语译文为：Нужно сделать так, чтобы одинаково важное значение придавалось как краткосрочной политике, так и средне-и долгосрочной, как управлению в сфере спроса, так и реформе в сфере предложения.

(2) 词→短语

代词，或含有文化内涵的词汇互译时可用短语来替代。

［34］Знаешь ли, что отец твой антихрист? (Гог., «Вечера на хуторе близ Диканьки»)

你知道你爹是个左道旁门的人么?②

俄语 антихрист（照基督教的说法，仿佛应在所谓世界末日前出现的）反基督者，基督的敌人（旧时常用作骂人话）。汉译直接取"骂人话"这一语义，用偏正短语"左道旁门的人"来替代，传达了俄语语义。

［35］送她回舱后，鸿渐也睡了两个钟点。③

Доведя свою даму до каюты, Фан пошел к себе и проспал часа два. ④

汉语人称代词"她"用实指短语 свою даму（自己的女士）来替代。

(3) 词→小句

词换译为小句，在俄语口语交际中很常见。俄语有"独词句"，即只用一个词构成的句法上不可分解的句子。独词句通常由虚词，如语气词、感叹词等构成，在句中表示肯定、否定、疑问、感情评价等。口语中经常使用名词或副词充当无动词形式的祈使句，如 Чаю!（拿茶来!）对话中更是常见，如 — А разве это секрет? — Разумеется. （试

---

① 为音频转写，无纸制资料。
② 龚人放主编：《俄汉文学翻译词典》，商务印书馆 2000 年版，第 3 页。
③ 钱锺书：《围城》，人民文学出版社 2013 年版，第 19 页。
④ Цянь Чжуншу. *Осажденная крепость: Роман; Рассказы Пер. с кит. В. Сорокина.* М.: Худож. лит., 1989, стр. 45.

译：难倒这还是秘密？当然啦！那还用说。）此时答句虽然仅是一个词，却表达完整语调，意思明确，就可以换译为小句。

［36］Действительно, мировая экономика не устаканилась, бушует.
的确，世界经济很不稳定，仍然处于激烈震荡期。①

俄语原文动词 бушует 原型为 бушевать，意为风狂吹，情感汹涌等。语形上一个动词第三人称形式，在小句中展现形象感。汉译将这种形象实化，换译为小句。

［37］亏得你那玩世的态度不彻底，否则跟你做朋友的人都得寒心，怕你也不过面子上敷衍，心里在暗笑他们了。②

Вот и хорошо, что не последователен. Иначе друзья разочаровались бы в тебе, решили бы, что ты и на них махнул рукой.③

汉语词"亏得"是语气词，到了俄译中，变成了语气小句。汉语小句"面子上敷衍，心里在暗笑他们了"到了俄译中用动词词组 махнул рукой，是小句换译为词组。

（4）词→复句

俄语用 или 连接的选择性语义单句中，или 所连接的两个并列成分若用词表示，则词的语义必须借助于句子方可揭示，此时汉译可将词换译为两个选择性小句构成的复句。

［38］От того ли, что книги были старые или, быть может, от перемены обстановки, чтение уже не захватывало его глубоко и утомляло. （Чехов, «Палата № 6»）④

汝龙汉译本：不知道是因为那些书都是旧的呢，还是也许因为

---

① 刘圆媛、姬丽娟编译：《王者归来：普京的魅力演讲（俄汉对照）》，中国宇航出版社2012年版，第6页。
② 钱锺书：《围城》，人民文学出版社2013年版，第49页。
③ Цянь Чжуншу. Осажденная крепость: Роман; Рассказы Пер. с кит. В. Сорокина. М. : Худож. лит. , 1989, стр. 80.
④ 译文整理自《俄汉翻译语料库检索系统》之子模块"契诃夫短篇小说"（http://www.rucorpus.cn）。

换了环境，总之读书不再深深地吸引他，却使他感到疲劳了。

沈念驹汉译本：不知因为是旧书，还是可能因为环境的改变，阅读已不能将他深深吸引，而使他觉得疲倦。

冯加汉译本：也许是书旧了，也许是环境变了，总之读书不再引起他极大的兴趣，而且很快就使他疲倦了。

俄语原文中动词 утомляло 在小句 чтение уже не захватывало его глубоко и утомляло 中，汉译三个版本都将其译成小句，再与原语中该动词前成分相结合，就构成了复句。

[39] 莲曰："是采补者流，妾非其类。故世有不害人之狐，断无不害人之鬼，以阴气盛也。"①

— Я не из той породы, — отвечала ей Лянь, — что выбирают людей для того, чтобы за их счет поправить свои силы. Есть на свете также род лисиц, которые людям не вредят, но бесов, не вредящих людям, конечно, нет, ибо мрачный могильный дух в них слишком уж силен.②

该例选自蒲松龄《聊斋志异》之《莲香》（«Чародейка Ляньсян»）。"采补"是中国道教修炼方法，即采阴补阳或采阳补阴以维持自身的精气，符合道教阴阳相对相合的观念。但不懂道教的俄语读者很难领悟该文化内涵，因而俄译用目的复句进行阐释，原语的词进入译语换译成了复句。

4. 短语跨层换译

实践证明，短语跨层换译主要体现在短语换译为词、小句和复句上，其他单位音位、词素、句群离短语距离较远，很少发生换译情况，故舍去不谈。

---

① 蒲松龄：《聊斋志异》之《莲香》，详见古诗文网，https：//so.gushiwen.org/guwen/bookv_11468.aspx.

② https：//www.litmir.me/br/?b=205815&p=13.

（1）短语→词

短语换译成词，在汉俄翻译实践中应用很多。比如例［41］中唐诗的翻译，其中"冰心"意象浓厚，俄译时直接用含义无限的抽象名词 печаль（忧伤）来替代，在这首诗构成的语篇中可谓传神。

［40］Ходил он туда по утрам и после обеда, и часто вечерняя темнота заставала его в беседе с Иваном Дмитричем. （Чехов,《Палата № 6》）①

汝龙汉译本：他早晨到那儿去，午后也去，近黄昏的时候，他又常常在跟伊凡·德米特利奇谈天。

沈念驹汉译本：每天早晨和午后他都到那里去，而且经常在与伊凡·德米特里奇的交谈中迎来昏暗的暮色。

冯加汉译本：他早晨去，下午去，黄昏时也能看到他跟伊凡·德米特里在交谈。

俄语原文两个小句中，主语不同，第一小句中主语是 он（他），第二小句则将主语陡变为形容词词组 вечерняя темнота（傍晚的黑暗）。汉译时词组语义共融，汝龙译本话题焦点未变，以人物"他"一以贯之，冯加译本调整话题焦点，从"他"转到语句外的读者视角，都将 вечерняя темнота 调整为时空状语，词化为"黄昏"。沈念驹译本话题焦点的主语和主体都为"他"，将其行为调整为时空条件，衬托词组 вечерняя темнота，并将句中动词 заставала（遇到）显化具象，合义为"迎来昏暗的暮色"。

---

① 译文整理自《俄汉翻译语料库检索系统》之子模块"契诃夫短篇小说"（http://www.rucorpus.cn）。

	ПРОВОДЫ СИНЬ ЦЗЯНЯ В ТЕРЕМЕ ФУЖУН
[41] 芙蓉楼送辛渐	Ван Чан-лин
王昌龄	Под холодным дождём по реке приплыл я в город У.
寒雨连江夜入吴，	Жду утром прощания с другом,
平明送客楚山孤。	Чувствую одиночество Горы Чу.
洛阳亲友如相问，	Если в городе Лояне родные спросят обо мне,
一片冰心在玉壶。①	Скажите, что я в яшмовом чайнике
	Сохранил печаль на дне.

　　诗歌翻译是比较复杂的，对形式的要求更加突出。译者要注重诗歌的节奏和韵律。这一方面与诗歌的内容有关，另一方面也与内容相应的语调有关，即诗歌有风格，诗歌翻译中更追求"神似"。中国古诗俄译，目前来看，在形式上达到绝对对应还很难。要再现汉语节奏和语调，而不是其格律和韵式（u 韵），俄译用俄语特有的 y 和 e 来补偿。尽管汉俄诗律不同，但诗的总体美学功能一致。从具体内容上看，汉语偏正短语"冰心"用一个词 печаль 来替代。

　　（2）短语→小句

　　表义复杂的短语可以换译为小句，尤其在文学翻译中经常使用。这种用法大都因为上下文语境所致。

　　[42] Вот подите же, наши учителя народ всё мыслящий, глубоко порядочный, воспитанный на Тургеневе и Щедрине, однако же этот человечек, ходивший всегда в калошах и с зонтиком, держал в руках всю гимназию целых пятнадцать лет! Да что гимназию? Весь город! (Чехов, «Человек в футляре»)②

　　汝龙汉译本：您看怪不怪，我们这些教师都是有思想的、极其正派的人，受过屠格涅夫和谢德林的教育，然而这个永远穿着套鞋

---

　　① 李佐编译：《唐诗百首：汉俄对照》，北京交通大学出版 2015 年版，第 10 页。
　　② 译文整理自《俄汉翻译语料库检索系统》之子模块"契诃夫短篇小说"（http://www.rucorpus.cn）。

和带着雨伞的人，却把整个中学控制在他的手中，足足有十五年之久！其实何止是一所中学？全城都受他的控制！

沈念驹汉译本：真是咄咄怪事，我们的教师都是有思想、很有教养、受过屠格涅夫和谢德林作品熏陶的人，然而这个整天穿着套鞋、带着雨伞的人竟把整所学校控制了整整十五年！其实何止是一所中学？全城都受他的控制！

冯加汉译本：您想想看，我们这些教员都是些有头脑、极正派的人，受过屠格涅夫和谢德林的良好教育，可是我们的学校却让这个任何时候都穿着套鞋、带着雨伞的小人把持了整整十五年！何止一所中学呢？全城都捏在他的掌心里！

俄语原文短语 целых пятнадцать лет（整整十五年）做状语，修饰小句。但汉译时，汝龙译本为加强语势，独立出来，成为一个小句。

[43] 下船不过六七个钟点，可是船上的一切已如隔世。①

Всего шесть часов назад сошел он на берег, но уже ощутил, что попал в иной мир. ②

汉语"已如隔世"语义浓缩，信息量高，虽然没有指明是人的感觉，但四字背后隐含着该信息，译成俄语后是译者阐释为 ощутил, что попал в иной мир（感觉仿佛进入另一个世界），单位已经提升至小句层。

（3）短语→复句

短语换译为复句并不多见。这种换译一般为短语需要附加解释，或该短语含有典型的文化因素，若不强调，会造成读者不解。该情况下换译往往伴随着增译。

[44] 从此，"推敲"这两个字就成了汉语中的惯用词组。

---

① 钱锺书：《围城》，人民文学出版社 2013 年版，第 30 页。
② Цянь Чжуншу. Осажденная крепость: Роман; Рассказы Пер. с кит. В. Сорокина. М.: Худож. лит., 1989, стр. 58.

Так, в китайском языке появилось новое словосочетание в смысле «двинуть и стучать», которое означает «сделать правильный выбор».①

汉语"推敲"是一个动词性并列短语，句子重点在论述"推敲"的来源，俄译先用实义动词 двинуть и стучать（推和敲）对译解释，转而再用带 которое 连接词的说明从句阐释其真实意义，并用动词性词组 сделать правильный выбор（做正确的选择）来替代，先解释两个汉字字形，再阐释字义，从而传达了汉字语用价值，随之词换译成了复句。

［45］或者说，惩前毖后，治病救人。

Иначе говоря：«извлекать урок из ошибок прошлого в назидание на будущее, лечить, чтобы спасти больного».②

汉语"治病救人"受小短语"惩前毖后"的影响，也为并列结构。俄译则换译为目的从属复句 лечить, чтобы спасти больного（治病是为了救人），把其中隐含的逻辑关联译了出来，是语用效果极佳的译文。

5. 小句跨层换译

小句跨层换译是指以小句作为翻译单位与其他翻译单位——词、短语、小句、复句、句群之间的互相替代。由于音位和词素在全译实践中处于极端地位，故跨层换译体系暂不纳入。具体来说，小句可以换译为词、短语、小句、复句、句群等。

（1）小句→词

小句换译为词，多在语流快速的情况下。为营造急促的语气，凸显人物感情的瞬间爆发等修辞色彩，通常选择短小精悍的词来换译小句。

---

① 李佐：《唐诗百首：汉俄对照·译者前言》，北京交通大学出版 2015 年版。
② 毛泽东：《关于正确处理人民内部矛盾的问题（汉俄对照）》，韦光华注释，商务印书馆出版 1965 年版，第 32、33 页。

[46] Теперь не оглядываться! Я бежал домой! (Анита Кения, «Меня зовут Рамбо»)

原译：我不顾一切地向家的方向跑去。①

试译：我不顾一切往家跑！

原语虽为两个小句，但其实表达的是一个完整意义，使用两个小句，语气增强一倍以上，将主人公（狗）迫切归家的心情体现得淋漓尽致。原语小句 Теперь не оглядываться（现在不再回头张望）换译为下一小句的副词状语"不顾一切地"，修饰动词。由此两个小句合译为汉语一个小句，准确传达了原语信息，汉语的这种词序时间顺序特征和逻辑关系意合特点是其内部规律，同时也可作为归化的依据。试译使用感叹句，在保持原文风格的前提下，展现惊心动魄的情景画面，比原译更胜一筹。

[47] 四是坚持积极稳妥，设计改革措施胆子要大、步子要稳。②

В-четвертых, необходимо поддерживать активное и стабильное развитие, при планировании реформ действовать смело, но осмотрительно. ③

汉语中"步子要稳"是个主谓结构明晰的小句，俄译因前文管控，用一个副词 осмотрительно（谨慎地）来表达。

（2）小句→短语

情景理论要求尽可能保持原作中情景数量和顺序安排，从而尽可能保持原作的风格。因为作者的意图制约着情景结构的安排，同时展现不同的文体效果。但翻译实践中译者必须充分重视中俄小句结构差异和文化差异，绝不可为顾全结构形式而生搬硬套。小句在一定的情景结构下可以用短语来替代，如：Чехов не любил, когда кто-нибудь начинал его хвалить. 试译：契诃夫不喜欢别人夸奖他。

---

① ［俄］阿妮塔：《我叫拉姆博》，刘小满译，《译林》2015年第4期。
② 习近平：《习近平谈治国理政》，外文出版社2014年版，第74—75页。
③ 习近平：《习近平谈治国理政（俄文）》，俄文翻译组译，外文出版社2014年版，第103页。

俄语动词性说明从句中的从句经常换译成汉语的主谓短语。俄语中与不可分解的主从复合句相对应的汉语句子中，一般没有连接词，语流中也没有停顿。所以该句汉译"不喜欢"后面直接加客体，不能译成：契诃夫不喜欢，当别人夸奖他的时候。

[48] 她跟辛楣的长期认识并不会日积月累地成为恋爱，好比冬季每天的气候罢，你没法把今天的温度加在昨天的上面，好等明天积成个和暖的日。①

Ее давнее знакомство с Чжао не имело шансов перерасти в любовь; в самом деле, из сложения нескольких зимних дней не может получиться один весенний.②

汉语文学语言，钱锺书用了个比喻"你没法把今天的温度加在昨天的上面"，进入俄译后，视角发生变化 сложения нескольких зимних дней（几个冬日累加），是小句换译成短语。

（3）小句→复句

俄语小句换译为汉语复句的实质是把俄语中某个成分译作汉语复句的一个小句（分句）。俄语有名词词组、动词词组、前置词短语、形动词短语、副动词短语等。这些结构充当定语、次要谓语或状语意义时，译成汉语后可直接翻译成复句，以适应汉语多用短语的习惯，这类例子在语法课上经常能够看到，如：При всём своём желании я не в силах тебе помочь. 可译为：虽然我很愿意帮你，但我无能为力。该例为前置词结构，译成汉语后，根据上下文可以理解为换译成小句，其形式上构成了汉语的复句。再如：说话应当求简练。可俄译为：Говорить нужно так, чтобы словам было тесно, а мыслям просторно.

---

① 钱锺书：《围城》，人民文学出版 2013 年版，第 54 页。
② Цянь Чжуншу. *Осажденная крепость : Роман ; Рассказы Пер. с кит. В. Сорокина.* М. : Худож. лит. , 1989, стр. 87.

(4) 小句→句群

汉语中逗号和顿号使用随意性较强，句子概念比较模糊，形式上缺乏显性的衔接手段，逻辑靠语流析出。俄语句子则不然，内部逻辑靠词形变化和句法连接手段显现。叙事、说明性语篇无论大小，几乎都以"触发、后续和结局"① 这一深层结构体现事物发展顺序，但作为语篇表层情景结构的语句，并非一定按照这一顺序来排列。

[49] Вам заметят: какое же вы имеете право называть превосходным произведением то, что, по условию личности каждого, многим покажется совсем не превосходным, а для иных и совершенно дурным? Отвечайте: я прав, и они правы, у всякого-де барона своя фантазия. (Белин., «Менцель, критик Гете»)

有人会问你：你有什么权力，可以把按照每一个人的个性条件，许多人认为一点也不优秀，有些人认为非常坏的作品，说成是优秀的作品呢？你就回答他们说：此亦一是非，彼亦一是非，萝卜青菜，各人各爱。②

谚语在称名语义特征上的特点是不仅说明个别事物或现象，还说明二者之间的关系，通常是整个故事的等价物。原语三个小句之间的关系是第一、第二小句合起来表达与第三小句同样的观点。汉译时 я прав, и они правы（我对，他们也对）对应文雅的哲理表达方式"此亦一是非，彼亦一是非"，将人称代词换译为指示代词。第三小句中的谚语 у всякого-де барона своя фантазия（贵族们各有各的古怪念头）归化为"萝卜青菜，各人各爱"。汉译四个小句构成并列复句组成句群。

[50] 中国特色社会主义理论体系，是马克思主义中国化最新成果，包括邓小平理论、"三个代表"重要思想、科学发展观，同马克

---

① 徐盛桓：《篇章：情景的组合》，《外国语》1990 年第 6 期。
② 龚人放主编：《俄汉文学翻译词典》，商务印书馆 2000 年版，第 7 页。

思列宁主义、毛泽东思想是坚持、发展和继承、创新的关系。①

Теоретическая система социализма с китайской спецификой является новейшим результатом китаизации марксизма, и ее содержание включает идеи Дэн Сяопина, концепцию «о тройных представительствах» и концепцию научного развития. Эта теоретическая система также выступает продуктом развития, наследования и новаторского переосмысления основных положений марксизма-ленинизма и Идей Мао Цзэдуна.②

显然译者并没有单纯按照汉语原文的顺序将各小句意译后进行排列，而是以俄语表达规范为基准来组织语义顺序。译者在充分理解了语义后，使用换译法，重组、优化、整合了语义，利用排比修辞方法，使句群展现了语用目的，进而形成了政治宣传类说明性语篇的感召风格。从标点为形式手段看汉语原文，可以说是9个小句组合而成的复句，俄译为两个复句组成的句群，是小句换译成句群。

6. 复句跨层换译

实践证明，俄译汉时，在句式上没有必然的对应关系。俄语单句不必译为汉语的单句。相应地，俄语复句也不是非得译成汉语复句。俄译汉时要灵活正确地表达俄语句子原义，不必拘泥于原语句式。实践证明，复句可换译为短语、小句和句群。

（1）复句→短语

俄语的时间从属句和地点从属句在汉语中一般作为简单句的状语出现，其位置在动词前或移至句首做话题。这种句法结构上的形式差异反映了俄、汉两种语言对待情境关系层次的认知差异。复句换译为短语，可以是整个复句用短语来替代。全译时较多的是复句中的分句或小句换译成短语。

---

① 习近平：《习近平谈治国理政》，外文出版社2014年版，第9页。
② 习近平：《习近平谈治国理政（俄文）》，俄文翻译组译，外文出版社2014年版，第11—12页。

[51] Мы выбрали брату такую книгу, чтобы он мог читать её без особого труда.

我们给弟弟选了一本他容易看懂的书。①

俄语复句的从句换译成了汉语的定语短语"一本他容易看懂的",而非按照俄语语法构句,即不能译成:我们给弟弟选那样的书,是为了他能不费特别力气地读。

[52] 方鸿渐看着发呆,觉得也陪淑英双双死了,萧条黯淡,不胜身后魂归之感。②

Ему стало немножко не по себе — как будто его тоже похоронили вместе с невестой, и в этом мире осталась лишь его бесприютная душа.③

汉语"萧条黯淡,不胜身后魂归之感"是一种生动形象的通感式语言,由两个小句共同表达一个意思。换译成 бесприютная душа（无处安放的心灵）,是视角的一种调整,是译者的内化感悟,更是一种虚实的换译。

（2）复句→小句

俄语说明从句、限定从句和某些状语从句汉译时往往伴随着复句换译为单句。俄语说明从句由两个分句组成,主句主导词一般表言语、思维、感情、认知、评价和意愿等,在结构和语义上不完整。从句一般由 что、чтобы、как、когда 等连接的说明从句汉译时,译成汉语小句。汉语存在兼语式、连动式这种经常有两个以上动词连用的句式。俄译汉时某些复句可以换译为汉语的兼语式或连动式,如:Он написал мне письмо, чтобы я приехала на его свадьбу. 可译为:他写信邀请我参加他的婚礼。

俄语复句译为汉语紧缩句,使句子结构更加简练。一些俄语复

---

① 张会森:《最新俄语语法》,商务印书馆 2000 年版,第 657 页。
② 钱锺书:《围城》,人民文学出版 2013 年版,第 28 页。
③ Цянь Чжуншу. *Осажденная крепость: Роман; Рассказы* Пер. с кит. В. *Сорокина*. М.: Худож. лит., 1989, стр. 55.

合句可以采用"得"字结构换译为单句。如：Но он всё ещё слишком занят, чтобы уделять ей больше времени. 可译为：然而他忙得抽不出空去看她。

[53] Когда мне было 15 лет, я окончила среднюю школу.

试译1：当我十五岁时，我中学毕业。

试译2：我十五岁时中学毕业。

译1明显带有翻译腔，按照中国人说话习惯，一般不说"当如何如何"，而直接陈述所说内容。二语习得理论提出"中介语"概念，我们尝试在翻译学提出"中间语"（详见第四章），即介于原语和译语之间的处在发展变化中的过程语言。"当如何如何"即未达到标准汉语的"汉语"句式，该"汉语"表达的仅是俄语思维流，以汉语作为工具固定俄语思维流。目前来看"当如何如何"有慢慢被接受的趋势，这从另外一个侧面反映了译语对母语的影响。笔者2019年12月11日搜索北京大学中国语言学研究中心的CCL语料库检索系统（网络版）①，关键词为"当我××岁时，我"得到11条结果，关键词为"我××岁时，我"得到76条结果，可见在使用频率上前者仍远远低于后者。

[54] 老乡见老乡，两眼泪汪汪，见到大家感到特别亲切。②

Земляки всегда встречаются в слезах. Я особенно рад встрече с вами. ③

汉语前两个小句共同构成一个汉语通俗说法，为因，第三个小句为果。整体构成因果类复句，俄译拆分成两个单句，其中第一个小句对应汉语前两个小句。

（3）复句→句群

复句换译为句群常见于文学作品的翻译中，与增译伴随，目的

---

① http://ccl.pku.edu.cn:8080/ccl_corpus/.
② 习近平：《习近平谈治国理政》，外文出版社2014年版，第63页。
③ 习近平：《习近平谈治国理政（俄文）》，俄文翻译组译，外文出版社2014年版，第88页。

是使读者对原语内容的理解更加确切。

[55] Во втором ресторане, куда меня взяли младшим поваром была русская хозяйка, Дуся Поликарповна, дама лет сорока с наглым круглым лицом уличной торговки и широкой задницей, занимавшей сразу два стула. (Лев Казанцев-Куртен, «Ностальгия»)

第二家饭馆招我做了初级厨师。老板是个俄罗斯女人，名叫杜霞·波利卡尔波夫娜。她40来岁，圆脸，大屁股（大到足以占据两个座位）。杜霞活像是街头小贩儿，没羞没臊。①

原文叙述的焦点是一个名词 хозяйка（女老板），采用了倒装结构、前置词 с + 名词词组第 5 格的表达方式，同时包孕了主动形动词结构来阐释女老板的概况。汉译调整了原文语序，将女老板的姓名、年龄、外貌到性格逐一展示，逻辑清晰，并用四个小句整合各方面特征，组成句群。该换译中使用移译法调整顺序，先陈述其年龄与外貌（从上到下），后陈述性格与人品，符合中国人的认知思维习惯，也符合汉语最佳次序原则。

[56] 我们的人民热爱生活，期盼有更好的教育、更稳定的工作、更满意的收入、更可靠的社会保障、更高水平的医疗卫生服务、更舒适的居住条件、更优美的环境，期盼孩子们能成长得更好、工作得更好、生活得更好。②

Наш народ страстно любит жизнь, он рассчитывает на более качественное образование, на более стабильную работу, на доходы, более полно удовлетворяющие его потребности, на более надежное социальное обеспечение, на более квалифицированное медицинское обслуживание, на более чистую окружающую среду. Наш народ желает, чтобы дети могли расти в лучших условиях, а также чтобы

---

① [俄]列夫·卡赞采夫·库尔滕：《思乡》，张克俊译，《译林》2015 年第 1 期。

② 习近平：《习近平谈治国理政》，外文出版社 2014 年版，第 4 页。

иметь прекрасную работу и счастливую жизнь.①

汉语政治外宣类文本一个最显著的特征就是富有宣传性，表现力强。原语讲人民热爱生活的愿望，分别从教育、工作、收入、保障、医疗、居住、环境、孩子成长八个方面予以展示。俄译通过增译代词 он 明确所指，采用五个形容词短语结构、一个主动形动词结构组成一个长句子。关于"孩子成长"的愿望则另起句子，用 чтобы 的说明从句表现了愿望的强烈，从而构成句群。

7. 句群跨层换译

翻译实践中句群跨层换译涉及句群换译为短语、小句、复句。音位和词素理论上可以跨越，但因单位跨度太大，并没有操作性，故不纳入句群跨层换译体系。

（1）句群→短语

句群换译为短语比较少见，且伴随着减译。这种情况在全译中比较少见，但在变译中却很常见。全译中偶尔见到的句群换译为短语时，该短语也大都表义十分丰富，且多与整个语篇发生关联。

[57] Давно это было. Почти двадцать лет назад. Они с Лизой в одном дворе жили и часто целовались в темном подъезде. (Михаил Тимофеевич Пак，«Облака на юге»)

说来话长，这差不多是 20 年前的事了。他和丽莎同住一个院子，两人常常在黑暗的楼道内亲吻。②

试译：话说 20 年前，他和丽莎同住一个院子，他俩经常在黑暗的楼道里亲吻。

前两个小句主要交代时间，Давно это было（很久以前）引入话题，继而又用小句表明确切时间。两个小句可以合译为第三句的时间状语。

---

① 习近平：《习近平谈治国理政（俄文）》，俄文翻译组译，外文出版社 2014 年版，第 4 页。

② ［俄］米哈伊尔·季莫费耶维奇·帕克：《南方的云》，孟宏宏译，《译林》2014 年第 2 期。

[58] ①自己凭什么受这些权利呢？②受了丈夫的权利当然正名定分，该是她的丈夫，否则她为什么肯尽这些义务呢？③难道自己言动有可以给她误认为丈夫的地方么？④想到这里，方鸿渐毛骨悚然。①

①А он по какому праву пользуется этими услугами？ ②Коль скоро пользуешься правами мужа, стало быть, ты и есть муж, иначе вообще не встал бы вопрос об исполнении обязанностей жены. ③ Название должно соответствовать сущности, учил Конфуций. ④Какие же слова его или поступки дали ей повод смотреть на него, как на своего мужа？ ⑤Задав себе этот вопрос, Фан почувствовал, как волосы на голове у него зашевелились.②

汉语原文用三个反问句和一个陈述句组成一个句群，中心思想是方鸿渐心中的疑虑。俄译形式上是两个疑问句加三个陈述句组成的句群。可见，句群内部发生了语气换译。同时俄译③小句是一种文化性的阐译，与②中ты и есть муж（你就是丈夫）一起间接阐释儒家思想"正名定分"，从而关联到汉语原文第②小句中的四字词组。可见俄译②③句组成的句群重点替代了原语②中的短语，可以看作句群换译为短语。

（2）句群→小句

句群换译为小句多见于变译，因为变译的中枢单位就是句群。全译中偶见，一般为译者使用表义内涵丰富的小句将句群的语义进行高度的浓缩与整合。

[59] А за этим парнем, возможно, серьезный хвост, опасный. И встретиться с ним надо по возможности свободно и для него вроде бы безопасно. И тогда уже хорошенько прощупать.

---

① 钱锺书：《围城》，人民文学出版社2013年版，第26页。
② Цянь Чжуншу. *Осажденная крепость: Роман; Рассказы* Пер. с кит. В. Сорокина. М. : Худож. лит. , 1989, стр. 53.

（Адам. ,《Свободное место》）

　　然而，在这个小子的背后可能隐藏着一个十分重要和极其危险的家伙。我必须和他见面，摸清情况。见面时尽可能做得自然，绝不能打草惊蛇。①

　　俄语句群由三个小句组成，汉译亦三句。但明显汉译将俄语第二从句主要内容（встретиться с ним надо）和第三小句译成一个无连接词的条件复句。第二从句剩下的部分（по возможности свободно и для него вроде бы безопасно）根据语义和逻辑译成并列的目的句。

　　[60] ①便找到一家门面还像样的西菜馆。②谁知道从冷盘到咖啡，没有一样东西可口：上来的汤是凉的，冰激凌倒是热的；鱼像海军陆战队，已登陆了好几天；肉像潜水艇士兵，会长时期伏在水里；除醋外，面包、牛肉、红酒无一不酸。②

　　①Они с трудом нашли приличное на вид заведение, но все — от закуски до кофе — оказалось невкусным. ②Суп был холодным; мороженое теплым; рыба, хоть она и непохожа на морской десант, тем не менее слишком долго пребывала на берегу; мясо, напротив, очень долго находилось в воде, что более пристало бы матросу подводной лодки. ③Все, за исключением уксуса, отдавало чем-то кислым — хлеб, масло, красное вино. ③

　　汉语原文句群可以分为两大部分，第一部分是①说明西餐馆门面不错，第二部分②是一个复杂的列举性复句。俄译①则整合了汉语①整体和②的主句，构成一个对比连接词 но 引导的转折性复句，从而巧妙地将汉语语义"谁知道"隐含的语义展示出来。紧接着，将剩下的从句根据形式进行整合，②论述"汤、冰激凌、鱼、肉"，

---

　　① 龚人放主编：《俄汉文学翻译词典》，商务印书馆 2000 年版，第 13 页。
　　② 钱锺书：《围城》，人民文学出版社 2013 年版，第 17 页。
　　③ Цянь Чжуншу. *Осажденная крепость: Роман; Рассказы* Пер. с кит. В. Сорокина. М.: Худож. лит., 1989, стр. 44.

与原语基本保持一致的比喻形象,将"汤"与"冰激凌"的对比意义拆散,替代成并列关系。此句中有一处误译,应把 не похожа(不像)中的否定词 не 去掉。俄译③则调整了词序,采用移译法变换句式,突出重点,此外移译中还伴随着符号换译,使用表示列举意义的破折号。

(3) 句群→复句

句群换译为复句比换译为小句、短语更常见,是因为从单位亲近关系上,句群紧挨复句,其次小句,远离短语。句群换译为复句,最典型就是两个小句组成的句群换译为译语的一个复句。俄语有字谜,将每句的首字母连起来,形成一个单词。由于俄汉语言构造不同,汉译颇周折。翻译实践中早有译者采用解释法、替代法以及文化淡化法等方法对文字游戏的翻译做出了积极的尝试,并取得了可喜的效果。舍姆丘克和科切尔金娜通过对韵式为 aabba 的英语五行打油诗(лимерик/ limerick)[①] 俄译分析,指出五行打油诗并非处在不可译范畴。译者需找到类似的形象和上下文,遵循作品形式,就可以传达这种文字游戏。在翻译这类文字游戏时,适当使用换译,可以使译文如同原文一样妙趣横生。笔者也尝试译了一例,好坏不论,换译法可见。

[61] Мой первый слог найдёшь тогда,

Когда в котле кипит вода.

Второй мой слог поставь в конце,

Его найдёшь ты на лице.

А целое большим крылом

Белеет в море голубом.

试译1:

我的第一个音节需要你到热水沸腾的锅上去找。

[①] Шемчук, Ю. М., Кочергина Н. М. "Непереводимость переводимогоо лимерика", *Вестник Московского университета*, 2014, №1, стр. 70 – 75.

第二个音节需要你在自己的脸上找。
我的全部就像一个巨大的翅膀,在蔚蓝的海上翱翔。
试译2:
我的形旁围在美女脖颈上,
我的声旁如同普通人一样,
我的全部伴着浪花,
穿梭于蔚蓝海面之上。
试译3:
左边一块布,
洗脸将肤护。
右边几一点,
面子就凸显。
随风戏海浪,
助君去远航。

俄语单词 парус(帆)由 пар(蒸汽)和 ус(胡子)两个音节构成。汉语"帆"的构成不可能与俄语 парус 的构成相似,无法找到共同点,只能按原义译出,然后说明 парус(帆)的构造形式。陆永昌也赞同文字游戏若可理解就可译,可加注说明,但"原语的原'味'大打折扣,甚至损失殆尽"[1]。按此理念试译1,但仍然让不懂俄语的人大跌眼镜。试译2从汉字结构入手,虽然原语原"味"有所折扣,却符合不懂俄语的中国人的期待。从单位上看,俄语是6个小句组成句群构成一个完整封闭的语篇,汉译2则为4个小句构成的复句。同时看谜底 парус,也可构成一个字谜:парус = пар + ус,顾俊玲[2]举此例说明译中所失,这个字谜直译为:帆就是蒸汽加胡子。黄忠廉改译为:帆 = 巾 + 凡。可见译无止境,需要译者的智

---

[1] 陆永昌:《俄汉文学翻译概论》,上海外语教育出版社2007年版,第201页。
[2] 顾俊玲:《从拆字诗翻译看"不可译性"》,《中国社会科学报》2013年9月30日。

慧和灵感。试译3更前进了一步，在破解谜底为汉语对应"帆"字的情况下，用汉语字谜模式，结合俄语谜面，顾及韵律，创造性地设置翻译，趣味盎然。

[62]①革命理想高于天。②没有远大理想，不是合格的共产党员；离开现实工作而空谈远大理想，也不是合格的共产党员。①

Революционный идеал выше всех, без великого идеала не может быть и речь о квалифицированном коммунисте, не может быть квалифицированным коммунистом тот, кто философствует о великом идеале в отрыве от реальной работы.②

汉语原语是小句①和并列复句②组成的句群。俄译很明显将汉语体现的逻辑用严密的俄语句法构造来展现，直接译成一个复杂的说明复句。这个复句的主体是 тот、кто 引导的说明从句，笔者尝试回译如下：那个离开现实而空谈远大理想的人不可能是合格的共产党员，而没有远大理想，合格的共产党员就无从谈起，因为革命理想高于一切。从析出的语义思路来看，俄译是一个转折（用连接词"而"表示）同时包孕原因（连接词"因为"）的清晰逻辑。从逻辑的清晰度来讲，俄译胜于原文。这恰恰说明了俄语形态制约逻辑的作用，两语对比，充分显现出语言形式的强大逻辑力量，也在某种程度上揭示了语言类型的本质差异。

我们知道《习近平谈治国理政》是一套中国政府推出的多语种平行文本对照读物，推广到全世界，旨在加深全球对中国的认识，因此俄译本译者是精通俄语并且有大量翻译实践的团队。这个团队在汉译俄时，不仅要考虑语形、语义，更要注重宣传效果，即语用接收效果，不拘泥于形式的限制，灵活调整各句子分布，将句群换译为复句，符合俄语母语者的阅读习惯和思维方式，做的是切实有

---

① 习近平：《习近平谈治国理政》，外文出版社2014年版，第23页。
② 习近平：《习近平谈治国理政（俄文）》，俄文翻译组译，外文出版社2014年版，第32页。

效的工作。

综上所述，单位换译以全译单位为基础，在音位、词素、词、短语、小句、复句和句群之间显现同层替代和跨层替代。这种形式主义的语言研究方法直接为翻译研究提供借鉴和思路，且对换译法的分类具有直观可视的效果。

二 标点换译

符号是事物的标记。符号一般指文字、语言、电码、数学符号、化学符号、交通标志等，涵盖面很广。本节需先界定研究范围是"标点换译"，之所以没有采用"符号换译"这一术语，是因为广义符号观认为语言即是符号。雅可布森以诗学文本为切入点，从符号学角度将翻译分为语内翻译、语际翻译和符际翻译三类。尽管三分法是标准混杂、错层并列的，但他从符号学切入翻译是具有开拓性的。用广义符号来界定翻译，应先将符号分为语言符号翻译和非语言符号翻译，语言符号可进一步分为语内翻译（如古代汉语与现代汉语的翻译）和语际翻译（即本书研究的双语翻译），非语言符号可进一步分为同类符号系统内部转换（如交通信号）和符际转换（如多模态翻译）。而本书的研究对象处在语际翻译下，因此"符号换译"涵盖面太大，采取这种观点将使本书论述陷于盲区。

"翻译既可以在不同符号系统间得以实现，也可以在同一符号系统不同变体间得以实现。"[①] 翻译落脚点为符号系统。语言中使用的标点符号分为点号和标号。点号包括顿号、逗号、分号、句号、问号、叹号及冒号等，表示语言中种种停顿。标号包括破折号、括号、省略号、书名号、引号、连接号、间隔号、着重号、专名号等，主要标明词语或句子的性质和作用。标点符号作为文字语言不可缺少的强有力的辅助手段，是语言书写体系的重要组成部分，也是书面

[①] 吴克礼主编：《俄苏翻译理论流派述评》，上海外语教育出版社2006年版，第625页。

交际的一种重要手段。标点符号有分清结构、辨明语气、了解文意、表达感情等功能。本书所言的"标点"范围较窄，专指非语言符号，包括标符和点符。标点换译主要是指标点和标点以及标点和语言单位之间的相互替代。翻译实践中经常见到双语标点内部和外部换译两种，需要强调的是标点换译是因句子语义要求而伴随产生的换译行为，不是指标点符号本身决定换译。

（一）标点内部换译

俄语标点符号有句号、问号、感叹号、省略号、逗号、分号、破折号、冒号、双重逗号、双重破折号、括号和引号等。从功能上分为分隔号和标示号两类。分隔号把言语的一部分和其余部分分隔开来。标示号用来标示出各种不同的句法结构的界限，把某一句法结构从言语中分离出来。分隔号包括句号、问号、感叹号、省略号、逗号、分号、破折号和冒号。标示号包括双重逗号、双重破折号、括号和引号。标点符号使用时要遵循逻辑、句法结构和语调的要求。

1. 俄语逗号→汉译冒号

逗号，俄语 запятая，把句子切分为意群，表示小于分号大于顿号的停顿。逗号在汉语和俄语里都是使用频率最高的标点符号。逗号在总括性语句中，可以根据语境需要换译成冒号。如：Братья спорят, стоит ли отправляться на поиски счастья. 可译为："兄弟们在争论：要不要去找寻幸福。"此时，争论的具体内容从俄语的逗号换译成汉语的冒号。

2. 俄语逗号→汉译顿号

俄语同等成分一般用逗号隔开，汉译时可用逗号，也可以用顿号。若从语义方面来列举，则一般用顿号来换译。

[63] Лицо, походка, взгляд, голос — всё вдруг изменилось в Наташе.

相貌、走路的姿势、目光、声音，娜塔莎身上的一切都忽然发生了变化。①

3. 俄语冒号→汉译破折号

冒号，俄语 двоеоτчие，具有解释阐述作用，直观生动，可以用来揭示概念的具体内容、原因、理由等。在无连接词复合句中运用较多，多见于新闻报道语体。2016 年 11 月 14 日手机微信订阅号《俄语之家》（Ruclub）推送了一则报道为：В Москве начала работу конференция «Вперед в будущее：роль и место России»。汉译时，调整相关符号，译为：题为"向未来迈进——俄罗斯角色与地位"的研讨会在莫斯科召开。

4. 俄语破折号→汉译逗号

总括词位于同等成分之后时，总括词前用破折号，汉译时可以译为破折号，也可以换译为逗号。当同等成分插在总括词和句子其他成分之间时，总括词后面用冒号，同等成分后用破折号，破折号可以换译为逗号。

［64］ Везде：в степи, за рекой, на дороге — было тихо и пусто.

草原上，河对岸，大道上，到处安静而空旷。②

5. 俄语省略号→汉译句号

俄语的省略号有时是为了传达未尽之言。当汉译时语义因为词汇而得到弥补时，可以用句号替代。

［65］ Гораздо хуже залечивались раны в моей душе...（Анита Кения，«Меня зовут Рамбо»）

我心灵的创伤要更为严重。③

原语表达是"比治疗脚伤更糟糕的是我内心……"调整视角换译为"我心灵的创伤要更为严重"，原语省略号用句号替代。

---

① 黄颖编著：《新编俄语语法》，外语教学与研究出版社 2008 年版，第 391 页。
② 黄颖编著：《新编俄语语法》，外语教学与研究出版社 2008 年版，第 391 页。
③ ［俄］阿妮塔：《我叫拉姆博》，刘小满译，《译林》2015 年第 4 期。

6. 汉语顿号→俄译逗号

汉语有顿号，俄语没有，一般采用减译、语义连接词或逗号换译。

[66] 我们党自成立之日起，就始终代表广大青年、赢得广大青年、依靠广大青年。①

Со времени своего образования наша Партия всегда отстаивает интересы молодых людей, снискала их доверие и поддержку и опиралась на них. ②

汉语"代表广大青年、赢得广大青年、依靠广大青年"是三个并列同等成分，汉语习惯用顿号分隔。俄语没有顿号，就用逗号和连接词 и 连接。

7. 汉语逗号→俄译破折号

汉语中间接引语一般可用逗号，表示承启关系，俄译时可用逗号，也可用破折号来彰显这种承接启示的关系内涵。

[67] 老话说，要齐家而后能治国平天下。③

Издревле говорили — научись поддерживать порядок в семье, а уж потом управляй страной и вселенной. ④

8. 汉语引号→俄译书名号

引号（双引号""／单引号''），俄语ковычки，表示文中引用的部分，表示引用、特定称谓、特殊含义、讽刺和嘲笑、突出强调等作用，有双引号和单引号两种。

[68] 毛泽东同志说："'实事'，就是客观存在着的一切事物，

---

① 习近平：《习近平谈治国理政》，外文出版社 2014 年版，第 54 页。
② 习近平：《习近平谈治国理政（俄文）》，俄文翻译组译，外文出版社 2014 年版，第 73 页。
③ 钱锺书：《围城》，人民文学出版 2013 年版，第 51 页。
④ Цянь Чжуншу. *Осажденная крепость: Роман; Рассказы Пер. с кит. В. Сорокина.* М.: Худож. лит., 1989, стр. 82.

'是'就是客观事物的内部联系,即规律性,'求'就是我们去研究。"①

Товарищ Мао Цзэдун говорил: «Реальные факты» — это все объективно существующие предметы, явления; «подлинная сущность» — это внутренняя связь, то есть закономерность объективно существующих предметов, явлений; «раскрывать» — это значит изучать.②

直接引语与间接引语翻译转化时,要注意汉语直接引语,语表形式上用冒号加双引号。俄语习惯用法是冒号加俄语状态的书名号。但随着网络电子书的普及,在线阅读版本的书籍基本上按照原语标点符号对应而来,并不强制使用换译法。

(二)标点外部换译

黄忠廉在研究规律描写时指出有"标点替代律"③,即"标点符号有时也可以替代'的',从内容的角度起不同的功能"。锁定描写的目标至关重要,定大了,大而无当;定小了,缺乏广度,小而不全。但是目标的大小是相对的,小目标也可能随着现象观察的深入变成大目标,使之更有说服力。

1. 俄语冒号→汉译/(空位)

当同等成分插在总括词和句子其他成分之间时,总括词后面用冒号,同等成分后用破折号,汉译时冒号一般译为冒号。但若总括词与同等成分之外的其他成分合译时,冒号则减译,即空位。

[69] В любое время: утром, днём, вечером или даже поздно вечером — одним словом, приходи и всё.

---

① 习近平:《习近平谈治国理政》,外文出版社2014年版,第25页。
② 习近平:《习近平谈治国理政(俄文)》,俄文翻译组译,外文出版社2014年版,第34页。
③ 黄忠廉:《翻译研究的"三个充分"——翻译研究方法论思考》,《外语研究》2006年第5期。

早晨、白天、晚上甚至更晚些，总之，你随便什么时候来就是了。①

2. 俄语破折号→汉译/（空位）或"是"或"即"

破折号，俄语叫 тире，有载蓄结构、意义功能、语调作用，可以表示结构中词语的省略，语调上的停顿，分隔各种句法单位。俄汉互译中切忌机械搬用原文标点，使译文拗口。

（1）俄语破折号→/（空位）

俄语破折号被换译成汉语空位的情况多见于俄语的列举。俄语表义先分后总，用破折号承接前文，且一般加总括词予以说明。如下例中，все 代指前文的 взрослые 和 дети，汉译时直接显化这种语义逻辑关系。同时减译 все（所有人），其语义融入"都"，与俄语中的结构 и...и... 相呼应。

［70］Сегодня и взрослые, и дети — все пошли на собрание.
今天大人和孩子都去开会了。②

（2）俄语破折号→汉语"是"

俄语标题中的破折号一般可以汉译成"是"，因为破折号的作用有解释说明，有表示确定，还有用作指称的系词。

［71］Белый дом: Полагаться на Башара Асада — это «путь к провалу». （Комсомольская правда, 2012.02.08）
白宫：依靠巴沙尔·阿萨德是一条末路。③
该例出自俄罗斯报纸《共青团真理报》，属于标题汉译问题。先导词 Белый дом 先陈述消息来源，作为报道主体，引出其言论思想。后小句具体阐释白宫的评价性思想，由两部分构成。破折号前陈述事实，破折号后是对前面的评价性总结，而破折号本身没有实义，只起连接作用，用总括词 это 进行语义关联，形成 Что — это что.

---

① 黄颖编著：《新编俄语语法》，外语教学与研究出版社 2008 年版，第 391 页。
② 黄颖编著：《新编俄语语法》，外语教学与研究出版社 2008 年版，第 391 页。
③ 刘丽芬：《破折号标题：结构—语义—翻译视角》，《外国语文》2015 年第 6 期。

的结构模式。刘丽芬认为"это复指 Полагаться на Башара Асада 这一行为，突出交际焦点，凸显结构的句法成分，具有表情修辞色彩，符合受众的最大限度表达和最易接受的言语需求"①，因此换译为"是"。

（3）俄语破折号→汉语"即"

俄语破折号可用汉语作系词的"是"与"即"来换译，语义跨越双语顺畅流通。

［72］Манекен на витрине магазина поразительно походил на Лизу — первую любовь Виктора.（Михаил Тимофеевич Пак，«Облака на юге»）

商店橱窗的这个人体模特像极了丽莎，即维克多的初恋女友。②

3. 俄语关联词→汉译/（空位）或冒号或逗号或破折号或括号

俄语限定关联词连接的定语从句汉译时，如果仅仅借助于"的"字构成偏正修饰结构，往往造成喋喋不休的翻译腔现象，译文十分拗口。借助于具有解释说明作用的标点符号，如逗号、破折号、冒号、括号等，可巧妙地反映定中或偏正等修饰关系。

［73］Венцы статорных лопаток 4-й и 5-й ступеней стопорятся с помощью винтов 34 и упора 35, в который упираются полки крайных лапоток венцов.

第4级和第5级静子叶排通过螺丝钉34和挡板35（叶排最末端叶片缘板倚靠在挡板上）固定。③

本例取自航空俄语翻译，是带关联词 который 的定语从句，译者处理成括号形式，精确而简洁地传达了语义。该例还可译成：第4

---

① 刘丽芬：《破折号标题：结构—语义—翻译视角》，《外国语文》2015年第6期。

② ［俄］米哈伊尔·季莫费耶维奇·帕克：《南方的云》，孟宏宏译，《译林》2014年第2期。

③ 邓芝涵：《浅谈航空俄语中 который 定语从句（包括形动词短语）的译法》，《科技信息》2013年第16期。

级和第 5 级静子叶排通过螺丝钉 34 和挡板 35 固定，即叶排最末端叶片缘板倚靠在挡板上。带"即"，将原文的限定从句理解为"形式"的内涵，译句意思清晰易懂。"即"发挥的正是冒号的功能，因而也可译成："第 4 级和第 5 级静子叶排通过螺丝钉 34 和挡板 35 固定：叶排最末端叶片缘板倚靠在挡板上。"这从另一侧面证明了俄语关联词替代为冒号的合理性。

4. 俄语夹杂外语→汉译书名号

［74］Это откровенно неудачная идея, считает журналист Foreign Policy Джошуа Китинг.①

《外交政策》杂志记者乔舒亚·基廷认为，这实在是一个糟糕的主意。②

此类新闻报道材料，涉及外媒时通常用外语直接标识。俄语中夹杂英语报纸名和记者名，汉译时如何做到更好的区分，标点符号便发挥了极为重要的指示作用，把报纸名用书名号括入，记者名遵循"名从主人"原则，十分清晰地完成了三语之间的转换。英语行文习惯上，专有名词一般用斜体表示，汉语和俄语习惯却不大相同。从形式上看，俄语原文没有任何书名号，汉译中有，可视为换译。

5. 汉语"是"→俄译冒号或破折号

汉语的"是"表示关系时，俄译可用冒号或破折号来替代。当然也可用 быть、стать、являться 等系动词或词组 представить собой、то есть 等词汇手段来表达，但语言有经济原则。特别是口译中，经常不译，落实在思维中就是使用冒号或破折号来替代换译，笔译时只需将标点符号写出即可，如此译者最省力。

（1）汉语"是"→俄译冒号

［75］毛泽东思想活的灵魂是贯穿其中的立场、观点、方法，它

---

① 黄玫、王加兴主编：《俄汉对照：缤纷俄语阅读》(3)，北京大学出版社 2015 年版，第 12 页。

② 黄玫、王加兴主编：《俄汉对照：缤纷俄语阅读》(3)，北京大学出版社 2015 年版，第 13 页。

们有三个基本方面，这就是实事求是、群众路线、独立自主。①

Животворный дух идей Мао Цзэдуна — это есть позиция, пронизывающие его идеи. Они выражаются в трех основных аспектах: реалистическом подходе, линии масс, принципе независимости и самостоятельности.②

汉语原文中第一个"是"换译为破折号。第二个"是"换译为冒号。同时汉语三个词"立场、观点、方法"合译为俄语一个单词的复数形式 идеи。

（2）汉语"是"→俄译破折号

单语中"是"可以用破折号来表义，双语跨语更是。

[76] 道路问题是关系党的事业兴衰成败第一位的问题，道路就是党的生命。③

Вопрос о пути — это первоочередная проблема, от которой зависят расцвет и упадок дела Коммунистической партии Китая. Путь — в этом жизнь партии.④

6. 汉语连词→俄译破折号

汉语连词表示句中实词之间或小句之间的关联。俄译时只需破折号就可表示这种关联，没必要再寻找词汇手段了，直接采用标点换译即可。

[77] 真是金榜挂名，洞房花烛，要算得双喜临门了。⑤

Стало быть, у вас двойное счастье — и ученая слава, и

---

① 习近平：《习近平谈治国理政》，外文出版社2014年版，第25页。
② 习近平：《习近平谈治国理政（俄文）》，俄文翻译组译，外文出版社2014年版，第34页。
③ 习近平：《习近平谈治国理政》，外文出版社2014年版，第21页。
④ 习近平：《习近平谈治国理政（俄文）》，俄文翻译组译，外文出版社2014年版，第29页。
⑤ 钱锺书：《围城》，人民文学出版社2013年版，第48页。

красивая жена.①

汉语语气词"真是"与连词"要算得"表示一种因果的逻辑关系，俄译则直接用破折号显化这种语义关联。

7. 汉语语义联想→俄译省略号

俄语省略号（…），俄语叫 многоточие，表示话语中断，没有完结或表列举成分。俄语省略号经常与 так это、это просто、так、такое 等词组组合使用，表示"一言难尽、难以启齿、颇费口舌"等补充意义。口语中为避免重复已经说过的内容常用省略号。省略号还表示谈话被对方打断、纠正、追问、补充、申辩等情况，此时虽然语表结构上未完结，但从交际功能看语义不言自明或留有想象空间。

［78］古典学者看她说笑时露出的好牙齿，会诧异为什么古今中外诗人，都甘心变成女人头插的钗，腰束的带，身体睡的席，甚至脚下践踏的鞋，可是从没想到化作她的牙刷。②

А ее ровные, белые зубы! Вот где удивиться бы литературоведам — почему это лирики всех времен мечтали стать шпилькой в прическе любимой, поясом, стягивающим ее талию, ее циновкой и даже туфелькой, но никому не хотелось стать зубной щеткой...③

汉语是复句，焦点是"好牙齿"引发的一系列联想。俄译则整合语气，用感叹小句先传达出语气，再用长复句描述联想，伴随着语义关联用破折号替代，同时用句号表示语义完结，俄译则用省略号彰显言之不尽的语义。

---

① Цянь Чжуншу. *Осажденная крепость: Роман; Рассказы* Пер. с кит. В. Сорокина. М.: Худож. лит., 1989, стр. 79.
② 钱锺书：《围城》，人民文学出版2013年版，第49页。
③ Цянь Чжуншу. *Осажденная крепость: Роман; Рассказы* Пер. с кит. В. Сорокина. М.: Худож. лит., 1989, стр. 81.

8. 汉语冒号→俄译解释性词语

汉语冒号除了解释说明之外，还可以表示原因。在文学作品中特别常见，俄译时这种原因需强调以揭示时，就需使用一些词汇手段。

［79］船走得这样慢，大家一片乡心，正愁无处寄托，不知哪里忽来了两副麻将牌。麻将当然是国技，又听说在美国风行：打牌不但有故乡风味，并且适合世界潮流。①

Корабль, жаловались они, шел слишком два комплекта принадлежностей для игры в мацзян. Будучи китайским национальным развлечением, игра эта, говорят, широко распространилась в Америке; стало быть, занявшись ею, можно не только выразить свою любовь к отчему краю, но и встать вровень со вкусами эпохи.②

该例中冒号后面的内容是对前面文字的解释说明。俄译时为了顾全句群特点，用分号将解释项与被解释项分开，且用口语词 стало быть（那么、所以、因而、可见）来替代，从而保证语义衔接顺畅。

9. 汉语双引号→俄译／（空位）

汉语双引号标出的内容，尤其是作为特点强调的内容，俄译时，可去掉双引号，成为俄译中主要内容。

［80］茅台酒具有"酱香突出，优雅细腻，酒体醇厚，回味悠长，空杯留香持久，不上头，不刺喉"的风格，被列为世界三大名酒之一。③

Водка «Маотай» входит в тройку знаменитых водок в мире, она отличается необычным ароматом, изящным вкусом и не очень высокой крепостью, её алкоголь не оказывает сильного воздействия

---

① 钱锺书：《围城》，人民文学出版社2013年版，第2页。
② Цянь Чжуншу. *Осаждённая крепость: Роман; Рассказы* Пер. с кит. В. Сорокина. М.: Худож. лит., 1989, стр. 25.
③ 安新奎：《科技翻译理论及实务研究》，陕西人民出版社2006年版，第97页。

на организм.①

汉语中形容酒具备哪些特点和优势，用了双引号将具体特点括入其中，俄语标点符号体系中有关双引号与汉语表示方式不同，于是俄译干脆调整句子排列顺序，将性质单独提出，放在后面。此时，汉语的双引号就被减译掉了，随之融入俄译语义整体中。

综上所述，标点换译实则为双语语表形式上的归纳总结与对应。随着使用频率的增加，某些标点的意义发生变化，标点与词汇手段共同作用，促进换译的显现形式，这种直观的替代方式成为换译类型的基础。

三　形象换译

形象（image，образ），"指客观物质存在的具体形态"②。形象翻译通常为形象的增添、删减、转换、分合等。谢云才以文学文本为旨归，从语义学、诠释学等角度描写了文学翻译形象转换过程的各种视域融合，揭示形象转换的语义模式③。形象换译类型多样，此形象、彼形象、非形象可交叉互换，单一形象、形象群也可交叉互换。"形象换译是用译语非对应形象替代原语形象，且尽量保留原语形象意义或价值的全译方法之一，其实质是传统所言的形象转换，更是提炼与升华。"④ 具言之，形象换译改变了原语内容、替代原语形象以符合译语习惯并被译语文化接受。形象换译多见于凝结了人类智慧的熟语中。熟语用词固定、语义结合紧密、具有固定的语法结构，一般语音和谐，是语言中独立运用的词汇单位，具有结构上的稳定性和意义上的整体性等特点。广义的熟语性结构涵盖了成语、

---

① 安新奎：《科技翻译理论及实务研究》，陕西人民出版社 2006 年版，第 98 页。
② 方梦之主编：《中国译学大辞典》，上海外语教育出版社 2011 年版，第 246 页。
③ 谢云才：《文学翻译形象转换的重塑性》，《中国俄语教学》2011 年第 3 期；谢云才：《翻译中形象转换的语义模式》，《解放军外国语学院学报》2013 年第 5 期。
④ 倪璐璐：《英俄汉科技文本形象换译探析》，《中国科技翻译》2018 年第 2 期。

谚语、惯用语、歇后语等类型。熟语性结构中语义不等于构成该熟语的所有词义之和，而应通过对各组成部分意义的完全或部分地重新理解来获得。成语、谚语、惯用语、歇后语等各种类型都具备语义整体性特点。关于形象换译，以往称为形象转换，王秉钦分析了形象转换的喻体、方式和类似点①，乐金声认为形象转换方式可概括为"形象再现、形象替换、形象增添和形象省略"②。王秉钦说形象指"形象的语言，即赋予联想的、充满感情色彩的文学语言"③。他还总结了形象转换的喻体、方式和类似点。形象转换的喻体有：第一，动植物名词，如从一种鸟兽虫鱼转换成一种人的形象，从一种鸟兽转换成另一种鸟兽，从一种植物转换成一种人的形象或事物；第二，人体器官（部位）名词；第三，事物名词；第四，表示数量概念的词。形象转换的方式有：第一，从一种形象转换成另一种形象；第二，从形象转换成非形象；第三，从非形象转换成形象。形象转换的类似点在于：第一，形似，如形状相似、颜色相似；第二，神似，如形状相似、特征相似、功能相似、情理相似、意念相似。笔者认为王秉钦教授总结得相当精辟，因此追随其步伐，鉴于形象换译与文化密不可分，本节从文化的物质、制度和精神三个层面来分类论述。

（一）物质层形象换译

物质层包括植物、动物、事物和人物形象的换译。翻译时通过形象换译的处理，使高深的事理浅显明了，使繁杂的事情清晰突出，使抽象的事物生动具体。

1. 植物形象换译

翻译时应注意文化国情的差异，因译语语言表达习惯而换译的情况很常见。植物形象可以换译成植物、动物、事物和人物。

---

① 王秉钦：《论翻译中的形象转换》，《外语学刊》1989 年第 5 期。
② 乐金声：《论英汉翻译中的形象转换》，《中国翻译》1998 年第 4 期。
③ 王秉钦：《新编俄汉翻译教程》，海洋出版社 1990 年版，第 61—83 页。

(1) 植物形象→植物形象

包含植物形象的熟语，因使用泛化，简单明了，形象生动，而往往舍去了植物形象的本义。不同的地理文化内涵，造就了不同民族对待同一植物思维"认知物"出现差异。

[81] Скорее! Красными как свекла, руками женщина сбрасывает дужку с колышки и сейчас скроется в хате. （Мирн., «Гулящая»）

快点！那大嫂已经在用她那冻得像胡萝卜似的手指把水桶从钩子上取下来，很快就会进屋去的。（甜菜→胡萝卜）[①]

(2) 植物形象→动物形象

这类形象换译大都见于成语、谚语、典故等。如 Доверил козлу капусту 译为：引狼入室。字面来看，植物形象"白菜"和动物形象"山羊"被动物形象"狼"和事物形象"室"换译了。

(3) 植物形象→事物形象

在 Тс! Тс! Молчи! Часто и деревья имеют уши! 中，俄语称"树有耳朵"，而汉语类似的形象转移到墙上，从具体事物转移到空间范畴，因而该句可译为：嘘——！别吱声！小心隔墙有耳！植物形象"树"换译成了事物形象"墙"。

(4) 植物形象→人物形象

植物为全世界所共有。同样的植物，不同民族赋予的意义有同有异。俄罗斯以 берёза（白桦树）象征纯洁苗条的少女，还经常将之格化为"祖国"的代名词。与中国的白桦树含义有别。翻译时双语中类似白桦树一样的对应词，本义相同，但引申义有冲突或为空白，常采用换译法，更替形象。

[82] — Как тебе работается?

— Как в лесу. Что ни начальник — дуб, что ни подчинённый — пень, что ни бумага — липа.

[①] 王秉钦：《新编俄汉翻译教程》，海洋出版社 1990 年版，第 67 页。

试译：你工作得顺利吗？

哎！一天天的就像跟一帮木头打交道。领导都是榆木脑袋，部下笨得像树桩，文件全是偷梁换柱。

此例源自俄语一则笑话。全文如下：

Встретились два друга.

Один и спрашивает： — Как работается？

— Как в лесу！Что ни начальник — дуб，что ни подчиненный — пень，что ни бумага — липа.

— А как живешь？

— Как в сказке！Дома теща — Баба-Яга，жена — ведьма，соседка — Царевна-Лягушка，а ее муж — Иванушка-дурачок.[①]

试译：两个朋友遇见了。

一个问：工作得如何啊？

哎！迷失在丛林中啊。领导那叫一个愚蠢，下属就像个傻瓜，文件全是仿造的。

那生活如何啊？

哎！简直就像童话啊！丈母娘就是老妖婆，老婆是小巫婆，邻居是青蛙公主，而她丈夫是傻瓜伊万。

俄语 Дуб 本义为橡树，引申义为愚蠢的人，липа 本义为椴树，引申义为伪造品，пень 本义为树桩、树墩，引申义为傻瓜。俄语原文借词的原义和引申义制造了一个冷幽默，表达不满情绪，特别是总扩句 Как в лесу（就像在森林中一样），似乎是谈橡树、椴树、树墩，实则指领导愚蠢，下属傻瓜，文件伪造。汉语中尽管有木头脑袋不开窍等说法，但"橡树、椴树、树墩"并无"愚蠢、傻瓜、伪造"之类的引申义。语义发生冲突，文字游戏不易传达，只好用引申义替代本义，另外增加感叹词来弥补文化内涵的缺失，一定程度上再现了俄语原文的语用价值。试译不但将形象换译，且将主句

---

① 源自 https：//paint-online.ru/users_art.php？item=20728.

Как в лесу 的关联也纳入其中，既揭示了 лес 与 дуб、пень、липа 的表面关联，又使用关联隐喻"榆木脑袋、树桩、偷梁换柱"，三个词语都和"木头"有关联，形象风趣，更好地传达了俄语原文的语用价值。

2. 动物形象换译

由于各个民族文化背景、文化心理、风俗习惯不同而造成特殊的比喻。本体相同，喻体却可各不相同，如汉语"落汤鸡"，英语说"落水鼠"。汉语"瘦得像个猴"，法语说 Maigre comme un clou（瘦得像根钉子），俄语则说 Один нос остался на лице（瘦得只剩个鼻子）。可见，动物形象可以换译成动物、事物等形象。

（1）动物形象→植物形象

翻译实践中暂未发现例子。

（2）动物形象→动物形象

汉语说一个人是"老黄牛"，对应俄译 рабочая лошадь（干活的马），英译 work like a horse（像马一样劳作）。俄语固定词组汉译时，也有很多类似状况，如：Паршивая овца 害群之马（直译：长癞的羊）；Трусливый как заяц 胆小如鼠（直译：胆小如兔）；Упрямый как баран 倔强如驴（直译：像绵羊一样倔强）；Два медведя в одной берлоге не уживутся 二马不同槽（直译：二熊不同槽）。再如：Слово — не воробей, вылетит — не поймаешь.（直译：话语如同麻雀，出口追不回。）一般译成：一言既出，驷马难追。

（3）动物形象→事物形象

动物形象换译成事物形象，有些是伴随性的，如谚语 Льва сонного не буди 译为：不要虎口拔牙。因动物形象"虎"替代了"狮"，因而增加了事物形象"牙"。还有一些是强制的，如英语例子：It rains cats and dogs（字面意思：天上在下猫和狗）；意译为：倾盆大雨。俄译为：Дождь полил/льётся как из ведра. 英语"猫和狗"的形象汉语中变成了事物"盆"，俄语中变成了"桶"。"盆"

和"桶"之间相互替代，是因整句为意义整体传达，这是一种固定用法。该用法中忽略实际指物意义差异，形象整体性进入译者大脑认知中，从而使比喻义占据主位，即"言"和"象"为"意"做了调整。

（4）动物形象→人物形象

翻译实践中对应词文化内涵冲突现象常见于动物形象喻人时。俄罗斯讨厌喜鹊，寓意为"多嘴多舌的小人，小偷儿"。而中国则认为喜鹊会带来好运，经常用作"报喜鸟"。所以 стреляный воробей 是"老练的人"而非字面意义"惊弓之鸟"。

[83] Он был ужасный петух. Такого петуха я ещё не видывал.
他真像一只好斗的公鸡。这样的闹事鬼我可从来没有见过哩！①

该句中俄语两个相同的 петух（公鸡），汉译一个译成本义，一个译成比喻义。

3. 事物形象换译

"基于事物或现象外在表象的相似点，从形状、气味、声音、颜色等类似特征来转换形象，译语在词语层面进行相应转换，以便产生形似或神似的形象效果。"② 利用汉语特殊的、功能相近的语音修辞替代，选择字、形、义都相近的语素替代原语的词素、音位乃至单词，不失为一种形象化的方法。

[84] Он употребляет соленые слова. ③

译1：他爱说登不上大雅之堂的粗话。

译2：他爱用含盐的字眼。

译3：他喜欢咸言咸语。

试译1：他爱说闲言闲语。

---

① 谢云才：《文本意义的诠释与翻译》，上海外语教育出版社2011年版，第71页。

② 谢云才：《翻译中形象转换的语义模式》，《解放军外国语学院学报》2013年第5期。

③ 陆永昌：《俄汉文学翻译概论》，上海外语教育出版社2007年版，第105页。

试译2：他说话总是夹枪带棒的。

毫无疑问 соленые слова 绝非字面意思"咸话"，而是 острые слова，即尖锐刻薄不顺耳的那种粗话，当然"登不上大雅之堂"。译1很忠实。译2"含盐的字眼"虽然不妥，但隐隐有点味道。译3的"咸"组成词语"咸言"与"咸盐"同音，似乎有点谐音的意味。而试译进一步深入，在文字上做文章，用"闲"代替"咸"，更巧妙的是汉语有"闲言碎语"一词，这种仿词方式，十分巧妙生动地传达了语义，是巧妙借助谐音复制词义的换译方式。试译2用词更巧妙，突破了形象"咸"的限制，直接换译成"枪、棒"形象，语义不仅没有损失，还提高了语用价值。

（1）事物形象→植物形象

地球上人类有着共同的任务：生产生活。尽管生产生活方式不同，但很多情况下，生活还是有共性的。语言中积淀着人类共性的认识，使得语言不通的人们的交流成为可能，因而翻译也成为可能。如：Нашла коса на камень. 字面意思是拿镰刀往石头上磕，正好汉语中有：针尖对麦芒。二者都是事物形象，尽管具体表征不同，由"镰刀、石头"到"针、麦"，但是表示的引申语义是相通的。

［85］Не из камня же они: люди — везде люди.（Гонч.，Фрегат «Паллада»）

人非草木，人在哪里都是人。①（石头→草木）

此例中俄语句子中的事物形象"石头"到了汉译中就变成了植物形象"草木"。尽管形象发生变化，但是句子要表达的语义相似，语用价值得以传达。

（2）事物形象→动物形象

翻译实践中暂未发现例子。

（3）事物形象→事物形象

---

① 王秉钦：《新编俄汉翻译教程》，海洋出版社1990年版，第78页。

[86] И усы председателя опять закачались коромыслом. (Иван., Вражда)

主席又留了八字胡。(扁担→八字)①

俄语的事物形象"扁担"用来修饰胡须,是人认知中的形状相似。汉译时可以理解,却不能如此表达,因而换译成汉语的常用来修饰胡须的"八字",也是基于形状的形象换译。

(4) 事物形象→人物形象

事物形象换译成人物形象也偶见,如 Новая метла чисто метет 译成:新官上任三把火。事物形象"扫帚"被人物形象"官员"所替代。

4. 人物形象换译

人物形象可以换译为植物形象、动物形象、事物形象和其他人物形象等。

(1) 人物形象→植物形象

有些语言词语本身并不具有任何文化色彩,然而一旦进入特定的语境,便产生特有文化内涵。Иван 和 Марья 在俄罗斯是两个十分普通的人名,一旦进入诗中,却饱含浓厚的民族文化色彩。

[87] ...Иван-да-Марья цветёт, Любовь растёт...

……蝴蝶花儿在开放,爱情火焰在增长……②

这段文化典故是传说。很久以前有兄妹俩,哥哥叫 Иван,妹妹叫 Марья,从小不幸分离,长大成人后邂逅,并产生了爱情,Иван 娶 Марья 为妻。后来他们无意中发现彼此的血缘关系,又不愿再分离,就双双死去化成一种黄紫相间的蝴蝶花,象征坚贞忠诚,永不别离,叙事上大有中国民间故事《梁山伯与祝英台》之神韵。此处译文保持了这种意义,再现了这种特有的文化价值。

---

① 王秉钦:《文化翻译学:文化翻译理论与实践》,南开大学出版社 2007 年版,第 103 页。
② 王秉钦:《文化翻译学:文化翻译理论与实践》,南开大学出版社 2007 年版,第 47 页。

(2) 人物形象→动物形象

自由词组语义形象化引申确保熟语语义的整体性，如汉语中形容一个人力气大，说"牛劲儿"。但俄英译都应换形象，俄译лошадиная сила（马劲儿），英译 horse-power（马劲儿）。再如：Он спит дурак дураком. 可译成：他睡得像头死猪。其中人物形象"笨蛋"被动物形象"死猪"替代。二者均为贬义，单独来看，"蛋"是事物，"猪"是动物，用来指人，则附带了说话人的主观能动性，使得词汇本身携带了感情色彩。俄语дурак дураком是一种习惯说法，本义为"笨蛋，蠢货"。在中国人眼中，"他睡得像个蠢货"是令人费解的，换译成"睡得像头死猪"才是符合规范的。且此时将原文的贬义文化色彩也传递出来，易于中国读者接受。

(3) 人物形象→事物形象

人物形象换译成事物形象比较少见，且多含贬义。如：У семи нянек и детя без глазу. 字面意思是：七个保姆，孩子没人管。中国也有句话：三个和尚没水吃。于是整个句子语义对应在人物形象"保姆→和尚"与"管孩子→喝水"事件上。

(4) 人物形象→人物形象

上文中"孩子→水"是人物形象换译为事物形象，但"保姆→和尚"就是人物形象换译为人物形象了。

(二) 制度层形象换译

制度一般指要求大家共同遵守的办事规则或行动准则，是人类社会要求社会成员必须遵守的规章或准则，也指在一定历史条件下形成的法令、礼俗等规范。制度层形象主要涉及宗教、俗语、谚语等，这些因制度文化造成的习惯性表达，在双语中往往使用不同的形象载体，相应地产生了翻译中的形象换译问题。这类换译情况非常常见。

[88] 只可惜这些事实虽然有趣，演讲时用不着它们，该另抱佛脚。①

Жаль только, что все эти интересные сведения не могли пригодиться ему для лекции, и надо было искать материал в другом месте.②

汉语有"临时抱佛脚"意为年老信佛，以求保佑，有临渴掘井之意，指平时无准备而事急时仓促张罗。钱锺书使用该俗语的一部分，形象地说明了主人公慌乱的情形。俄译用 надо было искать материал в другом месте（本该在其他地方寻找资料）替代，将形象舍去，意义保留，追求最基本的"意似"。

（三）精神层形象换译

"龙"在中国的文化内涵是至尊，在西方却像恶魔一样。"虎"在中国是百兽之王，代表勇敢、凶猛与威严，在西方同样的文化意象往往附着在 lion（狮）身上。上帝、神等精神层面的虚拟形象在翻译时也常换译成其他形象。再如，英语说：The cat did it（这是猫干的），背后隐含推卸责任的意蕴，反映英语母语者以具体的物象（cat）来寄予主观的寓意，形成英语"猫"的文化意象。汉语中"猫"则没有这种文化意象，汉译用非形象换译：真的不是我干的。加"真的"强调"我"的无辜。俄语中"猫"也没有这种推卸责任的文化内涵，但有类似的表达方式 Ей богу, не я（上帝该负责，而非我负责），所以俄译为：Ей богу, не я（это сделал）。

[89] Жестокая горячка, соединённая с самою быстрою чахоткою, овладели им так свирепо, что в три дня оставал от него одна тень только. （Гог., «Портрет»）

原译：残酷的热病和急性肺炎连接在一起，猛烈地袭击着他，

---

① 钱锺书：《围城》，人民文学出版社 2013 年版，第 34 页。
② Цянь Чжуншу. *Осаждённая крепость: Роман; Рассказы* Пер с кит. В. Сорокина. М.: Худож. лит., 1989, стр. 62.

三天以后他就瘦得三分像人七分像鬼了。①

试译：残酷的热病和急性肺炎一起发作，三天以后他就瘦得只剩一层皮了。（影→皮）

原语 одна тень только（只剩下一个影子）是俄语常见形象表述。汉语形容人瘦，一般用"只剩一层皮了"。原译深刻领会了这种形象的差异性，归化为更加形象的表述"三分像人七分像鬼"。

形象换译多使用在文学性较强的文本中。科普读物与文学文本类似，常体现较强的情感性和形象性，而科技文本则以逻辑性和准确性见长。尽管如此，科技文本中同样也存在形象换译，"逻辑思辨与形象表达并非不可调和的对立矛盾"②。科技文本形象跨语替代的前提是"似"，可以是意似、形似、风格似等。形象替代的方式有语形替代、语义指称替代、语义范畴替代、语用替代等。总之，形象换译主要是指双语语言营造的形象在跨语转化时发生的替代情况。形象换译多与文化密切相关，文化归化和异化策略对形象换译影响较大。文化融合辅证形象替代，接受美学促进形象替代，翻译目的论促成形象替代。在翻译实践中，译者应透彻理解双语文化，在此基础上，且在保证语义正确传达的前提下，方可进行形象换译。译者进行形象换译时当慎重，应全面考量文化语境。"形象换译是不得已而为之，是倾向于归化的折中办法。其好处在于可借助译语优势，摆脱原语修辞和句法等方面的限制，尽量使译语贴近译语读者，传达了语义信息又确保译文符合译语规范，在译语文化中生根发芽。"③

---

① 王秉钦：《新编俄汉翻译教程》，海洋出版社1990年版，第82页。
② 倪璐璐：《英俄汉科技文本形象换译探析》，《中国科技翻译》2018年第2期。
③ 倪璐璐：《英俄汉科技文本形象换译探析》，《中国科技翻译》2018年第2期。

第二节　无形换译

如果说有形换译是指肉眼可观察到的双语载体，如单位大小和标点符号差异等，则无形换译指互译过程中形态表征隐含或不明显、相对抽象的情况，多与思维、习惯相关。后者涵盖词类换译、语气换译、语态换译和视角换译。

一　词类换译

俄语属于印欧语系，有丰富的词形变化。汉语属于汉藏语系，缺少词形变化。俄语汉语语法研究史上，词类划分问题始终是争议颇多的问题。18 世纪的罗蒙诺索夫（М. В. Ломоносов）创立了第一部俄语科学语法《Российская грамматика》，将俄语词类分为八类。波捷布尼亚（А. А. Потебня）划分出十种词类。我国俄语界泰斗信德麟、张会森、华劭合编的《俄语语法》是对苏联科学院 1980 年《俄语语法》[①] 的简编（俄语界简称 "80 语法"），划分十大词类：名词、代名词、形容词、数词、副词、动词、前置词、连接词、语气词和感叹词。张家骅等编的《现代俄语概论》[②] 沿用 "80 语法" 之传统，只是将其中的 "代名词" 换为 "代词"。本书采用《现代俄语概论》的观点。汉语语法学史上第一部系统性的语法著作是《马氏文通》[③]，它根据词义将古汉语划分为九大词类。此后对汉语词类的探讨逐步加深，汉语学者如陈望道、方光熙、吕叔湘、王力、胡裕树、朱德熙、赵元任、邢福义、陆俭明等都发表了自己的观点。吕叔湘和朱德熙在《语法修辞讲话》[④] 中将词分为八类；胡裕树主

[①]　信德麟等编：《俄语语法》，外语教学与研究出版社 1990 年版。
[②]　张家骅等编：《现代俄语概论》，黑龙江教育出版社 1995 年版。
[③]　马建忠：《马氏文通》，商务印书馆 1983 年版。
[④]　吕叔湘、朱德熙：《语法修辞讲话》，开明书店 1952 年版。

编的《现代汉语（增订本）》① 依据词的语法功能将汉语词类分为十三类；邢福义主编的《现代汉语》② 根据词的语法特征将词分为十一类：名词、动词、形容词、数词、量词、代词、副词、介词、连词、助词和拟音词。邢著《现代汉语》是高等师范学校教学用书，本书采用此观点。

表3－2　　　　　　　　　　俄汉词类对照

语种	实词	虚词	非虚非实
俄语词类 张家骅主编 《现代俄语概论》	名词	连接词	感叹词
	形容词	前置词	
	数词	语气词	
	代词	/	
	动词	/	
	副词	/	
汉语词类 邢福义主编 《现代汉语》	名词	副词	/
	形容词	连词	
	数词	介词	
	代词	助词	
	动词	拟音词	
	量词		

从语法和造句功能的差别来看，词类可以分为实词和虚词两大类。实词可充当主语、谓语和宾语等句子主要成分，虚词则不能。俄语十大词类中名词、形容词、数词、代词、副词、动词属于实词。前置词、连接词、语气词属于虚词。感叹词既不属于实词，也不属于虚词。汉语名词、动词、形容词、数词、量词和代词属于实词。副词、介词、连词、助词和拟音词属于虚词。实词类中俄汉基本对

---

① 胡裕树主编：《现代汉语（增订本）》上海教育出版社1981年版。
② 邢福义主编：《现代汉语》，高等教育出版社2006年版。

应，不同之处在于：第一，俄语副词属于实词，汉语则将副词划为虚词；第二，汉语有量词，俄语没有。俄语中数字兼具量词功能，某些名词也能充当量词。虚词类中则差别较大。俄语"连接词"基本上可对应汉语"连词"。俄语"前置词"对应汉语"介词"，但后者范围更广。俄语"语气词"对应汉语"助词"，但范围窄于后者。俄语"感叹词"部分对应于汉语"拟音词"。除俄、汉之外，语言学界还会提到"后置词、小品词、叹词"等。

词类换译即原语和译语中词类不对应而采取其他词类替代的全译方法。俄汉互译时，词类对应与否不必强求，而应顺乎语气，根据语境，及时替代其他词类，以确保语义正确传达。翻译学并不等于对比语言学。在词类换译问题上，笔者认为可以综合俄语和汉语词类，得到名词、形容词、数词、代词、副词、动词、连词、介词、语气词和叹词十类。俄语词类形态发达，从不同词形即可判断词类，依靠汉语实词和虚词之分，可将词类换译分为实词换译为实词、虚词换译为虚词和实词与虚词互换三大类。于是理论上十种词类之间相互换译，总计可得到九十种。但事实上以翻译现实中存在的笔译实例进行分析，实词换译为实词的情况较多，实词换译为虚词的情况偶有，虚词换译为虚词的情况更少。

（一）实词⇌实词

实词表示客观现实存在的物体、特征、数量、过程、状态等。为研究方便，笔者将俄语和汉语中名词、形容词、数词、代词、动词和副词六小类归为实词。俄语绝大多数单词从原形或变格变位等形式就能看出其词类归属，汉语则主要靠其词义、其在句中执行的功能或词序及语序来判断。

1. 名词换译

俄语名词表示物体，称谓具体物体、活动、行为、状态、属性和数量等。汉语名词主要表示人或事物。俄汉名词概念基本一致。俄语名词分为动物名词和非动物名词，普通名词和专有名词，具体名词和抽象名词，物质名词和集合名词等。汉语名词通常分为三类：

广义事物名词、时地名词和方位名词。与汉语名词明显不同的是，俄语名词有性、数、格的语法范畴，有形态变化。汉语名词一般只有人和动物才区分为雄性（阳性）和雌性（阴性）。汉语名词语法中没有单数和复数概念对比，非要区分时，在名词前加"一+量词"表单数，在名词前面加"一些"或在名词后加"们"表复数。汉语名词更没有格的形态变化，词与词之间的语义关系通过词序、介词和助词来表达。名词换译指俄汉语互译时名词换译为其他词类。

（1）名词→形容词

俄语"名词+名词第二格"结构，二格名词通常放在所说明事物的后面，做非一致定语，翻译时一般位置前移，充当定语，如词组 человек ума 中词序在前的 человек 是被说明的对象，词序在后的 ума 是名词第二格，修饰前一名词。汉语中，这种说明功能由形容词来实现，且依照汉语语法规范，通常将说明语放在被说明语的前面，所以译为：聪明人/智者。同理，汉译俄亦如此。如果前面的名词是表示色彩的抽象名词，汉译时将其换译为相应的形容词，但位置不移动，如 темнота облака（黑云），这是常态。但若入句，受制于语境或修辞，也可译为"云的黑"，这是变体，另当别论。另外，名词第五格表示方式，形成具有比喻性质的引申意义词组，如 идет снег хлопьями（下着鹅毛般的大雪），也可换译为汉语形容词或形容词短语。

（2）名词→数词

俄语数词是个相当复杂的概念。首先进位制与汉语不同，俄语采用世界通用进位制，三位一点，即个、十、百、千、百万、十亿等，汉语则四位，个、十、百、千、万等。点位制考验译者在两种思维之间快速转换的能力，熟能生巧，此障碍完全可以跨越。另一考验是俄语数字表达还经常使用数词+名词结构表示数字，这需译者时刻注意，特别是音频文件。如普京在莫斯科储蓄银行研讨会上的发言说：Для сравнения я вам скажу, что происходит в других отраслях — экспорт вооружения в 2015 году составил четырнадцать с половиной миллиардов долларов（В. Путин）。当提到数字金额时，他说的是 четырнадцать с половиной миллиардов，其中 половина 在俄语中是名词，表示"一半"的意思，汉译前已经将语音转成文字再笔译，该名词与前面的数词组合，表示数字，理解后，必须转化即 14.5 个十亿 = 145 亿，也就是名词换译为数词。所以整个句子可翻译为：相比之下，在其他领域，2015 年武器装备出口额为 145 亿美元。①

除了 половина（一半）之外，有些俄语名词如 сотня（百）、дюжина（一打，十二个）、десяток（十个），类似于汉语量词，表定量数量意义，以及表示大量意义的 масса（大量）、тьма（极多）、уйма（很多）和表示少量意义的 капелька（一点点）的不定量意义名词，在名词所属二格结构中，汉译时一般也换译为数词，也可称作广义的形容词，如 масса сырого материала（众多原材料）。这类结构从语义角度来看，前面的名词较为抽象，通常表示人或事物的性质数量等特征，而名词第二格则表示具体的事物。名词所属二格的语形，蕴含着修辞语义特征。

（3）名词→代词

俄语的所属二格形式，前后两个名词汉译时，后一个所有者就需译成"……的"，如 компьютер инженера 汉译将两词互换位置，译成"工程师的电脑"。这类名词换译成代词的情况很多，不再赘述。

［90］Вдалеке мы увидели волка. Зверь стоял совершенно неподвижно, прислушиваясь к чему-то.

原译：我们看见远处有只狼［野兽］，一动不动地站在那儿倾听着什么。②

---

① 根据手机微信公众号"俄语之家"官微 Ruclub 整理，音频来源：Первый канал.

② 傅兴尚等主编：《俄罗斯计算语言学与机器翻译》，语文出版社 2009 年版，第 58 页。

试译：我们看见远处有只狼，它一动不动地站在那儿倾听着什么。

上述名词 зверь（野兽）之所以能减译（原译）或换译为代词"它"（试译），是因为在叙述话语的链式结构句组中，后续句的主位位置上使用类概念语词 зверь 回指起始句的种概念语词 волк。指称关系明确，原译减译和试译换译都不会产生歧义。

[91] 我们党自成立之日起，就始终代表广大青年、赢得广大青年、依靠广大青年。①

Со времени своего образования наша Партия всегда отстаивает интересы молодых людей, снискала их доверие и поддержку и опиралась на них.②

汉语中三个"广大青年"进入俄语，前一个用 молодые люди 代，后两个直接用物主代词 они 和限定代词 их 来换译，符合俄语成句的修辞规范。

(4) 名词→动词

部分俄语"前置词＋名词（动名词）"固定结构，在语法上作为前置词使用。其中的前置词在语义上经常是虚化的，可与名词（动名词）合译为汉语动词，以求译文简洁，也可认为承担主要语义的名词（动名词）换译为汉语动词。如：в память（纪念）、в зависимости（根据）、в сопровождении（陪同）、во главе（领导）、на основании（根据）、на смену（替代）、при помощи（借助）、с помощью（利用）和 с учётом（考虑）等。

[92] Он молился горячо, с земными поклонами и со слезами, и когда кончил, глубоко вздохнул и сказал: (Чехов, «Палата № 6»)③

---

① 习近平：《习近平谈治国理政》，外文出版社 2014 年版，第 54 页。

② 习近平：《习近平谈治国理政（俄文）》，俄文翻译组译，外文出版社 2014 年版，第 73 页。

③ 译文整理自《俄汉翻译语料库检索系统》之子模块"契诃夫短篇小说"（http://www.rucorpus.cn）。

汝龙汉译本：他热烈地祷告，磕头，流泪，等到祷告完毕，就深深叹一口气，说：

沈念驹汉译本：他热情地进行了祷告，深深地叩首，含着眼泪，祷告完了后深深地叹息一声，说道：

冯加汉译本：他热烈地祈祷，不住地磕头，流下眼泪。做完祈祷，他叹口气说：

试译：他虔诚地祈祷，不停地磕头，动情地流泪，祷告完，叹了口气说：

上述三个译本都是将"前置词＋名词"结构换译成"动词；副词＋动词；动词＋宾语"结构。从词类角度看，即名词换译成动词。试译则是根据语义跨语重构的译语规范，采用排比结构，更加符合现代汉语的句子叙事特点。

[93] 梦想从学习开始，事业从实践起步。①

Реализовывать свои мечты следует начать с учебы, а дело — с практики.②

汉语并列小句"梦想"语义上实则为"实现梦想"，同理，"事业"实际上指"做一番事业"，俄译时用 реализовывать 合译表示两个行为的动作性，即可认为将名词换译为动宾短语。

（5）名词→副词

俄语名词第五格形式，表示行为工具意义的，如 ехать поездом（乘火车去）、писать карандашом（用铅笔写字）等，汉译时换译为副词。表示行为方式及时空范围等疏状意义的，如 идти быстрыми шагами（大步流星地快走）和 заниматься целыми днями（整天整天地学习）等，汉译也换译为副词。再如，汉语说"孩子们该睡觉了"，俄译一般用 Детям пора спать，其中时间副词

---

① 习近平：《习近平谈治国理政》，外文出版社2014年版，第59页。
② 习近平：《习近平谈治国理政（俄文）》，俄文翻译组译，外文出版社2014年版，第82页。

"该"可对应俄语副词 должен，也可以对应俄语名词 пора，因为 пора 与 время 也可以表示时间意义，此时意思为"该……的时候了"。俄语类似用法的名词还有 жаль、охота 等。

2. 形容词换译

俄语形容词表示事物的特征，有性、数、格、长尾、短尾、比较级、最高级等语法范畴和形态变化。汉语形容词也表示事物性质或特征，但没有形态变化。二者都在句子中做定语或表语。俄语形容词有性质形容词、关系形容词、物主形容词之分，汉语没有物主形容词，对性质形容词和关系形容词一般也不做严格区分，而通过"名词+的"结构来表示。而这种结构本身与俄语名词二格所属结构相互呼应，直接证明了形容词和名词之间换译的可能性。

（1）形容词→名词

俄语某些形容词为中性，既可以用作形容词，表修饰意义，也可以单独使用，做名词，如 новое、хорошее、плохое 等，汉译时需换译为名词。

［94］Всё плохое, бывшее здесь, постепенно подзабылось, и память выдаёт только хорошее.（Лев Казанцев-Куртен，《Ностальгия》）

自此，故乡以往所有的不好我渐渐地都忘到了脑后，如今浮现于记忆里的就只有这里的好。①

汉语中某些学校作业、论文名称、房间名称等对应的俄译是形容词+名词词组。这类词组，因使用频繁，指称具体，口语化程度较强，大多只保留形容词，如休息日（выходной）、考试（котрольная）、博士论文（докторская）、急救车（скорая）等。互译可视为名词换译为形容词。

（2）形容词→数词

俄语形容词，主要是复数形式，汉译时为了凸显"数量"特征，

---

① ［俄］列夫·卡赞采夫·库尔滕：《思乡》，张克俊译，《译林》2015 年第 1 期。

才换译为数词。汉语涉及"位置"意义的形容词俄译时也可换译为数词，突出排名排位意义。

［95］Жизнь нам данана смелые дела！
我们活着是为了做一番事业！①
该例中形容词 смелые 汉译为"一量名"结构中的"一番"，为数词结构。同时前面的名词 Жизнь（生活）换译为动词"活着"。

［96］自公元938年以来，辽以北京为陪都。②
С 938 г. н. э. Пекин уже был второй столицей династии Ляо. ③
该例中"陪都"即语义上的"第二首都"，所以形容词性质的"陪"俄译为序数词 второй（第二）。

（3）形容词→代词

形容词换译成代词的情况不是很普遍。汉语关于形容词的构成比较宽泛，名词的结构助词"的"即可构成形容词。俄语中有关系形容词，俄汉互译时根据语义适时替代。

［97］周太太领他去看今晚睡的屋子，就是淑英生前的房。④
Теща показала ему его комнату — когда-то в ней жила Шуин. ⑤

汉语"今晚睡的"进入俄语，用物主代词 его（他的）来替代。"生前的"则用短语 когда-то в ней жила（此处曾经住过）来替代。同时名词"周太太"转换视角，换译为 теща（岳母），是语义实际所指的要求，意思更加明确。

---

① 王秉钦：《新编俄汉翻译教程》，海洋出版社1990年版，第40页。
② 国家汉语国际推广领导小组办公室、中华人民共和国国务院侨务办公室编：《中国地理常识（中俄对照）》，华语教学出版社2006年版，第108页。
③ 国家汉语国际推广领导小组办公室、中华人民共和国国务院侨务办公室编：《中国地理常识（中俄对照）》，华语教学出版社2006年版，第109页。
④ 钱锺书：《围城》，人民文学出版社2013年版，第28页。
⑤ Цянь Чжуншу. *Осажденная крепость: Роман; Рассказы* Пер. с кит. В. Сорокина. М. : Худож. лит. , 1989, стр. 55.

（4）形容词→动词

俄语形容词换译为汉译动词的情况多见于俄语形容词短尾，或形动词、副动词长短尾。如 Я уверенна в будущее 中形容词短语做谓语，汉译只能是：我相信未来。构成动宾结构。再如：Вы готовы? Так отвечайте. 可译成：您准备好了吗？那就回答吧！

［98］生存能力是在最难的情况下找到出路。

Способность выжить значит найти выход из самого трудного положения.①

汉语中"生存能力"是"生存的能力"，"生存"在此是形容词，但俄译中却有固定表达 способность выжить，其中动词 выжить 作为名词的修饰成分，如此可认为是汉语形容词换译为俄语动词。

（5）形容词→副词

俄语形容词换译为副词的情况也比较常见。特别是"形容词+名词"结构中，名词换译为动词，则相应的形容词换译为副词，以符合汉语语法搭配规范和词语搭配习惯。形容词短尾做谓语时，一般换译为动词，但如果整句发生语义流动，也可换译为副词。如下：

［99］Она положила ногу на ногу. Маленькая нога ее в легкой, дорогой туфельке очень нравилась ей самой. Но боль сердца была слишком сильна. （И. А. Бунин，《Последнее свидание》）②

原译：她的一条腿架在另一条腿上，那穿着昂贵的便鞋的小巧的脚是她自己非常欣赏的。不过此刻她内心的痛苦实在太大了。③

---

① Чжао Юньпин. *Сопоставительная грамматика русского и китайского языков*. М.：Издательская группа «Прогресс», 2003, стр. 62.
② 张建华主编：《布宁短篇小说选》，陈馥译，外语教学与研究出版社 2006 年版，第 82 页。
③ 张建华主编：《布宁短篇小说选》，陈馥译，外语教学与研究出版社 2006 年版，第 83 页。

试译：她一条腿搭在另一条腿上，她那穿着昂贵便鞋的小脚连她自己都非常喜欢。不过此刻她内心实在太痛苦了。

俄语 боль сердца 汉译时调整视角，将名词 боль 换译成形容词"痛苦"，再用形容词短尾结构 слишком сильна 修饰，合译为汉语程度副词"太"，是形容词换译为副词。此外，该例中俄语名词 нога 是单数形式，词形本身即表示数量，汉译时将形态义素凸显出来，增译数量结构"一条，另一条"，是名词换译成数量结构。试译将俄语第二小句重组，避免了"喋喋不休"的状态。

汉语形容词换译为俄语副词相对较少，主要见于某些固定表达，如手工活（работа вручную）等结构中。再如，北京烤鸭是北京名菜，可以译成：Утка по-пекински — фирменное блюдо。汉语"北京"本是名词，但做"烤鸭"的定语，变成了形容词，省略了"的"，且已经词化专指"按北京方法制作的"，俄译时已经固化。且翻译实践以此方式"по-副词结构"构成了一系列表达，如基辅肉饼（котлеты по-киевски）、南京板鸭（прессованная утка по-нанкински）等。

3. 数词换译

俄语数词表示计数数量和顺序，有性、数、格等语法范畴和形态变化。汉语数词也表示数量，一般与量词搭配使用，构成"数词+量词"结构，没有性、数、格之分，没有形态变化。与汉语相比，俄语最大的不同是只有数词之分，没有量词之说。汉语量词丰富，有单个量词，如用于人的"个、口、名、位"等，用于动物的更多，且一般因不同动物配不同量词，搭配相对固定，如"匹、头、口、只、条、尾"等，用于植物的"颗、枝、根、株"等，用于物体的更多，如"个、件、台、辆、艘、架、张、条"等；还有集体量词，如用于成对的"双、副"等。这些量词都是汉语特有的，俄语没有。汉语的"一量名"结构，俄译时一般采用"数词（有时可省略）+名词变格形式"来表达。非要突出量词意义时，转用"数词（有时可省略）+名词+名词变格形式"来表达，如"一串钥匙"俄译为 связка ключей。俄语数词有简单数词、集合数词、合成数词三分，又有定量数词和不定量数词之别。定量数词又可分为数量数词、顺序数词、分数数词等。汉语数词相对简单。单位制上，俄语采用千位制，即三位一数，用逗号隔开。汉语则是万位制，四位一点，用点号（小数点）隔开。俄罗斯与中国照片尺寸在计量单位上存在着一定区别：2.5厘米×3.5厘米可直接译为"一寸"，3.5厘米×5.3厘米为"两寸"。国际计量单位单位俄语一般用名词来表达。

（1）数词→名词

一些计量单位，如 килограмм（公斤）、метр（米）、литр（升）、тонна（吨）等，以及组织单位，如军队单位用语，有 отделение（班）、взвод（排）、рота（连）、батальон（营）、подразделение（大队）、полк（团）、бригада（旅）、дивизия（师）、корпус（军）、группировка（集团军）、фронт（方面军）等，为俄语和汉语共有，俄语视为名词，汉语视为量词。俄语集合数词 двое（两个）、трое（三个）、четверо（四个）、пятеро（五个）、шестеро（六个）、семеро（七个）、восьмеро（八个）、девятеро（九个）、десятеро（十个）在句中单独做主语时，一般指人，汉译时换译为名词。如俄语谚语：Семеро одного не ждут. 可译为：七个人不等一个人。也可意译为：少数服从多数。

（2）数词→形容词

汉语"一个"是数量词，俄语有基数词 один，又有序数词 первый（第一）。序数词有形态变化，其用法接近形容词。

［100］财税体制改革需要一个过程，逐步到位。①

Реформы финансово-налоговой системы представляют собой

---

① 习近平：《习近平谈治国理政》，外文出版社2014年版，第81页。

долгий и постепенный процесс.①

汉语数量结构"一个"修饰名词"过程",此时"一个"的语义义素已经偏移,强调的不再是数量意义,而是通过数量意义引申出来的过程意义。俄译理解了这层含义,换译为形容词 долгий(长期的),向后修饰 процесс(过程)。同时,汉语"到位"受"逐步"制约,判定为副词+动词,俄译换译为形容词+名词结构:постепенный(逐步的)+ процесс(过程),造成俄语两个形容词共同修饰名词,从而在语义上构成语义整体。

(3) 数词→代词

俄语序数词 первый(前者)、второй(后者)可以用作代词的回指词。俄汉互译时某些序数词可以用代词来替代。

［101］Один ученик решил подшутить над другим. Покрасил стул. Второй заходит и прямо с порога говорит:

— Колян, я...

Первый ему:

— Да ты сядь сначала, — и на стул показывает.

А этот опять:

— Колян, я хотел тебе сказать...

...

— Колян, я просто хотел сказать, что твои джинсы надел.

一个学生想要捉弄另一个学生,他在椅子上涂了漆。

第二个学生走进来,刚迈过门坎就说:

"科良,我……"

第一个学生指着椅子对他说:"先坐下吧!"

第二个学生又说:

"科良,我想跟你说……"

---

① 习近平:《习近平谈治国理政(俄文)》,俄文翻译组译,外文出版社 2014 年版,第 113 页。

……

"科良，我只不过想说，我穿着你的牛仔裤。"①

例中序数词 первый 和 второй 与指示代词 этот 都用来指上文出现的人，指代关系复杂，其中 второй 和 этот 都指代上文的 другой，即"另一个学生"或"第二个学生"。厘清这些关系才能理解对话内容，分清文中的人物，从而选择合适的译词，将 второй 和 этот 同译为"第二个学生"。

（4）数词→动词

翻译实践中还未发现数词换译为动词的情况。

（5）数词→副词

俄语不定量数词 много、немного、мало、сколько、несколько、столько、столько-нибудь 等，按范畴意义和形式特点，既能做数词，也能做副词，所以可以换译为汉语副词。

[102] Задание несколько отличается от предыдущего.

任务与以前的稍有不同。②

4. 代词换译

代词，俄语 местоимение，话语中指称事物、特征、性质或数量并起指示作用。俄语代词根据功能和意义可分为人称代词（я, ты, он на о но, мы, вы, они）、反身代词（себя）、物主代词（мой, твой, наш, ваш, его, её, их）、指示代词（этот, тот, такой, таков, столько, этакий, сей, оный）、疑问代词（кто, что, какой, каков, который, сколько）、限定代词（весь, всякий, каждый, сам, самый, любой, иной, другой, всяческий）、否定代词（никто, ничто, никакой, ничей, некого, нечего）和不定代词（некто, нечто, некоторый, некий, несколько; кое-, -то, -либо,

---

① 陈国亭、梁冬雪主编：《最有趣的俄语故事·进阶篇》，北京语言大学出版社 2011 年版，第 42 页。

② 赵蕴频. *Сопоставительная грамматика русского и китайского языков*. М.: Издательская группа «Прогресс», 2003, стр. 71.

-нубудь）。俄语代词是非能产型词群，新词不再出现。汉语代词与俄语基本类似，有人称代词（我、你、他/她/它、我们、你们、他们、咱们）、物主代词（我的、你的、他/她/它的、我们的、你们的、他们的、咱们的）、指示代词（这个、那个、这些、那些）、疑问代词（谁、什么、怎么样、谁的、哪个、第几等）、确定代词（全体、所有的、整个、每个、别的、另外的、其他的等）。没有反身代词（用词汇"自己"代替）。没有否定代词（有相应表达方式，如"任何人……也不"等）。没有不定代词（在疑问代词前加"某"，如某人、某事等）。俄语与汉语代词最明显的差别是汉语将"有指代意义的副词也归入代词范围内"[1]，如这里、那里、这时、那时、怎样、什么时候等。指示功能和替代功能是代词的两大主要功能。俄汉语篇幅长、语法复杂的句群中，互译时为使译文句子模式正确，语义传达顺畅，同时避免重复表达，经常采用代词来替代实指内容。俄语代词使用率高于汉语代词，因此翻译时经常要使用换译法。

（1）代词内部换译

翻译实践中译者要留心母语干扰问题。一般情况下出现代词，在句中能够找到实际所指，翻译并不困难。俄语中疑问代词和指示代词构成的复句，汉译时可采取减译、合译或换译法。

［103］ Кто не может взять лаской, тот не может взять и строгостью.

谁不能动之以情，他也不能取之以厉。

试译：不能动之以情者不能取之以厉。

汉语单句换译为俄语从句时，特别是动词性说明从句，要特别留心主句和从句中的代词指向问题。"自己"作为反身代词的代表，可以引起或消除歧义，互译时要注意。反身代词一般没有主格形式。

---

[1] Чжао Юньпин. *Сопоставительная грамматика русского и китайского языков*. М.：Издательская группа «Прогресс», 2003, стр. 74.

如姑娘耐心地等着叫到自己，应译成：Девушка терпеливо ждала, когда вы зовут её. 其中所指对象涉及"姑娘、自己、她"三个，该句俄译中代词只能是 её，绝非 себя。因为"在所指对象可能是复杂句子中两个不同的人的场合，使用反身代词有时并不能保证消除歧义"①。

（2）代词→名词

代词换译成名词，是翻译中最常见的现象，这与代词的指代功能密不可分。俄语物主代词 мой、моя、мои 等可用作名词，表示"我的丈夫、我的妻子、我的父母"等。指示代词 тот（та、то、те）指代后面做补语的人时，一般换译为实际所指的人，以避免指代歧义。如 Профессор положил перо и поглядел на помощника. Тот покраснел（教授放下笔，望着助手。助手脸红了）。这类表达如果固守指示代词的词义，译成"那个人"就会造成理解障碍。另外，俄语笑话译成汉语后，笑点保留才算是语用价值到位。

[104] Первый год брака. Он говорит, она слушает.

Второй год. Она говорит, он слушает.

Третий год. Оба говорит, соседи слушают.

结婚第一年。丈夫说，妻子听。

结婚第二年。妻子说，丈夫听。

结婚第三年。夫妻俩（俩人）一起说，邻居听。②

俄语笑话中前两句代词也换译成了名词，第三句数词换译成了名词。俄语代词 он 和 она 完全可以对译为两个同音字"他"和"她"，但赵红说："两个代词一致的读音势必造成听觉的混乱，影响意思的表达，更谈不上追求译文的笑话效果了。"③ 因此她放弃了追求俄语语音优势，转而揭示了代词实指，回指出具体人物，幽默效果得以保留。另外 оба 表示"已经提及的两个都……"，具有"整

---

① [丹] 叶斯柏森：《语法哲学》，何勇等译，商务印书馆 2009 年版，第 335 页。
② 赵红：《俄语语篇中话题指称的回指与翻译》，《外语教学》2010 年第 4 期。
③ 赵红：《俄语语篇中话题指称的回指与翻译》，《外语教学》2010 年第 4 期。

体"意义因素，被认为是集合数词，同时具有指代功能，依据上下文可以明确其客观所指。当然，该例若置于文学文本中，不要求语音效果，而只求文字笑点，"他"和"她"的搭配能够营造朦胧美感，是典型的选择性换译。

［105］他丈人丈母见他，欢喜得了不得。①

Чжоу и его жена обрадовались приезду зятя.②

汉语"他丈人丈母"视角落聚焦于"他"，俄译时可以调整视角，译出实指 Чжоу и его жена（周先生及其妻子），同时把"他"也用身份实指 зять（女婿）来替代。

（3）代词→形容词

俄汉互译中代词可用形容词来替代。如下例中 на своем веку 本意为"在自己的时代"，但汉译时却极有可能产生误解，下例跳出字面含义，从语义整体出发，将反身物主代词 свой 换译为形容词"漫长的"。

［106］Луна взошла. Ее диск был велик, кровато-красен, она казалась вышедшей из недр этой степи, которая на своем веку так много поглотила человеческого мяса и выпила крови, отчего, наверное, и стала такой жирной и щедрой. （А. М. Горький, «Старуха изергиль»）③

月亮升起来了。这轮明月硕大无比，血红血红的，仿佛是从草原的母体中诞生的。在漫长的岁月里，草原曾吞噬了那么多人的血肉，也许正因为如此它如今才这样肥沃、慷慨。④

---

① 钱锺书：《围城》，人民文学出版社 2013 年版，第 27 页。
② Цянь Чжуншу. *Осажденная крепость*: Роман; Рассказы Пер. с кит. В. Сорокина. М.: Худож. лит., 1989, стр. 54.
③ 张建华主编：《高尔基短篇小说选》，李辉凡等译，外语教学与研究出版社 2006 年版，第 42—44 页。
④ 张建华主编：《高尔基短篇小说选》，李辉凡等译，外语教学与研究出版社 2006 年版，第 43—45 页。

再如，Газообразные тела, так же как и жидкие, не имеют своей формы, 既可以翻译成：气体像液体一样，没有自己的形状；也可以把代词"自己的"按实际所指来处理，翻译成：气体像液体一样，没有固定的形状。当然，前一种译法有点拟人化，经常会使读者一愣，后一种译法换译为"固定的"，则显得专业化，使人信服。看似简单的一个换译，实则有一个内在的逻辑联系，即用固体的特征来类比气体和液体的特征。

（4）代词→数词

不定代词некоторый、некий具备形态变化，与名词连用，其语义义素发生偏移，按照名词搭配特点，选择词汇。如Некоторое время все молчали中不定代词некоторое本修饰время，指"一小段时间"，与后文一起因整句句义限制，换译成了数词结构：大家沉默了一会儿。

（5）代词→动词

翻译实践中尚未发现。

（6）代词→副词

疑问代词在句中可以不表示疑问，详见语气换译部分。下例在小句统领下，汉语疑问代词"谁"语形上换译为俄译副词очень。此时全句语气震慑下，очень也可用作语气词，语气上属于反话正说。而指代表达"那家伙"则换译为тот тип（那一类型）。

［107］出了餐室，方鸿渐抱着歉把发钗还给鲍小姐，鲍小姐生气地掷在地下，说："谁还要这东西！经过了那家伙的脏手！"①

Они вышли из столовой, и Фан с извиняющимся видом протянул Бао ее шпильки, но та сердито швырнула их на пол:

— Очень они мне нужны после того, как тот тип держал их в

---

① 钱锺书：《围城》，人民文学出版 2013 年版，第 17 页。

своих грязных лапах!①

5. 动词换译

动词是最复杂的词类之一。俄语动词表示作为过程的行为，有时、体、态、式、人称等语法范畴和庞大的词形变化系统，在句中主要做谓语。动词不定式与变位形式句法功能多样，形动词在句中做定语和谓语，副动词做状语。俄语界很多学者都对动词有深入细致的研究，如张会森②从形态入手，着重论述了动词不定式、变位、体（单体、兼体）、时（过去、现在、将来）、式（陈述式、命令式、假定式）、人称（人称、无人称）、态（主动态、被动态）以及反身动词、运动动词、形动词、副动词等。张家骅从语义配价、体貌语义等角度将动词论述得更为深入，如俄汉动词"无界限动词包括状态动词和活动动词"，"界限动词区分为持续结果动词和单纯结果动词"③。汉语动词表示行动变化、动作、心理活动、存在等，可细分为行为他动词、行为自动词、心理活动动词、行止动词、使令动词、有无动词、比拟动词、判断动词、能愿动词和趋向动词等。有时、体、态、式意义概念，却没有词形变化，主要通过在动词前后加助词，如在动词后加"过、了"表示过去时，加"着"表示现在时意义等。另外，汉语动词和动名词在字面上没有区别，只有在句子中才能显现，这证明了动词和名词换译的可能性。

（1）动词→名词

俄语报刊口语中多见"谁有"结构，通常是 есть 后加上名词的第一格形式，如 У вас есть закурить？（您有烟吗？）正常表达方法应为 У вас есть папироса？说话人用动词的原形形式代替了名词，表达了一种想抽烟的强烈愿望。俄语中某些动词在科学语体、政论语体等书面语中比较常见，如 обозначать（意思是……、是……意思）、

---

① Цянь Чжуншу. *Осажденная крепость*: Роман; Рассказы Пер. с кит. В. Сорокина. М.：Худож. лит.，1989，стр. 43.
② 张会森：《最新俄语语法》，商务印书馆 2000 年版，第 247—368 页。
③ 张家骅：《俄汉动词语义类别对比要》，《外语学刊》2000 年第 2 期。

объясняться（原因是……）、основывать（以……为基础）、ориентироваться（确定方向、以……为目标）、предназначаться（用途是……、可供……之用）、символизироваться（是……的象征）、функционировать（起作用、工作）、характеризоваться（特征是、特点是、具有……的特点）等，表示"特点、原因、差别"等概念，表达的意义不是典型的"运动、行为"类，而是倾向于表示性质或状态的名词，汉译后译为动词不符合汉语表达习惯，需换译为名词。如 Старание обусловило успех 汉译为：勤奋是成功之本。其中动词换译为名词。相应地，"哎呀，我可是全指望您了"，可译为 Ой, я возлагаю все надежды на вас，是动词换译为名词，更确切地说是动名词。

（2）动词→形容词

俄语描写自然景物的色彩时，常用动词来表达，如 голубеть（呈浅蓝色）、чернеть（变黑）、краснеть（变红）、желтеть（变黄）、побелеть（发白）、синеть（变蓝）、зеленеть（变绿）、светить（发亮）等，汉译时可换译为形容词。如 Вдали голубело море 可译为：远处是一片蔚蓝的大海。在名词第二格＋动词命令式结构中，动词命令式用来彰显夸张意义，表示名词第二格的形式背后的性质或特征的最高限度。如 Фруктов — завались 中，动词命令式就可以用形容词结构（水果多得是！）来替代。

（3）动词→数词

翻译实践中尚未发现。

（4）动词→代词

动词换译为代词的情况比较少见，基本上以动词词组为出发点。如下例动词词组 потеряли обоняние（失去嗅觉）还用省略号加以补充，其实暗指上文屋内的空气灼热状态。汉译时将其显化，用指示代词词组"这回事"替代，语义传达流畅。

［108］Как всегда, господа пришли только на минутку, — уж очень тяжелый и теплый был у шорников воздух, — но потом, как всегда, забылись, потеряли обоняние... И вот тут-то, неожиданно для всех, и рассказал Сверчок свою историю. （И. А. Бунин, «Сверчок»）①

跟平日一样，老爷太太到这儿来只打算待一会儿，因为两个马具匠把屋里的空气弄得太浊太热了。然而也跟平日一样，他们进来了以后就忘了这回事……正是在这种情况下，蛐蛐儿出人意料地讲了他的这段故事。②

（5）动词→副词

俄语中一些带前缀的动词，前缀赋予动词更多的语义附加成分，且这些成分性质不同，有些以补语形式体现，如 наесться（吃饱）、заиграться（玩入迷）、запеть（唱起来）、наплакаться（哭够了），还有的以状语形式体现，如 переругиваться（经常对骂）、переглотать（各个吞掉）、пооткрывать（逐个打开）等。汉译这类动词时，其副词成分必须译出。另外，两个动词以并列关系同时出现，主次分明时，或句中有副动词表状态时，可汉译成副词。如 Нина говорила, волнуясь 可译为：尼娜激动地说。汉译俄同理。

［109］老太太痛苦地哭着讲述发生的事。

Старушка, горько плача, рассказывала о случившемся.③

汉语"哭着"是动词，俄译换译成俄语副动词 плача。

6. 副词换译

俄语副词在句中说明动词、形容词后其他副词（包括谓语副词），表示动作、状态的特征或特征的特征。汉语副词修饰动词或形容词，表示程度、范围、时间等意义。可分为程度副词、范围副词、

---

① 张建华主编：《布宁短篇小说选》，陈馥译，外语教学与研究出版社 2006 年版，第 52 页。
② 张建华主编：《布宁短篇小说选》，陈馥译，外语教学与研究出版社 2006 年版，第 52 页。
③ Чжао Юньпин. *Сопоставительная грамматика русского и китайского языков.* М.：Издательская группа «Прогресс», 2003, стр. 119.

时间副词、频率副词、否定副词、语气副词、关联副词等。俄汉语副词定义大致相同。俄语副词较之汉语一个最明显的特点就是谓语副词（状态词）。俄语语法学认为，实词可以划分为静词和动词。静词（имена）具有变格体系，动词（глагол）与静词相对，具有变位体系，主要是指俄语动词。十大词类中的副词很特殊，"副词和与之对应的代副词既不变格也不变位，不进入静词与动词的对立体系"①。本书将副词归入实词范畴。

（1）副词→名词

俄语有些表示学习成绩的副词（отлично 优秀、хорошо 良好、удовлетворительно 及格、плохо 不及格）引申用作名词，汉译时自然译成名词。俄语表示空间处所的副词，如 далеко（在远处）、впереди（在前面）、назад（在后边）、слева（在左边）、наверху（在上面）、внизу（在下面）等，汉译时可以根据语境译成名词。如 Книга лежит внизу на полке（书放在书架底格）。俄语科学语体中常见中一些以名词作为词根而派生而来的副词，具有"在……方面""在……上"等意义，如：психически（精神方面）、численно（在人数上）。这类副词汉译时经常换译为名词。如 Значительно вырос численно рабочий класс 可译为：工人阶级的人数已经大大增加了。

汉语用人称形式表达状态的句子含有谓语副词，俄译可用无人称句来传递谓语副词的语义。对抽象名词要用动词不定式的形式搭配来替代。如需要（нужность）、必须（необходимость）、懒得（лень）等。如张家骅等把"他懒得走路"译为：Ему лень ходить②。

（2）副词→形容词

高频俄语副词首推 очень（很、非常），在口语中具有很强的搭配能力。搭配名词时，强调名词的某一特征，起形容词的作用，自

---

① 张家骅等编：《现代俄语概论》，黑龙江教育出版社1995年版，第107页。
② 张家骅等编：《现代俄语概论》，黑龙江教育出版社1995年版，第107页。

然译为形容词，如 Она очень женщина 字面直译为"她很女人"，也可译为"她是个典型的女子"。两译各有优势，关于 очень[①] 笔者曾单独作文论述过，不再赘述。另外，очень 可与 даже 组合使用，如 А виноград очень даже（而葡萄甜极了）。语形上为副词＋形容词结构，当形容词换译为名词时，副词即换译为形容词，以符合语义的正确传达。

［110］ Речь его беспорядочна, лихорадочна, как бред, порывиста и не всегда понятна, но зато в ней слышится, и в словах, и в голосе, что-то чрезвычайно хорошее.（Чехов,《Палата № 6》)[②]

汝龙汉译本：他的话讲得杂乱，急促，像是梦呓，断断续续，常常使人听不懂，不过另一方面，从这一切，从他的话语和声调里却可以听出一种非常优美的东西。

沈念驹汉译本：他说的话语无伦次、言辞激烈，似乎在说梦话，断断续续，不是时时都能让人听懂，但是从他的话里，从他的言辞和声音里可以听出某种异常美好的东西。

冯加汉译本：他的话没有条理，时快时慢，像是梦呓，有时急促得让人听不明白，然而在他的言谈中，在他的声调中，有一种异常美好的东西。

原语 чрезвычайно хорошее 中 хорошее 是形容词化的名词，相应地，其修饰副词 чрезвычайно 应换译成形容词。

现代汉语中同样一个词，在其后加"的"即构成形容词，加"地"即构成副词。这种附加后缀的方式并不更改语义。俄语副词 сегодня、завтра 语义搭配上可以用作形容词，而自身词义并不变化，如《Сегодня Россия》（今日俄罗斯），再如手机微信公众号"俄语之

---

① 倪璐璐等：《俄语"程度副词＋情绪类心理动词"汉译语义学阐释》，《中国俄语教学》2016 年第 4 期。

② 译文整理自《俄汉翻译语料库检索系统》之子模块"契诃夫短篇小说"（http://www.rucorpus.cn）。

家"（Ruclub）2016 年 9 月 27 日有一则报道为，Но сегодня Ханчжоу известен не только своими достопримечательностями и пейзажами，译成：但是今天的杭州闻名遐迩的不仅仅是它的名胜与自然风光。其中副词 сегодня 换译成形容词"今天的"。

（3）副词→数词

俄语中有一个特殊的副词 наполовину（不完全、一半），其语义进入汉语就偏向于数词，可视为副词换译为数词。

[111] Аллея вырублена уже наполовину.

林荫路上的树已经被砍了一半。①

语气词 уже 表示数量、程度、距离等有极差序列的词，隐含表达数量超过了说话人的预期。俄语副词 наполовину 汉译后成为表示数量意义的数词。

（4）副词→代词

翻译实践中尚未发现。

（5）副词→动词

俄语中谓语副词（предикативное наречие）表示必要、可能、应该等情态意义，如 нужно（需要）、надо（应该）、можно（可以）、возможно（可能）、необходимо（必须）、должно（应当）等。汉语中和上述谓语副词具有相似语义的词汇，被视为能愿动词。表示人的生理或心理状态的词，如 весело（高兴）、скучно（无聊）、стыдно（羞愧）、больно（疼痛）、обидно（委屈）、тяжело（痛苦）、страшно（可怕）、досадно（沮丧）等，对应汉译为心理行为动词。如 Мне тяжело 可译为：我痛苦。

（二）虚词⇌虚词

虚词，通常不做句子成分，用来传达实词和句法单位不足以表达的意义，还表示事物事件之间的各种关系，以及主体评价特征。虚词在语言使用中明显地超过最常见的实词。俄语靠词尾变化执行

---

① 王永：《俄语语气词隐含语义研究》，黑龙江人民出版社 2008 年版，第 57 页。

形态学功能，并表示实词之间以及和现实之间的对应关系，汉语主要用虚词和词序来表示。虚词语义不虚，成为翻译难点。汉语虚词作用大于俄语。但为对比方便，本书将虚词的类型界定在连接词/连词、前置词/介词、语气词/助词和感叹词/叹词4类。

1. 连接词换译

连词，相关术语为连接词、关联词、联系用语。汉语连词用来连接词、短语或句子，表达逻辑关系。俄语连接词表示句与句或词与词之间的句法联系与意义关系，以句法功能为分类标准，分为并列连接词和主动连接词。俄语并列连接词分三类：联合连接词（и, да ни…ни…, тоже, также, не только, но и, как…так и 等）、对别连接词（а, но, однако, зато 等）以及区分连接词（или, или…или…, то…то…, не то…не то…, то ли…то ли…等）。主从连接词按意义分为八种类型，分为说明连接词（что, чтобы, как, как будто, будто 等）、时间连接词（когда, пока, в то время как, по мере того как, как только, до того как, перед тем как, прежде чем, после того как, с тех пор как 等）、原因连接词（потому что, так как, поскольку, оттого что, благодаря тому что, из-за того что, по той причине что 等）、结果连接词（так что）、条件连接词（если, если бы 等）、让步连接词（хотя, хотя бы, несмотря на то что, пусть, пускай 等）、目的连接词（чтобы, для того чтобы, с тем чтобы, с той целью чтобы 等）和比较连接词（как, как будто, будто, как бы, будто бы, словно, точно 等）。汉语连词有"和、而、而且、以及、不仅、或者、但、然而、时而……时而……，虽然……但是……，如果……那么……，不仅……而且……，即便……也还……"等。俄语连接词在复合句中又可叫作关联词、联结词，汉语连词在复合句中做关联词语。连接词在翻译中只需根据句义如实反映其所表达的关系即可，基本不涉及换译问题。

2. 前置词换译

前置词，相关术语有介词、后置词、小品词等。俄语前置词形式上与汉语介词类似。汉语介词形式上表示名词等对动词、名词、形容词等在词组或句子中的从属关系，意义上表示事物与事物，事物与动作、状态、特征的关系。汉语介词"用在名词、代词或名词性词组的前面，合起来表示方向、对象等的词"①，经常置于名词、代词或词组前构成"介词结构"。俄语前置词表示名词与其他类实词之间的关系。俄语前置词短语可以独立做谓语，汉语介词短语则不能做谓语，二者都可以表达时间、空间、原因、客体、行为方式、目的等意义关系。前置词本身所表示的关系很抽象，其意义需在动态的组配过程中产生。"与之组配名词的语义特征、所处的空间状态对前置词的语义关系的确定具有选择限制作用。"② 因此，前置词的换译现象必然与名词相关，名词体现的情景不同，就构成了前置词不同的语义关系模式。译者应根据具体语境选择适合话语现实情景、符合译语正常逻辑思维的语义，以传达真实语义关系模式。

　　前置词/介词→连接词。有些汉语介词只表示宾语提前，如"将、把"，有些则做被动式的标志，如"被、给、让、叫"，俄译时要注意语序，且可以用连词来替代。

　　［112］广大留学人员要把爱国之情、强国之志、报国之行统一起来，把自己的梦想融入人民实现中国梦的壮阔奋斗之中，把自己的名字写在中华民族伟大复兴的光辉史册之上。③

　　Все эти студенты должны объединить воедино патриотический энтузиазм и доброе стремление сделать могучим свое государство с желанием практическими действиями служить Родине, должны интегрировать свою личную мечту с общей мечтой китайской нации, за достижение которой наш народ ведет столь грандиозную борьбу, тем самым стараться оставить свое имя на славных

---

① 中国社会科学院语言研究所词典编辑室编：《现代汉语词典（第6版）》，商务印书馆2012年版，第667页。
② 薛恩奎：《词汇语义量化研究》，黑龙江人民出版社2006年版，第51页。
③ 习近平：《习近平谈治国理政》，外文出版社2014年版，第58页。

исторических страницах великого возрождения китайской нации.①

3. 语气词换译

语气词是赋予个别词或整个句子不同的语气或各种细微的附加意义，在词汇、构词、形态学、词组、句子和篇章范围内起作用。俄语语气词分为情态语气词和非情态语气词。根据意义和功能分类则可细分为疑问语气词（ли，неужели，разве 等）、肯定语气词（да，ещё бы，ладно，хорошо，как же，что же，ну что ж 等）、否定语气词（не，ни，нет 等）、指示语气词（вот，вон，это 等）、确切语气词（именно，как раз，ровно，точно，почти，чуть не 等）、限制语气词（только，лишь，хоть 等）、加强语气词（даже，и，ведь，же，-то，прямо，просто 等）、感叹语气词（что за，ну и 等）、比拟语气词（будто，как будто，как бы，словно，точно 等）、祈使语气词（пусть，дай〔те〕，давай〔те〕，пускай，пожалуйста，-ка，бы 等）。

汉语语气词是能放在词句后面表示各种不同语气的词，如"的、着、了、过、们、吗、呢"等，也叫语气助词，有前置类、间置类、后置类。但汉语助词范围大于俄语语气词，可细分为结构助词、动态助词、复数助词和语气助词四类。其中语气助词又叫语气词，据李全安统计"前置类如：啊、哦、噫，嚄、咳、唉、嗨、唔、呹、喂、嘿、哼、嘻、哇，表示惊讶、叹息、悔恨、激愤、惋惜、犹豫、指示等。间置类如各种虚词以及太、十分、相当、一点也……、几乎、庶几、未必、可能、大概等，表程度、事物的模棱。后置类如呀、啊、嘛、吗、呢、哩、么、喽、吧、哨、矣、焉、哉、也、乎、喽、啦、了等，表心情或情绪"②。赵云平（Чжао Юньпин）对比了俄汉语气词得出结论"疑问语气词吗 ли，而 а，难道 разве 属于不

---

① 习近平：《习近平谈治国理政（俄文）》，俄文翻译组译，外文出版社 2014 年版，第 80 页。

② 李全安：《文学翻译 275 问》，河南人民出版社 1990 年版，第 153—154 页。

同词类"①。"吗"是语气词,"而"是连接词,"难道"是副词;非疑问语气词 да、пусть、точно、нет 中,"да、пусть"对应汉语译文"是、让",可归为动词范畴,"точно、нет"对应汉语译文"对,不",可归为副词范畴;肯定和否定语气词"啊哈 ага、奥 ого"是感叹词;至于表示假设和祈使的"假若、来、让、愿"中,"假若"在汉语中是连接词,其余是动词。俄语表示行为开始尔后又停止用语气词 было,汉语用"本来"。表示传达别人的原话时,用"说"是动词。可见俄汉语对具体语气词的词类归属划分不完全相同,这也就为语气词换译提供了可能。实践中发现语气词可以换译为连词。

[113] Река была в белых клочьях, только у края темнела вода, глыбилась черная баржа, и ещё что-то чернело на берегу, может быть, лодки. (Ю. Трифонов)

河面上波光粼粼,只有河沿的水发暗,有一艘驳船停着,岸上还有一团黑影,可能是几艘小船。②

语气词 ещё 表"增加"意义,此外还经常与 а、и、да 连用参与发挥语篇连接功能,变身连词,"本质在于把语篇不同部分连接在一起,即把 ещё 所标记的部分同前文连在一起,构成一定的关系"③。

4. 感叹词换译

感叹词,相关术语有叹词拟音词、拟声词、象声词等。感叹词表示高兴赞叹(Ах! О, ой, Браво!)、惋惜(Ах! Эх! увы)、厌恶不满(Фу! Ох, Тьфу)、惊恐(Ах! Ох! А! Ой!)、欢呼(ура! О)、催促号召(ну)、疼痛痛苦(ой, ох)、打招呼(эй, алло, гей)、命令(на)、祈使、禁止(тсс!)等意义。汉语感叹词有

---

① Чжао Юньпин, *Сопоставительная грамматика русского и китайского языков*. М.: Издательская группа «Прогресс», 2003, стр. 134.
② 王永:《俄语语气词隐含义研究》,黑龙江人民出版社 2008 年版,第 54 页。
③ 王永:《俄语语气词隐含义研究》,黑龙江人民出版社 2008 年版,第 54 页。

"啊，噢，哦，哎，哈，喂，嗬，呵呵，哟，天啊！见鬼！妈呀！爹呀！我的天！算了吧！太棒了！"俄语感叹词是表示说话人各种感情和意愿的不变化词类，包括直接反应声响的拟声词。俄语感叹词既不属于实词，也不属于虚词，在句中与其他词没有联系，也不是句子成分，但为行文方便，将感叹词放入虚词类论述。汉语拟音词不完全对应于俄语感叹词，汉语拟音词指模拟感叹声、呼应声和某种声响的词，包括叹词和象声词。象声词专指动物发出的叫声或声响。为行文方便，统称"叹词"。

感叹词→语气词。皮尔斯（C. S. Peirce）把符号（sign）分成临摹（icon）符号，即与对象相像的符号；标志（index）符号，是跟对象有某种事实或因果联系的符号；象征（symbol）符号，即靠约定的规则而跟对象发生联系的符号。"象声词是临摹词语。其他词语跟对象都没有事实的或因果的联系，它们都不是标志，而是符码，因为它们都因约定而起符号的作用。"[①] 俄语和汉语中模拟自然界的声音用词从拟音角度，大体类似。但仍有不少拟音词有差异，汉译不能按音译，而应根据具体国别情况或修辞手法而换译。如俄罗斯民间童话《小尾巴》中有个句子 Зайчик сидит и слышит：«тууп-тууп-тууп！»（из русской народной сказки «Хвосты»）[②] 可译为："小兔子蹲着听雨声：'簌，簌，簌！'"也可以按照汉语的习惯译成："小兔子蹲着听雨声：'哗、哗、哗！'（或者'滴答、滴答、滴答！'）"等。

（三）实词⇌虚词

汉语频繁使用虚词，"的、和、了"几乎遍布语篇。虚词不虚，早有论述。本书的实词和虚词互译理论上包括 6 类实词和 4 类虚词之

---

① 谢信一：《汉语中的时间和意向》，载束定芳主编《语言的认知研究——认知语言学论文精选》，上海外语教育出版社 2004 年版，第 247 页。

② 俄语原文源自网络，网址：http: //xn——7sbagbc0btmolfb9ahq4ovb. xn - - p1ai/publ/khrestomatija_dlja_detej_starshego_doshkolnogo_vozrasta/khvosty_russkaja_narod-naja_skazka/4 - 1 - 0 - 109.

间的互换。但实践中由于虚词语义与句子关系密切，难以断然分开，因此本书采用模糊分类法，分为实词换译为虚词和虚词换译为实词两大类。

1. 实词→虚词

实词换译为虚词，理论上包括名词、形容词、数词、代词、动词和副词换译为连接词、前置词、语气词和感叹词共计 24 种，但翻译实践中却不尽然。目前统计如下：第一，名词。名词→连接词、名词→前置词、名词→语气词，名词→感叹词尚未发现故不做论述。第二，形容词。形容词→前置词、形容词→语气词、形容词→连接词尚未发现故不做论述。偶见形容词→感叹词。第三，数词。数词→连接词、数词→前置词、数词→语气词、数词→感叹词尚未发现故不做论述。第四，代词。代词→连接词、代词→前置词、代词→语气词、代词→感叹词尚未发现。第五，动词。动词→连接词未见，而动词→前置词、动词→语气词和动词→感叹词都有。第六，副词，副词→前置词未见。副词→连接词、副词→语气词和副词→感叹词偶见。

（1）形容词→感叹词

形容词表示特征，感叹词表示评价，当特征与评价融为一体时，偶尔发生形容词换译为感叹词的情况。如：多好的蜂蜜呀！俄译为：Ай да мёд！当然也可以译成 Какой хороший мёд！

（2）代词→介词（后置介词）

实践中发现一例俄语的不定代词换译为汉语的后置介词的情况，是手机微信公众号"俄语之家"（Reclub）2016 年 11 月 18 日发布的 Выбираем лучшее время: воскресенье, где-нибудь после обеда. 4200 рублей, 汉译为："我们选择最好的参观时间：在周日午饭时间过后。票价为 4200 卢布。"

（3）动词→前置词

[114] 晚饭摆出来了，四叔俨然的陪着。（鲁迅，《祝福》）

За ужином дядюшка сидел с суровым лицом. ①

汉语"摆"是动词，但俄译中却未用动词，而是使用前置词词组表达出来，汉语两个动词性小句合译为俄语一个小句，语义不损失。

（4）动词→语气词

动词换译为语气词的情况也比较少见。有些动词语义虚化，在一定的上下文中行为动作语义退后，其携带的感情语义凸显。如下例汉语"提防"是动词，但俄译却是语气词 увы，其换译的根本原因在于该动词可以表示语气。

［115］她对方鸿渐的家世略有所知，见他人不讨厌，似乎钱也充足，颇有意利用这航行期间，给他一个亲近的机会。没提防她同舱的鲍小姐抢了个先去。②

Она и раньше слышала, что Фан — из хорошей семьи, на пароходе же убедилась, что с ним не скучно и что в деньгах он не стеснен, а потому вполне была готова познакомиться с ним поближе во время рейса. Но, увы, ее опередила спутница по каюте, барышня Бао. ③

（5）动词→感叹词

动词换译为感叹词并不罕见，因为俄语中有一类表示感叹意义的动词，但在汉语中却是感叹词。

［116］Крестьянин ахнуть не успел, как на него медведь насел. （Крылов）

农夫都未及啊哈一声，熊就扑到他的身上了。④

俄语 ахнуть 是动词，表述拟声意义，直接换译成汉语的"啊

---

① 引自俄罗斯国家语料库（http：//search2.ruscorpora.ru/search.xml）.
② 钱锺书：《围城》，人民文学出版社2013年版，第12页。
③ Цянь Чжуншу. *Осажденная крепость: Роман; Рассказы* Пер. с кит. В. Сорокина. М.：Худож. лит.，1989，стр. 38.
④ 张会森：《最新俄语语法》，商务印书馆2000年版，第640页。

哈"。"啊哈"是典型的汉语感叹词，为进一步揭示俄语动词词缀-нуть"表一次性行为"的义素，后加"一声"，十分形象。

［117］不知哪里的蛙群齐心协力地干号，像声浪给火煮得发沸。①

Где-то множество лягушачьих глоток издавали нескончаемое «брекекекекс», похожее на бурление кипящей воды.②

汉语"干号"到了俄译用形象性短语 нескончаемое «брекекекекс»（不停地呱呱呱）替代了，生动有趣。"号"在本例中前有副词修饰，可认为是动词，俄译的 «брекекекекс» 是一串拟音，没有任何意义，加上双引号修饰，可视作名词性的感叹拟音词。

（6）副词→连接词

［118］Не хочу я ехать, а потом у меня и денег нет.（Ожегов）
我不想走，况且也没有钱。③

俄语 потом 意思为"然后"，但其前有转折词 а（而），二者结合表示一种转折关系，根据句义管控，汉译为连接词"况且"。

（7）副词→语气词

副词换译成语气词是因为俄语副词和语气词之间的界限不是非常明显。词类的划分是因为语法研究的需要，而在实际使用中，我们并非一定要按照词类限制而使用词语。因此，副词换译成语气词仅作为描述语言使用的一种现象来定性。

［119］Лично я терпеть не могу свинину.（В. Прокуровская）
我根本不吃猪肉。④

---

① 钱锺书：《围城》，人民文学出版社2013年版，第31页。
② Цянь Чжуншу. Осаждённая крепость: Роман; Рассказы Пер. с кит. В. Сорокина. М.: Худож. лит., 1989, стр. 58.
③ 徐翁宇：《现代俄语口语概论》，上海外语教育出版社2000年版，第139页。
④ 徐翁宇：《现代俄语口语概论》，上海外语教育出版社2000年版，第138页。

[120] 鲍小姐脸飞红，大眼睛像要撑破眼眶。①

Бао вспыхнула, большие глаза ее, казалось, вот-вот выскочат из орбит.②

上例中的 лично 与副词 совсем、чисто 等类似，表达语气，强调所关联的信息的重要性。而汉语"像要"在动词"撑破"前面，可以看作副词，俄译后用语气词 вот-вот 来替代。

(8) 副词→感叹词

对于夸赞叫好类词语，互译时一般应遵循实际，对照场合选择双方真实的叫好词语，切不可看见字面"好"直译为 хорошо。当然实际翻译中译者若非亲身实践，往往易受母语文化元素的干扰。笔者提倡拒绝机械对等，重视社会文化的功能和含义，从语用价值出发，实事求是地选择非对应词而换译。

[121] 张小姐弹完，鸿渐要补救这令她误解的笑容，抢先第一个称"好"，求她再弹一曲。③

Но вот барышня кончила играть, а Хунцзянь первый закричал «бис», как бы реабилитируя себя за насмешливую улыбку.④

叫好类词语，一般按中俄实际对应翻译。虽然汉语"好"有俄语形容词 хороший 等，副词 хорошо、превосходно、прекрастно 等对应，作为感叹词，也有 браво，但却不可机械对译。正如呼语"万岁"不是 десять тысяч лет 而是 ура 一样。这些词虽然对应理据不足，却因袭沿用，成为功能相似的词。

2. 虚词→实词

虚词换译为实词，理论上包括连接词、前置词、语气词和感叹

---

① 钱锺书：《围城》，人民文学出版 2013 年版，第 17 页。
② Цянь Чжуншу. Осажденная крепость: Роман; Рассказы Пер. с кит. В. Сорокина. М.: Худож. лит., 1989, стр. 43.
③ 钱锺书：《围城》，人民文学出版 2013 年版，第 44 页。
④ Цянь Чжуншу. Осажденная крепость: Роман; Рассказы Пер. с кит. В. Сорокина. М.: Худож. лит., 1989, стр. 75.

词换译为名词、形容词、数词、代词、动词和副词，共计 24 种。但实践中发现仅有部分可换译。

（1）连接词→名词

连接词→数词、连接词→代词、连接词→动词、连接词→副词未见。只有连接词→数词和连接词→名词。

［122］Есть маленькое но.（Ожегов）

有一点不同的意见。①

试译：我有一个小小的"但是"。

连接词 но 在特定的语境里可用作名词，表示异议。试译按照俄语形式语义特征译出，将 но 用加引号的"但是"处理，委婉生动。

（2）连接词→形容词

口语 Ох, и аппетит! 中 аппетит 本无任何褒贬意义，从语义角度看，"由于受说话人感情支配，增添了'好大的'意义，语气词 и 起到加强意义"②。其实这也是语义义素凸显，如汉语说某人"高烧"，俄译只用 у кого температура 即可，这也是语义心理学上的"波里安娜假说"（Pollyanna Hypothesis）和语义学的"词汇语义偏移"。但若从语形上看，连接词换译为形容词也未尝不可。

（3）前置词→名词

前置词→数词、前置词→代词、前置词→副词未见，只有前置词→名词和前置词→动词。前置词换译为名词时，前置词本身已经具备了名词的实词义，如俄语中表示赞成的 за 和表示反对的 против。

［123］В этом деле есть свои за и против.（Ожегов）

这件事有利又有弊。③

前置词 за、против 在特定的语境里可用作动词表述谓，如 Кто за? Кто против?（谁赞成？谁反对？）还可用作名词，和间接格相

---

① 徐翁宇：《现代俄语口语概论》，上海外语教育出版社 2000 年版，第 141 页。
② 王秉钦、李霞编著：《简明俄汉翻译教程》，南开大学出版社 1999 年版，第 103 页。
③ 徐翁宇：《现代俄语口语概论》，上海外语教育出版社 2000 年版，第 141 页。

比，前置词"表达的关系要明确得多，而且区别分明"①。正是由于词汇意义明确，前置词才可能用作名词。

（4）前置词→动词

俄语前置词换译为汉语动词的情况很常见。因为俄语前置词虽然是虚词，本身不表示语义，但却表达着其所修饰名词的语义。对于这种语义关联的揭示，汉语习惯用动词彰显关系。典型的俄语前置词 с＋5 格表示状态时，汉译时通常都会采用动词替代。如：На улице уже было темно, когда к нему приблизильсь двое и спросили время вместе с часами.（Двойной блок）可以译成：街上很暗，有两个人走近他，戴着表却问时间。

（5）语气词→名词

未见语气词→数词、语气词→代词，偶见语气词→名词、语气词→形容词、语气词→动词和语气词→副词。语气词用名词来替代，此时的语气词具备了名词的特点，且多为惯用法。下文中是否语气词 да 与 нет 在全句中不表示语气，而是表示事实，代替前面已经提到的谓语，必须换译为名词，才能正确传达句义。如：Он научился ставить своё мнение между да и нет. 可以译成：他学会了在"是"与"非"之间表达自己的见解。

（6）语气词→形容词

俄语日常口语中虚词，特别是语气词用得特别多，这些词赋予口语各种各样的感情色彩，表达各种表情评价意义，甚至成为特定句式的结构要素。如 Люди как люди、работа как работа 等表达中，как 前后连的名词一模一样，但是其语义实指却蕴含着前面总称，后面评价的意味，应该译成：人就是些普普通通的人，工作就是普通的工作，没啥特别的。

（7）语气词→动词

语气词换译为动词，是因为语气词本身含有动作义素。俄语中

---

① 徐翁宇：《现代俄语口语概论》，上海外语教育出版社 2000 年版，第 170 页。

的 смотри 在一定的句型中，可以不表示"看"这一具体行为，而是强调说话人示意或提醒受话人注意。此时动词语义偏向于语气词。类似情况下都可以换译处理。

［124］— Постой! — окликнул его продавец. — Айда, заходи, поговорим!（Михаил Тимофеевич Пак, «Облака на юге»）

"等等！"售货员对他喊道，"来，进来吧，咱们说说话！"①

（8）语气词→副词

语气词可以表示情态或态度。特别是俄语中的感叹语气词，可以表达惊讶、好奇等，还可表达赞赏、鄙视等评价语气。当涉及评价时，就可以用副词或副词词组来替代。如：Характер у неё ой-ой-ой! 一般译成：她的性格真够呛！② 或者：她的性格糟糕透了，就别提了！

（9）感叹词→名词

未见感叹词→形容词、感叹词→数词、感叹词→代词。偶见感叹词→名词、感叹词→动词和感叹词→副词的情况，这时感叹词表达的是各种感情意愿。

［125］Ого! — Что это за «ого»? Прошу вас взять назад это «ого».（И. Горбунов）

"啊呦！""什么'啊呦'？请您收回这个'啊呦'。"③

（10）感叹词→动词

感叹词换译为动词，很常见。俄语 Чу!（听！），На тебе!（给你吧！）一般感叹词借助于上下文语境或情景语境，表义功能很强。Ах、не ах、ай-яй-яй、ля-ля-ля 等在口语中可以用作述谓词，表达行为或动作。

［126］Я каждый вечер стираю! Пока мои в комнате ля-ля-ля,

---

① ［俄］米哈伊尔·季莫费耶维奇·帕克：《南方的云》，孟宏宏译，《译林》2014 年第 2 期。

② 张会森：《修辞学通论》，上海外语教育出版社 2001 年版，第 127 页。

③ 徐翁宇：《现代俄语口语概论》，上海外语教育出版社 2000 年版，第 143 页。

у меня все сделано!

我每天晚上洗衣服！当我爸妈还在房间里闲聊时，我什么都做好了！①

用音响模拟动作，于是俄语用 ля-ля-ля，汉译时可以直接音译，也可以换译动作"闲聊"或者"絮叨"等。

（11）感叹词→副词

汉语拟音感叹词表示声响，类似于俄语的拟音词，既可独立充当谓语，也可配合实词造句。下例中拟音感叹词"波！波！"就协助了实词"吹"表达意义。俄译中没有用类似的拟音词，而是转而用拟音次数 дважды（两次）来替代。词形上 дважды 是副词。

［127］小孩子不回答，睁大了眼，向苏小姐"波！波！"吹唾沫，学餐室里养的金鱼吹气泡。②

Вместо ответа проказник широко раскрыл глаза и дважды плюнул в ее сторону — он хотел пустить пузыри так, как это делают золотые рыбки в кают-компании. ③

综上所述，词类换译现象还是很常见的。笔者根据实词和虚词排列组合而归纳了上述具体的换译类型。因为俄汉词类的划分标准不一，所以对翻译实践中的词汇换译也是一种形而上的归纳。

二　语气换译

语气也称口气、语调，是表示说话人对行为动作的态度，典型形态标志是语气词。语气词是典型的虚词不虚，有助于上下文的连贯、语势的加强、感情色彩的表达、气氛的渲染。俄语中语气词没有形态变化，不能单独用作句子成分，而是赋予词或句子不同的语气或各种细微的附加意义。汉语界认为语气是说话者表述话语的方

---

① 徐翁宇：《现代俄语口语概论》，上海外语教育出版社 2000 年版，第 143 页。
② 钱锺书：《围城》，人民文学出版社 2013 年版，第 3—4 页。
③ Цянь Чжуншу. *Осажденная крепость：Роман；Рассказы Пер. с кит. В. Сорокина.* М.：Худож. лит.，1989，стр. 26.

式。邢福义认为"句子语气是非音节实体,与汉语音节实体(即语法单位:小句、复句、句群3种表述单位与语素、词、短语3种构件单位)相对应"①。一般来讲,根据说话的不同目的,句子可分为陈述句、疑问句、祈使句和感叹句四种。陈述句表达陈述语气,典型标志是句号。疑问句表达疑问语气,典型标志是问号。祈使句表达祈使语气,典型标志是感叹号,语气不是特别强烈时也可用句号。感叹句表达感叹语气,典型标志是感叹号。

语气换译,指在语篇中陈述、疑问、感叹、祈使四种语气的互换。语气翻译不单是技巧问题,而是要透彻理解原文,采用适当的方法比如换译来传达原文字里行间体现的真正语气,这在语篇对话中体现得特别明显。双语互译后语气应吻合,语气应符合字神、句神、文神。语气的确是"言外之意,弦外之音",是语言非常精细微妙之处。字面显现语义,字里行间蕴含语义,字外传达语义。除了特定的语气词外,用语形揭示语气在双语之间传达,绝非易事。不同句式携带不同的语气,对于句式的研究可以有效促进语气研究。

句子功能与语气密切相关。"许多句子兼有两重甚至三重意义,为语气换译奠定了基础,全译时有必要根据表达的意旨选择相应的形式,以决定是对应译过还是换译。"② 俄汉双语在保证原文语义不变的前提下,用最合适的译语语气替代,以化解双语内容与形式之间的矛盾。语气换译的类型可以从陈述、疑问、祈使和感叹四种语气相互转化入手,得到六大类十二小类语气换译。

(一)陈述语气⇌疑问语气

陈述句在句中表示消息、描述情景、告知想法和意向。陈述语气与疑问语气的互换,在俄语中最典型的例证就是带选择性疑问语气 ли 的陈述句汉译时用疑问语气来替代。一些客套用语互译时也发生语气换译。

---

① 邢福义:《汉语语法学·导言》,东北师范大学出版社 1998 年版,第 3 页。
② 黄忠廉:《小句全译语气转化研析》,《外国语》2010 年第 6 期。

1. 陈述语气→疑问语气

汉语中打招呼经常说"好久不见",俄译按照俄语表达习惯译成:Какими судьбами?(什么样的缘分?)因是熟人见面交际寒暄用语,由于使用过于频繁,往往失去了形象色彩,而逐渐向不带感情色彩的套话转变,除了客气礼貌外,找不到说话者内心激动的波澜。互译时只需译语内表达同样场景的套话即可,语气也因而转变。

2. 疑问语气→陈述语气

疑问语气换译为陈述语气,语表上有问,语义上无疑,语用上无须回答。疑问句用于叙述,可使叙述具有对话的性质。

[128] 况且人家是真正的博士,自己算什么?①

А ведь Су настоящий доктор, не то что он.②

汉语"自己算什么"显然是在自我调侃,实际上指"自己不是博士"或者"自己的水平远达不到博士水准",语气不是疑问。俄译直接将调侃语气融入句中,译成 не то что он,表达"孙小姐才是真正的博士,与自己不同",语气因而换译成陈述。

(二) 陈述语气⇌祈使语气

语气涉及意义范畴,在语句中经常借助标点符号等明显的形式手段。陈述语气经常表示事实。祈使语气表示意愿,祈使句是用来促使交谈者去进行某一行为的句子,传达祈使语气。"凡表示命令、劝告、请求、告诫者,叫作祈使语气。"③ 陈述语气和祈使语气可互换。

1. 陈述语气→祈使语气

全译转化的中枢单位是小句,换译亦如此。"涉及语气转化时,小句主要指独立小句和半独立小句。"④ 下例俄语句子本是无连接词

---

① 钱锺书:《围城》,人民文学出版 2013 年版,第 29 页。
② Цянь Чжуншу. *Осажденная крепость : Роман ; Рассказы* Пер. с кит. В. Сорокина. М. : Худож. лит. , 1989, стр. 57.
③ 王利众、孙晓薇:《俄汉语祈使范畴对比研究》,《哈尔滨工业大学学报》2006 年第 5 期。
④ 黄忠廉:《小句全译语气转化研析》,《外国语》2010 年第 6 期。

的因果复句，其前部分是独立小句，因整个句子受祈使语气管控，前一句完全可以换译为祈使语气。

［129］Ты что форточку открыл — ребёнка ведь простудишь！（К. Бонно）

你干嘛开窗，孩子会着凉的！①

试译：关窗！孩子会着凉的！

语气词 ведь 管辖信息"孩子着凉"为真，且"你开了窗户"是直接诱因。因此原译将小句陈述语气换译为疑问语气，试译换译为祈使语气。二者都彰显话语隐含的语用价值。

［130］满盘流动着颤颤巍巍的液体。同志们抄勺子。一勺一勺舀了吃，此菜看着险恶，吃着鲜美。②

На блюде растекается желеобразная жидкость. Берите ложки, товарищи. Зачерпывайте по одному, с виду это блюдо не очень, а на вкус — превосходно.（И. Егоров）③

汉语用陈述句，俄译用祈使句，两个典型的动词第二人称命令式 Берите 对应"抄"，Зачерпывайте 对应"舀"，既是口语体和中性语体的"换"，又是语气的"换"。汉语"颤颤巍巍的液体"是拟人修辞手法，俄译将语义换为实写 желеобразная жидкость（冻胶状的液体），避免歧义。汉语"看着险恶，吃着鲜美"是对比与双关修辞手法，其中形象"险恶与鲜美"既渲染了吃菜（驴目——乌珠）惊心动魄的场景，又隐含吃客们毫无底线的险恶人性。俄译汉换用写实手法，用副词词组 не очень（不太美味）与 превосходно（超美味）进行换译。语气换译一定程度上补偿了亏损的文化形象。

2. 祈使语气→陈述语气

祈使语气一般表示请求。在特定的语境制约下，请求语气可减

---

① 王永：《俄语语气词隐含义研究》，黑龙江人民出版社 2008 年版，第 151 页。
② 莫言：《酒国》，当代世界出版社 2003 年版，第 120 页。
③ Мо Янь. Страна вина: Роман; Рассказы пер. с кит., примеч И. Егорова СПб., Амфора. ТИД Амфора, 2013, стр. 199.

弱，弱到用陈述语气表达。特别是在间接引语中，祈使语气减弱，可以换译为陈述语气。如：

［131］— А все-таки ты сходи, извинись, — сказала она. (Чехов, «Смерть чиновника»)①

汝龙汉译本："不过你还是去一趟，赔个不是的好，"她说。

沈念驹汉译本："不过你还是得走一趟，去道个歉，"她说，

冯加汉译本："不过你还是去一趟赔礼道歉的好，"她说，

宣传性文本中表语语表结构经常是几个名词或短语罗列，构成名词性或动词性非主谓句。动词句、静词句和动词空缺句可用作表语句式。动词空缺指"动词句的无动词体现——缺少表示给予、吸引、包括、实现意义的动词，然而有两个从属形式的静词"②。即便动词空缺，翻译时也应以句子传达，增译动词，选用带有第一人称命令式的祈使句。

［132］为亚洲和世界冰雪体育运动发展做贡献！

Внесем вклад в развитие зимних видов спорта в Азии и мире. ③

汉语固定句式"为……做贡献"是标语祈使句。汉语虚化"做贡献"中动宾词组。俄译调整虚实，将语义重点放在"贡献"上。同时为了符合汉语虚化语义，用动词внести（投入）修饰вклад（贡献），共筑一体。同时汉语感叹句替代成了俄语语表的陈述句、语义的祈使句，符合俄汉标语以句子形式体现的规约。

（三）陈述语气⇌感叹语气

感叹句借助于语调或语气词表达说话者的态度，有赞扬、愤怒、害怕、惊讶、骄傲等。有些语法书把感叹句单列为句子的一种，因

---

① 译文整理自《俄汉翻译语料库检索系统》之子模块"契诃夫短篇小说"（http://www.rucorpus.cn）。

② 胡孟浩：《俄语语法》（下卷），上海外语教育出版社1991年版，第563页。

③ 赵为、荣洁：《俄语教学中标语句式的引入及其在汉译俄中的选用》，《外语与外语教学》1998年第3期。

为从形式上看，可以认为是"陈述句（或疑问句或祈使句）+感叹号"，语气上用感叹语调，表达的是强烈的感情。陈述句可以抒发情感，句末降调，表示语气结束，句子终结。因此陈述语气和感叹语气可互换。

1. 陈述语气→感叹语气

陈述语气换译为感叹语气的条件是句子语气本身中包含感叹的意味。可能源自抒发淡淡的情感所需，可能是因句中祈使行为带来正面的积极的结果。

[133] ①鸿渐心直跳起来，②又给那脚步捺下去，③仿佛一步步都踏在心上，④那脚步半路停止，⑤心也给它踏住不敢动，⑥好一会心被压得不能更忍了，⑦幸而那脚步继续加快的走近来。①

①Сердце Фана заколотилось. ②③В груди стало больно, будто кто-то топтал ее. ④⑤Шаги замерли, и нестерпимая тяжесть навалилась на него. ⑤⑥⑦Но вот они послышались вновь — торопливые, близкие!②

汉语原文一逗到底，突出语气拖沓，心情因而也忐忑的特点。俄译则按句义将原文的复杂复句换译为四个分句组成的句群。第一分句整合汉语①小句为主谓小句，干脆利落。第二分句为程度度量复句，对应汉语第②③小句，将原文意象译出。第三分句则整合了④⑤小句，减去了不必要的意象"半路"，浓缩成一个表因果关系的并列复合句。第四分句则将陈述语气汉译为感叹语气，弥补前三分句所遗失的某些语气。

2. 感叹语气→陈述语气

俄语由后缀-нуть 构成的派生动词，如трясти-тряхнуть 中后者表示一次性的、急剧的、突然完成的行为，具有感情色彩。汉译时，

---

① 钱锺书：《围城》，人民文学出版社 2013 年版，第 16 页。

② Цянь Чжуншу. *Осажденная крепость: Роман; Рассказы* Пер. с кит. В. Сорокина. М.: Худож. лит., 1989, стр. 42.

由于汉语词汇的补偿，感情色彩得以彰显，感叹语气随即可换译为陈述语气。

[134] Он как тряхнет дерево! Яблоки и посыпались.

他猛烈地摇晃了一下树，苹果就纷纷掉了下来。①

（四）疑问语气⇌祈使语气

疑问句表疑问语气，说话者借助于问题想得到新信息，确认或否定某种判断。孙淑芳（2001）② 对俄语祈使言语行为的研究拓展了传统的祈使语气的表达方式。俄语中第一、第二、第三人称祈使句，命令促使行为由说话者、受话者甚至是没有参加言语行为的第三者去执行。语用学的言语行为理论是祈使语气转化的基础。请求言语行为、命令言语行为、劝告言语行为等类型都包含说话者的主观语气态度。"在一定的交际情境下，具有特定语音特征，表达了说话人对受话人实施的表祈使意愿的可控行为语句。"③ 因此祈使语气可以与疑问语气互换。

1. 疑问语气→祈使语气

疑问句除了表示疑问之外，还可以表达不同的祈使意义，如请求、劝告、邀请和建议等，这种表达或是加强祈使语气，使其更加决断强硬，或是缓和祈使语气，使其婉转客气。语用学经常举的例子，问你不冷吗？实际上是想让你关窗。对于那些语表有问，语义无疑，语用无须作答的疑问句，翻译时要明确语气实指，因地制宜换译语气，确保交际顺利。

汉语祈使句常用副词"赶紧、赶快、趁早、马上、立刻、立即"与动词连用表示催促意义，句末常用语气词有"吧、了、啊、呀、哇、哪"。

---

① 徐翁宇：《现代俄语口语概论》，上海外语教育出版社2000年版，第72页。
② 孙淑芳：《俄语祈使言语行为研究》，黑龙江人民出版社2001年版。
③ 谢昆：《俄汉语祈使范畴对比分析》，《中国俄语教学》2012年第3期。

[135] 张先生惊奇地望着鸿渐道:"谁不舒服? 你? 我? 我很好呀!"①

Хозяин удивленно посмотрел на него: — Кому нездоровится? Я чувствую себя превосходно.②

汉语用疑问语气传达感叹之情。俄译将疑问和惊叹融入陈述句的程度副词 превосходно（非常好）中。反问语气陈述自答，暗示请对方不要惊奇的祈使语气。

2. 祈使语气→疑问语气

当语气词或语气表达方式赋予动词命令式额外情感态度时，则用疑问语气却能够加强祈使义。汉语中经常使用问号加叹号（?!）来表达更为强烈的不容置疑的祈使意味。如：Всё время шумят. Вот отдохни! 张会森译为：老是吵闹不休。叫人怎么休息呀?③ 再如：

[136] Отпусти, тебе говорят!（Чехов,《Палата № 6》）④

汝龙汉译本：我跟你说，放我出去！

沈念驹汉译本：我跟你说，放我出去！

冯加汉译本：放我出去，你听见没有？

俄语句式表示强烈的祈使意义，冯加版本用疑问语气质疑对方，是祈使语气换成疑问语气。其他两个版本用汉语"我跟你说"来表达，语势不如冯加版本强烈。

（五）疑问语气⇌感叹语气

并非所有疑问句都表示疑问语气。反问句是只有疑问的形式，没有疑问的内涵，因而语气并非疑问，而是表示说话者的主观感受，比如愤怒、思虑、怀疑、遗憾、悲伤、忧愁、愉快等。反问句在文

---

① 钱锺书：《围城》，人民文学出版社 2013 年版，第 42 页。

② Цянь Чжуншу. Осажденная крепость: Роман; Рассказы Пер. с кит. В. Сорокина. М.: Худож. лит., 1989, стр. 72.

③ 张会森：《修辞学通论》，上海外语教育出版社 2001 年版，第 126 页。

④ 译文整理自《俄汉翻译语料库检索系统》之子模块"契诃夫短篇小说"（http://www.rucorpus.cn）。

学作品中具有强烈的表情色彩，语调一般慷慨激昂。

1. 疑问语气→感叹语气

用疑问形式表达某种肯定或否定表述的句子称为"修辞问句"，即并不表示疑问，而是通过疑问的形式表达某种感叹或事实，翻译时要进行语气换译。

[137] Шляпа ты, как ты мог пропустить такой случай?

这种机会还放过去了，真不中用！①

该例中不仅由反问语气换译成了感叹语气，更重要的是 Шляпа（帽子）是带有文化内涵词汇，汉译时彻底放弃形象，转而用引申义来替代。谢云才将其定义为引申转换（переносная трансформация），即"在喻体转换的基础上，保留原文的形象引申义，即内涵相同、形象相异"②。而在口语中感叹语气因上下文句间管控，也会发生语气换译。如：什么钱不钱的，你只管吃吧！就可以译成：Какие тут деньги! Ешь-ка, знай. 此使表示语气的尾缀-ка 常用在动词命令式后，使语调亲切委婉。

2. 感叹语气→疑问语气

俄语口语中第二人称命令式形式与任何人称的单、复数主语连用，用于非命令式意义，转而表示泛指人称行为，动作的不得已、不可能，以及虚拟条件意义等，汉译时涉及语气转换。

[138] Бартера. Я тебя просто бить буду. Вставай. Живо. Ветровой. И сила ж у тебя!（К. Корнейчук）

[巴图拉] 我简直要揍你的。起来，快。

[维特罗沃依] 你力气真大呀！③

试译：[巴图拉] 我真他妈的想揍你一顿。起来，快点！

---

① 谢云才：《翻译中形象转换的语义模式》，《解放军外国语学院学报》2013 年第 5 期。

② 谢云才：《翻译中形象转换的语义模式》，《解放军外国语学院学报》2013 年第 5 期。

③ 王永：《俄语语气词隐含义研究》，黑龙江人民出版社 2008 年版，第 175 页。

［维特罗沃依］你干嘛那么大劲?!

问句的语气词 просто 加上述谓动词 бить 构成说话人强烈的情感倾向。试译加上"他妈的"来彰显说话人气急败坏的状态，同时将第二人称祈使句加上感叹号。答句是感叹语气表达反感情绪，替换成疑问句式，构成了疑问感叹句。

［139］自己何苦空做冤家，让赵辛楣去爱苏小姐得了!①

Но ему-то зачем страдать понапрасну? Не проще ли пустить лодку по течению и предоставить Чжао полную свободу действий?②

汉语"何苦"是词汇手段，语气上偏向疑问语气，到了俄译直接用疑问语气来传达。汉语句式"让……得了"形式上是感叹，含有无可奈何的意味，俄译也用疑问语气来替代。

（六）祈使语气⇌感叹语气

祈使意愿可具体为请求、命令、指示、要求、建议、劝告、指导、邀请、允许、禁止、警告等不同祈使义。"俄语中谓语用假定式也可以表示祈使意义"③，口气委婉缓和，而用动词命令式则往往缺少委婉口气。但是在一定的语境下，俄语命令式用句号即陈述语气来传达，本身的祈使行为并不失效，反而在心理上让对方舒服。这类祈使语气转化成汉语时，可以通过加语气词的方式，或是用感叹号，即感叹语气，或二者并用来彰显友好和睦的语气。

1. 祈使语气→感叹语气

俄语中经常用两个第二人称命令式联合，表示催促对方赶快进行已知的行为。

［140］Я дам тебе свою шапку и шубу. Иди в лес и наруби дров. ④

---

① 钱锺书:《围城》，人民文学出版社 2013 年版，第 53 页。
② Цянь Чжуншу. *Осажденная крепость: Роман; Рассказы* Пер. с кит. В. Сорокина. М.: Худож. лит., 1989, стр. 85.
③ 张会森:《俄语口语及常用口语句式》，世界图书出版社 1994 年版，第 65 页。
④ 张如奎编著:《俄语精彩阅读 257 篇》，中国宇航出版社 2006 年版，第 6 页。

我的帽子和皮大衣借给你，去吧！①

因为语篇上文已经数次出现同样的表达，因此汉译减译命令语句，只译出行为"去"，外加语气词和叹号"吧！"共同表达说话人颇有些不耐烦的情绪。语表从祈使变成了感叹。

［141］苏小姐声音含着惊怕嫌恶道："啊哟！你的手帕怎么那么脏！真亏你——哙！这东西擦不得嘴，拿我的去，拿去，别推，我最不喜欢推。"②

Су сказала нежным голосом, стараясь не обидеть его: — Фу, какой грязный платок! Разве можно вытирать им рот? Вот, возьми мой и не церемонься, пожалуйста, я этого не выношу!③

祈使语气"拿我的去，拿去，别推"，到了俄译 Вот, возьми мой и не церемонься, пожалуйста, я этого не выношу!（喂，拿我的，别客气，我受不了别人这样做！）就变成了感叹语气。

2. 感叹语气→祈使语气

俄语口语中表示不相信、反对的情态意义，涉及语气更换。如 — Я найду тебе книгу. — Да, найдешь!（Ожегов）可译成："我能给你找到书。""得了吧，你能找到？"表示说话人不相信对方的能力，不认为对方能找到。

［142］Ой, ведь ты компьютер не выключил!（К. Бонно）
哎呀！你怎么没关电脑啊！④
试译1：哎呀！快把电脑关了！
试译2：哎呀！你怎么没关机？
该例中语气词 ведь 导入"你没关电脑"这一事实，说话人认为"你不关电脑是不应该的，你太粗心了"，暗含"你该关电脑/快点

---

① 张如奎编著：《俄语精彩阅读257篇》，中国宇航出版社2006年版，第7页。
② 钱锺书：《围城》，人民文学出版2013年版，第25页。
③ Цянь Чжуншу. Осажденная крепость: Роман; Рассказы Пер. с кит. В. Сорокина. М.: Худож. лит., 1989, стр. 52.
④ 王永：《俄语语气词隐含义研究》，黑龙江人民出版社2008年版，第146页。

把电脑关了"等情态，因此完全可以换译语气。同时，句中有感叹词 Ой（哎呀）已经表达感叹，试译1换译为祈使句式，语气强硬，态度明确。试译2换译为疑问句式，使语气略显委婉，降低抱怨情绪，充分站在听话人的立场，维护其面子，显示对其的关怀，避免造成听话人心理逆反情绪。

语气换译并非强制性换译，而是根据文本内在和外在要求，因译者欲传达的感情色彩而选择性换译，其前提是语义相似。

三 语态换译

动词有"态"范畴，表达的是行为对其语义主体和客体的关系，包括行为、主体、客体的情势，体现在句法中。俄语动词因而分为主动态动词和被动态动词，前者表示主体的主动行为，后者表示行为结果产生的客体状态。汉语态范畴主要体现在主动式和被动式上。一般用"被"字表示被动式，带被动式的句子叫作被动句。传统语法中语态与表示过程的动词有关，同时牵涉小句其他成分的语法范畴。在功能语法中，"如果说及物性是以交代各种过程及其有关的参加者和环境成分来反映语言的概念功能，语态则是以交代某一过程首先与哪一个参加者建立联系"[①]。俄汉双语转化，主动语态、被动语态和中动语态可以互换。

（一）主动语态⇌被动语态

主动语态是指行为过程首先与行为发出者相联系。主动句一般都有一个及物动词或者一个相当于及物动词的短语。被动语态指行为过程与行为目标的关系。在被动语态中，主语体现的是目标，一般由名词词组充当。俄语中过程一般由动词被动词形充当，动作发出者一般用名词或名词词组的第五格形式表示。被动态用被动句表示。俄语被动句的谓语用被动态（被动反身动词或被动形动词）形式表示，汉语典型被动句则一般带有"被、让、叫、给"

---

① 胡壮麟等：《系统功能语法概论》，湖南教育出版社1987年版，第91页。

等字眼。

1. 主→被

俄语只有及物动词才能表示态，要求第四格直接补语，汉语及物动词则要求带宾语。汉语动词涵盖了俄语的及物动词和不及物动词，范围大些。

（1）俄语主动态→汉译被动态

［143］Лапа, возможно, быласломана, из-за болевого шока я даже не чувствовал ее, но не мог вырваться…（Анита Кения,《Меня зовут Рамбо》）

我的爪子像是断掉了，疼痛引起的瞬间休克让我几乎感受不到它的存在，但就是挣脱不了束缚。①

形容词词组 болевой шок 中的形容词 болевой（疼痛的）作为原因修饰其后名词，汉译时将这种因果关系显化，将形容词换译为名词。同时代词 ее（她的）指代 боль（疼痛），换译为汉语代词"它"。句式上看，前置词结构显性处理，主体"我"换译成了客体，标志是"让"，是主动态换译成了被动态。

（2）汉语主动态→俄译被动态

汉语主动，俄译被动，经常是俄语带-ся 动词或是被动形动词短尾等可以要求主体第五格的结构。如，劳动创造世界可译为：Мир создаётся трудом。

2. 被→主

据调查，俄语被动句在科学语体等文本，如内容简介、产品说明书中占主导地位。语义上排除主观性，力争客观性，语表多用被动形动词、被动句等表示。

（1）俄语被动态→汉译主动态

俄语被动句一般用表被动意义的带-ться 动词或被动形动词表示。若句中被动动词的被动意义比较含蓄，而只表示行为状态或行

---

① ［俄］阿妮塔：《我叫拉姆博》，刘小满译，《译林》2015年第4期。

为结果或强调被动者所受到行为对被动者是幸运、愉快的，可换译成主动句。如：Дом строится рабочими. 可译为：工人建造房屋。

(2) 汉语被动态→俄译主动态

汉语中典型的被动态标志是"被、让、受"等字眼。俄译时可借助动词直接译成主动态。如：这部小说深受读者欢迎。可译为：Этот роман пользуется большой популярностью. 也可译为：Этот роман получит хорошую репутацию. 两种方案均为主动态。第一种方案是形式上主动，语义上中动，而第二种方案是由及物动词构成的积极主动态。

(二) 主动语态⇌中动语态

一个动词在句法上是主动还是被动取决于该动词形式本身，但同一种思想有时可用主动形式表达，有时又可用被动形式表达。某些句子谓语动词所表示的动作或行为，在语法上的主语是意义上的受动者，该种语态构成中动态。中动态可以和主动态互相换译。"如果某个过程本身只与一个参加者有关，不涉及其它参加者，表示这个过程的小句就处于中动语态。"①

1. 主动态→中动态

俄语态范畴主要体现在及物动词中，而无主体、无人称动词一般可作为中动态处理。中动句就是主动的形式、被动的意义，却没有被动句的标志。

(1) 俄语主动态→汉译中动态

[144] Его начало помучивать беспокойство. （Чехов,《Смерть чиновника》)②

汝龙汉译本：他开始惶惶不安，定不下心来。

沈念驹汉译本：一种不安的心理开始时不时地折磨他。

---

① 胡壮麟等：《系统功能语法概论》，湖南教育出版社1987年版，第91页。
② 译文整理自《俄汉翻译语料库检索系统》之子模块"契诃夫短篇小说"（http://www.rucorpus.cn）。

冯加汉译本：他开始惶惶不安起来。

俄语原文中抽象名词 беспокойство 做主语，从形式上可看作主动态。三个俄译本，汝龙和冯加译成主动态，将焦点从状态"不安"转移到人"他"。而沈念驹另辟蹊径，采取句式对译法，整个句子为中动态。

（2）汉语主动态→俄译中动态

［145］方鸿渐忍不住道："别胡说！"好容易克制自己，没把报纸掷在地下，没让羞愤露在脸上，可是嗓子都沙了。①

— Не болтай чупухи! — не выдержал Хунцзянь. Он не скомкал газету, никак не выдал своего возмущения, но в горле у него пересохло.②

汉语出现主动态标志"把、让"，尽管被"没"否定，但依旧可以看出是主动态，同时动作的空间"在地上"和"在脸上"相互呼应。俄译将这种压抑的主动态转化为了中动态，动作空间被减译，无关大局，文字背后的隐含语义已经译出，汉语的主动态变成了俄译的中动态。

2. 中动态→主动态

俄语中动态一般为无人称句，表示不受主体控制的行为，强调状态。汉译时将人称替代为句中主语，以使语义完满句式完整。

（1）俄语中动态→汉译主动态

［146］Его всегда тянуло к людям, но, благодаря своему раздражительному характеру и мнительности, он ни с кем близко не сходился и друзей не имел.③

汝龙汉译本：他一向乐意跟人们交往，可是由于生性暴躁，多

---

① 钱锺书：《围城》，人民文学出版社 2013 年版，第 30 页。
② Цянь Чжуншу. *Осажденная крепость*: Роман; *Рассказы* Пер. с кит. В. Сорокина. М.: Худож. лит., 1989, стр. 57.
③ 译文整理自《俄汉翻译语料库检索系统》之子模块"契诃夫短篇小说"（http://www.rucorpus.cn）。

疑，跟任何人也没有亲近过，一个朋友也没有。

沈念驹汉译本：他一直渴望和人们接近，但是由于易于激动的性格和生性多疑，他跟谁也亲近不起来，也没有朋友。

冯加汉译本：他总想跟人们交往，但由于他生性急躁、多疑，他没有朋友，没有一个至交。

俄语无人称句 Его всегда тянуло к людям 中 Его 是语义上的主体，句中主语是人称动词 тянуло 表示无人称意义，说明一种不受人主观控制的状态，整句是中动态，汉译三译本都译为主动态 "他"，在句中做主语。

（2）汉语中动态→俄译主动态

汉语中动态换译为俄译主动态不太常见。汉语中动态因为没有具体的形态标志，只能靠语义来体会。互译时应以语义为中心，调整语态。

[147] 她自信很能引诱人，所以极快、极容易地给人引诱了。好在她是学医的，并不当什么一回事，也没出什么乱子。①

Она была так уверена в своей способности соблазнять мужчин, что сама довольно легко и быстро стала жертвой соблазна. Слава богу, она хорошо знала физиологию и фармакологию, так что не растерялась, и этот случай не имел для нее последствий.②

该例中行为和结果换译了，"给人引诱了" 是中动态，换译成 стала жертвой соблазна 是主动态。"学医的" 是虚指，俄译则用 физиологию и фармакологию（医学和药理学）实指表示。

（三）被动语态⇌中动语态

书面语中由于文本得体性或微妙的感情等原因需回避主语，又不表明强烈的被动意念时，就可以用中动语态。中动语态和被动语

---

① 钱锺书：《围城》，人民文学出版 2013 年版，第 13 页。
② Цянь Чжуншу. Осажденная крепость：Роман；Рассказы Пер. с кит. В. Сорокина. М.：Худож. лит. , 1989, стр. 39.

态可互换。

1. 被动态→中动态

俄语用被动语态，汉语常可不用"被"字句，而是换译为中动句。

（1）俄语被动态→汉译中动态

俄语被动形动词在句中做谓语时，主体用第五格表示。当语义不强调被动行为，而是描述行为所构成的整体事件时，可用中动态来表达。如 Задания выполнены всеми на «отлично» 强调的是被大家所完成的作业的优异情况，此时汉译最好取中动态，不突出主体。译为：大家的作业都得了个优。行为主体（大家）退居其次，将行为涉及的客体（作业）提升为主语。再如：Письмо уже написано. 一般译为：信已写好。不译成被动态：信已经被写好了。因为被动态是翻译的理解过程中显现于头脑中的思维流语言，落于笔头后要按照汉语造句习惯来微调，当然可应用于翻译教学法，来引导学生建构正确的表述。汉语语法和词汇搭配使然，"信已写好"自然是被人写好的。

（2）俄语中动态→汉译被动态

俄语不定人称句和无人称句通常没有主语或无须出现主语，俄译时为加强上下文联系而要把原文的补语移到谓语前面，就要把俄语主动句换译成汉语的被动句。汉语被动句通常借助"被、为、受到"等词来表示。如 Его уважают 可译为：他受到大家尊敬。或微调表达为：大家尊敬他。

2. 中动态→被动态

如果强调被动者所受到的行为主要是叙事说理，句中主语不指人，主语对其所受行为无痛苦或愉快感受，则可译成被动句，句中出现"被"标志。

（1）汉语中动态→俄译被动态

汉语中动态换译为俄译被动态也不太常见。下例中的公示语与其说是语态替代，不如说是习惯要求。如禁止吸烟，语义是禁止人类吸烟，禁止的受体应为人类，俄译后强调的是禁止的行为，译为：Курить запрещается. 或语气更加强硬的 Не курить. 当然还可以处理成语气较为缓和的不定人称句：У нас не курят 或 Здесь не курят。

（2）汉语被动态→俄译中动态

汉语被动态俄译为中动态的情况比较少见。下例中的汉语"被……谈论着"表示被动，而俄语的 говорить 却不是及物动词，俄译既不是主动态也不是被动态，笔者认为可以归入中动态。如：这一事件被全世界谈论着。俄译为：Об этом событии говорит весь мир. 另外，21 世纪网络流行进入"被时代"，这是一种认知联想，铺天盖地的"被自愿、被就业、被贫困、被痊愈"等展现了弱势群体委婉发出声音，讽刺其被权力掌握者操控的无奈现象。这些被字句虽然不符合现行汉语造句规范，却因携带的辛辣讽刺意味而将语句变得生动传神，翻译这类句子时一般会采用换译法。

综上所述，语态换译是指双语主动态、被动态和中动态之间的相互替代。使用频率上主动态和被动态互换较多，中动态与主动态、被动态换译的情况较少。语态换译是选择性换译，只有某些是因语言习惯和要求而采取的强制性换译。译者应根据语义要求，不拘于原语语态，适时换译。

四 视角换译

视角换译即从不同的视角来阐释换译。哲学非此即彼的矛盾二分法，如动静、肯否、虚实都可以成为换译的视角。由于笔者认为虚实换译处于"移译"和"换译"中间地带，故典型性不强，因此不作论述。本书只论动态和静态的相互换译，以及肯定和否定的相互换译。

（一）动态⇌静态

动静，二分为运动与静止，语出《易·艮》："时止则止，时行则行。动静不失其时，其道光明。"动，意为改变原来位置或脱离静止状态，与"静"相对。动词表达运动状态，静词表达静止状态。

如果从聚合和组合方面看，静词只包含聚合意义要素，动词则包含聚合与组合两方面的意义要素。动静换译是指双语语言反映出的运动状态与静止状态之间相互交换。语表体现在原语动词与译语名词、形容词等静词之间的换译，还体现在这些词类构成的小句整体中。语义体现在用译语动态表达/静态表达替代原语静态表达/动态表达，使语义要素在双语之间顺畅流动。语用上则体现为动静方式产生的表达效果上，符合译语修辞语境的需要。动静换译，根据操作模式，可分为动态换译为静态和静态换译为动态两种。

1. 动态→静态

俄语语法学认为，实词可以划分为静词和动词。静词（имена）具有变格体系，包括名词、形容词、数词和部分代词（代名词、代形容词、代数词）。动词（глагол）与静词相对，具有变位体系，主要是指俄语动词。俄汉互译时动可以用静替代。

（1）俄语动词→汉译静词

动态主要由动词及动词短语来表达。动词或表达动态的行为，或表达静止的状态。汉语倾向于多用动词，叙述呈动态。俄语句子一般为动词核心句，动词变位形式具有语法意义，体现了行为动作在时间流动过程中所呈现的各种状态。表达行为、活动、情状、感情、状态等意义的抽象名词、动名词、形容词派生而来的名词等也可以表达动态意义。汉语动态描述在俄译文换译为静态描述的情况很常见。表示人或事物的能力、特征、职业等的不定向运动动词，虽然动词主要表示运动，但因句式要求，却表达了静态的特征。如Ребёнок уже ходит 俄译为：小孩会走路了。其中 ходит 的运动义素退居其次，而表示能力的义素凸显，从动态转为静态。再如，В ущелье бежал поток 有两种译法，可以译成动态：峡谷里一股急流跑了；也可以译成静态：峡谷里有一股急流。因为俄语 бежать 为运动动词，意为跑、飞驰、很快地过去、奔流、流出等。按常理当说人或动物跑了，水流则应奔流着。句中用过去时，表示曾经发生过。无特殊语境或文体要求，一般不译为"水流跑了/水流奔流了"，追求特殊修辞效果另当别论。一般而言将水流状态模糊化，换译成静词"有"，将运动"快速流动"语义义素偏移至поток，语表增译形容词"急"，形成"急流"与"有"音韵和谐、流畅自然。

（2）汉语动词→俄译静词

汉语形散意不散，有些冗长的行文方式俄译时，则应尽量多用静词性结构，从而使俄译结构严谨、逻辑清晰。如习近平在二十国集团峰会上致辞中，曾说道，"第二，我们应该创新发展方式，挖掘增长动能"，译为，"Во-вторых, важно обновление способов развития и выявление новых движущих сил роста"。其中，汉语"创新，挖掘"都是典型的动词，俄译却采用动名词将"具体行为"意义消融掉，从而符合外宣文本语义虚化的特点。

（3）俄语动态小句→汉译静态小句

俄语"静态"存在意义的动词，如стоять、лежать、сидеть、висеть、летать、течь、идти 等，其语义结构包含两种义素：词汇语义核心范畴化义素——存在，以及动词区分性语义特征义素——某种状态。该类动词一旦进入话语句中时，表对特征评价的"某种状态"会淡化，退居次要地位。汉译时在理解原语语义后，采用换译法来传达其语义。这些动词在存在句、描述句中使用，大都不凸显动态意义，动词语义中的其他义素得以凸显。"存在句中'静态'存在动词的语义由相关动词衍生而来，这一衍生过程所伴随的正是动词不同程度的语义空缺，这种语义方式同时也是对存在句语义表现的一种揭示和审视。"[1] 探寻"存在"类动词的语义空缺成分的原因，可以沿着事物的本质特征追溯。人们评价事物的标准一般是事物所具备的自然状态特征，即事物本身属性，而这一属性相对稳定。

[148] Вдоль дороги по обе стороны шли густые ряды деревьев.[2]

试译：道路两旁是一排排茂密的树木。

---

[1] 彭玉海：《动词认知语义与词汇语义空缺》，《外语学刊》2005 年第 6 期。
[2] 彭玉海：《动词认知语义与词汇语义空缺》，《外语学刊》2005 年第 6 期。

俄语原语用 шли 表示一种 "人走树动" 的动感画面。原语理解时是动态小句，因为动词 шли 是典型的运动动词 идти （走来去）的过去时复数形式，在该存在句中表示 "树木在空间上的延伸" 这一评价特征（区分义素），理解没有障碍。但跨语转化时，在认知上，必须联系客观事实与语境语用价值。这一小句在没有特殊语境限制时，可以根据客观自然标准来判断。人们一般根据事物固有的自然状态特征来对事物进行评价，特征评价关系与该事物的关联在人的思维认知中已经固化为无意识映射，造成动词表象 шли 的所谓的 "语义空缺"，从而需要借助相关动词衍生义素来阐释。在该句中把动词 "动态" 特征评价关系与该动词行为主体相联系，跨语转化时即可将语义重点放在该行为主体 "树" 的自然属性上，即树一般静止不动，从而偏向动词 шли 概念语义中隐含的 "静态" 义素。动词 шли 突出的是包含在这类动词句子中的核心义素，即 "存在" 范畴义素。范畴是指人们在互动体验的基础上对客观事物普遍本质在思维上的概括反映，是由一些通常聚集在一起的属性所构成的完形概念。Шли 的众多语义要素也就构成了其众多非常规用法。译语表达时，译成静态小句，也就避免了说明为何 "延伸" 义素，语义明了显豁，语用价值因语境不限制而不受影响。

俄语中的表示空间位置的动词，有些在语义上表示动态动作，如 ложиться （平放，往……躺）、поставить （立放）、сесть （往……坐）等。有些则表示静态动作，如 стоять （站着）、лежать （平放着）、сидеть （坐着）等。俄语中上述静态动作动词首先 "描绘人在空间中的不同位置"[①]，如 стоять 表示竖直状态，лежать 表示水平状态，сидеть 表示形体状态。汉语动词本身并无这样细微的区分，只能借助虚词表示附加语义。彭玉海说得好，"正是有了语义空缺，'静态' 存在动词表面上可能有的行为特征才归于 '状态

---

① Рахилина，Е. В. "Семантика русских позиционных предикатов：стоять，лежать，сидеть и висеть"，*Вопросы языкознания*，1999，№ 6，стр. 69 – 80.

(习性、性能)'，从而与该类动词语义内涵相协调"①，表现在句法上即为俄语中大量的非谓语结构，包括不定式、主动形动词、被动形动词、副动词，在语句中不做谓语，但仍表达动词意味，动态意味降低，要译成静态。如 Читать лёжа вредно 可译为：躺着看书有害。此时 лёжа 的词性可定义为副词。而当被补语或梳状状语加以说明时，如 Читать, лёжа на постели, вредно, 因 лёжа 后带表示处所的间接格，构成处所状语，其词性由单用的副词转为副动词。翻译时，可译为：躺在床上看书有害。也可译为：床上躺着看书有害。

[149] Дома у себя читал он всегда лёжа. ②

汝龙汉译本：他在家里老是躺着看书。

沈念驹汉译本：在自己家里时，他总是躺着阅读。

冯加汉译本：他在家里老是躺着看书。

Лёжа 与 читать 连用，词序上俄语中副动词短语用逗号分开，插在句子中间，逗号分隔语流，俄语中用，汉语不用。俄语虽用动词，但强调静态，译成汉语后汉译词序不同，强调的内容也不同。"躺在床上"，强调动作，表动态，但因整句要求，动感降低，突出静态。如将副动词短语内部调序成"床上躺着"，先交代时空场所，再说行为"看书"，再交代行为产生的影响，共表静态。上例三个译本都译成"躺着"，是静态。

(4) 汉语动态小句→俄译静态小句

汉译俄，译者是汉语母语者时，其俄译往往受到汉语特征的干扰，将汉语流水小句的形式特征渗透进俄语句式中，从而不符合地道的俄语规范。这种原语干扰使得原语特征渗透到译语中的现象是

---

① 彭玉海：《动词认知语义与词汇语义空缺》，《外语学刊》2005年第6期。
② 译文整理自《俄汉翻译语料库检索系统》之子模块"契诃夫短篇小说"（http://www.rucorpus.cn）.

"源语透过效应"（source language shining through effect）①。具言之，在中俄互译过程中，无论译者翻译经验多么丰富，也难免受汉语母语（原语/源语）的影响，从而下意识地把汉语中的搭配形式用直译的方式在译文中加以表达，造成俄译不地道。

[150] 办好亚冬会，发展哈尔滨，繁荣黑龙江。

Полный успех — ТЗАИ! Стремительное развитие — Харбину! Быстрое процветание — провинции Хэйлунцзян. ②

中国人善用具象思维，语言形散而意不散。汉语形式上由3个动宾短语构成，作为宣传类文本的标题，显示出排比句式的节奏感。俄译没有受汉语影响，没有以动词译动词，而是变动为静，以形容词+名词词组阐释汉语动词词义，同时增译破折号表示逻辑关系，语气上则变陈述为感叹。俄语语言形式上体现出严谨的逻辑关系。

2. 静态→动态

俄语科技文献翻译，大量句子结构中只见一个动词谓语，其他本应由动词表达的概念，转而用非谓语动词结构，如主动形动词、被动形动词、动名词、副动词、前置词结构、名词短语等结构来表达。名词化已经成为俄语的一种常见现象，俄语名词、动名词、形容词、主动形动词、被动形动词等经常能胜任汉语动词的功能，表达动作、变化和情感。汉译时应符合汉语流水小句特点，加之汉语动词没有形态变化，只能以动词本身语义来传达俄语动词的形态语义特征，可以换用汉语动词的连动式、兼语式、包孕式等结构，活用把字句、被字句等句型。用动态小句换译使汉译形式和内容上都具有形象美、音律美，使译语抑扬顿挫，朗朗上口，传达丰沛情感，体现形式美。"具有称名功能的动词不定式可用与之词汇意义相同的

---

① 戴光荣：《汉语译文搭配特征研究："源语透过效应"个案探讨》，《当代外语研究》2013年第1期。

② 赵为、荣洁：《俄语教学中标语句式的引入及其在汉译俄中的选用》，《外语与外语教学》1998年第3期。

名词（主要是动名词）替换，成为名词的等价物。"①

（1）俄语静词→汉译动词

俄语系表结构"是"字句通常表示静态，汉译常换译为动宾结构。相应地，系表结构表示的静态也就换译成了动宾结构表示的动态。俄语 быть 是半实体系词，意为"有、在、是"，构成表静态意义，汉译为动宾结构，使句子生动活泼。如：Вчера в консерватории был великолепный концерт. 可译为：昨天在音乐学院举办了一场十分精彩的音乐会。

（2）汉语静词→俄译动词

汉语存现句式"某处有某物"对应于俄语存在句，用于描写某处存在、出现、消失、增减了什么。语义上都是确认人或物或现象的存在，结构上汉语为"处所词语 + 动词 + 名词（或数词 + 量词 + 名词）"，俄语为"处所词语 + 动词 + 表某物的名词"。结构中动词汉语笼统使用"有"字，而"有"字表现的状态往往是静态。俄语结构中的动词视主语所指不同而使用不同的动作动词充当。如：山后有条小河。房前有棵大树。桌上有本词典。可译为：За горой течёт речка. Перед домом растёт большое дерево. На столе лежит словарь. 汉语"有"结构，绝非仅仅对应俄语 у кого есть 领属结构，汉语"有小河"在俄语中实指"小河流淌"，相应地"有棵大树"指"长着棵大树"，"有本词典"实指"放着一本词典"。

（3）俄语静态小句→汉译动态小句

俄语动词的不同形态，如主动形动词、副动词等形式将动态动作行为特征降低，转而强调静态特征。这类词构成的小句汉译时借助词汇手段，如在动词后面加结构助词"着、在、了"等表达静态。句子类如存在句是称名句的一种，指称事物、现象、状态，肯定其存在，描述各种环境、摆设、日期、时间、各种现象或状态。存在

---

① 周民权：《动词不定式主语刍议》，《外语教学》1988 年第 1 期。

句中即便有动态动词，一般也将动感画面以静态传达。

［151］ Вечерние сумерки. Крупный мокрый снег лениво кружится около только что зажженных фонарей и тонким мягким пластом ложится на крыши, лошадиные спины, плечи, шапки.① (Чехов,«Тоска»)

薄暮时分，天色一片昏暗。一片片硕大的湿雪懒洋洋地在方始点燃的路灯边飘舞，降落到屋顶、马背、人的肩头和帽子上，成为薄薄的一层松软的积雪。②

俄语原文可以看作三个小句组成的句群。第一小句为 Вечерние сумерки，是由名词加限定语组成的称名句，称谓自然状态、现象，肯定其存在，因而也可叫作存在句，描述四周环境、时间，交代事件发生的情景场合。汉译分译为两个小句，先交代时间，然后突出状态。第二小句是 Крупный мокрый снег лениво кружится около только что зажженных фонарей，与第三小句 тонким мягким пластом ложится на крыши, лошадиные спины, плечи, шапки 并列出现，用连接词 и 形成语义关联。其中俄语动词 кружится（旋转，头晕）和 ложится（平躺）都是带-ся 动词，是非及物动词、反身动词，-ся 成为构词标志，往往赋予动词词义某种新的义素。与运动动词强烈的动态倾向不同，这类动词偏向突出主体的感受，偏向静态。汉译时"飘舞、降落"动态性十足。且将名词第五格词组 тонким мягким пластом（以薄的软的一层的方式）表示状态，没有动词，却换译为"成为薄薄的一层松软的积雪"，增译动词"成为"，将名词 пласт（一层）换译为形容词"一层的"，语义增译"雪"，突出主体"雪花"的自主性，将人的情感移植到自然中，是成功的汉译。

---

① ［俄］契诃夫:《契诃夫中篇小说选（俄汉对照全译本）》，沈念驹注译，中国宇航出版社 2015 年版，第 57 页。
② ［俄］契诃夫:《契诃夫中篇小说选（俄汉对照全译本）》，沈念驹注译，中国宇航出版社 2015 年版，第 67 页。

（4）汉语静态小句→俄译动态小句

汉语静态描述往往采用几个小句，即便句中有动词，因篇章或语段整体情调的衬托，动作语义隐藏，更显静态之感。俄译用动态描述小句来替代，仍描写静态画面，这种情况很常见。

［152］十点钟后，甲板上只有三五对男女，都躲在灯光照不到的黑影里喁喁情话。①

После десяти на палубе осталось лишьнесколько парочек, которые забились в плохо освещенные углы и ворковали там. ②

汉语用三个小句勾画了一幅安详温馨的静态画面。俄译中第二小句保持了静态的特点，将副词"只有"替代为动词短语 осталось лишь（只剩下）。第三小句"喁喁情话"却用动态十足的动词 ворковали（鸽子发咕咕声，戏谑意义：柔情细语地交谈）来替代，使静态的画面呈现动感，反显安静和谐之氛围。

（二）肯定⇌否定

肯定句表示对现实具有肯定关系的句子，否定句则表达对现实的否定关系。否定句通常标志是否定语气词，如俄语的 не、ни、нет 和否定副词 нельзя 等，汉语的"不、没、否"等。相应地，含有否定标志"不""没"的句子或短语也叫否定结构，不含否定标志的则为肯定结构。俄汉语中常见以语法上的否定形式表达肯定内容，不带任何否定词类的某些结构却表达否定的意义。于是俄汉互译中就出现了肯否换译。科米萨罗夫把原文中的肯定形式换为否定形式或把原文中的否定形式换为肯定形式，叫作"反义译法"③。毋庸置疑，语法转换总伴以相应的词汇转换，表达肯定/否定的结构在全译转化时，必定伴随着原语词汇单位用译语中意义相反的词汇单位替

---

① 钱锺书：《围城》，人民文学出版社 2013 年版，第 14 页。

② Цянь Чжуншу. *Осажденная крепость*：*Роман*；*Рассказы* Пер. с кит. В. Сорокина. М.：Худож. лит.，1989，стр. 40.

③ ［俄］科米萨罗夫：《当代翻译学》，汪嘉斐等译，外语教学与研究出版社 2006 年版，第 193 页。

代。肯否换译可以区分为肯定换译为否定和否定换译为肯定两种。

1. 肯定→否定

由于汉俄民族思维方式有异，同一思想，汉语母语者往往习惯于从正面说，俄语母语者则喜欢从反面说，或者相反。于是乎反映在语言结构上，汉语用肯定结构的，俄语可以用否定结构，或者相反。

（1）汉语肯定→俄译否定

汉语表达肯定的副词有"必、必须、必定、准、的确"等。汉语肯定表达涉及短语、小句、复句和句群等结构。如短语"分秒必争"是肯定，对应的俄语用否定结构来表达 не терять ни минуты。同样的"应有尽有"在俄语中是短语 чего только нет（什么没有呢），这就是正话反说，或肯定用双重否定来表达。

①正话反说

［153］她只穿绯霞色抹胸，海蓝色巾肉短裤，漏空白皮鞋里露出涂红的指甲。①

На ней были лишь розовый лифчик да трусики цвета морской волны; белые сандалии не скрывали ярко накрашенных ногтей.②

汉语"露出"是肯定，俄译则用否定结构 не скрывали（未隐藏）来表达。

［154］他以为方鸿渐又给自己说倒，想今天得再接再厉，决不先退，盘桓到那姓方的走了才起身，所以他身子向沙发上坐得更深陷些。③

Он решил развивать свой успех и не покидать поле боя до тех пор, пока не доконает Фана, не вынудит его ретироваться. Чжао сидел на своем месте так прочно, будто диван был набит волосами

---

① 钱锺书：《围城》，人民文学出版 2013 年版，第 5 页。

② Цянь Чжуншу. *Осажденная крепость: Роман; Рассказы* Пер. с кит. В. Сорокина. М. : Худож. лит. , 1989, стр. 27.

③ 钱锺书：《围城》，人民文学出版 2013 年版，第 63 页。

святого Генгульфа, которые, по преданию, впивались в тело сидящего и не отпускали его。①

汉语的"再接再厉""盘桓到……走了才起身"等看不到否定的影子。俄译后却都出现否定标志 не，是典型的正话反译。

②肯定→双重否定

汉语中有些典故、诗词曲赋而来的名言警句，以肯定、正面形式反映两个小句间的逻辑关系，俄译为加强这种或条件，或递进的逻辑关系，可以采用双重否定形式来替代。如汉语经常说：海内存知己，天涯若比邻。俄译为：Не мил и свет, когда друга нет。

(2) 俄语肯定→汉译否定

表示肯定和否定的词汇单位最常见的就是语气词和副词。俄语肯定语气词有 да、так、ещё бы、так точно、какже、ладно、хорошо、что же 等，否定语气词有 не、ни、нет 等，否定副词有 нельзя、невозможно、неможно 等。某些名词、形容词、动词和副词是"只能用于或多用于否定结构的词语"②，是现代汉语否定性成分。

①肯定词形，否定义素

俄语中有些词汇，虽然没有任何否定标志，但语义要素中仍含有否定意义。汉译时，根据语境选择是否凸显否定语义。俄语口语中有这样的句子：Я бы думала иначе. Я бы предложила следующее. 可以译成：要我，我可不这样想。要是我的话，我想提议如下。其中 Я бы думала иначе（我以另外一种方式思维）是 бы 表示虚拟的假定式，副词 иначе（另外一种方式，不是这样）词义中包含否定义素。

[155] Проигнорировав призывные взгляды "птичек", я сел за свободный столик и заказал официанту ужин. (Лев Казанцев-

---

① Цянь Чжуншу. *Осажденная крепость*：Роман；Рассказы Пер. с кит. В. Сорокина. М.：Худож. лит.，1989，стр. 95.

② 石毓智：《现代汉语的否定性成分》，《语言研究》1989 年第 2 期。

Куртен，«Ностальгия»）

我不理会那些"鸡"挑逗的媚眼，找了个空桌子坐下，招来服务员点餐。①

俄语 проигнорировав 是 проигнорировать（忽视，不理会，不理睬，不予考虑）的副动词，表示在谓语动词 сел 的动作之前完成的动作，具有时间意义。动词肯定形式，表达否定意义，汉译直接换译成否定形式。

②固定结构

俄语以肯定形式表达否定意义常见于一些固定的句式结构。

第一，动词命令式带补语。这种结构可表示坚决的否定，一般先陈述理由或描述过程，反话正说，配合语气，强调行为的不可能实现，从而使否定更加具有说服力。这种句式在口语中多见，如：Дам я ему? Держи карман! 可以译成：我给他?! 绝不！或者译成：让我给他?! 做梦吧！此时，句子语义的传达更多地倚重说话人的主观情态，语用价值通过语气和表情来体现。

第二，Слишком／с избытком／достаточно…чтобы… 连接的程度度量从属句，表明达到某种程度未免太过，不能达到这种程度。典型的俄语句式如：Я слишком устал, чтобы заниматься. 一般均译成：我太累了，不能学习了。初学者可能会陷入俄语思维中，译成：我太累了，以至于不能学习了。这种译法则属于翻译转换遗留的后遗症，可归入翻译腔。译者应避免，尽量减少破坏汉语纯洁性的表述。

第三，чем…比较从句。一般由副词比较级加上动词或形容词短尾构成。前后比较，肯定后面的比较从句所叙述的内容不如前面所述内容。尽管语形上不带任何否定标志，仍然根据语义译成"与其……不如……""宁可……也不……"等。如：Я лучше схожу，

---

① ［俄］列夫·卡赞采夫·库尔滕：《思乡》，张克俊译，《译林》2015 年第 1 期。

чем звонить по телефону. 可译成：我与其打电话，不如走一趟。或者是：我宁可走一趟，也不愿打电话。

第四，语气词 так и 加动词将来时表示断然的否定，往往伴随着语气的更替。如：Так я тебе и поверю! 可译成：我才不信你呢。或者：教我如何信你?!

第五，Вместо…结构，意为代替某某，可译成否定形式。

［156］ Вместо веселого свадебного бала и ужина, вместо музыки и танцев — поездка на богомолье за двести верст.

他们没有举行欢乐的结婚舞会和晚宴，没有安排音乐和跳舞，却到二百俄里以外去参拜圣地。（汝龙译）[①]

2. 否定→肯定

否定分为完全否定和局部否定。当句中否定词位置移动时，就会出现否定移位现象，其特点是否定词在句法上与谓词相连。语义上否定句子的述位，标记有否定词 не、语调、重音和语气词 только、ещё 等。否定换译为肯定在双语间可以相互替代。

（1）汉语否定→俄译肯定

汉语表否定的副词有"不、非、无、莫、未、别、勿、否、没、没有、不必、不用、不曾"等。俄译时否定义素可转移，反话可以正说。

①否定义素移入词汇

完全否定句否定整个事实，否定词在谓语前。部分否定句表示否定部分事实，否定词位于否定内容之前。从句子成分上看，名词、动词、形容词都可以作为谓语。因此，汉语动宾短语可以换译为俄语形容词。同样，被否定的汉语动宾短语也可以换译成俄语形容词。如：她不爱说话。可译为：Она молчаливая（她沉默寡言）。

---

① 详见网址：http://www.rucorpus.cn/result.jsp?styleID=1&pageID=1&attribute=&keywords=%E4%BB%96%E4%BB%AC%E6%B2%A1%E6%9C%89%E4%B8%BE%E8%A1%8C%E6%AC%A2%E4%B9%90%E7%9A%84%E7%BB%93%E5%A9%9A%E8%88%9E%E4%BC%9A%E5%92%8C%E6%99%9A%E5%AE%B4&search=%E6%90%9C%E7%B4%A2

汉语否定词修饰动词，从时间逻辑角度看，"不"一般表现在，指绝对时间，"没"一般用于过去，指相对时间。下例中的"没有"即表示过去时态。俄译转换视角，用现在时态来传达。汉语动词所显示的时态不像俄语那般丰富，现在时、过去时、将来时等，一般通过词汇手段来表达。而俄语不仅可以通过词汇手段，更可以通过动词词形变化本身来表示。因而这类视角换译要在时态范畴下，进行时空制约下的肯否换译。

[157] 但是，城乡二元结构没有根本改变，城乡发展差距不断拉大趋势没有根本扭转。①

Однако дуальная структура «город — деревня» так и осталась неизменной, и разрыв в темпах развития города и деревни продолжает увеличиваться.②

汉语"没有根本改变"俄译用 так и осталась неизменной（一直处在不改变的状态）来替代。其中汉语否定义素移入俄语形容词中，成为其部分义素。汉语"没有根本扭转"换译视角，俄译成 продолжает увеличиваться（持续扩大），以正译反。

②反话正说

汉语由于委婉的需要，经常使用反话表达正面的意思。目的是使说话人更容易接受。俄译时一般不必顾及汉语语形特征，而是根据语义要求适当地进行肯否换译。如汉语惯用语：欲速则不达。俄译为：Тише едешь, дальше будешь.

[158] 早晨八点多钟，冲洗过的三等舱甲板湿意未干，但已坐立满了人，法国人、德国流亡出来的犹太人、印度人、安南人，不用说还有中国人。③

В девятом часу утра свежеполитая палуба третьего класса ещё

---

① 习近平：《习近平谈治国理政》，外文出版社 2014 年版，第 81 页。
② 习近平：《习近平谈治国理政（俄文）》，俄文翻译组译，外文出版社 2014 年版，第 113 页。
③ 钱锺书：《围城》，人民文学出版 2013 年版，第 1 页。

не успела высохнуть, но на ней уже сидело и стояло множество людей — французы, евреи — беженцы из Германии, индийцы, аннамиты и, разумеется, китайцы.①

汉语中"不用说还有"表示肯定意思"当然还有"，俄译识解这层语义后，直接反话正说为插入语 разумеется 表示这种情态。

（2）俄语否定→汉译肯定

俄语否定汉译肯定最常见于口头交际中委婉询问时，以示礼貌，避免对方不合作导致的尴尬。常见于向陌生人询问时间、路途、方向等场合。典型句式为 Простите, вы не скажете, где... 或 Вы не скажете, пожалуйста..., 语形为"您不将说"，语义却是"请您说"，语用是"打扰您很抱歉，但是我需要您的帮助"。

①委婉礼貌

"否定结构与特定语境的结合，因会话隐含义与字面义相反，肯、否定形式同义。"② 如俄语 едва 可以理解成"好容易"与"好不容易"，都是指"不容易"，而 едва ли не/едва не 译成"差一点就"与"差一点没"是同一个意思。除此之外，日常口语中用否定形式实暗含委婉礼貌的情态。如：Если тебе не трудно, принеси мне книгу, пожалуйста. 可以译成：如果你方便的话，请给我带本书来。再如：Что же вы не посидите? 可以译成：请您再坐一会儿好吗？

［159］В ночной перерыв, подкладывая в топку куба дрова, Павка присел на корточках перед открытой дверцей; прищурившись, смотрел на огонь — хорошо было от теплоты печки. В судомойне никого не было.

到了夜间休息的时间，保尔把大锅下面的火添好，就蹲在敞开

---

① Цянь Чжуншу. *Осажденная крепость*: Роман; Рассказы Пер. с кит. В. Сорокина. М.: Худож. лит., 1989, стр. 23.

② 杨子、王雪明：《现代汉语冗余否定的类型研究》，《语言研究》2015 年第 1 期。

的炉门前面，眯缝着眼睛瞧火——火炉烤得他很舒服。这时候洗漱间里连一个人也没有了。①

改译：夜间休息的时候，保尔蹲在打开的炉门前，往炉膛里添劈柴；他眯起眼睛，瞅着闪动的火苗，炉火热烘烘的，烤得他挺舒服。此刻，洗漱间只剩他一个人了。

孤立看俄语小句 В судомойне никого не было，确实是"洗漱间里连一个人也没有了"。但联系上文语境，则语义受到制约，原译显得前后矛盾。上文语义中已明确保尔在洗漱间，语表的 никого не было（谁也不在）实则强调除了保尔之外的人。改译识破这一语义凸显，换译成肯定形式，确保语义传达正确。

②反话正说，加强语气

一般以否定词在句中的位置来区分否定句，否定词位于谓语前面是完全否定句。否定词位于次要成分或主语前面是部分否定句。否定词位于表示思维、感情类动词谓语前时，通常可以采用反话正说的方式，传达句义。

［160］Я не помню, что произошло дальше, но спустя несколько секунд уже мчался как мог на трех лапах, мчался к воротам больницы…（Анита Кения,《Меня зовут Рамбо》）

我的大脑瞬间短路了，但几秒钟之后我发现自己在用三条腿飞奔，朝着医院大门的方向。②

原语 Я не помню, что произошло дальше（我不记得接下来发生了什么）用形象性的汉语表达"我的大脑瞬间短路了"，译得生动，译得活泼。

［161］Аня зазывала покупателей и брала с них деньги, уже глубоко убежденная, что ее улыбки и взгляды не доставляют этим

---

① 郑泽生、耿龙明编：《俄汉翻译教程》（上册），上海外语教育出版社1986年版，第86页。

② ［俄］阿妮塔：《我叫拉姆博》，刘小满译，《译林》2015年第4期。

людям ничего, кроме большого удовольствия. （Чехов，«Анна на шее»）①

汝龙汉译本：阿尼雅招来买主，收下他们的钱，她已经深深相信：她的笑容和目光一定能给这些人很大的快乐。

沈念驹汉译本：安妮亚把顾客们强邀过来，并向他们收钱，她已经深信自己的笑容和目光所带给这些人的除了巨大的欢悦，不会是其他任何东西。

冯加汉译本：安尼娅招徕顾客，收他们的钱，此刻她已经确信不疑，她的笑容和目光能给这些人带来极大的快乐。

俄语 ничего, кроме большого удовольствия（除了极大的快乐之外，再无其他），可见沈念驹译本如实译来。但笔者认为该译本不如其他两个译本好，原因在于俄语是强调结构，加强 удовольствия 的程度，因此汝龙译本用形容词"很大的"，冯加译本用"极大的"来凸显。俄语原文显然是正话反说，汉译为加强语气，采用换译。

③固定结构

俄语一些固定的句式也常采用肯否换译。

第一，не...ли...？句式，相当于汉语的"不是……吧"。当否定语气词 не 和疑问语气词 ли 连用时，表示没有把握的猜测，一般所猜测内容如果是事实用名词表示，如果是行为动作用动词表示，如果是方式特征程度用副词或形容词表示，位于 не 和 ли 之间。在适当语境下以字面否定的方式间接凸显猜测，着重提醒听话人注意，隐含义与字面义恰巧相反。汉译时可以译为"不是……吧"，也可采用肯定形式替代隐含义。如：Не пожар ли？译成：着火了！而 Не начинать ли？译成：开始吗？

第二，чем + не + 名词第一格形式，表示绝对肯定名词第一格所

---

① 译文整理自《俄汉翻译语料库检索系统》之子模块"契诃夫短篇小说"（http://www.rucorpus.cn）。

指称的内容，可以换译为肯定。如：Чем не работа？可以译成：怎么能不工作?! 或者：必须得工作！后者显然语气更加激烈，态度更加明确，不容置疑。

第三，否定语气词 не 和 только，以及疑问词连用时，在感叹句中表示充分肯定意义。如：Где только они не бывали？可以译成：他们哪儿都去过！从语表形式上看，疑问语气被换译成了感叹语气。

第四，否定语气词 не 和 как，以及动词不定式连用时，表示坚决肯定由动词不定式所指称的行为。如：Как мне не знать！可译成：我咋能不知道?! 或者：我真知道！或者：我都知道！

第五，对话中否定语气词 не 和 ещё бы 连用，位于对话答句句首，重复问句中谓词，表示完全肯定由重复词所指称的内容。如：
— Нравится он тебе? — Ещё бы не нравится！可以译成："你喜欢他吗？""非常喜欢。"

第六，否定语气词 не 和 как（как же、да как же、уж как）连用，位于对话答句句首，并和对话问句中的重复词连用时，表示完全肯定由重复词所指称的内容。

［162］— Черное море? Совсем не плохо, — он расхохотался.

— И я так думаю. Нет, не плохо！

"黑海吗？蛮不错。"他哈哈大笑。

"我也这样想。是的，蛮不错。"①

上述译文在答话中语无伦次，先说"不是"接着又说"满不错"。改变翻译单位的选择，从词层跨越至句群层。按词层翻译 нет 只能译为"不是的"，从话语层来理解 нет 的含义，нет 是针对 плохо 而言的，而译文中"不是的"则是针对"满不错"而言的。由于俄汉语表达习惯不同，需要把 нет 译为"是的"，这样才能确切表达 нет 在这个上下文中的含义。

---

① 蔡毅、段京华编著：《苏联翻译理论》，湖北教育出版社2000年版，第56页。

第七，He успел + 完成体不定式，как... 表示"刚（刚刚）……就……"时，强调行为情景间隔小，带有急促意味。не 的否定意义消失，汉译换为肯定表达。

[163] Не успели мы втроём выйти из сада, как за нами хлопнули ворота. （Пантелеев）

我们仨刚走出花园，花园的大门就砰地关上了。①

这种类型的句子特殊之处在于 не успели... 部分意义上为从句，但连接词 как 却位于主句，句意等于 Как только мы вышли из сада, за нами хлопнули ворота. 汉译时 не успели... 表示的不是通常的"还未及"意思，而是"恰巧、刚刚、一刹那"，因此必须用肯定形式。

第八，Не прошло и/ещё + 时间名词第二格，как... 句式，强调时段的短促，且句中有 какой-нибудь 定语时，не 的否定意义消失，汉译换为肯定表达。

[164] Не прошло какого-нибудь года, как он уже умер.

刚过去一年他就死了。②

俄语表达时间关系的固定结构，整个句子的逻辑语义关系中，否定标志已经丧失了否定意义。上例语言内可转换为 Прошел всего лишь год, как он уже умер，因此汉译应用肯定表达来换译。

第九，как бы не/чтобы не 常与主句中表示害怕、担心（бояться、беспокоиться、испугаться、страх、боязнь、опасение 等）一类词连用，此时否定形式表达肯定意义，必须换译为肯定形式。

[165] Вела себя, как страус, пряча голову в служебную суету, чтобы не испугаться реальности.

自己像个鸵鸟一样，埋头于没完没了的公务之中，想要借此来

---

① 张会森：《最新俄语语法》，商务印书馆 2000 年版，第 676 页。
② 张会森：《最新俄语语法》，商务印书馆 2000 年版，第 677 页。

逃避现实。①

第十，пока не/до тех пор пока не 主从复合句表示时间先后关系。主句用未完成体表过程，从句用完成体，从句行为是主句行为停止的契机，指出主句行为的界限，не 没有否定意义，汉译换译为肯定形式。

[166] Я бежал до тех пор, пока не устал.

我一直跑到疲乏为止。②

④双重否定→肯定

双重否定即否定之否定，其深层语义内涵是肯定。两个否定词指称同一概念或同一词时，其语义结果是肯定的。俄语和汉语肯定句和否定句中，除了标志词不/не 的区别之外，用词也各不相同。双重否定的语义根源为逻辑，语法形式上两个显性的否定手段，在语义上反而将否定意义消解，从而发挥弱于肯定的语用功能。否定之否定，相较于肯定形式，语气更委婉，情感更凸显。俄语用ни...не.../ни...ни... 等表示特有的双重否定。否定语气词 не 用于"не + мочь + не + 动词不定式"的双重否定结构中时，表示带有必然意味的肯定意义，应换译为肯定形式。如：Я не могу не сказать сестре об этом. 可译成否定形式：我不能不告诉姐姐这件事。或者译成肯定形式：这事我必须告诉姐姐。再如：Нет человека без недостатков. 可译成否定形式：没有人没有缺点。或者译成肯定形式：缺点人皆有之。从否定形式换译成肯定形式，语里意义和语用价值并未发生改变，本质为换形保义显值。再如：Дождь не такой, чтобы нельзя было выйти. 一般译成：雨并不大，可以出去。这个俄语程度度量从句句义为"雨还没大到不能出门的程度"，按照汉语语表"不能出门"是否定，但汉语表达习惯因整句语义焦点

---

① 钟晓雯：《俄语固定比较短语的解读》，《天津外国语大学学报》2016 年第 3 期。

② 张会森：《最新俄语语法》，商务印书馆 2000 年版，第 675 页。

"雨下得大不大"而调整，换译为肯定形式。

视角换译则是一种形而上的分析，倾向于哲学二分法，非此即彼，涉及动静、肯否等词汇层面或句子层面的换译问题。动静换译即动态与静态之间互换。肯否换译是肯定和否定相互换译。这种分类方式基于翻译实践中存在的现象，落脚点为文本。译者通过考量各种因素因地制宜，采取合适的换译法。

本章小结

翻译方法不同于数学公式，放之四海而皆准。它是人们在大量翻译实践中总结提取并归纳出来的经验，具有一定的指导意义和参考价值。学好翻译方法不等于就能翻译出正确完美的译文。

换译类型到底以何为区分标准？的确很难一刀切。考虑到换译是具体操作方法，以翻译单位作为实际操作对象，我们从对象的外部形态入手切分，即以形式变化作为分类标准。

形态学认为词的形态指词的内部变化形式，包括构词形式和词形变化的形式。俄语词形丰富，汉语词形变化相对较少。词不同，则组成的"句"也会显现差异。探究形式背后的"内部构造及其变化"，可以尝试解释换译机制。词形是形态学的基本研究对象。换译以形态学为着眼点，为出发点，为类型划分标准，再与换译矛盾性质相结合，即按矛盾性和形态总结换译具体类型，列表如下：

表 3-3　　　　　　　　　　换译矛盾性质

矛盾	形态标准	不同层次的具体类型	微观对策	备注及释义出处
语形	有形换译	单位换译	更换	［更换］变换；替换。（《倒序现代汉语词典》，2002：279）
		标点换译		
		形象换译		

续表

矛盾	形态标准	不同层次的具体类型	微观对策	备注及释义出处
语义	无形换译	词类换译	替换	[替换]把原来的（工作着的人，使用着的衣物等）掉换下来；倒换。(《倒序现代汉语词典》，2002：280)
		虚实换译		
		动静换译	互换	[互换]互相交换：信物/种子。(《现代汉语词典》，2014：550)
		肯否换译		
		语态换译		
语用		语气换译	变换	[变换]事物的一种形式或内容换成另一种：位置/手法。(《倒序现代汉语词典》，2002：279)

按照该表，有形换译的矛盾点在于语形，无形换译的矛盾点在于语义和语用。有形换译可通过更换语形来破解，无形换译则采用替换、互换、变换等手段来化解形义矛盾。

该表只是粗略的分析，各种换译小类之间有交叉，并非绝对泾渭分明。比如单位换译与虚实换译、动静换译、肯否换译、语态换译、语气换译等都有交叉。形象换译往往伴随着虚实换译。动静换译牵涉词类换译和语气换译等。另外，从必然和或然角度看，换译也可分为强制性换译和非强制性换译。非强制性换译至少可以分为选择性换译和伴随性换译。如果从换译的原因角度入手，换译又可以分为修辞性换译、达旨性换译、语法性换译、文化性换译、思维性换译等。但这种分类标准过于泛化，操作性太小。事实上换译的原因很多，那这种分类就意味着换译的类型趋于无限。相比较而言，形态更直观。

需要强调的是有形与无形也非绝对。有形重在形式变化明显，无形重在语义连贯。有形的单位换译、符号换译和形象换译在双语对比中差异明显，易于操作。无形的词类换译位居词层，更靠近语义。语气换译则居于句层，与交际目的直接相关，倾向于语用，涉及标点符号。语态换译也处于句层，与句子焦点直接相关。以形式形态作为分类标准，是笔者的尝试，成功与否待实践检验。

目前为止，有形换译和无形换译能够涵盖已有的大部分换译类型。换译类型的形态区分既是对换译研究述评的深入，也是对换译概念的展示。有形换译涵盖单位换译、标点换译和形象换译，是肉眼直观可见的。这三种换译类型在双语对照时，必然存在着清晰可见的差异，且以形式和词汇的差异为主。无形换译包括词类换译、语气换译、语态换译和视角换译。这四类换译的判断标准要复杂一些。词类换译是译者对比双语文本的前提下，考虑词类归属才会称之为词类换译，是无形的，肉眼不能直接观察的。语气换译尽管伴随着标点符号的改变，但其考虑更多的是陈述、疑问、祈使与感叹四种句型在双语之间相互替代。其中标点换译仅是伴随项，不能以此作为是否换译的条件。语气换译终究在于译者对文本语义的深入解读。语态换译的标志只能作为参考，不能一概而论，语态到底换不换，更多地取决于译语语言规范和使用习惯。说得再深入些，即语态换译跟思维差异密切相关。视角换译包括动静换译和肯否换译。这两个小类都是从哲学二分法的角度来论述的，非此即彼，相互替代，也非肉眼根据语形就能判断。总之，无形换译关注更多的是语义的正确传达。

综上所述，笔者认为，从形态学入手的有形换译和无形换译的区分，比以往的分类标准更具科学性和系统性。当然随着译学研究的不断深入，笔者期待着更精妙的分类标准。最后，本章归纳的换译的各种具体类型，可以为换译机制提供语料，为换译理据阐释提供视角。

第四章

换译机制假说

"机制"一词最早源于希腊文，指机器的构造和动作原理，现指以一定的运作方式把事物的各个部分联系起来，使它们协调运行而发挥作用，具有程序化和自动化特点。换译机制即换译运行机制，重点阐释翻译实践中使用换译法时，译者头脑中信息处理的运作程序和方式。翻译是科学性和艺术性的结合，换译的科学性正在于换译具有一套完备的运行机制。换译的艺术性则因人而异，因地制宜。换译机制涉及译者（主要是人）的心理和生理反应，关乎神经和认知，落实在外在显化的语言和内在隐藏的思维。翻译命脉重在过程，换译核心重在替代，换译机制重在探讨换译之"替代"需前瞻后顾哪些因素，这些因素如何互动发生效力，当"替代"瞬间完成时，译者认知中的深层运作有哪些因素。换译机制是一个假设性的思维流程描述，不具有规定性，是一个动静结合的过程，分为显性换译机制和隐性换译机制。正所谓"虚实相资、动静互涵、隐显相合成为人们感悟外物、由以致诚之道，也是译者在翻译过程中玩味品鉴的审美理想"[①]。

---

① 张思洁、李贵荣：《论译者之诚及致诚之道》，《外国语》2008年第2期。

第一节　显性换译机制

显性换译机制是指从静态视角看换译过程，人为假设性地把换译思维流切分成一个个静态的点，以概念和意象为聚焦，穿点成线，转成动态。在双语词语或表达方式存在明显差异的情况下，从已定的译语出发，对比双语语形特点，通过"形"与"意"的差别推导出换译法大概的运行过程和方式。"形"有两解，一为形态、外形，二为形象。"意"也有两解，一则为意义、语义，二则为意图。标点换译和单位换译着重展现第一解，形象换译倾向于第二解。客观世界作用于译者的感官，在脑子里形成概念或意象，用言语或内心独白表述成语句，翻译经历的也是一个类似的过程。

一　概念替代机制

概念是思维的基本形式之一，反映事物的一般的、本质的特征，一般借助于词汇来表达。词汇在翻译中受制于小句。翻译为如实传达原作风格，展现原语词汇语义内涵，以小句为语境统摄，落实于文本中，则表现为改变原语对应词汇概念，具体于语言单位上，则为译语不是原语对应语形。"翻译的转换范式是信息具体转换方式的理论形态。"[1] 携带信息的符号，在形态对比或对应时，伴随着译者对语言、思维、文化等寻找对应结构体，进行形而上的概括。然而形而上的概括最终落脚点在于概念。翻译作为沟通两种语言和文化的介质，是"思维主体多次跨空间映射和概念压缩的结果"[2]，翻译过程可视为概念化机制运作。概念替代机制在概念替代程序中突出

---

[1] 姜秋霞：《对翻译转换范式的思考——兼论翻译的学科特性》，《中国外语》2007年第6期。

[2] 谌莉文：《口译言语行为过程的主体性协同概念框架》，《外语与外语教学》2014年第4期。

概念替代方式。

(一) 概念替代程序

双语形象在语表也有充分的差异，特别是文化空缺现象，早已被语言界、翻译界所公认，随之而生的"词汇空缺"现象大量存在。无等值词汇（безэквивалентная лексика）是指译语中没有与原语词汇完全对应或部分对应的词汇单位。当无等值词汇表示民族文化现象或事物时，在译语中找不到与之对应的译语词汇，原语的这一词语相对于译语而言，就是文化空缺词汇。文化空缺词汇包括完全空缺和部分空缺两类。完全空缺词汇主要指带有明显地方色彩的事物名称、方言行话，以及彰显独特文化的称谓、民族特有事物或现象的名称等。部分空缺词汇指双语词汇或表达方式在意义上不完全对应，原语词汇义素在译语中缺失或错位，原语表达方式在译语中以其他方式显现。

用双语语言符号来表达概念，那么在概念替代的过程中，语言符号自然必不可少。语言符号通过指称世界，与人建立联系，"与人涉身体验知识更切合、更凸显、更具体的概念会成为人类优先选择的概念"[①]。语言学界对符号指称内涵界定不尽相同，对符号三角和语义三角的解读众说纷纭，语义三角按照三角形左上右方向，至少有：词语（word）— 思想（thought）— 物（thing），符号（symbol）— 概念（concept）— 所指（referent），符号（symbol）— 意念（sense）— 所指（referent），语言 — 概念 — 客观（指称），言 — 意 — 象，形 — 义 — 物等。上述思想是对索绪尔符号"能指和所指"的延伸或补充。"所指是话语作者所指的语言外现实世界中的具体的某个客体；能指是概念本身所限定的一类现实客体，即概念的

---

① 谭业升：《转喻的图式 — 例示与翻译的认知路径》，《外语教学与研究》2010年第6期。

内涵。"① 在此基础上，可将语言符号概括为能指（сигнификат/signifier）、所指（денотат/signified）、实指（референт/referent）三个层面。实指在语言学界称为"指称物"或"指称对象"，是语言符号对应客观现实的具体体现。翻译离不开语域，"语域作为社会符号，其实指、所指、能指分别对应语篇所体现的社会现实、语义内涵和形式手段三个层面"②。从符号视角审视用词所表示的概念，词的社会现实构成词的实指，即词这一符号在特定语境中实现的语用功能。词的语义内涵是其所指，属于抽象的心理意念，是符号内容。而词的形式手段，包括书写和发音等则构成词的能指，属于感性的物理世界。从二元关系来看符号形式与内容，能指对应符号形式，对应概念的内涵；所指对应符号内容，对应概念的外延。

　　双语符号通过能指、所指和实指可以构成抽象的拓扑空间，形成符号域的空间结构。语言符号以点集合的形式占据符号域空间，"空间的模式化复原了现实世界的空间面貌"③，空间中心区域是理想世界图景，具有最大家族相似性。"世界图景"在认知语言学中类似于"意象图式"。意象图式"涉及人的主观与客观互动获得经验的认知过程"④，意象图式"存在于概念之前，并独立于概念，为我们理解抽象的经验和概念提供了结构"⑤。双语符号表示的中心文本与边缘文本互动，形成动态变化的占位过程。双语语言符号之间形成线性关系网络，促成形象，传达意象。

　　从结构主义视角出发，将研究对象——概念模式化，以横向和

---

① Гарбовский, Н. К. *Теория перевода*（2-е издание）. М.：Изд-во. Моск. ун-та, 2007, стр. 278 – 281.

② 黄忠廉、孙瑶：《语篇翻译语域三步转换观》，《现代外语》2017 年第 2 期。

③ Лотман, Ю. М. *Внутри мыслящих миров*. М.：Школа"Языки русской культуры"，1999, стр. 205.

④ 倪璐璐、周民权：《基于意象图式的俄汉换译机制研究》，《西安外国语大学学报》2019 年第 4 期。

⑤ 杨明天：《观念的对比分析：以俄汉具有文化意义的部分抽象名词为例》，上海译文出版社 2009 年版，第 55 页。

纵向相结合方式可找出研究对象的某些恒量和变量，以及二者的关系。从中俄双语语符角度看，能指不同，所指却大致对应，且原语所指在某些特殊条件下可对应译语的能指和实指。而实指更为特殊，是原语所指的具体化，可以对应译语实指，还可对应译语能指和实指，词汇中同音词、多义词等现象就是其外在表现，译者思维中双语符号对应形式如图4-1所示：

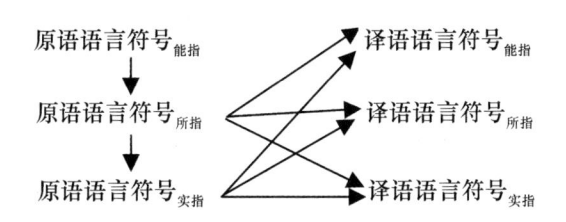

图4-1 译者思维双语符号三指映射

1. 语言符号能指替代

语言符号的能指相当于形式手段，为该符号的物质形式，包括传统认为的音响加上语言外壳。语言符号能指替代多发生在带有文化特征的音译词汇上。杨仕章将文化信息分为"文化主信息、文化次信息和文化零信息"[①]。洛特曼认为"文本作为文化最起码的组成部分和基础单位，是文学符号学和文化符号学的连接环节"[②]。李锡胤也认为"语言是'代码依赖型'符号，经过破译，意义自明；文学是'语境依赖型'符号，除了破译字面意义外，还得根据语境加以阐释"[③]。而根据语境的阐释过程就可以使用换译法处理文化次信息和文化零信息，具体来说可以直接用概念能指替代，以确保传达原语内涵。翻译常见情形是译者囿于词句表层的所指意义，仅在词

---

① 杨仕章：《文化翻译论略》，军事谊文出版社2003年版，第170页。
② 转引自王铭玉《语言符号学》，高等教育出版社2004年版，第170页。
③ 李锡胤：《李锡胤论文选》，黑龙江人民出版社1991年版，第265页。

语的概念意义上做文章，不能解读出其深层所蕴含的文化意义，即内涵意义，从而必然导致诠释不足。陆永昌在对比俄汉文化背景词时，指出俄汉文化背景词有"相距甚远、形象冲突、各自独有"①等对应模式。ведро 属于这类词汇，其本为俄语中性名词，是容器，可对应汉语"桶、罐"等，但在哈尔滨，许多老年人喜欢将其称为"喂得罗"，很显然这是音译的效果，属于概念能指替代。随着语言的发展，"喂得罗"已经慢慢退出历史舞台。尽管傅仲选提倡"为了赢得读者，必须用自己时代的语言去翻译前人的作品"②，并举朱生豪用现代汉语译 16 世纪末的剧作《罗密欧与朱丽叶》为例。但这属于宏观上翻译的时空转换，在对待具体词汇时，还是要跨越时空局限，贴合特定历史社会文化，根据文化大背景推敲词汇，避免文化传达的时空误解。

2016 年 9 月 25 日，译者兼研究者陈元飞博士曾和我聊过一个翻译现象。他在重译《汤姆叔叔的小屋》时，对于同一个英语词汇，他译的词汇与以往译本不同，如 vest、neckerchief、tie 的汉译，人文版（1998）、译林版（2008）、译文版（2014）均是"背心""围巾"和"领带"，而他译为"马甲""领巾"和"领结"。他根据资料进行了历史考据，说明汉译要考虑深层社会发展，译本应利于作者跨越时空理解作品中美国当时的具体社会现实，妥善表达，让读者真正体会作者文字背后文化意义。因此从保持文化"陌生美"角度看，"喂得罗"形象地展现了特定历史时期人民的生活方式。哲学辩证法也告诉我们，存在即合理。多语种、多语体风格的不同译本共生共存，从诠释学角度看，正符合译语读者不同的阅读视域要求。况且译者与作者和读者，译者与其他译者存在视域差别，甚至每个译本的译者有其独特的主体视域特征，文学名著重译也印证了这

---

① 陆永昌：《俄汉文学翻译概论》，上海外语教育出版社 2007 年版，第 124—126 页。
② 傅仲选：《实用翻译美学》，上海外语教育出版社 1993 年版，第 171 页。

一点。

2. 语言符号所指替代

语言符号所指相当于语义内涵，是语言符号固定于语言系统中的内涵及该符号在交际中可能引起的意象、联想等意义之和。全译跨语转化时，根据语境要求如实传达语言符号所指，该换则换，才能使译本通畅。语言符号所指范围，涉及语义，不同学者有不同提法。翻译中词语的所指意义可以从原始义、本义、引申义、比喻义、修辞义、象征义和文化义等角度入手。信息上的不对称性往往会影响到译者对原语意义的理解及诠释。译者的"前见"所形成的视域往往无法与原语文本的视域达到全方位融合。

[167] А потом школьные затейники организовали игру, и им опять выпало быть вместе. А потом был общий фант: станцевать вальс — и они станцевали. (Б. Васильев, «А зори здесь тихие»)①

试译：之后同学们玩了一个游戏，于是他们俩又出现在一块儿了。再后来，他俩都是游戏中的输者，罚跳华尔兹——于是他俩又一起跳了舞。

俄语 фант 和 вальс 是特有文化概念，带有明显的地域文化特色，在汉语中属于文化内涵空缺。Вальс 音"华尔兹"，是舞蹈名称，起源于欧洲，已经被汉语文化所接受并引进。句中 вальс 由于受到动词 станцевать 两次强调，变成凸显信息，是文化主信息，因而采用概念能指直接替代而不会带来疑义。фант 音译为"方特"，是一种玩输了受罚的游戏，在俄语网站上的解释为：Игра, в которой играющие исполняют то или иное, преим. шуточное, задание, назначаемое по жребию владельцу значка, предмета（游戏者执行某种带有戏谑性质的任务，按抽签的方式指定图标的所有者执行游戏）。于是整个句子之间的逻辑关系，需借助 фант 的玩法才能明晰，跨语转化时 фант 属于文化次信息，后面用冒号加小句概括处罚方

---

① 文献来源见网址：https：//www. litmir. me/br/? b = 567&p = 2.

式。若直接用概念能指替代，译为"方特"则必须加注阐释，否则文化内涵传递不畅。且该"方特"与目前国内流行的方特系列主题乐园之方特欢乐世界不是一个概念，因而汉译处理方式是概念所指替代，用上位概念"游戏"来替代。

3. 语言符号实指替代

语言符号实指相当于社会现实，即语言符号在言语交际中指向的主观、客观世界中具体某一个特定的事物、场景。语言符号从能指经历所指到实指，指称范围一步步缩小，语义内涵逐步明确。通常情况下，译者应越过双语语言符号的能指，在信息处理过程中过滤掉原语语符，包括字母文字、语法、习语以及语符中的文化沉淀等，直达所指，明确符号的语义，根据译语认知语境选择最恰当的实指。语言符号实指替代更多地涉及思维冲突情况。如中俄时间思维方式的差别。王秉钦认为无论哪种文化都处于"时空坐标系"[①]中，横坐标是空间轴——社会，纵坐标是时间轴——历史。社会历史积淀构成了不同的民族文化心理。不同民族"时间级序侧重点"[②]不同，如中俄"前"与"后"立场不同，主要原因是中国人以客观时间为中心参照点，自己面朝"过去"，前指过去，后指将来，如"前无古人后无来者"。可见人类认知将时间概念和空间方位联系在一起。客观上已经发生的事是过去时，中国人看成在前面；待发生的事情是将来时，中国人看成在后面。中国人用方位词表示时间时，认为"前"表示较远的过去，"上"则表示最近的过去；"后"指较远的将来，"下"则表示最近的未来。俄罗斯人则显得不那么客观，通常以自我为参照点，面朝"将来"。

手机微信公众号"俄语之家"（Ruclub）2017 年 1 月 1 日曾推出一则消息，其中有这样一句话：2016 год уходит. Он был

---

① 王秉钦：《文化翻译学：文化翻译理论与实践》，南开大学出版社 2007 年版，第 7 页。

② 王秉钦：《文化翻译学：文化翻译理论与实践》，南开大学出版社 2007 年版，第 33 页。

непростым, но трудности, с которыми мы столкнулись, сплотили нас, побудили открыть огромные резервы наших возможностей для движения вперёд. 汉译是：2016年即将过去。这是不平凡的一年，但我们经受的苦难将我们紧紧团结在一起，促使我们发挥巨大潜能，继续前行。其中 вперёд 作为"向前"来解读。因为俄罗斯人对待客观上还未发生的将来时，用"前"来表示，自我"向前"方能实现。这点与中国人的观念明显不同，中国人认为尚未发生的"未来"是"以后"。而"千亿词霸"在线词典在解读 вперёд 时用了这样一个例子：Вперёд будьте осторожнее. 译文是：以后您要小心点。① 俄语 вперёд 是副词，表方位时，意为在前面；表时间时，意为将来、以后，口语中常用。中国人认为"前"和"上"指过去，"后"和"下"指将来。上述两例，一个译为"前"，一个译为"后"。可见 вперёд 一词词义认知图景与中国人的时间方位认知冲突。Вперёд 义素"前"符合汉语以自我为参照点的认知，如"前途、前进"等，义素"后"则显示中俄时间视角不同。戴浩一、叶蜚声用"时间在动"和"自己在动"两个比喻恰当地说明了"汉族人喜欢时间在动的比喻"，且"在涉及人体构造的别的感知领域，例如上下、前后，人类是偏爱上和前，不偏爱下和后"②。如上为天堂、下为地狱。译为"后"的，即将视角从"自己在动"调整为"时间在动"。这也从侧面说明人们喜欢借助于时空表达伦理概念。

三种换译替代程序中，根据实践观察，使用频率大致为所指替代＞实指替代＞能指替代。这也符合双语符号蕴含的语义特点。翻译落实在双语符号之间，以语义内涵为主，语义内涵反映的现实为辅，语言符号携带的音响次之。

---

① http://www.qianyix.com/words/index.php?q=%D0%B2%D0%BF%D0%B5%D1%80%D1%91%D0%B4.

② 戴浩一、叶蜚声：《以认知为基础的汉语功能语法刍议》（上），《国外语言学》1990年第4期。

（二）概念替代方式

认知语言学原型范畴观认为，人脑对世界的认识是以人脑中已存储的原型为参照点，通过家族相似性来联系更多的成员。认知范畴的中心成员是具有最大家族相似性的原型，其他成员围绕在原型周围，构成一个相似性网络范畴。范畴分为上位范畴、基本层次范畴和下位范畴。概念按照范畴模式相应地分为上位概念、同层概念和下位概念。事实上，表示因和果的概念、局部和整体概念、工具和工具使用者等的概念词汇在翻译中都可以相互替代。谌莉文提出"概念框架转换"并将之定义为"对源语范畴原型和目标语范畴原型所涉及的翻译认知加工基本要素（如语篇、环境和主体）进行重新整合的范畴化认知"[1]。双语范畴原型在译者思维中进行整合替代。姜秋霞将翻译转换过程中心理符号在结构对应上的调节现象，即图式变化或图式差异对译者产生的作用称为"'图式'中介"。译者随之产生的心理变化或调节有助于为双语语表形式和语义结构建立对应关系，即"通过建构相应的概念图式实现双语语义间的和谐对应，建立起概念间的联系"[2]。

按照概念层次，概念替代方式分为同层概念替代方式和跨层概念替代方式两种。面对文化空缺词汇，最先使用的就是对译法：找到原语词汇的译语对应词汇。首先，当译者判断没有译语对应词汇，且属于形象完全空缺类现象时，向上寻找句子语义，依据上下文语境、情景语境和文化语境，判断该文化空缺词汇的概念意义，并尝试寻找译语非对应词汇。选取标准一般为先选择该词汇的上下位概念词，若无，则找同义表达方式，进行阐译，即阐释（或曰描写翻译法）和/或加注方式，灵活使用直译和意译策略。

---

[1] 谌莉文：《翻译过程的原型思维表征：概念框架转换》，《上海翻译》2016年第3期。

[2] 姜秋霞：《对翻译转换范式的思考——兼论翻译的学科特性》，《中国外语》2007年第6期。

1. 同层概念替代方式

同层概念替代即同义手段彼此替代。同义手段是修辞学的研究对象。同义手段存在于系统之中，是一种聚合关系。根据深层结构决定句子的意义，表层结构决定句子的形式，同一概念就可以用不同形式表达，同义手段应运而生。语言的同义手段主要是指同义词语和同义句式。言语同义手段可以指语言系统中并不是同义的表达形式，但在交际活动中，由于上下文和情景及双语文化的配合限制，而临时地、有条件地表达了相同意义的表达方式。本书综合语言和言语同义手段，将同层概念替代方式分为语体同义表达方式替代、修辞同义表达方式替代、语境同义表达方式替代和委婉同义表达方式替代四种类型。

（1）语体同义表达方式替代

语体同义词意义相近，但在语义特征程度、语义涵盖范围、修辞色彩上有细微差别，需仔细揣摩。科学语体喜欢抽象性和准确性都高的述谓性结构，如"对……感兴趣"，一般不用简单的интересоваться，而是使用проявлять интерес к...结构。再如俄语中同样表示关系的俄语物主形容词，一般只用于口译和文艺作品中，在科技、政论作品中少见。名词，特别是指称类名词，在内容逻辑比较严密的公文事务语体中，特别是外宣或法律领域，为避免歧义，因逻辑同一律而换译的现象比较常见。笔者做过第六届中俄检察业务研讨会文件笔译工作。其中致辞稿中提到"研讨会，本次研讨会，本次会议，此次会晤"等同义词，还提到"第十二次上海合作组织成员国总检察长会议"，前者与后者不是同一会议，会议规模与层次也不同，尽管前者所用汉语词汇不同，但此时如果后者会议用совещание，就应将前者处理为不同俄译конференция、собрание、заседание、встреча等。另外笔者将同一种语言的古语与现代语、方言与标准语也归入语体范畴。

[168] 黛玉先笑道："你们瞧瞧，孙行者来了。他一般的也拿着雪褂子，故意装出个小骚达子来。"（《红楼梦》第四十九回）

Вы поглядите на этого новоявленного странника Суня! — вскричала тут Дайюй. — Она нарочно так одевается, хочет быть похожей на монгола!①

— Вы только поглядите, какой странник Сунь у нас появился! — воскликнула при виде ее Дайюй. — Она умышленно носит во время снега эту шубку, наряжаясь под монгола!②

"小骚达子"是骂人的话。据众多红学家考证,"骚达子"又称"骚达奴",是对蒙古族和北方游牧民族的蔑称,也有人说这就是骂满人的。俄语语言表述中没有完全等值的表述,所以译者创造了一个近似等值表述,该词汇表示为"蒙古人",也有"骚达子"的意思。黛玉口中吐出这几个字,让她的语言雅中带俗,却给人一种很真实的感觉。如此换译既照顾到了该词汇的基本意思和文化伴随意义,也传递出黛玉语言中的粗俗和俏皮成分,效果明显。

(2) 修辞同义表达方式替代

单语内部使用同义词重点在于避免重复单调,加强语气或突出强调以刻画所描述现象的细微特征,多见于具有表现力的文学及其他文本中。双语跨语转化时,为增加语言表现力,也会使用同义词换译法。

[169] 劳动是财富的源泉,也是幸福的源泉。③

Труд не только источник богатства, но и ключ к счастью. ④

汉语两个"源泉"换译为俄语的источник(源、泉水、资料等)和ключ(钥匙、扳手、线索、泉水等),是为了避免重复而换

---

① ЛитМир-Электронная Библиотека > Цао Сюэцинь > Сон в красном тереме. Т. 1. Гл. I – XL. > Стр. 30, https://www.litmir.me/br/?b=35954&p=30.

② Цао Сюэ-цинь: *Сон в красном тереме том первый*, *перевод с китайского В А. Панасюка*, Москва. Государственное издательство художественной литературы, 1958, стр. 686.

③ 习近平:《习近平谈治国理政》,外文出版社2014年版,第46页。

④ 习近平:《习近平谈治国理政(俄文)》,俄文翻译组译,外文出版社2014年版,第61页。

译。另外，汉语文白、雅俗也可视为同义表达方式。俄语的 Я вам чрезвычайно признателен за то, что вы нашли возможным меня принять（我特别感激您接见了我）就可以译成"承蒙接见，不胜感激"。

（3）语境同义表达方式替代

在特定的语言使用环境中词的某一潜在蕴含义素会被凸显，这也是产生新的形象用法或新的转义的途径之一。《红楼梦》中蕴含着深邃广博的佛教文化思想，"阿弥陀佛"这一佛教高频用语，在《红楼梦》这一文化内涵丰富的文本中，因语境得以凸显。俄译并不用全部忠实地译为 Амитаба 或 Амитофо，而应根据言语环境适当换译，才能揭示概念的真正内涵。

［170A］（当宝玉大叫头痛，黛玉正在羞赧之时）黛玉道："该，阿弥陀佛！"（《红楼梦》第二十五回）

— И поделом! — ответила Дайюй.[①]

［170B］（因宝玉一句"理他呢，过一会子就好了"，惹得黛玉生了气，宝玉来看而不理，宝玉未及解释就被叫出后）黛玉向外头说道："阿弥陀佛，赶你回来，我死了也罢了！"（《红楼梦》第二十八回）

— Наконец-то! — крикнула ему вслед Дайюй. — Если он вернется, я, кажется, умру![②]

［170C］（当马道婆要零碎绸缎，并说已在药王面前上了供时）赵姨娘叹气道："阿弥陀佛！（《红楼梦》第二十五回）

— Вот и хорошо! — кивнула головой наложница Чжао, снова

---

① Цао Сюэ-цинь: *Сон в красном тереме том первый, перевод с китайского В. А. Панасюка*, Москва. Государственное издательство художественной литературы, 1958, стр. 349.

② Цао Сюэ-цинь: *Сон в красном тереме том первый, перевод с китайского В. А. Панасюка*, Москва. Государственное издательство художественной литературы, 1958, стр. 388.

вздохнув.①

［170D］（马道婆引诱赵姨娘暗中算计别人）马道婆听说这话打拢了一处，便又故意说道："阿弥陀佛！你快休问我，我那里知道这些事。罪过，罪过。"（《红楼梦》第二十五回）

Доасская монахиня приблизилась к ней и прошептала:

— Амитофо! Лучше меня об этом не спрашивайте! Откуда мне знать о таких делах? Это же грех!②

［170E］（当王夫人听宝玉赞同刨坟掘墓去取珍珠宝石用来下药方时）王夫人道："阿弥陀佛，不当家花花的!（《红楼梦》第二十五回）

— Амитофо! Что ту болтаешь! — вскричала госпожа Ван.③

黛玉念佛皆因爱而恨，因爱而羞，念佛所指为罪有应得，与语气词"该"合译，用俄语口语词 И поделом（活该，本该如此）替代。而念佛表抱怨语气时，用口语词 Наконец-то（好不容易；总算）替代。唯知求利的赵姨娘说"阿弥陀佛"，实则昧心念佛，不明佛法，俄译用 Вот и хорошо!（就这样吧!）真实地表现出原语主人公的可恨、可戒、可怜、可悲的形象。而马道婆念佛，用 Амитофо，指出其身份。王夫人念佛，也译成标准的 Амитофо，是中规中矩的求佛之心。上例因上下文语境而换译，鲜明地展现了语言背后表达的形象特征。

（4）委婉同义表达方式替代

避讳性结构在翻译中往往具有鲜明民族文化意蕴，避讳是因习

---

① Цао Сюэ-цинь: *Сон в красном тереме том первый*, перевод с китайского В. А. Панасюка, Москва. Государственное издательство художественной литературы, 1958, стр. 345.

② Цао Сюэ-цинь: *Сон в красном тереме том первый*, перевод с китайского В. А. Панасюка, Москва. Государственное издательство художественной литературы, 1958, стр. 346.

③ Цао Сюэ-цинь: *Сон в красном тереме том первый*, перевод с китайского В. А. Панасюка, Москва. Государственное издательство художественной литературы, 1958, стр. 386.

俗，也是因社会心理，涉及委婉表达。委婉表达作为一种语言现象在中俄双语中大量存在，广泛分布在价值观念、社会制度、哲学思想、宗教信仰、传统文化、历史背景和民族性格中，反映着各自不同的民族心理特点和文化特征。委婉语语表为虚，语里为实，跨语转化时往往涉及形象换译，即采用委婉同义表达方式来替代。

［171］黛玉忙笑接道："可是呢，都是她一句话。她是哪一口子的姥姥？直叫她是个'母蝗虫'就是了。"（《红楼梦》第四十二回）

— Совершенно верно! — согласилась Дайюй. — Никак не пойму, с какой стороны она доводится нам бабушкой? Но лучше всего называть ее «саранча».①

在《红楼梦》第四十回，板儿出口直呼蝈蝈与蚂蚱，犯了国讳，有学者认为蝗虫和蝈蝈都有着特殊的文化含义，蝗虫就是"皇虫"，蝈乃"国之虫"。黛玉顺此用"母蝗虫"三字来形容刘姥姥，将其形象刻画得入木三分。"蝗虫"暗讽当权者搜刮民脂民膏贪图享乐。俄语中该种文化信息缺失，没有类似的对应词语。俄语词汇 саранча 是阴性名词，意思是"蝗虫"，但自然性别无法从单词形式上作为区分，且其文化联想意义常指一群有破坏作用的、贪婪的、下流无耻的人，与汉语的"母蝗虫"有部分语义对应，再加以引号传达文化携带信息。俄罗斯汉学家、翻译家叶果夫（Игорь Александрович Егоров）坦言："翻译小说里人物常用的骂人话也比较难。俄罗斯文学大部分不用骂娘等污言秽语，所以只有用类似不常用的词汇，俄罗斯古语或者婉转词语。"②

2. 跨层概念替代方式

按照奈达（Nida）的生成语法模式，翻译过程可分为分析（Analysis）、转换（Transfer）、重组（Restructuring）和检验（Test）四

---

① https：//www.litmir.me/br/? b=35954&p=6.
② 叶果夫：《莫言的作品：文化差异和翻译》，《中国作家网》，http：//www.chinawriter.com.cn/2014/2014-08-26/215873.html，2014年08月26日。

个阶段。跨层概念替代主要是指用上位概念加以概括，或用下位概念加以阐释，发生在转换与重组阶段，目的是使语义明确清晰。

（1）上位概念替代

中俄两种不同历史背景下，文化在文化理念、文化模式和文化价值观上都有不同程度的认同、共融的趋势，表现在语言形式上则是相互借用和替代，以确保语义的正确传达。

［172］以及"恭请诸伽蓝、揭谛、功曹等神，圣恩普锡，神威远振，四十九日消灾洗业平安水陆道场"等语，亦不及繁记。（《红楼梦》第十三回）

Затем следовала еще одна надпись:

«Место, где почтительно просят духов-хранителей учения Будды излить божественную милость, распространить свое могущество и избавить за сорок девять дней душу покойницы от наказаний и возмездий за прежде совершенные грехи и дать ей успокоение».①

"伽蓝、揭谛、功曹"等神均为佛教守护神将。对于信奉东正教的大多数俄罗斯人来说，三位守护神实属"文化空缺"。原语中"以及……神"字眼表明该信息是文化次信息。译者从俄语受众的兴趣出发，忽略文化次信息，选择其上位概念 духи-хранители учения Будды（佛教保护神们）来换译三个具体的守护神形象，使普通俄语读者毫不费力，一下子就能抓住文本的主要信息。

（2）下位概念替代

用下位概念来换译，往往出自感情色彩考量。在具体的语境下，受某种感情驱使，原语中的词表达的意义会聚焦到某一点上，如褒义、贬义和中性。译者应根据上下文语境推断出潜在褒贬意义，再

---

① Цао Сюэ-цинь: *Сон в красном тереме том первый*, перевод с китайского *В. А. Панасюка*, Москва. Государственное издательство художественной литературы, 1958, стр. 184.

现原语语用价值。

[173] Но пусть они знают: один палач за другим будет выведен к позорному столбу истории и оставит там своё имя. (Герц., Былое и думы)

不过他们应该知道：刽子手将一个接一个地给缚在历史的耻辱柱上，并在柱子上留下他们的臭名。①

单看俄语 имя（名字）无任何感情色彩，然而进入句中，由于语义管控，受前面词语 палач（刽子手）的语义制约，贬义情态凸显，用下位概念"臭名"来替代。

二 意象替代机制

"意象"最早出自《周易·系辞》"立象以尽意"。王充《论衡·乱龙篇》又提出"立意于象"。可见意象是"意+象"。"意"，简单说是"寓意"，体现在文本中是"意思和意图"，即主观的知识结构，包括个人审美情趣和文化倾向，以六种感觉为主。"六感"指视觉、听觉、触觉、味觉、嗅觉、机体觉（ESP，俗称第六感）。"象"指客观世界形象，包括人的形象、物的形象（物象）。人的六感作用于形象（以物象为主），构成"取象→换象→新象"体验过程。在此过程中人调动已有的知识体系，对形象进行主观综合评价，提炼上升为抽象的评价，将直接感知的东西形式化，反馈于主体意识，形成个性化的"意象"，并逐渐被社会所公认，成为集体的、社会性的"意象"，此时的"意象"是主观与客观的综合。"意象是客体经过主体的审美旨趣观照后呈现于主体意识中的形象，它是一种包括视觉、触觉、听觉、通感形象等并结合了个人审美情趣和文化倾向的表现符号。"② 袁顺芝指出意象音译为 имидж，意为

---

① 王秉钦：《文化翻译学：文化翻译理论与实践》，南开大学出版社 2007 年版，第 115 页。

② 杨乃乔：《比较文学概论》，北京大学出版社 2002 年版，第 222 页。

мысленный образ、ментальное отражение 或 идеальные представления，指心中的影象、图象、心象、映象等①。"意象是形象思维的基本单位，是认知主体接触过客观事物后，根据感觉来源传递的表象信息，在思维空间中形成的一种具有概括性并具有复杂结构的观念性形象。"② 意象/image/имид 或 образ，是认知主体与客体的融合，是主体思维中再现的具有概括性和复杂结构的观念性形象。意象图式/image schema/образ-схема，从概念隐喻中提取出来，"是感知互动及感觉运动活动中的不断再现的动态结构"③。意象图式是无数经验的高度抽象概括，多个相似事件遵循大致相同的认知过程。

双语跨语转化形象出现障碍时，换译法以显性换译机制作用于跨语转化全过程，在确保文化意象不亏损、不变味的前提下，尽可能使译文与原文释义相似，充分传达信息意图和交际意图，符合译语读者的审美期待。避免了因译法不当造成的文化阐释错位，词汇语义变形或缺失，文化的误读或不解。显性意象替代机制即通过意象替代程序和方式来模拟换译法之意象替代程序。当然，由于文化意象错位以及文化意象的独特性，译者有时难以全面充分传达作者的意图，而是根据语义重点更换意象，造成文化亏损情况也是在所难免的。

(一) 意象替代程序

意象源于客观现实生活经验，在"符号域"中以意象图式达成有效的映射。"意象图式"同"符号域""关联域""语义场""世界图景"等概念分属不同领域，但本质类似，都是模拟人的身体与外界互动而形成的思维流程。意象图式，音译为格式塔，属于认知语言学范畴，是隐喻的认知基础。意象是感性的形式表达抽象的内

---

① 袁顺芝：《俄汉语言文化意象对比》，《外语学刊》2004 年第 3 期。
② 信娜：《术语翻译思维单位转换说》，《中国科技翻译》2015 年第 1 期。
③ Johnson, Mark. *The Body in the Mind: The Bodily Basis of Meaning, Imagination, and Reason.* Chicago: The University of Chicago Press, 1987, p. xiv.

容，是多维的模糊形象。不同语言使用者因观察角度、注意焦点等不同，对于同一事件可能形成不同的意象，进而抽象出迥异的认知图式，语言表达自然有别。意象图式有"容器、部分—整体、联系、源头—路径—目标、上—下和前—后"等。意象在相同意象图式中根据换喻相关性替代，一般按自然时间顺序映射。意象在相异意象图式中则根据隐喻象似性进行替代。由此，意象替代程序分为基于时间顺序的和基于空间认知的意象映射替代两大类。

1. 基于时间顺序的意象映射替代

俄罗斯学者拉希琳娜综合了莱可夫等人的认知语义研究成果，把意义看作现实的映射，即拓扑模式（топологическая схема/image schema），并分为道路模式（схема пути/path focus）和道路终点模式（схема, отражающая местонахождение объекта в точке/end-of-path focus）[1]。本书将拓扑模式即认知学中的路径图式引入换译机制探讨中，研究重点在于时间顺序原则，即词序、语序在译文中的排列及位置互换。基于时间顺序的映射替代，所强调的语义重点应放入道路凸显图式和道路终点图式中。

（1）道路凸显图式中的意象映射替代

广义的时间概念包括过去、现在和将来。语言描述的线性顺序一般按事件发生的时间先后顺序来排列。自然语序以感知为基础，凸显语序重在说明说话人的兴趣、焦点话题等。在汉语中也正是通过语音手段、词汇手段和句法手段来表达信息焦点。客观时空和人的感知时空有关联。认知语言学中框架（frames）、图式（schema）、脚本（script）、场景（scenarios）、域（domains）、理想认知模式（ICMs）等术语的侧重点虽有所不同，但实质却有相似之处，都是一种知识表征的结构，都用来描述客观世界、人的认知和语言的一致关系。时空观念反映在语言中，最明显的标志就是词序及语序。

---

[1] Рахилина, Е. В. "Когнитивная семантика: история. персоналии. идеи. Результаты", *СЕМИОТИКА И ИНФОРМАТИКА*, 1998, №36, стр. 274–322.

汉语在表达时间概念时，一般按年、月、日的顺序；表达诸如地址、机构、组织等空间概念时，一般为从大到小。俄语排序顺序正好相反。除此规约性要求之外，将时间顺序放在道路凸显图式中，还会发生意象错位映射替代。

［174］广交会贸易方式灵活多样，除传统的看货成交，还举办网上交易会。①

Методы ярмарочных сделок многообразны и гибки, кроме традиционного отбора по образцам, используются также сделки по интернету.②

作为宣传用语，要求翻译既要遵守忠实性原则，又要具有情感表现力。汉语"看货成交"是把形象性融入语言的字面意思上，俄译非字字对译，而是凸显此"货"的实际所指和代表意义，用其下位概念"样品"来替代，因为二者同处在"道路凸显图式"中，"样品"是"货"的一种，是"货"的代表，俄译在"意似"的基础上已经达到了高度的语义反映的认知焦点的"形似"。

（2）道路终点图式中的意象映射替代

中华人民共和国成立初期大量引进苏俄文化，如今提倡中国文化外译。这两种文化潮流下，翻译策略势必受到影响。站在中国角度，笔者发现苏俄文化引进初期一般为归化，诠释阶段则倾向于异化。中华文化外译方法同理。文化词汇或表达，总是让译者头疼不已，杨仕章指出"文化关键词所表达的不是概念（понятие），而是观念（концепт）"③。卡拉西克（В. И. Карасик）认为观念的形象方面体现在人类对于其"记忆中的物品、现象、事件的视觉、听觉、触觉、味觉、嗅觉等特点的描述"④。换译法着重揭示词汇隐含的观

---

① 安新奎：《科技翻译理论及实务研究》，陕西人民出版社 2006 年版，第 57 页。
② 安新奎：《科技翻译理论及实务研究》，陕西人民出版社 2006 年版，第 59 页。
③ 杨仕章：《文化关键词翻译研究》，《解放军外国语学院学报》2016 年第 1 期。
④ Карасик, В. И. Языковой круг: личность, концепты, дискурс. Волгоград: Перемена, 2002, стр. 107.

念，特别是对于形象性已经随着使用频率的增加、语境的泛化而减弱的文化词汇，运用时间顺序在道路终点图式中的映射，求得风格的"极似"。译作风格与原作风格不可能完全等同，这是不争的事实，即便再成功的风格，外译也难免有一定程度的走样和失真。"文化之间的差异也会在文化融合的过程中逐渐缩小，没有必要一味地考虑译文读者的接受程度。"① 译者要相信译文读者的认知接受能力，相信随着读者阅读视野的扩大，理解不同的文化意象的过程也会变得越来越容易。

[175] Дед-то глухой, как камень, ему хучь в ухо мочись, все одно не услышит.

爷爷聋得像块石头，就算是对着他耳朵撒尿，他也听不见。②

试译：爷爷聋得像块石头，就算是对着他耳朵大喊大叫/吹风，他也听不见。

俄语 в ухо мочись 用不同行为的生活体验来表达，文化采取异化处理，保存原作陌生化形象，是文化观下的直译观，是形象对译。引进另类生活习俗，具有新鲜感、陌生的美感。若作为文学作品，则会带给读者异样的感觉，是成功的汉译本。试译文化为归化、意译策略，换掉了一种生活习俗，牺牲次要，保留主要，是为避免读者接受的负担。如果不考虑文学性，试译也未尝不可。试译深入领会原文，将俄民族生活习惯内化为本国习俗和文化，尽管减损了原语特色，但在文化引进初期，也是一种可以提倡的译法。

2. 基于空间认知的意象映射替代

在关联翻译的基础上，李占喜、何自然提出"关联域"概念，将其定义为"在翻译过程中译者思维运作的跨文化区域"，明确认为翻译是认知推理的跨文化过程，并指出"在原文文本明示的基础上，

---

① 李占喜、何自然：《从关联视角分析文化意象翻译中的文化亏损》，《外语与外语教学》2006 年第 2 期。
② 钟晓雯：《俄语固定比较短语的解读》，《天津外国语大学学报》2016 年第 3 期。

根据原文的词汇信息、逻辑信息以及百科信息作出语境假设，寻找关联"①。换句话说，译者的任务是运用大脑信息处理机制，假设双语间语境并寻找关联。换译转化替代时，译者根据已有的百科知识，进行跨文化、跨语言的认知推理假设，寻找双语最佳关联意象，进行解读与匹配。从映射结果来看，要么译者的语境推理是不合适的、错误的，以原语的文化模式来硬套译语，文化意象的传达会不充分，有亏损或变形；要么译者的语境推理是合适的、正确的，以译语文化形象取代原语文化形象，注重文化共核，忽略文化差异，此时文化意象因不同民族为相同的文化形象赋予的主观寓意不同，以及双语系统的差异性，仍有可能是错位的。要最大限度降低文化差异带来的文化亏损，译者通常可根据换译相关性或隐喻象似性操作。关于意象图式的俄汉换译机制，作者认为换译的认知基础是意象图式，相似意象图式根据相关性替代，相异意象图式根据象似性替代，详见拙文《基于意象图式的俄汉换译机制研究》②。

（1）相同意象图式根据换喻相关性替代

钱冠连提出语言全息论（the theory of language holograph）并将其定义为以生物全息律、宇宙全息律与系统论来解释语言内全息状态与语言外全息状态的语言理论③。他的结论是：语言的"词素—词—词组—子句—句子—语篇"各层次中，部分与整体全息；部分与部分包含着相同的信息；语言体系中的每一个全息元，都分别在整体上和其他全息元上有对应的部位或相似的信息。译者一般都具备两种文化意识，通常按照自己更熟悉的文化习惯进行认知推理。哪种文化意识更强烈，哪种文化意识就更容易形成译者的思维定式，显示出较强的关联。换喻或曰借代、转喻、提喻等，其本质是相关

---

① 李占喜、何自然：《从关联域视角分析文化意象翻译中的文化亏损》，《外语与外语教学》2006年第2期。

② 倪璐璐、周民权：《基于意象图式的俄汉换译机制研究》，《西安外国语大学学报》2019年第4期。

③ 钱冠连：《何为语言全息论？》，《外语研究》2002年第2期。

性。"认知过程是关联原则发挥作用的过程,关联原则是根据相关联的信息来认知事物。"① 陈科芳认为,关联的过程可理解为:完全关联—强关联—次强关联—弱关联—次弱关联—完全不关联的连续体②;体现在字面上是:字面完全关联—字面强关联—字面部分关联—更少字面部分关联—字面完全不关联。可见关联性具有疏密度。换译实践中为操作方便,仅将关联度分为强关联和弱关联。

①基于强关联的换喻式替代

译者的思维认知,需要外界刺激。一旦刺激产生,便会在译者大脑中自动建立人与世界的关联。译者在处理文本信息时,力图在各种相关联的因素中找到一个"平衡点"。事物本体与事物的外部特征或标记,事物所在地点名称,事物代表性工具、商标、品牌、原材料等都可以通过借代方式替代。人物与其称名、称谓、作品、成果、典型事件也可通过借代方式相互关联。以抽象概念代具体事物、以部分代整体、以少代多或相反,早已成为借代方式。翻译过程中,随着译者认知努力程度的加大,文本内字面到意义的关联性也逐渐被揭开。一般来讲,部分—整体关联性较强。如当我们说 я читаю Пушкина 时,实际上是指"我在读普希金的作品"。汉语中也是如此,完全可以说"我读路遥"。此时,作家名字与作家的作品形成强关联。再如:

[176] Шел бы! Когда у меня детей цельный угол сидит!(Бун.,Деревня)

去,我的孩子整整坐满了一屋子,现在叫我去!③

俄语угол(角落)换译为汉语"屋子",是因为俄语具有夸张情感色彩。汉语若译成"每一个角落"也可以,只是不太符合中国人的认知习惯。整体—部分替代体系中,根据每一个全息元在不同

---

① Sperber, D. & Wilson, D. *Relevance: Communication and Cognition*. Oxford: Blackwell, 1995, pp. 228-229.
② 陈科芳:《基于语用推理机制的翻译过程框架》,《中国翻译》2010年第3期。
③ 龚人放主编:《俄汉文学翻译词典》,商务印书馆2000年版,第9页。

程度上都能成为整体缩影的理论，"角"能代"屋"，译者利用意象图式进行概念化的过程中，注意焦点发生了转移，从部分的"角"到了整体的"屋"，对抽象事物进行了概念化过程，符合李福印所言"人们的抽象推理的能力取决于把感知范畴映射到更高一层的概念范畴的能力"①。

②基于弱关联的联想式替代

相似性可分为物理相似性和心理相似性。事物在形状上、外表上或功能上的相似属于物理相似性，而对人心理产生的感受相似则属于心理相似性。心理相似性主要是因为不同民族的人处于不同的社会文化中，生活条件、风俗习惯虽不同，但因宇宙普遍自然规律，其思维还是有共性的。如果说物理相似性是强关联，那么心理相似性可归为弱关联，因人而异。翻译实践中，较之于部分—整体相关性，双语对应意象还可根据次要成分—主要成分相关性、上下文概念范畴相关性、特征—事件相关性、时地—事件相关性、人物—成果相关性、原料—成品相关性、工具—事件相关性、原因—结果属性等进行替代，这些相关性程度较弱。虽然关联强弱是一个相对性的概念，因译者而异，但从相对性和连续性中可探寻绝对性。

[177] 忠厚老实人的恶毒，像饭里的砂砾或者出骨鱼片里未净的刺，会给人一种不期待的伤痛。②

Обыкновенные бесхитростные слова, случается, причиняют боль, как камешки, попавшие в рис, как рыбья кость, застрявшая в горле...③

俄语 как рыбья кость, застрявшая в горле（鱼骨头卡在喉咙里）可对应汉语成语"如鲠在喉"。钱锺书是语言大师，并未用"如鲠在喉"，是避熟，更是避俗。用"出骨鱼片里未净的刺"这一

---

① 李福印编著：《认知语言学概论》，北京大学出版社 2008 年版，第 194 页。
② 钱锺书：《围城》，人民文学出版 2013 年版，第 5 页。
③ Цянь Чжуншу. *Осажденная крепость: Роман; Рассказы* Пер. с кит. В. Сорокина. М.: Худож. лит., 1989, стр. 27.

新奇意象，形成情景化，将《围城》的讽刺神韵渗透至字里行间。"所谓情景化（картинность）即指情绪、意义、形象混合的想象世界，主体置身于词语中就仿佛置身于一个具象化、情景化的世界中。"[1] 俄译 как рыбья кость, застрявшая в горле 与原语重点都在突出效果。形象"鱼、刺、喉咙"可以构成"人吃鱼"关联，将人的吃食这一包含主观情态的客观行为引入，就能形成原语形象"鱼片—刺"和译语形象"刺—人的喉咙"，并构成原因—结果式关联，且较之于部分—整体性关联是弱关联。

（2）相异意象图式根据隐喻象似性替代

象似性指语言结构与其直接映照的概念结构之间的关系。关于象似性，已见许多学者的研究，具有代表性的如沈家煊指出"语言的象似性（iconicity）是指语言符号的能指和所指之间，亦即语言的形式和内容之间有一种必然的联系，两者之间的关系是可以论证的，是有理据的"[2]，他还总结了距离象似原则、顺序象似原则和数量象似原则三类。王寅将符号象似性定义为"语言符号在音、形或结构上与其所指之间存在映照性相似的现象"[3]，并在沈家煊的三种象似性的基础上，增加了标记象似性、话题象似性、句式象似性、篇章象似性、滤减象似性五种，构成八类，但其文重点讨论了距离相似性、数量相似性、顺序相似性和标记相似性四种类型。张喆则指出，语言中的象似性可分为"影象象似性、拟象象似性和喻象象似性"[4]。影象象似性主要涉及语言中的拟声词、象声词、象形文字、语音的象征意义等。拟象象似性主要针对图样，涵盖线性象似性、距离象似性、数量象似性、对称象似性、非对称象似性和范畴象似性六种具体类型。喻象象似性则涉及语法隐喻、规约化隐喻和诗歌隐喻等。综上分析，沈家煊对象似性的分类过于笼统，张喆的分类

---

[1] 谢云才：《文本意义的诠释与翻译》，上海外语教育出版社2011年，第95页。
[2] 沈家煊：《句法的象似性问题》，《外语教学与研究》1993年第1期。
[3] 王寅：《论语言符号象似性》，《外语与外语教学》1999年第5期。
[4] 张喆：《论语言符号象似性类型》，《外国语言文学》2004年第4期。

过于庞大宽泛，本书折中采用王寅所重点分析的四类象似性。

相异意象图式是指双语对应单位所认知的世界图景有错合，构筑的语义场有偏移，但二者绝非断然隔离，通过距离、数量、顺序以及标记等象似性映射，关联域部分重合，以达到信息共融共通。译者行为绝非静态的语码转换，而是动态的心理调节过程，"翻译是一个对原语（语内或语际）进行阐释的明示—推理过程"①。抽象推理以人类体验为基础，"是从具体到抽象的隐喻性投射"②。"隐喻在拆除语义障碍时拆除了逻辑规则之间的界限，把特征从实物转移到抽象的思维世界。"③ 换言之，隐喻把意象图式投射到抽象的认知域中，但保留了基本逻辑。译者的抽象推理思维使其在对喻体转换的基础上，"保留原文的形象引申义，即内涵相同、形象相异"④。译者应自始至终"以关联为准绳，以顺应为手段，以意图为归宿，尽量使译文向原文趋同"⑤。关联顺应的深层认知原因在于距离、数量、顺序和标记的象似性。

①基于距离象似性

距离象似性是"语符距离象似于概念距离"⑥。体验哲学认为，形象概念源自人类体验。换译跨语替代时，词语变成译者头脑中一个个模糊意象，译者运用已有知识进行合理联想与推断，在双语映射间不断建立从模糊到清晰的意象具体化过程。在该过程中，译者将原语词语不断具象化，映射译语形象。根据认知上相近的概念在语言形式的时间和空间上也接近的原则，先搜寻译语语义场临近的

---

① 赵彦春:《关联理论对翻译的解释力》，《现代外语》1999 年第 3 期。
② 杨明天:《俄语的认知研究》，上海外语教育出版社 2004 年版，第 22 页。
③ Арутюнова, Н. Д. *Язык и мир человека*. М.：Языки русской культуры，1999，стр. 363.
④ 谢云才:《翻译中形象转换的语义模式》，《解放军外国语学院学报》2013 年第 5 期。
⑤ 赵彦春:《关联理论与翻译的本质——对翻译缺省问题的关联论解释》，《四川外语学院学报》2003 年第 3 期。
⑥ 王寅:《论语言符号象似性》，《外语与外语教学》1999 年第 5 期。

译语形象，再逐步扩大搜索半径距离，形成网络辐射状 GPS 搜索模式，最后冠之以最佳匹配的语言载体。隐喻的本质是相似性，尽管这种相似性未必都明显，且大多数情况下仅仅是译者的一种心理表征或一种个人意愿。因此使用换译法时最容易遭到批评。"隐喻的作用在于把它隐含的特征加于某一事物上。隐喻不是给事物以逻辑归类，而是说明事物特征"①，隐喻存在于日常生活中，把物质世界改为意识的世界，是与逻辑概念思维不同的思维方式，依赖身体经验和社会经验，结构化、概念化为条件映射。莱柯夫范畴理论基于意象图式建构而成，将"女人、火和危险事物"② 等看似不相关的东西，经过心智运算，建立了某种共性，且显示于同一范畴中，带有鲜明的主观色彩和个人情感。换译替代就是通过隐喻映射找寻双语意象特征上的关联点。如：

[178] Лицо преступника, словно стена, белое, губы дрожат.
犯人的脸白得像张纸，嘴唇颤抖着。③

俄语形容人非正常状态下的脸白，习惯用 словно стена（像墙），而汉语一般说"脸如白纸"，从"墙"到"纸"，两种看似毫不相关的事物进入比喻的语境，因颜色"白"而发生关联，本来并非直接表达情感的词，却因相似关联而附带了情感意味。"隐喻表现于语言是一种机制，表现于人是一种能力。它运作于常规与偏离之间，也运作于有限与无限之间。"④ 译者的双语认知意象图式交杂，"墙"与"纸"两个概念都与客观的外部基本特征颜色"白"象似，因"白"而结缘，分别从事物认知域映射至同一颜色认知域，确保了主观情感评价的替代顺畅。从语义的"义项对应转换"来看，基

---

① 张会森：《修辞学通论》，上海外语教育出版社 2001 年版，第 53 页。
② Lakoff, G. *Women, Fire and Dangerous Things: What Categories Reveal about the Mind.* Chicago: University of Chicago Press, 1987, p. 5.
③ 谢云才：《翻译中形象转换的语义模式》，《解放军外国语学院学报》2013 年第 5 期。
④ 赵彦春：《隐喻的维度、机制及归并》，《外语教学》2014 年第 2 期。

于"事物或现象外在表象的相似点,从形状、气味、声音、颜色等类似特征"①均可进行换译,自然词语层面的"墙"可以被"纸"所替代。

②基于数量象似性

数量象似性是"语言单位的数量与所表示概念的量和复杂程度成正比象似,与可测度成反比象似"②。信息含量更大、更重要的概念,其语言表达就更长、更复杂。换译替代时,译者对于已知的熟悉的概念,容易建立双语间的意象映射,对于未知的陌生的概念则需要格外的认知关注,意象映射过程较为艰难,且预测与推理进展较为缓慢,甚至往往需要灵感。这正好解释了面对同一文本,富有经验的翻译家比初涉译坛的译者更得心应手,花费的时间精力也更少的现象。换译替代时,由于非语言因素的介入,比如译者的情感、评价因素,使得译者的双语认知域具备了某种诸如性质、状态、方式、地位等相似关联度的变化,范畴的中心属性被替代了,"原型思维发生跨时空框架转换,从而激活目的语受众的原型经验,产生新的意象结构"③。新意象结构往往是因不同习惯、不同民俗而出现的不同形象。新意象与原语意象在双语意象图式结构中互动,必须建立起关联,才可互译,否则就会造成文化误解和文化欺骗。

数量象似性原则为新老意象牵线搭桥,先进行简单的、熟悉的概念意象映射,再尝试进行复杂的、陌生的概念意象映射。每一次映射后都需再度回溯到原语意象,反复验证,直至寻找到最佳关联,映射才得以完成。从关联理论的明示—推理交际模式出发,则"译

---

① 谢云才:《翻译中形象转换的语义模式》,《解放军外国语学院学报》2013年第5期。
② 王寅:《论语言符号象似性》,《外语与外语教学》1999年第5期。
③ 谌莉文:《翻译过程的原型思维表征:概念框架转换》,《上海翻译》2016年第3期。

者要想取得翻译交际的成功,必须考虑其意向受众的认知环境"①。如此一来,译者就很可能要改变其明示方式,调整设想显现和互显方式,提取原语合适信息以便于译语外包装。该过程译者总倾向于以最小代价换取最佳关联效果,这在语言学中体现为经济原则。至于提取哪部分信息除了取决于译者对原语语义的深层解读外,译者自身熟悉的注意焦点和偏爱等数量象似性因素也发挥不可低估的作用。汉语中有成语"雨后春笋",俄译后成为"雨后蘑菇"(как грибы после дождя)。笔者曾就此意象的改变请教过薛恩奎教授,他从语义角度出发认为,俄国的蘑菇在认知上就等于中国的春笋。因为中俄地理文化有差异,造就了对待同一事物的思维差异。笔者认为还可从数量象似性上找原因,"春笋"与"蘑菇"单独讲,语义内涵不同,指称客观世界物体不同,但因处在一定的整体结构中,按照"整体是由具体成分构成的,这些成分不是单个发挥作用,也不是机械地组合在一起,而是与作品内容构成一个有机的整体"②的观点,"蘑菇"本身语义内涵融进了整个句子结构中,去形象化,表达的是"数量之多"的语义,与"雨后春笋"的部分语义相似,即整体所指意义因"数量"这一特征象似。俄译进行文化归化处理,将语表的"春笋"换译为"蘑菇"更符合俄语表达习惯和接受方式。

基于数量象似性的换译替代与人的体验密切相关,在人类智慧的结晶"成语"中体现得特别明显。成语固化了某些词语的形象,使形象感随着使用频率的增加逐渐流失。词语本义在成语中逐渐让位于加入了人主观能动性的引申义或比喻义之中。"一些再现性的言语短语,

---

① 王建国:《关联理论与翻译研究》,中国对外翻译出版公司2009年版,第44页。

② Фёдоров, А. В. Основы общей теории перевода (Лингвистические проблемы): Для институтов и факультетов иностр. языков. Учеб. пособие. 5-е изд. СПб., Филологический факультет СПбГУ;М., ООО " Издательский Дом " ФИЛОЛОГИЯ ТРИ", 2002, стр. 167.

全部由表达常规自由意义的词构成"①，如 Волков бояться — в лес не ходить（害怕狼就不要去森林——不入虎穴，焉得虎子），一旦进入句子进行交际，成语内部的各个词就丧失了独立意义，因而用汉语喻义相似的形象"虎"换译"狼"，避免了形象强行移植带来的不同语义联想，需要译者运用丰富的经验来判断，也在某种程度上体现了人类文化的传承。

③基于顺序象似性

顺序象似性是指思维的顺序与语言单位排列的顺序象似。俄汉语都有"主—谓—宾，定—状—补"的基本句式。译者替代时，也遵循类似的思维顺序，从施事者开始，描述发生的动作行为，随之展开对动作对象或行为方式工具的描绘。如：

［179］一片片庄稼好像从天而降，插在他与建筑物之间，阻挠着他走向幸福。在一片掰掉了棒子只剩下秸秆的玉米田里，他大吃了一惊。②

Между ним и зданием будто опускались с небес все новые полоски полей, не давая достичь вожделенной цели. Но самый большой сюрприз ждал на кукурузном поле, где торчали лишь сухие стебли.③

该例中，范畴的中心属性"景物描写"被"惊奇情感"替代了，即莫言将汉语成语"大吃一惊"拆开，前加主语"他"，中间插入结果助词"了"，使原本因熟而俗的成语具备了新气象，使形象性复活，达到了极度夸张的艺术效果。"原型思维发生跨时空框架转

---

① Шанский, Н. М. *Фразеология современного русского языка*. М.：Высшая школа, 1985, стр. 84.

② 莫言：《酒国》，当代世界出版社 2003 年版，第 99 页。

③ Мо Янь. *Страна вина：Роман. Рассказы* пер. с кит., примеч. И. Егорова. СПб., Амфора. ТИД Амфора, 2013, стр. 164.

换，从而激活目的语受众的原型经验，产生新的意象结构。"① 形式上"他吃惊"的主谓结构，俄译却将谓语客体提升为主位 сюрприз ждал（惊奇等着他），在语际转换中根据上文语境进行了词序和句构调整。语形上的主谓结构，在语义上是强调倒装句，符合顺序象似性。"成语结构的固定性还表现在它的词序上，在绝大多数情况下，成语的词序是约定俗成的，不能随意变动"②，而莫言打破了常规的想象，综合了直观中的感知、想象中的再生、概念中的认知等能力，建构了新的意象，通过构架与概念相联结。新老意象在双语意象图式中互动，通过概念相互关联，避免造成文化误解和文化欺骗，也获得了夸张的修辞色彩中陌生化的艺术效果。此外，汉语"幸福"没有译成对应词 счастье，而是换译形象 вожделенной цели（殷切盼望的目的），道理也在于此。

顺序象似性在时空中表现明显。汉民族喜欢"先上后下，先尊后卑"。张志军和孙敏庆（2012）对俄汉语中空间维度"高/低（矮）"③进行了隐喻认知方面的对比分析，得出俄汉"高/低"空间维度在跨域映射过程中虽有相似之处，但也存在 высокий/низкий 不能表辈分，以及由空间域向数量域跨域映射时，высокий/низкий 不用于说明年龄的多少等两方面的差异。汉语"高寿"俄译为 долголетие（长寿），而非 высокий возраст。

[180] ... поскольку учитывая почтенный возраст, она не может обходиться без посторонней помощи. (Мария Киселева, «Мачеха испортила Лайзе Миннелли медовый месяц»)

---

① 谌莉文：《翻译过程的原型思维表征：概念框架转换》，《上海翻译》2016年第3期。
② 周民权：《20世纪俄语成语学研究》，《中国俄语教学》2012年第1期。
③ 张志军、孙敏庆：《俄汉语"高/低（矮）"空间维度隐喻认知对比分析》，《中国俄语教学》2012年第1期。

……考虑到年事已高,她不能不借助旁人的帮助。[1]

试译:……因为年纪大,她不得不借助别人的帮助。(空间→数量)

本书认同"高"褒"低"贬之说,因为汉语"高寿"俄译为 долголетие(长寿),而非 высокий возраст。俄语 высокий/низкий 与 возраст 不能搭配,跨域换用 почтенный(令人敬重的)或 преклонный(暮年的,年迈的,高龄的)。высокий 说明含数量意义特征时,数量意义特征具有无限增长的刻度[2],如温度、速度、压力、压强等。"年龄"在俄语中具有"界限性",作为时空标记,不能用"高"来度量。汉语却没有"界限性"要求,"高龄"指年纪大,且含有尊敬的主观情态色彩。试译尝试将意象图式由空间域跨至数量域,虽然失去尊敬的文化内涵,但也符合汉语的习惯表达。俄语和汉语去除和增加标记的标准应一致,才能建立关联的象似性标记。

④基于标记象似性

标记象似性为"标记特征象似于额外意义,标记性从无到有象似于认知的自然程序"[3]。标记象似性常见于成语翻译中。双语文化词汇是冲突词汇时,译语中有原语对应的词汇或表达方式,但跨语转化时由于语义等因素制约,不能用对应词汇或表达方式替代,必须另寻他词或表达方式。成语的特点是结构定型与意义统一,即"各词保留着程度不同的独立性,整个成语的意义不等于各词意义的总和,但其整体意义与其中各词的意义往往有着潜在的联系,成语的各个组成部分之间的句法联系自成一体,通过隐喻的引申方式赋

---

[1] 张志军、孙敏庆:《俄汉语"高/低(矮)"空间维度隐喻认知对比分析》,《中国俄语教学》2012 年第 1 期。

[2] Рахилина, Е. В. Когнитивный анализ предметных имен: семантика и сочетаемость. М.: Русские словари, 2008, стр. 146.

[3] 王寅:《论语言符号象似性》,《外语与外语教学》1999 年第 5 期。

予某些自由词组新的含义"①。如俄语成语 белая ворона（白乌鸦——标新立异的人），用语形上有差异，联想意义不同，语用效果却大抵相似的表达来进行双语跨语替代。这一俄语成语的词语搭配方式也可以用矛盾修饰法来解释，即"在语言交际中将两个在语义上彼此悖反的词语并置在一起，使其共处一体，化对立为统一，表达事物的对立统一特性"②。将其译为汉语时，则不必拘泥于俄语原文的矛盾修饰，利用隐喻的引申方式表征其深层语用含义即可。

再如汉语中形容一个人酩酊大醉，说"烂醉如泥"，俄译为 пьян как сапожник（醉得像鞋匠）。因为俄语文化中"鞋匠"具有社会地位标记性。他们生活在社会底层、贫困潦倒、借酒浇愁、不顾体面，形成不良的社会联想，从而使这一成语本身携带了标记性的历史文化信息。汉语中也有"鞋匠"，但入句后，"鞋匠"却转而去映射"泥"，遗憾的是社会阶层联想标记损耗掉了。同理：

[181] В последнее время в городе появились стройки с бородой.

近段时间城市里出现了许多烂尾楼。③

俄语 стройки с бородой（有胡子的建筑）是形象性非常强的搭配。这种搭配若直译进入汉语，因奇特的意象，会带来附加意义，易引起误解。译者一般先确定该意象是否凸显标记象似性。追溯上下文语境，排除儿童文学形象化语境，即可按一般意象进行处理，即消除标记象似性，抹杀掉额外意义，回归到语言符号本义，即"有胡子的建筑"释义为中途停止未完成的建筑，映射汉语类似形象"烂尾楼"，将意识小句浓缩成短语，同时增加主观评价义素，将"有胡子的建筑"与"烂尾楼"的形状、体积、容积、面积等特征

---

① 周民权：《20世纪俄语成语学研究》，《中国俄语教学》2012年第1期。
② 王文斌：《矛盾修辞法的张力、成因及其认知消解》，《外语教学》2010年第3期。
③ 谢云才：《翻译中形象转换的语义模式》，《解放军外国语学院学报》2013年第5期。

意象整合，凸显"有头无尾的中途停止的房地产项目"这一形象。双语意象历经原语去标记、译语增标记的思维历程，一减一增，因空间标记象似性"聚"在一起，故可相互替代。

基于象似性的替代机制，一般来说，距离象似性以隐喻替代为主，数量象似性以经验替代为主，顺序象似性以修辞替代为主，而标记象似性以时空替代为主，但四者之间绝非断然分开，而是彼此交融，共同促成替代行为完成。

（二）意象替代方式

译者在面对没有译语对应词汇的形象冲突空缺现象时，可以依据上下文语境、情景语境和文化语境，判断该文化空缺词汇的搭配意义、引申意义、修辞意义、联想意义或文化意义等非概念意义，向上寻找句子语义，选用译语非对应词汇或表达方式进行阐译补偿。此时译语意象应回溯到原语文化氛围，确保二者不发生冲突。译者放弃原语文化意象，用大脑中具有相同或近似认知效果的译语文化意象取而代之，以达到语用相似效果。译语词汇或表达方式的选取标准是借助于隐喻或换喻进行认知联想。有两种方式：第一，意异象同时，换意；第二，意同象异时，换象。

1. 换意替代

人们习惯借助于语境进行认知假设来理解话语。文本内语言和文本外译者的思维状态、宗教信仰、百科知识等皆成语境。此处的语境是宏观概念，包括语言语境、情景语境和文化语境。"意"在本研究中有两解，一为意义，即语义，二为意图，跨向语用。换意译象，是译者认知—推理过程，根据双语文本内外相关信息，激活心理—认知语境，发挥大脑信息处理机制，通过空间认知映射寻找最佳关联，因为关联原则要求认知过程中以最小的投入获得最大的认知效果。第一次认知映射不当，改用推理，双语之间仍然没有对应形象。第二次认知映射启动，在译语中寻找与原语形象最佳关联的形象，即相似度最高的形象。解读作者的交际意图，从深层词汇语义入手，调动换喻和隐喻机制，尝试匹配。如认知映射仍然难以完成，则靠译者的经验，以译语文化形象为主，创造新形象进行第三次映射。该过程反复进行，直至完成替代过程。俄汉翻译绝不是简单的词对词词典式机械译法，而应深刻理解句子语法结构、句间逻辑关系，琢磨字里行间的语义重点。词汇语义联想"并非源于词的字面意义而是任意选择而又约定俗成的，反映着一定的社会文化观念和语言传统"①。语言学中词汇的语义单位可细分为不同的义素，语表主要对应于语素、词和固定短语。义素之间可以发生链式嬗变，以核心义素不断通过换喻和隐喻衍生出新的义项，这一过程即词汇—语义变异。

［182］Какая честь и счастье приносить высокую радость тысячам зрителей！（К. С. Станиславский，《Работа актера над собой》）

原译：给成千上万的观众带来莫大的快乐是多么荣耀和幸福啊！②

试译：让成千上万群众兴高采烈，是何等的荣耀与幸福！（空间→情感）

俄语表达式是"高的快乐"，汉语却替代成了"大的快乐"，原因是俄语 высокий 从空间域向情感域映射时，发生语义偏移与凸显，着重体现情感强烈，具有程度上的关联性。对客观事物相关特征的联想形成了词汇—语义变异的基础。汉语中为"快乐"加程度修饰语时，一般用"大、小"等词，构成"大快乐、小幸福"等表达。试译采用汉语四字成语替代，用逗号分隔语流，语势同样彰显。汉语"高低"维度在度量情感时，可构成"高兴""兴高采烈""情绪高昂""斗志高昂"等词语，这时"高"表积极的情绪、情感。因此，试译不跨域同样能够较好地表达语用价值。

---

① Крупнов，В. Н. *Факторы цели и адресата в переводе*. М.：НВИ，2011，стр. 78.

② 张志军、孙敏庆：《俄汉语"高/低（矮）"空间维度隐喻认知对比分析》，《中国俄语教学》2012 年第 1 期。

2. 换象替代

"象"指形象。根据《形象换译》一节，将物质层、制度层和精神层形象整合提升为形象，对应非形象，构成第一类"以形象换形象"和第二类"以非形象换形象"。以形象换形象常见于一些固定表达，如术语"硬骨头"，英译为 tough issue（艰难问题），俄译为 крепкие орешки（榛子，坚果）。其中俄译属于第一类，英译属于第二类。"硬骨头"是我国传统文化习语，指艰巨的任务、坚强不屈的人。英语俄语中都有"骨头"词汇及形象，属于冲突型文化形象，对比三者，象异意同，英译的"问题"、俄译的"榛子"替代汉语形象"骨头"，三者语义却同时指向引申义"难办、棘手的事情"。替代形象，便于英俄语读者理解接受。语表上，汉英俄都采用了"形容词+名词"结构，但用词显然不同，换象保义。

杨明天在对抽象名词 красота 和"美"作观念分析时，赞同科列索夫的意见，也认为与其说 красота 是概念，不如说它是个形象（образ）[1]。因为"词是形成概念的手段。但人并没有赋予概念绝对性。缺乏确切概念的地方，就会出现形象，因为只有形象具有变化的能力。красота 与形象联系，而不是与概念联系"[2]。因而采取换象译，以新形象替代原形象。文学翻译为迎合译语读者需求，替换原文形象，代之以译语读者易于接受的语言形象，既保留了原文作者的意图和美学效果，又展现了译者阐释原文意义的创造性才能，相当于对艺术形象进行了二度创造。虽然文学翻译实践中，形象替换在所难免，但这种文化"归化"策略应控制在一定限度内，以防止美学价值的流失。一般而言，对于意义泛化的熟语性结构可常用替代形象，而其他新奇的形象应尽量"异化"，以突出文学作品的"陌生美"，更为恰当地吸收异域文化，以达到跨文化交际的取其精

---

[1] 杨明天：《观念的对比分析：以俄汉具有文化意义的部分抽象名词为例》，上海译文出版社 2009 年版，第 262 页。

[2] Колесов, В. В. Язык и ментальность. СПб.：2004, стр. 18.

华、去其糟粕的目的。

［183］Он точно так же помещал их в колбу психологического исследования, поочередно воздействуя сиропами надежды и благодарности, кислотами ужаса и боли, и прежде чем выплеснуть небытие.

他对那两个人同样做过软硬兼施的心理瓦解，时而灌以希望和宽容的蜜汁，时而倾以恐怖和疼痛的暴雨，结果一律化成了泡影。①

译者通读本例，将句法信息、语义信息和语用信息在大脑中合成，构筑思维语义表象，将情绪、意义和形象融入一个意象图式中。俄语 колба психологического исследования（心理研究的烧瓶）表达的语义整体用"心理瓦解"替代，傅仲选说"若直译为'心理研究的烧瓶'，中国读者会无法理解，因此只能舍弃形象，将原文隐喻的所指意义传达出来"②，可谓用非形象替代形象。Кислота ужаса и боли 换概念 кислота（酸）为译语修饰成分"暴"，再现原语语义的"程度"特征。

第二节　隐性换译机制

翻译思维因其双语性不同于单语思维，"以原语思维与译语思维的互交、互渗、互化、互变为其显著特色，说到底是一种变化思维"③。隐性换译机制从看不见摸不着的思维角度出发，模拟换译"理解—替代—表达"三个微观过程，猜测换译执行过程是一个动态的却按部就班的思维流前进过程，着重关注文本外形变化，揭示译者（人或/和机器）的心智活动过程，其依据是语言理解与生成理论。

---

① 傅仲选：《实用翻译美学》，上海外语教育出版社1993年版，第57—58页。
② 傅仲选：《实用翻译美学》，上海外语教育出版社1993年版，第58页。
③ 黄忠廉：《翻译思维研究进展与前瞻》，《外语学刊》2012年第6期。

翻译不单是译者语言能力的体现或外化，更是复杂的思维过程。思维是人类对客观事物间接的、概括的反映，它产生于人类的感知，又高于感知。机制是思维过程的推动因素。普遍认为，翻译实践过程分为理解和表达两个阶段，现又有"理解—转换—表达"三阶段说，黄忠廉将其完善为"理解—变化—表达"。"变化"替代了"转换"，提升至哲学变化观，加深了对翻译本质的认识。细分之，变译过程为"理解—变通—表达"，全译过程为"理解—转化—表达"。全译即传统翻译，是整段整句地将全文译完，以传达信息量相似为目的。译者将头脑中的抽象的原语语义用命题来表达，以概念和/或意象为认知单位。转化过程脱离了语言形式，表现为思维流，是对这些概念和/或意象进行加工的复杂生理心理过程。抽象与形象思维单位之间对应交叉贯穿全译原语理解、语际转化和译语表达三个过程，构成"对应、扩缩、移换"三种机制，呈现对、增、减、分、合、移、换七种思维形式，见图4-2所示。全译思维重在转化，换译思维核心在替代。

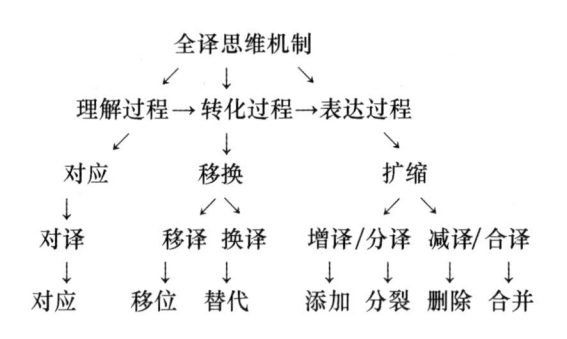

```
              全译思维机制
            ↙    ↓    ↘
         理解过程→转化过程→表达过程
            ↙      ↓       ↘
          对应    移换       扩缩
           ↓     ↙ ↘       ↙ ↘
          对译  移译 换译  增译/分译 减译/合译
           ↓    ↓   ↓     ↓   ↓    ↓   ↓
          对应 移位 替代  添加 分裂  删除 合并
```

图4-2　全译思维机制

　　换译思维从换译单位在原语理解、语际替代和译语表达三步中析出，即原语语表形式——分解，语里意义逐项重构，语用价值步步彰显。从语言符号三分法看，隐性换译机制的操作程序大致可归纳为两类：第一，（语义→语形）＋语用；第二，语用→语义→语形。

一 (语义→语形) +语用思维假说

人类用词语指称世界,用命题说明事实。词语属于语言,命题涉及思维逻辑。语言是形式、意义和功能的统一系统。形式体现意义,意义表达功能,功能落脚形式,循环往复。思维逻辑是翻译的基础。俄汉互译,由汉语意合思维转换为俄语形合思维,由螺旋思维转变为直线思维,由主体意象性思维变化为客体直观性思维。其中译者的思维流是如何达成的,历来被认为是"黑匣子"。本书采用演绎法以思维流辩证概念的确切含义,运用判断、推理等手段,厘清概念之间的逻辑纽带。笔者将原语语形简写成原$_形$,原语语义简写成原$_义$,原语语用简写成原$_用$,译语以此类推。(语义→语形) +语用思维操作程序分为三步:第一步:原$_形$→原$_义$,第二步:原$_义$→中间语,第三步:中间语+原$_用$→译$_形$。如图4-3所示。

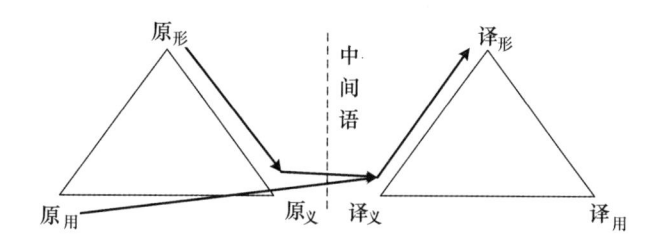

图4-3 (语义→语形) +语用思维操作程序假说

(一) 原$_形$→原$_义$

"语言与思维互为表里,语言是思维的外化,思维是语言的内化。"[①] 从原语语形到原语语义的过程就是换译的理解过程。透过原语语形,通过概念、判断、推理等手段,对语言单位反映的客观事物或现象

---

① 赵德远:《关于语言与思维的哲学思考》,《解放军外国语学院学报》2001年第1期。

的本质特征和内在联系形成抽象的认识，这是语言的思维内化过程。原语理解，理解的是原语语形表义因素，尽管原语理解并不等于词义加上句法结构，但却能以此为"抓手"，通过显见的词汇形态和语法形式，向内探求语义、句法意义和语气，向外拓展至交际对象、背景、场合以及主体风格等。

1. 识别原语语表形式

翻译时译者大脑接收信息，即收码。信息被思维系统进行整理、归类乃至概念化，即解码。收码依靠生理，解码侧重心理。常用策略是索词策略，即根据语表、语义和语境，经验丰富的译者因有大量的词汇知识储备，能在头脑中迅速进行检索。译者根据原语语表特有形式，如俄语的前置词、连接词等功能词标志，动词配价理论和时、体、态、势，名词的性、数、格，形容词的长尾、短尾，熟语性复句的构句模式等，采用顺句驱动或预测组合等手段达到理解，形成认知对应，完成索词。俄语相较于汉语，形态更丰富，语表变化更明显，以词类换译为例，可全面展示译者如何辨别词汇形态和语法形式。

[184] Село кончалось низким деревянным домиком.

村庄尽头有一间低矮的小木屋。①

或：村庄尽头是一间低矮的小木屋。

（1）辨别词汇形态

俄语比汉语词汇形态丰富，这是语言事实。原语中如果没有某种语法形式，而在译语中又必须运用原语中没有的这种语法形式来传达某种意义时，一般可以通过词汇形式来补偿。俄语中名词的性范畴，汉语没有对应形式，就可通过加限定词来表示。如汉语"朋友"、英语 friend，对应俄语可以是 друг/знакомый（男朋友），也可以是 подруга/знакомая（女朋友）。俄汉互译时，译者一般先剥离出

---

① 倪璐璐：《换译思维机制解析》，《俄罗斯语言文学与文化研究》2016 年第 4 期。

词汇形态，以实义词词义为落脚点，理解语义。在全译实践中，特别是科技口译中，译者有时只译出关键词，没有变格、变位，甚至语法不通，对方都能听懂，就是抓住了关键词这个道理。例［184］中俄语原文表现出原子链式的语义关联，观看俄语语形，译者收到5个语码 Село、кончалось、низким、деревянным、домиком。根据语言知识，将形态破解，脱离出语法状态，还原本来面目，解码为单词 село、кончаться、низкий、деревянный、дом。

(2) 辨别语法形式

客观世界在语言的帮助下，以关系网形式映射并存储于人脑。映射方式不同，造就了不同的民族思维模式，决定了语言表达的先后顺序。句法形式是联系词、词组和句子的桥梁。不同语言句法形式可能是相同的，但其表达形式却往往大相径庭。客观规律相同，知识相通，语表虽不同，用词或表达方式不一，但却可以反映相同的思想。"人脑中的语言模式归根到底是客观现实作用于人脑的结果。"① 从语法上看，汉语组建句子表达语义主要靠词序，俄语主要靠词汇的形态变化，如名词的性、数、格，动词的时、体、态等。语法意义离不开词汇形态，词汇形态给译者造成障碍，在传达语法意义时也同样。例［184］五个语码以形制意：Село 是名词单数第一格，домиком 是名词单数第五格，кончалось 为动词单数过去时中性，низким 和 деревянным 为形容词单数第五格。这些形态包含不同的语义关联，并共筑语法形式"主语—谓语—方式状语"，符合一般句子的"主—谓—宾"句法结构。

2. 表层结构转为深层结构

言语是行为，语言是工具，话语是产品。表层结构转为深层结构，宏观上是从言语句转为语言句的过程，是语气剥离、语用去除的过程。一般认为：言语句-语气=语言句。微观上是将语言内容所表达的意义转为思维命题的过程。乔姆斯基认为，深层结构决定

---

① 郝斌：《虚词的语义及其翻译》，《中国俄语教学》2006 年第 3 期。

句子的语义，而表层结构则决定句子的语言形式。语表形式转换成句子语义，需要译者进行心智中的"观念化过程"，调动知觉、情感、概念、认识等因素。换译是全译的下级范畴，其思维机制在遵循"转化"机制的同时，又表现出独特的一面。"转化"是原语思维与译语思维反复交叉的过程，是译者借助于双语对头脑中的概念或意象推导出其他概念或意象的思维运作过程。"人脑是一个信息加工处理的器官……是脑对信息的分析、综合、存储和提取的过程。这就是感觉、知觉、思维、想象和记忆、回忆等心理活动的生理基础。"[1] 抽象思维基于概念系统，包括简单概念、复杂概念、简单判断、复合判断和推理。形象思维基于意象系统，包括简单意象、复杂意象、简单组象、复合组象和组象群。全译过程中概念—意象—翻译单位对应关系见表4-1所示。

表4-1　全译过程"概念—意象—语言单位—全译单位"对应关系

抽象思维/概念	简单概念	复杂概念	简单判断	复合判断	推理
形象思维/意象	简单意象	复杂意象	简单组象	复合组象	组象群
语言单位	词	词组	小句	复句	句群
全译单位	词	短语	小句	复句	句群
换译单位	词	短语	小句	复句	/

原语理解过程自下而上，是理解追寻由小到大、由部分到整体，其程序可能是"简单概念/意象→复杂概念/意象→简单判断/组象→复合判断/组象→推理/意象群"[2]，以语言单位呈现为：词→词组→小句→复句→句群。对应的全译单位为：词→短语→小句→复句→句群。对应的换译单位有：词→短语→小句→复句。因句群换译，根据前文所述，已属于变译的改译范畴，故不作叙述。理解过程中

---

[1] 钱学森：《关于思维科学》，上海人民出版社1986年版，第86页。
[2] 黄忠廉等：《应用翻译学》，国防工业出版社2013年版，第200页。

时常伴随着部分转化和少数的表达，这种表达不是说出来或写出来的，而是头脑中无声的"中间语"。

（1）析出逻辑意义

维诺格拉多夫认为，语言信息包括"含义信息、情感—表情信息、社会—地域信息、时间信息、背景信息等，而言语信息则包含联想—形象信息、暗喻信息、功能信息"① 等。语义学相关研究，概念义、指称义、内涵义、联想义、情感义、语法义、搭配义、社会义、系统关系义等各类具体类型的提出更是扩大了词汇意义的范围。"逻辑意义包括实词意义和实词之间的语义关系。"②

①获得实词义

"翻译者进行思维表达概念依靠的是词，因为词是思维工具——语言的最小的、能独立运用的单位。词是人类思想的最小的载体。"③ 内部言语一般为命题形式，没有语言外壳，但仍可以外化于词或句，来表达概念。词汇意义和概念有关，同客观世界有关。"词汇意义表达的信息有三种类型：客观信息、主观信息和结构信息。"④ 表示客观信息的词基本上都有明确的指称对象，表示主观信息的词一般同特征、特性相联系，而表结构信息的词大都牵连客观世界中人的意识状态和过程。词典中词义有基本义、引申义等之分，引申义等是可以通过基本义来解释的意义。例［184］实词有名词 село 和 домиком、动词 кончалось、形容词 низким 和 деревянным。分别将五个语码还原成一格形式，将其表示的信息解剖出来，得出"村庄、房子、结束、低的、木头的"等词义。

②获得实词之间的语义关系

实词之间的语义关系主要体现在述谓性上。名词 село、домик

---

① 转引自吴克礼主编《俄苏翻译理论流派述评》，上海外语教育出版社 2006 年版，第 506 页。
② 黄忠廉：《小句中枢全译说》，华中师范大学出版社 2008 年版，第 148 页。
③ 刘宓庆：《论翻译思维》，《外国语》1985 年第 2 期。
④ 倪波：《倪波集》，黑龙江大学出版社 2007 年版，第 17 页。

与动词 кончалось 构成了两物一连的语义关系，"村庄、房子"和"结束"这些词汇表达的具体概念容易在译者头脑中发生关联。译者思索三者之间的空间布局关系，而较为抽象的形容词概念则相对复杂，низким 和 деревянным 需要在头脑中搜寻与其语码最近的домиком 的语义关联。最终得出的语义结构顺序为"施事—行为—受事"。

（2）析出语法意义

"语法意义指词汇单位根据一定的语法规则组合和屈折变化所产生的关系意义，常与搭配成分的性、数以及语式和时态要求有关。"[①] 语法意义是由语言内部因素决定的抽象意义，与语法范畴与语法形式密切相关。语法意义指词语的语法形态、语序和虚词等语法形式所表现的意义。

①获得语法形态

例［184］获得的五个语码各有形态，第一格 село 指称客观事物。第五格 домиком、низким 和 деревянным 则表示方式，其中后两者修饰前者，在语法形态上和前者保持一致关系。домик 是指小表爱形式，语形本身携带"喜爱"性褒义评价因素，属于说话人对客观称谓的主观内心评价融入词汇形态本身，以主观评价后缀的方式成为词的有机组成部分。动词过去时中性 кончалось 表示时空关联。

②获得虚词

例［184］中没有虚词。在转化替代时，其特有的"形容词＋名词"五格形态意义，以汉语表达方式的虚词"以……"来对应。详见后文分析。

③获得语序

几个形容词同时修饰名词时，距离名词最近的是那些表示本质特征的客观形容词。而客观形容词中揭示本质特征的出处、材料、

---

① 章宜华、雍和明：《当代词典学》，商务印书馆2007年版，第126页。

用途，较之于表示大小、形状、新旧、颜色的形容词，更靠近名词。主观形容词因有人的情感评价特征参与，一般距离名词较远。这可以用距离象似性来解释。例［184］同一语义场，语言表达时符号间的距离象似于概念间的距离，思维与现时的关联性也更大。домик 语形携带评价因素，显化为修饰语"小"在思维中充当类形容词，先析出"小房屋"。接下来，根据距离象似性，语序排列上 деревянным 比 низким 更接近 домиком，析出"木头制作的小房屋→木制小房屋→木小屋"。最后看 низким，析出"低矮的木制小房屋→低矮的木制小房屋→矮木小屋"。由汉语组句经验可知"矮木小屋"有点别扭，需在跨语替代时，重新排列语序。

（二）原_义 →中间语

翻译"首先是译者的活动，是具有独特知觉、理解、记忆、表达等心理机制的活动，是具有独特的动机和含义形式转换过程的活动"[①]。两种语言互译，从本质上讲是两个民族思维活动互相切换，从形式上看是两种语言的动态转换。"转换"本质上是指转移内容（意义），更换形式，化解内容与形式之间的矛盾。转移内容也就是转移意义，这是隐形的思维过程，思维依附于内部语言，没有规范，没有制约，用"中间语"来定义。

"中间语"是本书所提出的概念，仿造二语习得的"中介语"，或曰"过渡语""语际语"，是介于原语和译语之间的处在发展变化中的过程语言，结构上处于原语和译语的中间状态，随译者学习能力和水平的提高而外加于规范，才能逐渐接近译语的正确形式。简言之，即翻译过程中不符合译语规范的思维流语言。以俄译汉为例，即未达到标准汉语的"汉语"。该"汉语"表达的仅是俄语思维流，仅以汉语作为工具固定俄语思维流。译者的"中间语"大都会借用

---

① Комиссаров, В. Н. "Интуитивность перевода и объективность переводоведения", Язык Поэтика Перевод: Сборник научных трудов М.: Моск. гос. лигнв. ун-т, 1996, стр. 38.

母语词汇，生拉硬造出有悖于译语语法规范的、语义别扭的不连贯的表达方式，典型代表要属 китаизм 式俄语和"洋泾浜"式外语。"中间语"会受到译语规范检验，会面临被逐渐接受进入词典或被淘汰两种结局。

双语语言单位以思维单元形式在头脑中感生表象，融为意象，意象内化为想象，外化成显像。基础是收码和解码，解码发生错置时才换码，随即编码以外显于译语语表。脑科学表明，人脑的思维系统和储存记忆系统相互独立，因此译者在处理新信息时，完全可以借助于已存储记忆的旧信息，联想、类推、比较、映射。例［184］语际转化开始后，名词 село 和 дом 对应具体意象，映射汉语"村庄和房屋"；动词 кончаться 对应动作，映射汉语"结束"；形容词 низкий、деревянный 对应特征，映射汉语"低矮、木制"。将所得的意象和概念重组，即经历简单概念→复杂概念→简单判断和简单意象→复杂意象→简单组象的过程。中间语是"村庄结束以低矮的木制小房屋"。

1. 逻辑意义替代

思维是全人类所共有，而语言具有民族性，表达同一思维内容的两个民族语言差异极大。思维决定语言，思维差异来自语言逻辑，因此要破解翻译问题，需从逻辑上和思维活动上找论据、原则和方法。早在 1979 年，匈牙利翻译家久尔吉·拉多（György Rádo）就主张使用"逻辑素"（logeme）[①] 作为翻译思考与分析的单位。翻译不仅是语言活动，更是译者对原文进行判断、选择的逻辑活动。所谓逻辑素就是指译者对原文特征的识别，这些逻辑素可以小到音素（phoneme）、义素（morpheme），大到作品的题材、人物的个性等。王军认为译者翻译时头脑中逐步形成原作的宏观结构，并且识别出原作的各种语言与非语言的逻辑素特征，在宏观结构的指导下，以

[①] Rádo, György. "Outline of a Systematic Translatology", *Babel*, 1974 (4): 25.

逻辑素为思考单位，将原文转换为译文①。以此视角，换译替代过程，思维也可按"逻辑素"方式进行。

（1）吸收逻辑意义

例［184］中间语"村庄结束以低矮的木制小房屋"，需要吸收其背后的逻辑意义，尝试去除无关意象，保留逻辑主线，得到主体——村庄，动作——结束，客体——木屋，构成"施事—行为—行为方式"，逻辑上讲得通。再看词汇表达，回溯看名词，指称客观世界，也成立。看动词，动词语义认知可基于转喻现象，"一是用动作涉及的对象来代替动作所成就的（新）事物，二是用涉及空间容器的动作过程来转喻动作处置造成的结果。前者代表新事物的产生、新情景事件，后者代表事物状态改变，因而反映出来的动词语义变化不同，形成不同的动词转义现象"②。这直接说明了动词кончалось可以表达动作结果存在意义，而不指向其动作过程。

（2）破解逻辑意义

原语理解过程，即译者经眼或耳将语言单位输入大脑，存储于大脑的概念在双语思维作用刺激下，通过心理转换机制根据所涉及信息的时空接近性而联系在一起。例［184］得到中间语"村庄结束以低矮的木制小房屋"后，首先由两个名词可知，其语义逻辑重点可能是二者间的联系，即"村庄以低矮的木制小房子结束了自己"，用汉语逻辑和成句规范检验，很显然出现谬误。搭配有错误，先检查俄语语法搭配，句式"$N_1 + V + N_5$"即что кончается чем（什么以什么方式结束）在逻辑上是成立的，因此排除句式逻辑错误。在论述词汇和语法构式的关系时，王寅指出"词汇压制"和"构式压制"应互动③。"构式压制"是指当词汇与构式在语义上出

---

① 王军：《论翻译中语篇解构与重构的思维模式》，《外国语》2001年第6期。
② 彭玉海：《论动词转义的题元结构变异机制——动词语义的认知转喻研究》，《外语学刊》2009年第5期。
③ 王寅：《"新被字构式"的词汇压制解析——对"被自愿"一类新表达的认知构式语法研究》，《外国语》2011年第3期。

现冲突时，构式的题元结构可改变动词的论元结构，迫使动词意义和用法发生调变。"词汇压制"指在消解语义冲突过程中词汇起的主导作用。用词汇意义和用法向构式压制，使构式成为可接受的表达式，词汇通过"投射原则"将其意义和论元结构投射到句子上。按此观点，当语法结构没有问题时，应将注意力投放到词汇上来。既然两个具体名词的指向没有逻辑错误，那么就剩下二者之间的语义关系了。"分属于不同语义范畴的两个对象联结在一起，构成逻辑错误，即范畴错置。"① 按此观点，检查语义关系出现偏差，偏差的体现者正是动词 кончалось，当 кончалось 的语义范畴转化为汉语时，范畴错置很显然出现了。кончаться 意为发展或进行到最后阶段，不再继续。

笔者将视线转至语料库，希望借助于语料库中的译语标准规范，来深入探究影响译者具体翻译行为的约束条件。为此，以"结束"为关键词搜索北京大学中国语言学研究中心的 CCL 语料库检索系统（网络版），得到78616条结果（2019年12月14日检索）。分析其可搭配的主语，"第二次世界大战、动乱、谈话、冷战、学习"等词语都具有过程意义。通常我们说某个生命体以某种方式结束自己，典型搭配为某人/动物采用某种方式自杀。而"村庄"是具体名词，没有"过程"义素，又是非动物名词，与"结束"搭配才会出现逻辑矛盾。因此从逻辑上讲，动词 кончалось 可以换译为其同源名词"尽头"。"词义转移，即词义在原来的基础上向另一个方向发生变化。"② 转喻（本书一般称为换喻）和隐喻可能有两种情况：第一，如果是在同一个语义域中，也就是一个整体之中，可视为换喻；第二，如发生于两个语义域中，也就是两个整体或两个概念之间，可视为隐喻。至此，原语逻辑意义被译者吸收并破解。

---

① 彭玉海：《论动词转义的题元结构变异机制——动词语义的认知转喻研究》，《外语学刊》2009年第5期。

② 王寅：《事件域认知模型及其解释力》，《现代外语》2005年第1期。

需要强调的是，破解逻辑意义是思维映射过程，具有主观性，因人而异。映射不当，就会导致逻辑意义困惑，还表现为译语概念模糊，层次不清，前后不一，不符合客观事实等情况。如，

［185］— Врет, собака！ Ставлю мою голову против пивной бутылки, что на фронт не был. Вот мерзавец！ А пишет.

原译："狗东西，他在撒谎！我敢拿我的脑袋跟啤酒瓶打赌，前线上绝对没有这种情形。这个流氓！他居然会这样写。"

改译："他在撒谎，狗东西！我敢打赌，他压根儿没有到过前线，要不，你用啤酒瓶砸我脑袋。真是个混蛋！他居然写得出。"①

原译中有逻辑错误，语言描述不符合客观事实。打赌一般是人与人因为某事赌某物，可以说我拿脑袋跟你打赌，但不能说人与物打赌。从句式上看，俄语原文句式为动宾补，表示动作涉及的对象及方式，原译则只注重字面意义的传达，将方式与对象混淆，导致事理不符。改译形分意合，有效规避了逻辑误区。

［186］ За нашей спиной стоит целый ряд революционеров, которые приносили свою жизнь в жертву для освобождения России.

在我们的前头有一大批革命者为了俄罗斯的解放献出了自己的生命。②

За нашей спиной 可以采用概念实指替代，译为"在我们的背后"。但该句中互译时发生障碍，俄汉双语表义在顺序上出现矛盾。直译"在我们的背后"，则暗含"我们是前辈"，犯了逻辑错误。从认知顺序象似性入手，调整译者的认知顺序，扭转时空，采用概念实指"以人体部分 спина 代替人这一整体"的替代方式，确保语义正确传达。

2. 语法意义替代

模拟译者思维变化是一种动态研究，涉及心理语言学的分析与综

---

① 郑泽生、耿龙明编：《俄汉翻译教程》（上册），上海外语教育出版社1986年版，第84页。

② 王育伦：《俄译汉教程》，黑龙江教育出版社2002年版，第158页。

合、语篇解构和重构机制。语法意义替代包括更替实词和调整语序两步。虚词只起连接作用，较少出现换译情况，即便偶尔换译，也大都是伴随实词而换译，因此把实词更替过程弄清楚，虚词更替便随之清晰，一般不构成语法意义替代的障碍，不必费太多笔墨单独交代。

（1）更替实词

换译替代时译者通过隐喻，靠感性形象，靠译者拥有的一切知识点，包括世界观、价值观和人生观等各种要素，靠译者已有的"前见"，寻找双语表达的形象之间的相似点，建立译者自己的双语"视域融合"，从而完成语义匹配关联。思维认知有先后，不同语言可能有不同的先入现象，同样的事物或现象也因先入为主的思维惯性在双语中可以有不同的联想。首先，人脑识解原语语码信息，吸收敏感性和显著性高的信息语码，刺激存储记忆系统，跨域进入译语心理词汇库，形成思维"中间语"，并寻找相关或相近的语码尝试匹配。其次，匹配过程是双语语码在译者头脑中反复相互映射的过程，映射的前提是"相似性"，以表示简单概念或简单意象的词汇为抓手。译者一方面为自己代言，另一方面为读者代言，通过预设读者的反映来不断识解原语作者创造的概念或意象。例［184］是由五个实词构成的语义场，相对简单，译者头脑中不匹配的概念只有动词"结束"。译者借助中俄双语词汇关联意象图式，拓展文化意象的匹配程度，较为容易地解决了语义冲突的矛盾。例［185］是复杂的句子，译者则要花费更多的认知精力，在更大的语域之中映射与反馈，通过隐喻方式整合概念或意象，将 ставлю мою голову против пивной бутылки 由语言语境投至更大的社会认知语境，从中寻找关联。解析动词 ставлю 在文本主人公的"言说行为"中是"施为动词"，即说了这句话，就等于已经做了这句话的行为。如此，一个动词在语言内已经暗含了上下文语境，在语言外又扩展至全人类熟知的认知文化语境，因此可将其语义分译为"我敢打赌，如何如何，要不，你如何如何"。

（2）调整语序

例［184］中通过对逻辑意义的分析，得出动词语义搭配错置，并提出解决方案是动词"结束"换译为名词"尽头"。至此，汉译语表出现三个名词"村庄、房屋、尽头"，需借助于常识来重新安排词序，调整语义关系。动词 кончалось 被名词"尽头"替代，则其前的名词 село 也相应地调整为"形容词"，以和"尽头"达成逻辑正确的语义关联，形成"村庄的尽头"。动词 кончалось 残存的动态意义被压制，进入静态存在范畴，等待进入汉语系动词"是、有"语义，以便与后一名词"房屋"发生关联，形成"村庄的尽头是/有房屋"的基本语义框架。下一步，形容词的排列成为主要关注点。名词 домик 本身含有"小的，可爱的"评价义素，映射汉语时一般以形容词修饰表达来彰显。"中间语"类形容词"小的"与 низким 和 деревянным 放入同一意象图式中。按照汉语多个修饰语修饰同一名词时的排列规则排位。该规则是：限定词＋外观描述性形容词＋大小＋形状＋年龄＋颜色＋国籍＋材料＋用途（顺口溜：限定描绘大长高，形状年龄和新老，颜色国籍加材料，用途类别往后靠）。所以 низкий 是外观描述性形容词，деревянный 属材料，而 домик 是 дом 的指小表爱形式，为俄语所特有的名词，用汉语定心词组"大小形容词＋中心语"替代。重新排序各个意象，得到"低矮的小木屋"。最后将其放入基本语义框架得到"村庄的尽头是/有低矮的小木屋"。至此，解决了语义与语形的矛盾。表 4-2 展现了译者思维流程以及逐步推演的语表形态变化。

表 4-2　　Село кончалось низким деревянным домиком
换译思维流程①

原语语表	Село	кончалось	низким	деревянным	домиком
概念	村庄	结束	低矮的	木制的	小房屋/小房子
意象	村庄	行为静态	低矮的	木制的	房屋

① 本表基于倪璐璐《换译思维机制解析》（《俄罗斯语言文学与文化研究》2016年第4期）加工而成。

续表

原语语表	Село	кончалось	низким	деревянным	домиком
表象	译者大脑最熟悉的村庄意象	表示行为终结后状态的动词	不高的	木头做的,而非деревенский（农村的）	小屋（指小,表爱）,译者大脑中最熟悉的与其有某种关联的小房屋
语表形态	具体名词一格	未完成体动词过去时中性	性质形容词长尾第五格	性质形容词长尾第五格	指小表爱名词单数第五格
语法构式	主语	谓语	修饰语	修饰语	补语
语义结构	施事主体	动作	方式客体		
零散状态的中间语	村庄	结束了自己	以低矮的木制小房屋/木制小房屋/木小屋		
中间语 A	村庄结束以低矮的木制小房屋				
替代	村庄	尽头	低矮的木制小房子/木制小房/木小屋		
			低矮的小木屋		
			矮木屋		
中间语 B	村庄尽头矮木屋				
中间语 C	村庄的尽头是/有低矮的小木屋				
调节润色	D：村庄的尽头是/有一间矮木屋。 E：村庄的尽头是/有一间低矮的小木屋。 F：村庄尽头是/有一间低矮的小木屋。				
译语	村庄尽头是/有一间低矮的小木屋。				

（三）中间语＋原_用→译_形

译语表达过程是思维—语言过程，是编码发送的过程，是内部言语转为外部言语的过程，是语里意义附带语用价值，合成为语表形式的过程。该过程与原语理解过程相反，表现为推理/意象群→复合判断/组象→简单判断/组象→复杂概念/意象→简单概念/意象。
例［184］转化替代后得到中间语 A"村庄结束以低矮的木制小房屋"，B"村庄尽头矮木屋"和 C"村庄的尽头是/有低矮的小木屋"。中间语用规范汉语语音或文字固定下来，即"说"或"写"下来。译者仍需发挥主观能动性，在修辞、语境和文化层面上不断调节润色，选择语言形式，以形配义，以形显义，以形突义。

1. 修辞调节

如果说语用是选择的艺术，则修辞在翻译中更多地体现的是同义择优的艺术。"翻译中译者可以而且必须依赖修辞辨识，才能更加透彻地理解原文的各种意义，正确把握情感，进而调动自身审美情趣，进入翻译最佳状态。"[①] 修辞直接影响着翻译后各种译本的选取。例[184]根据语言成句规则，需增加存在动词"有"或判断动词"是"，将实词表达的意义合为一个判断小句。得到至少3种同义句式，分别为：D：村庄的尽头是/有一间矮木屋；E：村庄的尽头是/有一间低矮的小木屋；F：村庄尽头是/有一间低矮的小木屋。如果从整体—部分视角审视，D句重在描述部分（尽头），E句重在描述部分（小木屋），F句则以部分显示整体（尽头—木屋）。且该过程因汉语语音讲究节奏美感，增译了俄语没有的量词，构成"一+量+名"结构。三个方案中"有"强调村庄，"是"强调判断。F句中合并了修饰性虚词"的"，这是考虑了汉语组词造句时语言的经济原则，尽量少用虚词，更能求得言简意赅，精练到位；以修辞为出发点，选择最切境的表达，更能提高译作的表现力。笔者认为F方案为最佳。

2. 语境调节

语境调节是指因语境制约而选择词语，一般可概括为：何人何时何地因何为何对何人以何种方式出何言。言外之意往往来自语境。例[184]中句子着眼点由"村庄"调整为"木屋"。该替代过程中，内部言语具有片段性、跳跃性、不可识别性和非连贯性等特点，并以概念或意象形式存储于大脑中，概念或意象加上语言形式外壳即可构成命题，一般由短语表示。原语概念、判断和推理与译语概

[①] 赵红：《修辞辨识与文学翻译略论》，《中国俄语教学》2011年第1期。

念、判断和推理之间发生相互关联。语境至关重要，若该例放置于儿童读本语境中，则完全可以以儿童口吻译为：村子尽头的小木屋。若无特殊语用价值，则一般认为是用一段文字，展现一个场景，语义经跨语替代已经被破解，只需采用恰当的语表形式即可。译者宏观上把握整体，通过语境明确词义，排除多义现象，理解言外之意，消除歧义。"中间语"可以有很多种，符合不同的语境。语码指向现实世界时，根据各个具体语境，选择关联度最大的即可。

3. 文化调节

换译替代中文化调节的作用不可小觑。译者的文化调节行为通常是无意识的。对于同一作品，菲克利（А. М. Фиккель）认为作者自译时，相较于普通的译者而言，译本的用词用句具有某种特殊性。这种特殊性"首先表现为对作品的重新理解的思维方式不同"[1]。普通译者，即非作者，解读译本时，带有个人独特的观念、审美、伦理等特性，因而其注意力会自觉地集中在某些特定的元素上。而作者自译时其思维解读是为自己，而非别人。因而当译语在某些外部因素如另一种语言、另一种文化的制约下，作者（兼译者）就可以自行改变原文原语。这显然是普通译者无法做到的。这即是说译者的文化身份直接影响其翻译过程。不同译者处在不同的文化语境下，会选择不同的语言表达手段。而语言单位承载文化意义，文化意义又反过来影响译者翻译行为。

普通的俄语单词，如看到 душа，脱口而出的是"心、心灵、灵魂"，却很难联想到其文化寓意。Чернильная ты душа, Дукельский!（杜克里斯基，你真是个书呆子！）这是意同形不同的引申转换，即"在喻体转换的基础上，保留原文的形象引申义，即内涵相同、形象相异"[2]。其中，душа 是汉语中很新奇的意象。汉语"书呆子"指

---

[1] Фиккель, А. М. "Об автопереводе", *Теория и критика перевода*. Л. изд. Ленингр. ун., 1962, стр. 104 – 105.

[2] 谢云才：《翻译中形象转换的语义模式》，《解放军外国语学院学报》2013年第5期。

只会死读书、读死书的人。这种辱骂嘲笑的态度与俄语 душа 隐含的文化寓意相似，故可以换译。纵观转化全程，隐性替代机制使得语表形式上发生了变化，语里意义并未变化，语用价值得以彰显，这正符合换译替代机制的核心原则"换形不换义不动值"。

二 语用→语义→语形思维假说

换译机制的研究对象是具体的翻译转化行为，译者实施换译"替代"程序。如何在双语语形之间"替代"以化解双语语形、语义和语用三个层面的矛盾，达到互通信息的目的？可以逆流而上，从语用、语义到语形逐步推演，追踪探寻思维变化流程。语用→语义→语形思维操作程序分为四步：第一步：原$_形$→原$_用$；第二步：原$_用$→原$_义$；第三步：原$_义$→中间语；第四步：中间语→译$_形$。如图4-4所示。

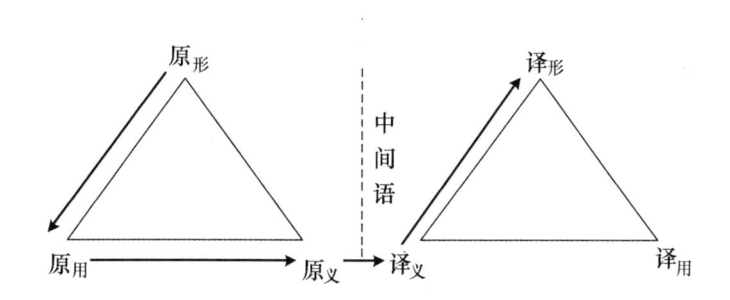

图4-4 语用→语义→语形思维操作程序假说

（一）原$_形$→原$_用$

原$_形$→原$_用$的过程是纯粹的思维过程，是通过语形来寻找语用价值的过程。原语文本通过视觉或听觉进入译者大脑语言处理区域，译者随即运用双语信息对其进行语言解码，初步形成不完整的过渡语义表征。这一表征在原语认知语境的作用下，经过关联性明示译者，译者运用演绎推理，促成对原语语用价值的解读。原语语形能透露原语的音美，体现原语的意美，展现原语的神韵美，这三种美能揭示原语的语用价值。

1. 语形彰显神韵美

语言形式展示的神韵往往可意会而不可言传，通常一字之别，意境相去万里。文学翻译倡导神似说，傅雷提出"重神似也不重形似"，只因神似是意似和形似的完美融合。"神似"是高度概括出客观事物的内在本质，又深刻揭示出其精神面貌。"神似"比"意似"和"形似"更接近译语读者的认知心理。

汉俄互译，就俄语词语而言，意义因其载体单词的音调和节奏而具有朦胧性，具有诗意。据林新华推断，"译者经验的相似性和独特的个人体验性互动"①，导致语义朦胧。这种朦胧性在译者认知语义范畴中，通过由语义家族相似成员、相关背景信息以及美感经验组成的无限知识网络体系得以升华为诗意。而汉语是文字语言，巧妙地利用在文字的形态上，可构造出一系列笑话。如：

"比"对"北"说：夫妻一场，何必闹离婚呢！

"巾"对"币"说：儿啊，你戴上博士帽，也就身价百倍了。

"尺"对"尽"说：姐姐，结果出来了。你怀的是双胞胎。

"臣"对"巨"说：和你一样的面积。我却有三室两厅。

"晶"对"品"说：你家难道没装修？

"吕"对"昌"说：和你相比，我家徒四壁。

"自"对"目"说：你们单位裁员了？

"办"对"为"说：平衡才是硬道理！

"占"对"点"说：买小轿车了？

"日"对"曰"说：该减肥了。

"寸"对"过"说：老爷子，买躺椅了？

"语言文化概念可以在不同的传统中完全或部分地匹配。概念不

---

① 林新华：《从"字神"看文学翻译中的语义认知和艺术效果——朱纯深译〈麦子〉析》，《中国翻译》2005年第4期。

匹配导致或来自原语的或来自译语的不可译性。"① 这类靠汉字形态来制造的笑话，由于俄语是字母文字，与汉语形象文字的文化空缺，而造成不可译性。但是译者应持续努力，挖掘译语双关的幽默效果，利用包括换译在内的译法制造形神兼备的译本。相比于汉字，阿拉伯数字带来的幽默则相对容易翻译。如：

[187] 一天，0 跟 8 在街上相遇，0 不屑地看了 8 一眼说："胖就胖呗，还系什么裤腰带啊！"

Однажды ноль-0 и восемь-8 встретились на улице. Ноль пренебрежительно посмотрел на цифру восемь и говорит: «Толстая, так толстая, зачем было перетягиваться ремнём!»②

想必汉语读者看后在莞尔一笑的同时，也会为俄译鼓掌。俄译 ноль-0 и восемь-8 这种临时制造出的语言形态出神入化，拟人方式的诙谐，正应了当下以瘦为美的风尚，让俄语读者也能理解中国幽默。事实上，由于阿拉伯数字的全世界通用性，使得汉语和俄语读者的认知负担大大减少，而"幽默形成的机理，究其本质在于违反人们正常的逻辑推理过程"③，因此利用阿拉伯数字文化概念而形成的幽默，采用语义和语形相结合的方式，进行创造性的换译，充分彰显了语形的神韵美。

2. 语形体现意美

译者思维在双语思维语境映射下，求得原语形式的认知语境，在意象或概念等信息明示推动下，将意美从语形中提取出来。模糊性是语言的本质属性，体现在词、句子、语篇各个层面上，影响着

---

① Миронова, Н. Н. "Когнитивные аспекты перевода художественной литературы", Вестник Московского университета. Сер. 22. Теория перевода, 2013, (3), стр. 80.

② 陈国亭主编：《中国幽默俄语秀》，哈尔滨工业大学出版社 2014 年版，第 153 页。

③ 陈国亭主编：《中国幽默俄语秀》，哈尔滨工业大学出版社 2014 年版，第 3 页。

翻译的理解、转化与表达三个微观过程，模糊性"使语言本身成了一个意义潜势系统，能够以有限的手段表达无限的意义"①。能够直译便直译，不能直译便意译。

人类通过已知、熟悉的事物或现象来类比未知的、不熟悉的事物或现象，促成形象性语言，以模糊展现清晰，久而久之就会出现"译感"。黄忠廉将大量翻译实践在大脑中产生的心理反应称作"译感"，来自对译语的敏感和体悟。通过他对"严重关注"②的分析，得出：词形不仅反映概念译语，还反映附加意义，后者通过译者语感在词进入语境中即可判定。比喻、拟人等具体辞格因其形象生动，受到人类青睐。诗人善用形象思维，运用各种辞格把自我感受融入客观世界，将自我情智赋予自然界，创造出动人心魄的形象。不同译者根据自己独特的认知机制，根据关联性强的语境来推断解读模糊的词义，形成多译本，充分体现了意美。即便在科技语体中，也可通过语言形式获得语义上的美感。如"T-square/T-линейка/丁字尺"和"I-beam/I-балка/工字梁"，其俄译字母形象"T"和"I"原型移译，汉译则归化为汉字"丁"和"工"，以汉字的外形特点替代了原语字母"T"和"I"的形象，诱发译者或读者静态的物象感，争取达到最大程度的语形乃至物象形状方面的"形似"，以"形似"求得"意美"。

3. 语形透露音美

从语音上讲，汉字都具有声调——四声。俄语都有重音，且在不同的场合会发生音位移动变化。俄汉双语中都有同音异义词，这类词书写或读音相同，意义完全不同。如俄语的 пол 同时表示"地板"和"性别"之义，二者之间毫无关联。汉语的"报复"和"抱负"发音相同，前者贬义，后者褒义。翻译中巧妙利用语形，凑成

---

① 赵彦春：《语言模糊性与翻译的模糊对等》，《天津外国语学院学报》2001年第4期。

② 黄忠廉：《译感：发现问题的神探》，《英语知识》2010年第6期。

原语发音类似，译语也音似。"真善美"历来是人类执着的追求。语音使用上人类也倾向于选择那些含有美好寓意的词语，戴昭铭称这种现象为"语言幻想"，即"把愿望寄托在语言构造的幻境中"①。语言幻想某种程度上是语言魔力造成的迷信效果。杨仕章进一步地认为这种心理影响到翻译上便会产生"谐音译"②，即选用美好字眼，使译名赏心悦目，给人带来美好想象，获得纯音译或音译转写无法产生的魔力效果。如"X-ray/Х-лучи/X 射线和 O-rings/О-образное кольцо/О 形圈，字母表示的形象 X 和 O 没变，是原型移译，是以音译为主的音译替代，形象未变"③，见形即发音，乃一种简洁美。

（二）原$_用$→原$_义$

翻译中的语用预设与文化背景关联程度最大。译语读者与原语作者没有共同的文化背景知识时，文化主信息一般通过直译加注，或阐译、增译方式揭示文化内涵。部分文化次信息，作为辅助信息，在文本中作用不凸显时，可减译，也可换译，通过替代概念或意象，替换词语或表达方式进行变通处理，或以类推方式推出同类现象，以解释文化关联性，迂回地阐释原语文化内涵。依赖于"前结构"观点，从不同角度合力分析与消化，促成对原语文本深入细致的理解。"'前结构'是一种潜在的理解方式，由各种理论模型、经验习得，更主要的是积淀在意识或无意识领域中的文化—心理结构聚合而成；是在每个具体的理解和认知活动之前，已经限定了我们的精神意识的先决条件。"④ 可见，"前结构"即可视为语用因素，不同角度即可归结为语用和语义的共同作用。译者自身具备的文化知识

---

① 戴昭铭：《文化语言学导论》，语文出版社 1996 年版，第 79 页。
② 杨仕章：《外来语译法选择的文化学阐释》，《解放军外国语学院学报》2015 年第 1 期。
③ 倪璐璐：《英俄汉科技文本形象换译探析》，《中国科技翻译》2018 年第 2 期。
④ 刘永红：《论文学翻译的"前结构"及其运行机制》，《中国俄语教学》1999 年第 4 期。

面、美学基础素质、对文学规律的把握、语言功底的深厚程度都影响对原语文本的理解。

1. 文化值更替

文化值是语言单位所承载的文化意义。译者作为本族语文化成员，在翻译过程中不可避免地受本族语文化影响，特别是在理解异域文化时，会下意识地用本族文化来"过滤"异域文化产品，替代时必然反复比较两种文化形象。文化空缺词汇和文化冲突词汇所含的文化值尤其如此，且一般以语用预设身份融入词汇，起到画龙点睛的作用，进入短语可厚积薄发建构语句，并入句子中文化值能够托付传承。原语母语者有时毫无察觉，译者面对这类词时，应格外注意。

（1）文化空缺更替

方言、俚语、黑话、行话形成在一定区域内、一定人群中，具有明显的个性特点，在双语中形成文化空缺现象。"这种个性特点（实用意义）一般是译不出来的，只能将其所指意义表达出来。"[1] 而翻译实践中，交际双方的身份地位、文化内涵、意识形态、民族特色等，都制约着信息的传达进程。应适当运用换译替代机制，尽可能地从词汇、句法、语音等方面提高译语和原语携带信息的趋同度。

［188］凤姐啐道："呸，扯臊！他是哪吒我也要见见。别放你娘的屁了，再不带来，打你顿好嘴巴子。"（《红楼梦》第七回）

— Тьфу! Что за глупости! — возмутилась Фэнцзе. — Пусть бы он был хоть самим чертом, все равно я хочу его видеть! И не болтай больше! Сейчас же приведи его, иначе получишь хорошую затрещину![2]

— Тьфу! Глупости какие! — возмутилась Фэн-цзе. — Пусть он будет хоть сами черт, все равно я хочу его видеть! И не болтай

---

[1] 傅仲选：《实用翻译美学》，上海外语教育出版社1993年版，第111页。

[2] https：//www. litmir. me/br/？ b = 5574&p = 29.

больше! Если сейчас же не приведешь его, получишь хорошую затрещину!①

佛教中"哪吒"是护法神，在该句中是语用预设，又称前提、先设等，是汉语母语者在辱骂语境中训斥下人的话语。"哪吒"在该句中是交际双方共同知晓的背景知识。传说是毗沙宫天王李靖之子，是少年英雄的象征。言语行为理论认为，语用预设是有效言语行为的条件，使言语行为构成的语句具有必要的社会时效性。交际双方都知道"哪吒"在此含有主观贬义的命题态度。

语用预设，从说话人视角来看，就是命题态度。语义预设"指语句中蕴含的说话人的常时背景知识；语用预设则是说话人知道的受话人已有的特定即时信息"②。可见，语义预设研究语句与世界是否具有对应的真值关系，通过"真/假"来定义。语用预设，则加入了"说话人"这一要素，其所说的内容与现实世界的关系既可真又可假。"哪吒"是确有其人，还是只是个传说，并不妨碍交际进行。同理，俄译没有采用传统的音译加注释，而是采取换译法，用形象черт（鬼）来替代。很显然，"哪吒"和"鬼"形象不同，代表不同的哲理文化，之所以可以替换，是因为俄罗斯文化系统中"鬼"很常见，而"哪吒"这一形象对俄罗斯人来说相对陌生。为了不增加读者负担，译者将其作为文化次信息来处理，这样照顾了读者的接受习惯。该句中的"别放你娘的屁了"，属于典型的中国骂人话，俄译采用所指替代，用俄罗斯人十分熟悉的 И не болтай больше!（不要再胡说了！）来替代。

（2）文化冲突更替

文化意象内涵的揭示一直是翻译的难点，特别是形象冲突类文化词汇。译者保留原语文化形象，异化处理，经常会使读者劳心费

---

① Цао Сюэ-цинь: *Сон в красном тереме том первый*, перевод с китайского В. А. Панасюка, Москва: Государственное издательство художественной литературы, 1958, стр. 120.

② 张家骅：《"语义预设/语用预设"的一个视角》，《外语学刊》2009年第3期。

力，影响阅读效果。放弃文化形象，会导致读者陷入文化误区。变换文化意象，如葛浩文对莫言小说的翻译中就把"牛鞭"替代为"马鞭"（horsewhips），把"黑色"替代为"彩色"（colorful），这种换译法尽管可能消除读者的文化陌生感，但也应谨慎。陈伟认为这种译法是"翻译滤写策略"，并说"译者通过规避中文直译英文的不可译性，并迎合西方人的审美与阅读取向及其意识形态，能够促使西方读者更加主动、积极地立足文学本位阅读、体会并接受莫言的乡土小说，从而有效地实现乡土小说的国际传播"①。

事实上并非所有意象都可变换，在翻译实践中只有关联性和象似性都很强的形象才可以采用换译法相互替代。这就需要译者具备敏锐的"文化翻译能力"②，译者应努力具备双语文化敏感性、抗扰力和攻坚克难能力。在用异化方式处理原语文化形象效果时，除了具有异化意识，还必须具备一定的文化能力，以便在译语文化背景下准确把握原作中的文化意象。

［189］Этот парень ест за двоих, зверь на работу.

这个小伙子吃饭顶俩，干起活来像小老虎。③

俄语用зверь（野兽）来评价人具有力量，汉语习惯用"老虎"来评价，有搭配"虎劲"。双语形象因力量相似而映射替代。无论是"老虎"还是"野兽"，在俄语和汉语中都有相应的词汇。本例汉译，因汉语遣词造句习惯，用"小老虎"换译"野兽"，是译者文化抗扰力的体现之一，可见译者着力避免俄语给汉语文化带来的负迁移。

2. 语境值更替

语境值是语言单位在不同语境中产生的语用价值。通过解读原

---

① 陈伟：《中国文学外译的滤写策略思考：世界主义视角——以葛浩文的〈丰乳肥臀〉英译本为例》，《外语研究》2014年第6期。
② 杨仕章：《异化视域中的文化翻译能力》，《解放军外国语学院学报》2013年第1期。
③ 谢云才：《翻译中形象转换的语义模式》，《解放军外国语学院学报》2013年第5期。

语语境来推理原语信息的真正含义，不仅从语言内的字里行间，更从语言外的语气情调着手。换译替代既是译者根据最佳关联进行推理的过程，又是预测译语语境的动态顺应过程。除了原语的内容外，原语语境的各种暗含意义，都将影响译者认知，只有理解到位，才能替代得得心应手，传达自如。"译者会从不同的心理角度顺应译文读者"①，换言之，译者顺应过程中应考虑译语文化语境、情景语境和上下文语境，猜测原语作者的写作动机，预测译语读者的审美期待和接受能力。

（1）文化语境值更替

文学翻译实践中没必要完全保留原语中的每个文化信息和文化意象。某些文化因素如果简单地照搬原语表达形式，甚至可能会引起文化错觉和文化冲突。译者应根据所处的社会文化大背景，根据文本情节语境乃至上下文语境适当采取换译方法，使文化主信息逐步适应双语文化背景。

名称通过指称客观世界中的事物或事实而具有意义，名词所指示或指称的对象是实指。通过显性概念换译机制我们得出，双语概念在能指、所指和实指之间可以更替。双语某些词汇即便没有任何相似之处，但因长期使用，习非成是，必须强制性替换意象，来正确彰显情感评价。

（2）情景语境值更替

情景语境值更替是因文本反应的情景的制约与限制，译者不断搜寻大脑中既存意象或概念，根据百科知识进行匹配或灵感再现，逐步增强双语意象或概念的关联性，推导并解读原语作者的交际意图。

［190］这种预备并不费心血，身血倒赔了些，因为蚊子多。②

---

① 李占喜：《译文读者认知和谐的语用翻译策略选择原则》，《外文研究》2013年第3期。

② 钱锺书：《围城》，人民文学出版2013年版，第35页。

Такая подготовка не причинила ему особых мучений, если не считать того, что москиты успели порядком покусать его.①

钱锺书通过仿效"心血"与"身血"构成文字游戏,这样更换词语中的某一元素,营造了讽刺幽默的艺术效果。且只在与"心血"对照的该情景中才有"身血"这一临时词语。俄译无法用单词来展现这种特殊效果,就以字面表达出来的语言结构的意义为根据,将汉语语义比喻义消解,概括出其实指,即 не причинила ему особых мучений(没有经历特殊的折磨)。再依靠该情景语境下译者特定的思维分析和逻辑上的概念、判断、推理等,以逻辑条件句代替原因句,使汉语语句包含的真值条件成为互译的关键点。

(3) 上下文语境值更替

上下文语境是语言内语境,指前言后语。上下文语境推进机制,体现为词、短语、小句、句群等全译单位在翻译过程中表现出来的上向推进、下向推进和上下双向推进作用。关秀娟指出,上下文语境推进机制的运行具有语形学理据,且区分了词形关系和句间衔接管约推进两类。她说"句间衔接管约推进,双语转换时某些句间衔接需做同指替代重置、照应代词还原等处理"②。同指替代重置和照应代词还原,究其实质就是换译。

当译者在双语互译思维映射过程中寻求最佳关联时,会有意识地选择译语语形、语义和语用层面上与原语关联度最大的语言表达手段,来传达原语作者欲要表达的信息意图,即以语表形式展现语义和语用价值。译者极力要维护的是原语作者和译语读者的认知和谐。但由于不同民族认知思维不同,"思维是意识的一个重要组成","意识是以思维和语言为核心的","生活决定意识"③。思维内容相

---

① Цянь Чжуншу. *Осажденная крепость*: Роман; Рассказы Пер. с кит. В. Сорокина. М.: Худож. лит., 1989, стр. 62.

② 关秀娟:《全译上下文语境推进机制的语形学理据》,《中国俄语教学》2016年第3期。

③ 钱学森:《关于思维科学》,上海人民出版社1986年版,第53、85、86页。

同，思维方式和角度不同，落实于语言语表形式也不同。

［191］长期以来，广大劳模以平凡的劳动创造了不平凡的业绩，铸就了"爱岗敬业、争创一流，艰苦奋斗、勇于创新，淡泊名利、甘于奉献"的劳模精神，丰富了民族精神和时代精神的内涵，是我们极为宝贵的精神财富。①

Вот уже длительное время передовики производства своим повседневным трудом добиваются необыкновенных достижений, формируют дух трудового энтузиазма — «любовь и уважение к работе, стремление к наилучшим результатам, упорство на рабочем труду и смелость в творчестве, безразличие к личной славе и выгоде, готовность к самопожертвованию». Они обогащают национальный дух и дух эпохи, а это наше бесценное духовное достояние.②

汉语劳模精神用四字词组表达，两两一对，音韵和谐，语势铿锵，承接上文，启示下文。翻译时尤其应处理好词概念的基本义和引申义之间的关系，而词汇引申义常见于汉语四字结构中。四字结构，词义丰富，文采盎然，语气连贯，讲究对仗，措辞华丽，位置相对灵活。俄语是形态发达的语言，构词组句乃至语言连接手段都偏向于形式或形态因素，语法关系一目了然，句型结构严谨，逻辑关系明确。汉俄语言各自的特点体现在政治文献翻译中。语言经济原则要求的以有限手段表达无限意义，直接导致词汇概念的模糊性。俄译时，不应受制于汉语表达习惯，应排除汉语思维干扰，用符合俄语习惯的表达来传达。俄译退而求主要信息，虽然做不到"形似"，但使用的抽象名词加前置词结构从整体来看，以意译方式揭示了汉语四字词组的语义内涵，且重在阐释上文的 дух。同时因上文语义信息集中，这样也可缓解读者认知压力。科学家发现，人类大脑

---

① 习近平：《习近平谈治国理政》，外文出版社2014年版，第46页。
② 习近平：《习近平谈治国理政（俄文）》，俄文翻译组译，外文出版社2014年版，第62页。

每秒只能编码 7 个音节或 18 个片段单位。尽管随着人类大脑的开发，人工智能的发展，这一数据有望增长，但目前人脑处理语言信息时仍存在数量制约瓶颈。本例俄译将其他语言信息另辟小句进行顺承，体现了上下文语境更替的要求。

3. 修辞值更替

广义修辞指同义手段，狭义修辞指辞格。修辞值是辞格和其他语言单位在运用中产生的特定修辞效果。修辞值从语用层析出，融入语篇层、语法层、词汇层至语音层。

（1）语篇层修辞值更替

就中俄文化语言而言，很难找到结构和语义都相同的双关语。汉语同音同韵的字很多，较易制造双关语。俄语也喜欢用同音（近音）或拉长语调等读音方式来制造双关语。语言模糊性体现于修辞方面的典型例证即双关辞格。故意运用双关以营造模糊语义，使一个词义同时与几种所指相关联，在语言形式上同时映射好几个实指，让译者分外头疼，绞尽脑汁，采用哪种译法，似乎都不能穷尽传达言内与言外之意，似乎永远差那么一点意思明说不出，且不能明说。

（2）语法层修辞值更替

语法指语言的语法构造，即语言中词的构成、变化规则和用词造句的规则。一般认为，语法包括词法和句法两大部分。简言之，词法研究词的构成手段和方法、词的形态变化类型和规则、词形的功能和用法等。句法研究句子类型及构成规则。语法层换译指受双语词构成规则、用词造句规则以及句法构造差异而发生的换译。用词造句方面，辞格显现强大的生命力。辞格是美化语言、增强表现力的方式。辞格可分为包括比喻、拟人、修饰语等在内的语义辞格，包括排比、对照、设问等在内的句法辞格。句子语法结构和功能在特殊语言环境下具有特殊的表现力，以排比为例：

［192］ Говорит он о человеческой подлости, о насилии, попирающем правду, о прекрасной жизни, какая со временем будет на земле, об оконных решетках, напоминающих ему каждую минуту о тупости и жестокости насильников. （Чехов，«Палата № 6»）①

汝龙汉译本：他谈到人的卑鄙，谈到践踏真理的暴力，谈到将来人世间会有的美好生活，谈到窗上的铁格子，这使他随时想起强暴者的麻木和残忍。

沈念驹汉译本：他说到人的卑劣品性，压制真理的暴力，将来会出现在世界上的美好的生活；说到窗上的栅栏，这使他每时每刻都会想到施行暴力的人们的愚钝和残忍。

冯加汉译本：他谈到人的卑鄙，谈到践踏真理的暴力，谈到人间未来的美好生活，谈到这些铁窗总是使他想到强权者的愚蠢和残酷。

汉译三个版本都采用排比句式，语势有力。分别用"谈到、说到"等引领句子语流，读起来十分顺畅。

（3）词汇层修辞值更替

一位俄罗斯上流社会的文雅女性，出口之言，即使是骂人话，也应该是文雅的，那么翻译她的话也应是文雅的，如果她说出"Ах，дермо！"（O shit！狗屁！）是不合身份的。语用学的关联理论的强关联和弱关联概念，可以解释字面意义与说话意图的重叠和冲突。因此译者反而受这个粗俗的、带有明显文化蕴含的结构牵制，花费很多认知努力去破解这位女士骂人用语背后的其他原因，是学他人话，还是暴怒之下透露出高贵女士的真实身份实为低俗之辈。但若她说了符合自己身份的"Ах，черт！"（啊，见鬼！）或"О，господи！"（噢，上帝！）就不会造成译者负担了。译者在转化这类污言秽语时要格外谨慎。

传统词汇语义学认为词汇具有词汇意义、语法意义和修辞意义，并定义词汇的修辞意义为各种附加的意义，如指小表爱和指大表卑等感情色彩、通过隐喻派生而来的感情评价色彩等。

---

① 译文整理自《俄汉翻译语料库检索系统》之子模块"契诃夫短篇小说"（http：//www.rucorpus.cn）。

[193] 因此不敢冒昧起身，只问小孩子要不要下去撒尿。①

Поэтому она решила не рисковать и, нагнувшись к ребенку, спросила, не нужно ли ему кой-куда.②

该例中不敢冒昧起身的俄译（решила не рисковать）从方法上看，是移译。"撒尿"涉及了文化内涵的阐释，因为要委婉，而换用了一种中性的表达方式（ему кой-куда，要不要去哪）。语形更换，语义因语用价值的凸显而得以侧面传达。

(4) 语音层修辞值更替

汉语中的谐音、叠韵、对偶、镶字、析字、联边、脚韵等辞格，俄语中的谐音、近音等拟音修辞，都可在语音上找到归宿。一般而言，翻译提倡译者跳出原语形式的束缚，以译语为工具，来传达原语语言形式之下的意义。但是某些特殊情景下，译者跳进原语形式的束缚，深挖原语形式的意义，译出原语语形之音，再进入译语，也能产生出奇制胜的效果。赵彦春明确地说："语音的组合和调配在文学创作和翻译中可以成为一种营造意境的艺术手段。"③ "在俄语中，似乎重读字母 а 可以营造富丽堂皇、空旷、辽远、高大以及惊恐的效果；多使用字母 е、и、ь、ю 来形成一种温柔、爱抚的感觉，具有一种凄凉、渺小的感觉；字母 я 能够展示欣喜、快乐、柔和与喜爱之情；字母 о、у、ы 可能表现出憎恨、嫉妒、惧怕和忧伤之感。"④ 语音层修辞值的更替常见于诗歌翻译中。

(三) 原$_义$→中间语

语用→语义→语形思维操作程序和（语义→语形）+语用思维操作程序的相似处是"原$_义$→中间语"这一步，都包括逻辑意义替代和语法意义替代两个过程。前者包括吸收逻辑意义和破解逻辑意

---

① 钱锺书：《围城》，人民文学出版 2013 年版，第 6 页。
② Цянь Чжуншу. *Осажденная крепость*：Роман；Рассказы Пер. с кит. В. Сорокина. М.：Худож. лит., 1989, стр. 29.
③ 赵彦春：《音律——与宇宙同构》，《四川外语学院学报》2001 年第 5 期。
④ Крысин, Л. П. *Жизнь слова*. М：Просвещение, 1980, стр. 24.

义，后者涵盖更替实词和调整语序，故而不再重复论述。

（四）中间语→译$_形$

人类大脑可以处理信息，其运行机制至今尚未完全破解。语言学研究中倾向于认为，借助隐喻手段，以有限的语言手段可以表达无限的存在意义。具言之，即通过已有的语言手段从"源域"向具有心理相似性的"的域"进行映射。大脑对模糊的意义进行筛选过滤，依据已存的情景作出类比，以既存事实为根据，采用概念或形象作出符合交际意图的推理判断，落实在实词，理顺实词间的语义关系，且按照译语逻辑组建中间语。换译具有时代性、阶段性与选择性。从中间语到最终译本，语义相似为主，语形相似为辅，语用相似最优。以《红楼梦》五绝为例：

[194]《红楼梦》	Л. Н. Меньшиков 译；В. А. Панасюк 译本（1958：25）①	Yandex 在线译本②
满纸荒唐言，一把辛酸泪！都云作者痴，谁解其中味？	Хотя бумага вся в словах нескладных, Но горечь слез в себе таит она. Все люди скажут: бестолковый автор, — Но кто поймет, чем грудь его полна?!	Заполнена бумага похвальбой, и нет достойной ни одной строки. И, вместе с тем, слезлива эта речь, претит избыток жалоб и тоски. Наверно, все, не вдумываясь в суть, заявят: «Этот автор недалек!» — Но кто оценит утонченный вкус, умея проникать и между строк?

---

① Цао Сюэ-цинь: *Сон в красном тереме том первый*, перевод с китайского *В. А. Панасюка*, Москва. Государственное издательство художественной литературы, 1958, стр. 25. 《红楼梦》为苏联汉学家 В. А. Панасюк 和 Л. Н. Меньшиков 合作翻译，该五绝为 Меньшиков 所译，但未署名。

② http://www2.e-reading.club/chapter.php/62777/4/Cao_-_Son_v_krasnom_tereme._T._1._Gl._I_____XL..html.

1. 意似择优

姜秋霞在对翻译转换范式的思考中提及"信息处理"这一术语，并认为"信息处理"揭示"译者在进行语言符号对比与对应时的认知及审美程序"①。这一程序是自然心理行为，是对信息的解码与编码过程，建立在双语符号共性的基础上。换译替代时的"换码"过程中，译者对原语信息的提取过程与大脑已存的双语意象发生互动，在信息内容和语言符号之间发生双重映射，寻求或形式或意义的"近似"。

译者以认知关联性建立联系，进行匹配，当匹配不顺利时，采用融合性、变通性的手段，寻求概念义以外的修辞义或联想义的"近似"，即尝试更换与已有信息相关联的语言符号，寻求既接近作者又接近目标读者的心理符号。《红楼梦》"满纸荒唐言"的语码信息是"言在纸上"，到了帕纳秀克（В. А. Панасюк）译本被"纸在言中"所替代，到了yandex译本则是"纸被言充斥着"。语码信息"一把辛酸泪"与前一句的句法结构由语义隐性连接，进入帕纳秀克译本被"纸含眼泪的酸楚"所替代，在yandex译本则是"这番言语正在泪流"，二者句法都变成词汇解释的显化结构。第三、第四句yandex译本延续前两句特点，以阐释性直译为主，帕纳秀克译本则在领会原作意义的基础上，将语言所隐含的感情色彩似乎也译了出来。"意"上帕纳秀克译本更似。

2. 形似择优

许渊冲提出的"三似（形似、音似、意似）、三美（形美、音美、意美）"②论。译者可以从若干"中间语"中以"形似与形美"为标准选出最终译语。由语用因素推出的原语语义，为思维流。据原语形象会联想到若干译语类似或相关的表象，这些表象落实在语

---

① 姜秋霞：《对翻译转换范式的思考——兼论翻译的学科特性》，《中国外语》2007年第6期。

② 许渊冲：《翻译的艺术》，五洲传播出版社2001年版。

言上表现为"中间语"。

换译法，在"意似"的基础上追求形似择优，选出最佳译本。"形"在翻译中主要指"语言"，"形变"即"语言的转换"①，换句话说就是从原语变成译语，是指两种语言符号系统及其组成部分的改变。原语符号的音和形改变后，音形义结合的方式也随译语语表而不同。《红楼梦》五绝分四句，第二、第四句押韵，结尾是平仄。俄译类也分四句。帕纳秀克译本第二、第四句交叉押韵，按俄语律诗结构规则以第一、第三句 11 个音节，第二、第四句 10 个音节处理，每句 2 诗行，第二、第四句押 a 韵，扬抑格与其他各行抑扬格交替起伏，富有节律，标点打乱，重新布置，将问号和叹号合并，语势强烈。Yandex 网络译本也分四句，每句 2 诗行，每句 20 音节，第一、第二句押 и 韵，第三、第四句押 к 韵，标点符号尽量复制原语，形成逗号—句号、逗号—句号、逗号—叹号、逗号—问号的形式。换"形"目的在于追求"神"似。而翻译中的"形似"追求"字比句次"，不增不减，以直译为主要操作手段。按此标准，"形"上 Yandex 译本更似。

翻译历史上的直译与意译之争，形与神之辨各有其道理。尽管"形似"因为过于注重形式，而忽略了内容和风格，屡遭质疑。但翻译实践中，特别是诗歌翻译中，语音与语形，特别是诗的节奏、韵律、诗行等，仍是广大译者努力呈现的目标。加之文学翻译中的双关、回文、同字、拆字、仿词等就是对原语词汇的"改头换面"，临时创造一个形式上的非原语对应词汇。语形虽不同，却体现着某种诸如音、形、义的关联性，因而能保证语义、语用层面上有出人意料的新奇感。

3. 风格似择优

洛特曼符号学以单词意象为着眼点，"通过世界文本化，文本结构化，结构复调化，以单词的'他者性'证明联系是文本结构的第

---

① 许钧：《"形"与"神"辨》，《外国语》2003 年第 2 期。

一要义，一举打破实体本体论，走向关系主义"①。我们认为风格的文化值表现最终落脚点仍为语表形式，基本着眼点为词语。而词语作为话语模式的建构要素和表征，一方面将文本的静态结构特征呈现为不平衡性，即词语因话语句而产生多重意义；另一方面将文本演绎成意义生成动态机制，在外部其他文本互文性观照下、在内部文本多义性基础上，识解具体语境下的词语文化联想意义的逻辑推演，破解词语的意象特征。

汉语"谁解其中味"，帕纳秀克译本替代成"作者胸臆"，yandex 译本则尽量直译为"精细入微的审美趣味"。从接受角度看，帕纳秀克译本似乎更符合俄语民族的思维方式。因为译者需要认知处理出与《红楼梦》作者的交际意图相匹配的最佳关联，传递朦胧的时代哀曲，价值失落、对情执着的荒唐人生。帕纳秀克有意识地在俄语认知语境的不同层面进行语言选择，尽可能使俄语译文释意性相似于作者的信息意图和交际意图，特别是"чем грудь его полна?!"这一句，传达出作者隐含的信息高度"意似"。与此同时，他综合各方面因素，尽量传达原文的形式美、声音美和文化内涵美、意境美，语用语篇关联、词汇搭配制约等手段，消解同义性，彰显差异的人文旨趣。同时考虑到用译语准确自然、形神兼备地传达原语思想内容时，不能忘记译语语言习惯，展现隐约猜测效果，符合俄语读者的审美期盼和接受能力。

陈科芳指出一般译者之所以舍弃不甚费力的直译，而采用"冥心构考""旬月踟蹰"才得来的字面弱关联或是终极关联，往往出于文化、诗学、译者和读者等因素考虑②。另外，文学大师喜欢利用双关语，赋予其作品主人公姓名以特殊含义，来暗示性格和命运，隐含作品的情节和主题。古今中外，概莫能外。翻译时更有严复

---

① 转引自李薇《单词意象：洛特曼符号学要旨》，《中国文学研究》2015 年第 4 期。

② 陈科芳：《基于语用推理机制的翻译过程框架》，《中国翻译》2010 年第 3 期。

"一名之立，旬月踟蹰"之叹息。译名之难，难在风格！风格似体现在语言中，善用汉语本身的形式，如偏义词、对偶词、双音节词、叠词、象声词、量词、四字格等汉语特殊形式也能产生妙笔生花的艺术效果。风格似是意似与形似的高度交融，是译者在若干"中间语"中挑选最佳译本的最高标准。

本章小结

　　本章是换译机制假说。通过第一节显性换译机制和第二节隐性换译机制的论述，对比双语文本，尝试弄清原语和译语语形、语义和语用之间的关联。这种论述方式是假设猜想，是笔者参考既有研究成果，对换译行为过程中相关因素进行思维假设的产物。

　　通过第一节对概念和意象的替代程序和方式的分析，以静态发展的眼光剥离内容之下隐藏的译者认知。概念替代程序有语言符号能指替代、所指替代和实指替代。概念替代方式有同层概念替代和跨层概念替代两种。意象替代程序第一是基于时间顺序的意象映射替代，第二是基于空间认知的意象映射替代。意象替代方式分为换意替代和换象替代两种。第二节探讨隐性换译机制，主要从思维操作程序入手，一步步揭示换译可能的思维流。将隐性的换译区分成（语义→语形）＋语用和语用→语义→语形两大思维操作程序，逐步推演，层层关联。笔者猜想换译思维机制是动静结合的运行过程。将思维流切分成静态的点，以抽象的概念和形象的意象来描述译者认知程序和方式。通过换喻的相关性和隐喻的象似性为关联—明示手段，替代概念和意象。此后连点成线，模拟认知和逻辑推演，采用描述与假设方式。需要强调的是，本章所言换译绝非按部就班的机械式进程，换译机制不具有规定性。译者在关联性较强的情况下，可能不需任何步骤直接进行跨语替代。若能通过形式化弄清换译究竟是如何替代的，可解释换译替代深层操作，且对机器翻译也能提供借鉴。换译机制是译者大脑心理认知等领域的"黑匣子",译者对其的描述目前也只能是假设。尽管键盘敲击法、目测法、脑电图等先进的技术手段已经应用于解释翻译过程,但目前对换译机制仍无法通过实证法——验证。

换译运行机制描述仅以概念和意象作为一维,以(语义→语形)+语用和语用→语义→语形的思维操作程序作为二维,二者结合便构成了复杂的三维空间,即涉及跨语言、跨文化的思维空间。这仅仅是对人脑思维运行替代机制的一种描述尝试。运用假设演绎法,通过已发现的翻译事实,归纳总结假设,该模式需要不断地丰富、验证和修改。

换译机制是对换译具体类型操作的一种模拟。换译类型的丰富将有助于对换译运行机制的深入揭示。换译现象的归集,换译类型的归纳,从不同方面为换译机制研究提供素材。而第五章换译理据的阐释又从理论高度审视换译机制,为本书换译机制的推断性提供原因。

第 五 章

换译理据阐释

　　探讨换译理据，也就是探讨换译法使用的条件和受限制的原因，即在什么条件下，因为什么才可以使用换译法，而不是全译或变译的其他译法。换译原因就是之所以换的解释，可以从以下方面来分析，如换译的内因和外因、换译的宏观因和微观因、换译的现象因和本质因、换译的形式因和模式因、换译的限制因和目的因等。概言之，换译的内部因即分析构成换译的系统元素的特质、属性或作用。换译的外部因即影响换译使用的语言环境或外部条件，与文化密切相关。换译的宏观因即从哲学宏观视角审视换译。换译的微观因，则是在哲学视角下，探究其他学科对换译的影响。换译的现象因主要从文化角度审视换译。换译的本质因则探究思维矛盾性。换译的形式因从语形之更替角度寻找理据。换译的模式因则基于语义，探究换译发生发展可能遵循的规律、经验和模式。换译的目的因即阐释换译的目的、理由和需要。换译的限制因主要从语用角度探索对换译产生影响的状态。这些原因彼此有交叉，共做换译的理据。因为"翻译本体探究，可坐实于思维和语言，其他研究均属外围研究"[①]。用"一体两翼"来比喻翻译学的母源学科很恰当。本体是语言学，两翼是思维学和文化学。本章结合上述六种原因，根据翻译

---

① 黄忠廉：《翻译思维研究进展与前瞻》，《外语学刊》2012年第6期。

一体两翼思想，重点介绍语言学、思维学与文化学理据，其他学科如哲学、美学、文学、宗教学、史学、伦理学、管理学、思维学、心理学、认知学等学科也促进换译的发展。因篇幅限制，其他学科之中我们只论述哲学和美学理据。

第一节 换译的语言学理据

现代文章不合时宜地出现古旧词语，古代文章译本出现当代特有的词汇，使作品的背景与译文的风格之间产生矛盾，这会歪曲历史氛围，造成读者对原文反映的遥远历史的误解。译者需猜测原语作者的写作意图、识解原语文本的思想内容、辨别形式与意义、权衡双语文本文体风格、语境制约等非语言因素，黄忠廉提倡考察两个三角，即"语际比较—思维转换—文化交流"（简称"语—思—文"）大三角和"语表形式—语里意义—语用价值"（简称"表—里—值"）小三角[1]。本章论述思路是换译的大三角体现在第一、第二、第三节上，小三角体现在换译的语言学理据上。

一 语形之更替：换译形式因

换译的语形理据指使用换译法时，俄汉双语所展现的语言形态。俄汉不同的语言符号组成相异的语表形式，可以表达相同的内容。同一语言内部，同一内容也有不同的语表形式。双语语表涉及内容与形式之间的语言要素，单语语表牵连语言规范、语体等语言要素。

（一）双语语表：语言形式与内容转化表征

黑格尔在《小逻辑》中说，"内容并不是没有形式的，反之，内容既具有形式于自身内，同时形式又是一种外在于内容的东

---

[1] 黄忠廉等：《翻译方法论》，中国社会科学出版社2009年版，第232—253页。

西……形式与内容相互转化"①。形式与内容相辅相成，同一形式可以表达不同内容（如歧义、多义），同一内容也可以用不同形式来表达。换译法在不同表达形式中穿梭，将形式与内容整合，适度归化与异化，使译文在语形上明显不同于原文形式特征，这很正常。双语语形本就不同，但语形上另一处显性特征在于某些词汇语义异常，如因语境等因素而更换对应词，转而用非对应词替代。此时语形的更换，尽管在局部出现矛盾，但在语义整体上却是符合句子语义的。译者在确保篇章或句子语义整体结构和逻辑的前提下，更改局部语形，却在宏观整体上符合译语语言规范或达到译语语用效应。

以标点换译为例，俄汉双语标点符号大致类似，但仍存在差异。标点符号具有表意功能。文艺作品和政论文中，常见感叹号、问号和省略号独立使用，一般翻译时直接对译即可。但因为俄汉双语不同的语言类型所属，标点符号也不完全相同。标点符号使用时应遵循一定的规则，俄语标点法有三个原则："结构原则（或句法原则）、意义原则（语义原则）、语调原则（节律音调原则）。"② 俄汉双语标点符号使用规则规范也存在一些差异。如书信的书写格式为：俄语书信开头称呼语后面通常用感叹号、逗号或句号，而汉语称呼语后面习惯用冒号。俄语中称呼语独占一行，其后用逗号时，下一行正文可以顶格起段。汉语中称呼语顶格，其后用冒号。俄语中句号、逗号与引号连用时，应放在引号外，问号、感叹号、省略号与引号连用时，则放在引号之内。汉语中句号、逗号、问号、感叹号、省略号等均放在双引号（""）内。另外双语某些标点差异见表 5-1。现代俄语标点法的基础是俄语句法结构，这些句法结构、语义功能等要求俄汉互译时适当换译，以化解交际障碍。

---

① ［德］黑格尔：《小逻辑》，贺麟译，重庆出版社 2006 年版，第 278 页。
② 童宪刚：《俄语标点法的若干问题》，《中国俄语教学》1984 年第 1 期。

表 5–1　　　　　　　　　部分中俄标点符号对照

标点符号	俄语	汉语	标点符号使用规则	俄语	汉语
句号	.	。	句号或逗号与引号连用	«　», /.	《, /。/? /! /……》
省略号	…	……	直接引语	«　»	""
顿号	[无] 用, 代替	、	书信称呼	! /, /.	:
双引号	«　»	""			
逗号	,	,			
问号	?	?			

语序既是思维过程的逻辑表现形式，又是民族文化。漫长历史进程中，各个民族逐渐形成自己的标准语序，中俄词序大致相同，一般都是主语在前，谓语在后，也都有倒装形式，目的都是加强语势或凸显强调。俄语句序相对于汉语较为灵活。汉语缺乏形态，词与词之间的关系主要靠意合。词序十分重要，词序变化了，句义就变化了（如"我爱你"和"你爱我"显然不是一回事，利用词序变化的修辞手法，如广告词：你不理财，财不理你）。俄语则不然，借助于众多形态变化，比如名词性、数、格，动词的时、体、态、势，各种语法形式，各类虚词结构等，可将词和词、句和句、词和句之间的语义联系起来。即便句子很长，犹如托尔斯泰式大长句子，也能一环套一环，环环相扣，表义明确，结构严密，层次清楚。倒装手法比在汉语中更常见，有些诗歌为顾全节奏，词语句的位置移前的现象大量存在。汉译时不死扣语序，按照汉语表达方式重新排列形成自然贴切的语序，早已成为共识。这种差异的深层原因是思维也早已被接受。这在某种程度上从表层到深层为换译法提供了思维理据。俄汉互译时，以认知思维下的语态转换为基础，以顺应论为准则，当换则换，是为译语和谐。译语生成过程是一个不断顺应的过程。维特根斯坦提出"顺应论"，即基于语言内外部原因，语言使用者不断顺应语言结构交际意图和语言环境的动态过程。顺应论包括语境的顺应、结构客体的顺应、动态的顺应、顺应过程的意识凸

显。其中结构客体可落实到句子篇章内容,包括微观的语音、显见的词汇及句子传达的语态。我们知道中国哲学以人为本位,句子中多用动词,多用流水小句,多用主动语态,俄罗斯哲学更多关注客体,句子被动态常见于各种文本,尤其是科技领域。组织句子时,汉语一般习惯按时间顺序和逻辑发展关系,由先到后、由因到果、由假设到推论、由事实到论证。而俄语却不完全相同,俄语通过词形变化来展现逻辑关系,词序语序并非完全制约句子意义,俄语多用短语结构、连接词、关联词构成长句,意义因词形而紧密相连。汉语多用小句,言简意赅。

(二)单语语表:语言规范与语体跨语展现

"语体"是指语言的功能变体。通常分日常口语体(разговорный стиль)、科学语体(научный стиль)、公文事务语体(официально-деловой стиль)、政论语体(публицистический стиль)以及文艺语体(художественно-литературный стиль)等。科学语体习惯使用描写述谓结构,该结构一般由两个词构成描写性词组,一个是语义主导词,在句法中处于依附位置,另一个是句法主导词,发挥建构功能,不凸显语义。描写述谓中的语义主导词通常是动名词,该描写述谓结构与其名词部分对应的动词构成同义现象。如"观察"俄译是произвести/производить осмотр,同义表示是осмотреть/осматривать。前者动名词осмотр(观察)是语义主导词,动词произвести/производить(进行)是句法主导词,其语义在该述谓结构中应虚化。这从侧面说明了词类换译以及虚实换译的语义理据。笔者从事科技翻译时经常面对如下类型的文件:

[195] 取样环(DN150):材质为UPVC。用法兰对夹安装在废水泵出口管道上,带有螺纹接头连塑料软管引流至pH计的流通池,来测量废水的pH值。(2014年4月23日工作文件,笔者译)

Кольцо для отбора проб(DN150):материал UPVC, устанавливается с помощью зажимов фланцев на трубопроводе на выходе насоса для сточных вод, соединяется с пластмассавым шлангом резьбовым соединением, в результате сточная вода поступает к прибору измерения pH с целью точного измерения показателя pH сточных вод.

该例在全文中还配有取样环插图。汉语原文有 11 个专业术语"取样环、UPVC、法兰对夹、废水泵、出口管道、螺纹接头、塑料软管、pH 计、流通池、废水、pH 值",有程式化连接方式"(某物):材质为……用……安装在……上,带有……连……引流至某……来测量……"若非专业人员很难确定句义。俄译上述连接手段发生变化。(предмет):材质为(материал,减译"为")……用(с помощью)……安装(устанавливается)在……上(на),带有(соединением,名词第五格表达方式)……连(соединяется с)……引流至(поступает к)……来测量(с целью измерения,动词换译为名词)……

同一概念可以存在不同的思维表述方式,用不同的符号表达。科技符号隶属于语言符号系统,具有准确严密、方便醒目、简明经济、系统科学、国际通用的特点。用文字或数字不便表达的内容就可以用科技术语符号,科技术语符号性表现在术语语形和称名的符号性两点上。"术语语形的符号性指术语语形中可含有科技领域使用的符号或字母标记的符号;术语称名的符号性指术语称名可采用专名或符号等特殊手段称名。"[1] 翻译时原封不动地移译符号,目的是再现原语术语的符号性。随着用"替代符号"进行人为调节,换用译语科学规范的语言称名。替代符号"是在语言符号系统基础上产生的辅助符号,所以可被理解为符号的符号、第二性符号"[2]。移译与换译可以分阶段采用,以符合术语翻译的内在规律要求。笔者在工作期间曾翻译过电梯安全守则,是汉译俄,对其中一句话印象深刻:

---

[1] 信娜:《试析术语符号性及翻译策略》,《上海翻译》2011 年第 4 期。
[2] 王铭玉:《语言符号学》,高等教育出版社 2004 年版,第 17 页。

[196] 任何违规使用、不当操作造成的人员、设备损坏，责任自负，本公司不承担任何责任。（2013 年 7 月 16 日工作文件，笔者译）

Наша компания не несет ответственности за какие-либо убытки, возникшие в результате неправильного использования лифта.

且看，汉语有程式化特点，俄译亦有。从语形上看，汉语是前因后果，流水小句顺势而出。俄译则突出推卸责任的主体——公司，将其移译至前，将前置词结构 за 表达的原因放置于后，且用主动形动词构成的复句相连接，将"违规使用"和"不当操作"语义整合为实指 неправильного использования（不当操作），其中实指"人员、设备损坏"换译为 какие-либо убытки（任何损坏）。俄语句式特点和成文习惯是该句程式化的标志，其功能目的就是要符合法条要义，要求译员必须遵守，以避免发生纠纷时责任划分不清，而给公司带来利益损害。

公文事务语体具有程式特点。俄汉双语互译一般也强制性使用译语相应的程式性表达手段。新闻报道与我们的生活密切相关。随着地球村的形成，互联网上各类新鲜信息铺天盖地。俄罗斯五大功能语体将这一部分叫作"报刊政论语体"，就国内外社会生活中发生的事件进行报道，以影响教育或娱乐广大读者。简讯、新闻、采访、现场报道、社论、评论、论说文、读者来信、特写、讽刺小品文、抨击性文章，形式各异，及时性、公开性、轰动性一应俱全，表现力与程式性特点相结合。程式性语言手段是为适应语言交际需要而形成的，程式性语言手段可以大大提高效率。程式性不是套话，但会发展成套话，而失去表现力。最典型的程式性词汇是高频率重复使用的中性的词汇、无感情色彩和形象性的词汇。互译这些词汇时，为确保原语内容准确转化，易于读者正确理解，并兼顾译语公文规范，要求强制性使用换译。俄语公文事务语体中大量使用"分析型谓语"，即动词 + 名词，其中动词为半实体动词，意义由所连接的名词体现。原语中某些词语句排列布局如果对译出会造成理解障碍，且不符合译语表达习惯的，按照程式性特点需进行换译。新闻语体类文本，特别是简讯开头常有表示事件发生地点、时间的介绍，三言两语用带有一定公文语体特点的书面语，正式地、公开地报道某一事件，不着重描写事件的经过与发展进程，而是对事实作"瞬间"静态描述。与感染类文学文本的功能目的不同，这类报道旨在传达事实信息，因此要求借助语篇语境，明确每个句子的实指意义，将模糊换译为真实，将概括换译为具体。如微信公众号"俄语之家"（Ruclub）官微2016年10月15日推出一则消息：На вопрос: "Вы в нормальном состоянии были, что-то употребляли перед этим?" ответил: "Нет." 可以译成：请问："您在开车之前喝过酒或者吸过毒吗？"嫌疑人回答说："没有。"这是一个几句话构成的即时新闻报道，整个语篇很短。汉译时语境后管控，因为在报道最后有 По данным полиции, водитель, который ехал на арендованной машине, не употреблял алкоголь и наркотики. （根据警方提供的信息，肇事司机的车是租用的，但他并未饮酒和吸毒。）由此判定，в нормальном состоянии（在正常状态）应是指"未饮酒或未吸毒"的状态，为了报道准确，此处也必须强制性换译。

政论语体翻译实践注重宣传性，以目的论和功能原则为视角看待译文，可以将原文的某些词与表达方式进行强制性换译。因为只有换译才能将宣传范围在基于本族语视野下，扩展至译入语视野下，符合译入语接受习惯。关秀娟将此定义为"宣传性换译，即为保证原文主客观信息不变，再现原文宣传性，利于读者理解和接受，而在译文中替换某些语词、变换论说视角的一种重构策略"[1]。外宣翻译的核心在于翻译的目的。德国翻译功能目的论强调译者在分析原语的基础上关注客户的实际需求，并预测译文的功用。译者理解了原文语义信息并对信息进行某种可控范围内的重组与编辑，以达到良好的宣传目的，因而可以适当地使用换译法来增强译文的表现力。

---

[1] 关秀娟：《全译语境作用机制论》，博士学位论文，黑龙江大学，2012年。

既要展现一国的良好形象，又要照顾全世界读者的接受心理，国家外宣翻译措辞极为讲究。尽管"从功能上讲，外宣翻译是信息传播，文学翻译是美学审视；从本质上讲，外宣翻译是信息性翻译，文学翻译是艺术性翻译"①，然而，外宣译者除了应遵循"信、达、雅"外，更需遵循"三贴近"原则，即"贴近中国发展的实际，贴近国外受众对中国信息的需求，贴近国外受众的思维习惯"②。因此译者在保证预期功能的前提下，应对译文进行"局部微调"，对形象进行某种"局部改造"，使译文符合受众的思维习惯。

二 语义之流动：换译模式因

提到语义，绕不开的概念有"意义、含义、涵义、含意"。翻译学研究语义并不要求将这些术语像语言学一样区分明确，本书是翻译本体研究的一小部分，更没必要区分这些术语概念，而是将其笼统地概括在"语义"这一术语中。语言从多方面表征语义。宏观上，王寅总结了中西方学者的一些语义观③，大概有指称论、观念论、实证论、真值论、功用论、行为论、语境论、意向论、成分论、替代论、关系论、现象学语义观、存在主义语义观、解释学语义观、解构主义语义观、认知理论语义观、多元互动论等。微观上，利奇把语义分为概念意义、内涵意义、风格意义、感情意义、联想意义、搭配意义、主题意义等七种类型。章宜华和雍和明从词典学角度也对意义进行了七分：概念意义、指称意义、内涵意义、联想意义、语法意义、搭配意义、社会文化意义④。这些意义成分通过人们的认知思维，构成语词的意义表征。张家骅从聚合与组合层面强调词汇

---

① 张健：《英语对外报道并非逐字英译》，《上海科技翻译》2001年第4期。
② 黄友义：《坚持"外宣三贴近"原则，处理好外宣翻译中的难点问题》，《中国翻译》2004年第6期。
③ 王寅：《认知语言学》，上海外语教育出版社2006年版，第565页。
④ 章宜华、雍和明：《当代词典学》，商务印书馆2007年版。

具有指物意义和概念意义[1]。

综观分析，概念意义、内涵意义、搭配意义、指称意义、指物意义可归入词汇内部的语义层面，概括为逻辑意义和句法意义两种。其余意义统归入词汇的语用意义，在翻译中划分为语用层面。翻译为双语语形、语义和语用这三者的有机结合。当三者发生冲突时，语形让位于语义，语义让位于语用。语义学中的"替代论"认为翻译是语码转换，卡特福德、巴尔胡达罗夫等众多研究者都认为翻译是用一种语言文字来代替另一种语言文字。这就是早期翻译定义的语义基础，替代论的前提是语义是客观的、明确的。事实上译者在组织译语时一般情况下总是优先选择那些他较为熟悉的、较为常用的语言单位。而词汇的使用范围越广，其内涵就有可能越空泛，慢慢造就词汇的熟语性语义，本书将熟语性语义归为语用层面，同时反映着语义有其模糊的一面，多义性、歧义性现象大量存在。认知语言学也认为"不同的语码系统反映着不同的概念结构和认识世界的方式，存在着很多文化因素的差异，所谓的简单'转换'在很多情况下是难以实现的，甚至是不可能的"[2]。

（一）语义整体性

全译的中枢单位是小句，小句的语义结构自然遵循句子的语义结构。俄语语言学对句子的语义结构有两种观点。第一种以什维托娃（Н. Ю. Шведова）的观点为代表，注重句子的分解语义结构，认为"句子模式成分的抽象意义及其相互关系是句子语义结构产生的基础，并以最大限度的概括形式表达着这一基础"[3]。第二种以什梅廖娃的观点为代表，注重句子的非分解语义结构，认为"结构模式不决定句子意义，不通过自身等同的结构特点反映句子意义，而

---

[1] 张家骅：《俄语语义学：理论与研究》，中国社会科学出版社 2011 年版。
[2] 王寅：《认知语言学》，上海外语教育出版社 2006 年版，第 565 页。
[3] 转引自郝斌《俄语简单句的语义研究》，黑龙江人民出版社 2002 年版，第 39 页。

只是参与形成句子意义"①。这其实反映了句子语义结构的两个侧面，也因此，主动结构和被动结构（Рабочие строят дом — Дом строится рабочими）、人称句和无人称句（Он радуется — У него радость）反映的深层语义观念是一致的，仅语法意义有区别而已。语义是句子的生成基础，也是译语构建的基础，译语的构筑过程是将语义信息和特定语境中的语用信息通过语码形式，按照译语语法规则建构起来的言语序列。

对比双语文本时，使用义素分析法可以弄清楚双语语形之外的语义相互对应的程度。因为双语对应词的指称范围，类指与特指经常不对等，双语对应词的内涵意义也往往不完全对应。"如果某些义素在交际中是重要的，那么翻译时就应该借助别的语言单位使其再现"②，反之可以淡化处理。语义虽局部有差异，但整体上看仍相同。语义微观层面上对于音位换译和词素换译，乃至部分词的换译都具有指导性意义。同样因为彼此有差异的义素以不同的方式排列组合，可以具有相类似的语义，所以从语义整体性上看，主动态和被动态、肯定形式和否定形式、动态视角和静态视角就都具备了换译的可能性。

在语义整体观照下，译者应注意到语形的细微差别引起的不同语义。翻译过程中译者需仔细辨别，以语义整体为驱动对原语语言符号的认知语义结构进行模拟建构映射转换，以产生正确的、切境的译语。哪怕仅仅是一个小小的前缀，其义素也不容忽视。2014年9月黑龙江大学张家骅老师在给博士生上"语义学专题研究"的课时，讲到动词语义时举过一个例子：Ничего он здесь не написал/писал. Здесь он дневал и ночевал в казино.（Стругацкие）笔者试译成：他在赌场居然什么也没写/他在赌场什么都不写，只是白天黑

---

① 转引自郝斌《俄语简单句的语义研究》，黑龙江人民出版社2002年版，第39页。

② [俄] 科米萨罗夫：《当代翻译学》，汪嘉斐等译，外语教学与研究出版社2006年版，第23页。

夜地混日子。俄语完成体动词 написал 含有"预期行为"之意，即他本该发生"写作"这一行为，可是在赌场时他实际没有进行"写作"这一具体行为。未完成体 писал 则只是陈述事实，即他在赌场没进行过"写作"这件事。可见俄汉语在动词体范畴表达上存在差异。俄语可用完成体动词命令式、不定式、将来时形式表达的体的语法意义，汉译时由于汉语动词体的语法形式欠缺，需要使用专门结果行为方式短语动词来替代，如：Встаньте.（请站起来！）张家骅对比了俄汉动词语义类别，得出结论："俄语体范畴意义不可或缺的表达手段是体的语法形式，动词词汇意义的类别属性仅限于通过语法体或动词行为方式间接参与；汉语的情况则不同，动词词汇语义在很多情况下是体范畴语义的唯一表达手段。"① 汉译时需注意原语用词，语形的差别直接导致义素差别。可见掌握语义学相关理论，对于深刻体会句子的含义，避免理解不到位造成不当翻译甚至是误译，是多么的重要！同时该句是两个小句换译成汉语的递进复句。

对于那些由于作者个人良好修养和道德品质而在字里行间渗透出来的意义，译者则往往显得无能为力。这时译技高超的译者往往冥思苦想或灵感突发，译出的句子语义高于原语，价值大增，就是"胜似"了。文本的语义，微观层面上是不确定的，宏观层面上是确定的。整体的确定性引导着微观层面的不确定性、空白、模糊性。"空白与未定性作为艺术形式本身的性质、技巧和手段，形成了自己独特的意义运作机制"②，空白在文本语言结构上表现为语义空白、句法空白和结构空白。语义空白是因为词语的多义共生性质。文学语言总是在突破语言规范，"它使词语在表达字母意义的同时又暗示其多重含义，这就形成了语词含义的空白与未定性，又由语义空白

---

① 张家骅：《俄汉动词语义类别对比述要》，《外语学刊》2000 年第 2 期。
② 谢云才：《文本意义的诠释与翻译》，上海外语教育出版社 2011 年版，第 43 页。

与未定性形成了文学语言的多义表达方式"[1]，修辞上的双关、比喻、暗喻和借代等既表达了多义性，又彰显了语义空白性。译者通过宏观言语层面的语境，诸如话题对象、交际背景、人物身份，以及言语所处的文化语境将语义固定在特定的义素范畴中，再通过微观的语言语境，包括语义搭配、语义组合、逻辑匹配等，使语义精准定位于特定的义项上，完成语义精确定位。这一翻译填补空白的方式，为换译法的应用提供了语义修辞上的可能性。

既然词语语义有空白，就有可能通过词语使用者的主观情感介入而使词语附加褒贬评价意义。因而构成了大量的修辞同义手段，又为换译法提供素材。句法空白通过破坏语法规范和概念逻辑序列而使句子成分缺失，从而形成一种语义模糊和未定状态。反常搭配和超常搭配改变了句子的语义结构，造成语义真空。词类活用、隐喻修辞、含蓄表达方式等都可以营造这种新奇的混沌效果。翻译时为获得同样混沌的效果，自然可以使用词类换译等方法。文学翻译的目的是愉悦读者，因而可以采用跳跃、穿插、转接、倒错、反叙等结构空白，营造一种意识流动、含混无序的未定状态。科幻小说表现得尤其明显，大量的多时空交错穿越，真实与幻境错位，都由语言及其结构构成。诗歌句法结构反常也能营造出境界高深玄妙的艺术效果。这种待深入阐释的意义空白，这种"词无本义，义随人生"的状态，同样为换译提供可能的语言学基础，因为"语言具有极强的语境适应性、意义承载功能和替换功能"[2]，诗歌便是证明。

（二）语义搭配性

词汇搭配之间具有语义关联。词与词的搭配关系是严谨的，受"语义一致律"制约，在语句中相互影响。如构成"施事—受事"

---

[1] 谢云才：《文本意义的诠释与翻译》，上海外语教育出版社2011年版，第43页。

[2] 谢云才：《文本意义的诠释与翻译》，上海外语教育出版社2011年版，第61页。

关系的动词支配名词结构中，如果名词换译为其他词形，则动词相应地也会发生换译情况。彭玉海通过分析感情动词语义构造的隐现化情况，得出结论：语义操作的主流是"通过具体的、空间当中实体化的动词行为特征来喻指抽象的、非空间实体化的动词行为特征"，这是以"人类的空间经验（实体概念结构）来认识、分析和描写抽象的非空间经验（非实体的概念结构），进而通过词汇方式来指称这一过程"①。

［197］Я должен добежать, должен привести хозяину помощь! Да и мне она очень нужна…（Анита Кения，«Меня зовут Рамбо»）

原译：我应该快点跑回去，应该带人去救主人的儿子。我自己也非常需要救助。②

试译：我得快往家跑，得带人去救主人的儿子！况且我也急需救助……

由于两种语言词汇系统的不一致性，译者应充分利用双语表达特点，用汉语动态小句替代俄语静态小句，以符合汉语句式特点。该例中的代词 она（她）换译为汉语名词"救助"，名词 помощь（帮助）换译为汉语动词"救"，是因词汇搭配特点和语义要求强制性使用换译法。汉语"帮助"一般做动词，也做名词，如"给予帮助"，但语体已经升级为正式语体，口语中少见。俄语则既有动词 помочь，又有名词 помощь，语义关系为 привести хозяину помощь = помочь хозяину。俄语原文有叹号！，有关联结构 Да и（况且还），将整句话小句接续语气表现出来，紧张而激动、动静相宜、流畅自然，既充分展现汉语句式特点，又能再现俄语语言风采。我们就以上例动词换译为其他词类为着眼点展开分析。

首先，俄汉双语动词使用频率上有差异。俄语的科学语体多用名词，少用动词。从词类的使用上看，俄语表现为静态性语言，主

---

① 彭玉海、李桓仁：《语言语义探微》，黑龙江人民出版社2006年版，第111页。
② 阿妮塔：《我叫拉姆博》，刘小满译，《译林》2015年第4期。

要体现在少用动词而多用其他手段（如同根名词、形容词、副词等）来表示动作意义的倾向，动词有弱化和虚化的现象。汉语则是动态性语言，注重动态描写，有多用动词的习惯。一个句子往往涌现大量的动词，可以连用两个或更多的动词做谓语（连动式和兼语式结构），动态十足。不可否认，译者巧妙灵活的翻译方法，比如动静换译，选择适境的词汇，匹配原语文体风格，适应译语规范，能够促进原语艺术魅力最大程度的张扬，并以译语作为媒介而展现出来。

其次，俄语科技翻译文献中，大量句子结构中只见一个动词谓语，其他本应由动词表达的概念，转而用非谓语动词结构，如主动形动词、被动形动词、动名词、副动词、前置词结构、名词短语等结构来表达。名词化已经成为俄语的一种常见现象，俄语名词、动名词、形容词、主动形动词、被动形动词等经常能胜任汉语动词的功能，表达动作、变化和情感。汉译时应符合汉语流水小句的特点，加之汉语动词没有形态变化，只能以动词本身语义来传达俄语动词的形态语义特征，可以换用汉语动词的连动式、兼语式、包孕式等结构，活用把字句、被字句等句型。"具有称名功能的动词不定式可用与之词汇意义相同的名词（主要是动名词）替换，成为名词的等价物。"[①] 反之，汉语行文一般冗长拖沓，形散意不散。俄译时，则应尽量多用静词性结构，从而使俄译结构严谨、逻辑清晰。

最后，词类换译绝非单独限定在语法层面，它涉及词类与句法结构、句法结构和语义结构的关系问题。俄语词类划分标准往往从形态入手，汉语则很少看形式，而是依据语义，即词在句子中的作用。俄语绝大多数单词从词形就可判断归属，而汉语则主要依靠意义。具体词类也不完全相同，如汉语中有数量词，一般构成"数词＋量词"结构，俄语中只有数词，没有量词。考察词类换译从谓

---

① 周民权：《动词不定式主语刍议》，《外语教学》1988年第1期。

词角度出发，是很好的突破点。"谓词"① 是语法上动词和形容词的总称，其主要功能是充当谓语（跟"体词"相对，"体词"包括名词、数词、量词）。是句子构造的重要部分，是词汇序列的中心，一般而言主要指动词及部分形容词。正如徐莉娜所述："首先是信息单位的结构问题，即谓词对论元的支配关系。词性只是语义聚合关系在句法层的依托，词性的变化不会改变潜在的语义关系，而语义聚合关系的变化却能影响词性。"② 句法结构能映射出语义结构中各概念之间的关系。词汇项之间的关系总会直接或间接地映射出语义结构中各概念之间的关系。

（三）语义衍生性

语义随着语言的使用而处在不断地衍生变化中，基本机制有换喻和隐喻。换喻往往通过时空上临近"相关性"，在同一情景的两种观念化之间建立关联，将语义焦点从常规客体转移到临近客体上。临近联系存在于客观现实的客体之间，通过人类对客观现实的思维作用，将这种临近性带入语言表达式中。焦点迁移"可能涉及情景参项和释义要素"③。"观念结构会由于注意焦点由一个参项转移到另一个参项而发生变异，此时角色配位发生变化，提升其中一个参项的交际等级，而降低另一个"④，这就是说在对现实情景观念化的过程中，语义的某些要素被凸显，成为焦点，某些要素被隐匿而退居其后。乔姆斯基认为焦点是含有语调中心的成分，而预设是用变项替换焦点的方法得到的一种表述。⑤ 换喻派生的词其直译的观念结

---

① 中国社会科学院语言研究所词典编辑室编：《现代汉语词典》（第6版），商务印书馆2012年版，第1360页。

② 徐莉娜：《共性与个性：词类转译解释》，《外语教学与研究》2005年第4期。

③ ［俄］帕杜切娃：《词汇语义的动态模式》，蔡晖译，北京大学出版社2011年版，第139页。

④ ［俄］帕杜切娃：《词汇语义的动态模式》，蔡晖译，北京大学出版社2011年版，第137页。

⑤ Chomsky, N. "Deep Structure, Surface Structure and Semantic Interpretation", *Studies in General and Linguistics*, Tokyo, 1970, pp. 70–71.

构是异常的，通过被重新理解更换了形象。译者通过寻求一个与原语形象临近关系的参项来理解原语。这种换喻的经典例子是容器替代内容物，以俄语动词词义衍生为例，当俄语动词语义内部发生语义空缺时，会造成动词语义中义素的偏移现象。俄语中的表示空间位置的动词，大都表"静态"，如 лежать（平放着）、стоять（站着）、сидеть（坐着）、висеть（悬挂着）等，再如 ложиться（平放，往……躺）、поставить（立放）、сесть（往……坐）在语义上表示动态动作，但与之对应的汉语动词本身并无这样细微的区分，只能借助虚词表示附加语义。上述动词其语义结构包含两种义素：词汇语义核心范畴化义素——存在，以及动词区分性语义特征义子——某种状态。动词进入话语句中时，表对特征评价的"某种状态"会淡化，退居次要地位。自然标准与必然模态对应，即一般根据事物固有的自然状态特征来对事物进行评价，特征评价关系与该事物的关联在人的思维中已经固化为无意识映射，造成动词表象的"语义空缺"。彭玉海说得好："正是有了语义空缺，'静态'存在动词表面上可能有的行为特征才归于'状态（习性、性能）'，从而与该类动词语义内涵相协调。"[1]

当涉及范畴分类迁移的语义要素时，则可通过隐喻"象似性"将要凸显的语义特征从一个范畴迁移到另一个范畴。这种语义衍生的机制直观地为换译法提供语义上的支撑。"科技隐喻汉译生动具体地将复杂难懂的科学技术解释得通俗易懂，将形象化的描述与严密的逻辑论证融为一体，寓理于形象。"[2] 其实不仅在科技领域，而且在任何领域中隐喻互译时，特别是以隐喻方式"替代"时，译者大脑中首先经历的是：原语语内的一个概念域向另一个概念域的结构映射，而后在对应/非对应概念结构之间进行思维跨语映射，这个阶

---

[1] 彭玉海：《动词认知语义与词汇语义空缺》，《外语学刊》2005 年第 6 期。
[2] 孙秋花：《科技隐喻汉译的转化类型与策略》，《中国科技翻译》2014 年第 2 期。

段，原语概念如果直接映射译语对应概念会出现矛盾，而必须用译语非对应概念或其他概念来替代，方可实现。最后进入表达阶段，在译语语内框架下，由一个概念域向另一个概念域进行结构映射，从而完成隐喻的三次映射，其中第二次映射是"拐弯"的需要外援的映射，比如将具体概念替换成抽象概念或将抽象概念替换成具体概念。关于隐喻替代，更多的论述请参考本书第四章。

三 语用之价值：换译限制因

自古言以宣意，文以载道。意因人分析可宣，道因人解读可传。"意"不仅指语言承载的语义，也指语言使用者的意图。翻译方法因文而异，随境而迁，表现为语境制约和情态选择。语境制约换译毫无疑问，情态语义也影响换译。换译，乃语用价值目的所要求。

（一）语境制约

语境范围很大，此处取其狭义，指语言层面的上下文语境和言语层面的情景语境。上下文语境在语言文本中论述很多，详见本书第四章。情景语境落实到语言层面，即指"语域"，也就是言语活动的情境，包括参加者的相互关系、场合、氛围等。张会森归纳了狎昵（фамильярный）、随便、无拘束（непринуждённый）；中性（нейтральный）；正式和崇高（возвышенный）等语域[1]。这五种语域不可避免地牵涉感情色彩和情态，翻译实践中可根据感情色彩至少划分为三种：优雅的、中性的和粗俗的。人类交际即便是口语交际也尽量避免粗俗、追求高雅。

交际性话语的句义通常不是字面意义，而是表达各种附加义，可以附加形象、情感、风格特点、理性意义或品质和个人修养等。"所谓交际性话语是指问候语和寒暄这类话语。"[2] 交际性话语基本都是现成的、固定的，如汉语专门问候语"你好！""你早！""早晨

---

[1] 张会森：《修辞学通论》，上海外语教育出版社2001年版，第22页。
[2] 贾彦德：《汉语语义学》，北京大学出版社1999年版，第304页。

好!""再见!""过年好!"但数量较少,更常用的是临时应景的替代语,如"你起来啦?""您起得真早啊!""您去哪儿啊?""您吃了吗?""您今儿个休息?""您慢走!"等。这类用以建立维系交际双方的社会接触和情感交流的话语,在特定场合具备了社会添加的情感附加意义。实际交际中并不期待对方的回答,而仅仅表示一种礼貌,当然对方按字面回答也无可厚非,但问话和答话通常都富有欢愉的表情和礼貌的情感。这其实就是语用上的礼貌原则。俄汉互译中,对于这类句子可以因语用考虑而换译。更巧妙的是,由于某种原因作者不愿也不便把真实情感一览无余地表现出来,就利用句子的附加义有意地暗示交际对象,因而促成含蓄、双关、讽刺、暗示等旁敲侧击、指桑骂槐的语言修辞意义,对于这类作者有意添加的语义,译者要格外注意,并想方设法也用隐含方式传达。

(二) 情态语义

情态语义是指说话人所确定的言语内容与现实的关系。语气词可以表示各种情态意义,如疑问、肯定、否定、祈使—意愿、不定情态、比拟及表达言语方式或转述言语等意义。语气词赋予言语表现力,使之具有鲜明的情态色彩,如加强语气、表达强烈的感叹等。语气在汉语语法分析中来源复杂,对应英语 mood、sentence type、modality。"mood 是通过形态句法手段来表示说话者表述话语方式的句法范畴,sentence type 是通过多种句法手段来表示句子用途的交际功能范畴,而 modality 则是通过情态动词或情态副词来表示说话者针对命题所做主观判断的语义范畴。"[①] 语气是基于词汇句法等多种手段的句法概念,情态是基于逻辑认知的语义概念,句子功能是基于用途的功能概念,口气是基于情感态度的语用概念。带语气词的语句不仅描述隐含的世界,反映现实,更表示了说话人的态度,即具备描述现实之外的意义。俄语中含不同语气的人名如 Марья、

[①] 赵春利、石定栩:《语气、情态与句子功能类型》,《外语教学与研究》2011年第4期。

Мария、Маруся、Маня、Маша、Машенька、Манюша、Муся、Муська 等，汉语配音后只剩下一个毫无特点的"玛丽娅"，语气差别遗失，"说话人与对方的相互关系"已经变得无影无踪。这些不同称谓所包含的主观情态性在互译时失落了。主观情态性，在语义学和语用学中都有讨论。称谓词包含的民族文化信息，更确切地说是词的文化联想功能，在互译时也应有所展现。蔡毅等称为"文化联想层次"①，具体为意义层次、特有事物功能层次、特有事物社会意义层次和特有事物情感意义层次。

语调与停顿最能反映语气。语调是交际双方在语流中区分话语句的语音手段，是句法的一部分，表达对所说话语内容意义和感情态度的主观评价。实践证明"情感状态和语调是牢固地联系在一起的"②。没有语调的言语是平淡无奇的，混乱的思想和似是而非的话语听起来首先是语调不连贯。语调在句中反映语气，同时可随语境、说话人、话题焦点而变化。汉语语调建立在升降调对立基础上，如一般疑问句加"吗"后升调表示"未知"，降调表示"已知"。翻译系统中认为语调属于语用范畴，说话人主观情态因语言外因素而映射于语表的语义特征。俄语通过调型系统来衡量有声言语的声调、音强及音长比例。调型系统包括七种调型。

调型 1 用来表示陈述句语气终结，一般为平降调。调型 2 出现在带疑问词的疑问句中，一般为词重音加强的降平调。调型 3 出现在是非问句中，一般为平升调。调型 4 一般出现在有对比意义的疑问句中和调查询问句中，为平降升调。调型 5 一般出现在表达质量及数量评价的有代词的句子中，为平升平降调。调型 6 明显地出现在表达质量及数量评价的句子中，强调日常生活场景，一般为平升平、升平、平升、升调。调型 7 明显地出现在表达富有表现力的不同意和否定语气的有代词的句子中，为升（突然中断）平、升（突

---

① 蔡毅、段京华编著：《苏联翻译理论》，湖北教育出版社 2000 年版，第275 页。
② 蔡毅、段京华编著：《苏联翻译理论》，湖北教育出版社 2000 年版，第278 页。

然中断)、平升(突然中断)调。

关于汉语声调,胡壮麟等从系统功能语法的角度认为"降调可分为平降(调1)、重降(调1a)、低降(调1b)三类"①。平降调是表达肯定意义的"无标记"语调,重降调强调肯定,低降调有"肯定+赞叹"的意义。升调也可分为平升(调2)、高升(调2a)、低升(调2b)三类。平升调为表达疑问的"无标记"语调,高升调强调疑问语气,低升调有"疑问+怀疑"的意义,居于两者之间的是降升调(调3)和升降调(调4)。外语表达某种语气,除了语气词,还有一些词汇手段,比如重复、不使用任何标点符号的停顿。"乔伊斯、毛姆、韩素音等作家都有过这一类的表演,乔伊斯甚至创下了40个page无标点符号的最高纪录。"② 这是意识流的写作方式。汉语中语句中为了传达语不成句、拖泥带水、颠三倒四的语气,还会采用一字一顿、两字一停,形式上大量的逗号、破折号将一个完整的句子打散。这种形式上的外在变化,深层操手来自逻辑。俄语句子重音位置变化时,句子基本意思一般不会发生变化。但若语气词位置改变,句子意思将随之改变,即句子焦点因词序而发生了变化。"在感叹句中,感叹中心就是句子焦点,而感叹标记就是句中焦点标记。不同的语言看似在针对感叹中心进行句法操作,实际上却是在针对句子焦点进行句法处理。"③ 句子焦点在不同语种中可以通过前置焦点或通过添加焦点标记成分来突出强式焦点,以此决定了不同语言的感叹句在最终形式上呈现出不同程度的同和异。

第二节　换译的思维学理据

换译的内在规律在于译者大脑的思维。译者大脑对于原语信息

---

① 胡壮麟等:《系统功能语法概论》,湖南教育出版社1987年版,第132页。
② 李全安:《文学翻译275问》,河南人民出版社1990年版,第157页。
③ 李莹:《感叹句标记手段的跨语言比较》,《汉语学报》2008年第3期。

的吸收、分析与综合，转化为译语的过程和程序，可能是瞬间完成的动态过程，也可能是岁月踟蹰的漫长进程。本书对换译机制的研究仅停留在描述阶段，属于定性研究，还未有定量的实验数据支撑，因而对换译的思维理据也仅是定性研究。在全译译者视域融合中，译者因原语思维和译语思维的交叉控制而决定是否采用换译。笔者根据翻译经验和观察对比大量名家译作得出：换译之思维学理据主要体现在译者双语思维的同一性和矛盾性上。同一性是换译的内部因，矛盾性是换译的本质因。

一 思维同一性：换译内部因

人类生活在同一个地球上，先有现实世界，再有人类对现实世界的认知，在此基础上形成语言。"现实—认知—语言"是认知语言学的基本观点。认知过程中因思维同一性才能有所指，即有明确的思维对象。语言是现实与认知的产物，语言蕴藏着人类认知客观世界的规律。翻译在两种语言之间穿梭，是以译者的现实体验为背景的认知主体（包括原语作者、译者和译语读者）所参与的多重互动行为。人类思维具有共性。同一律是逻辑规律，指在同一思维过程中保持自身思维的同一性，在特定的语境中保持与他人思维的一致性。同一律体现在语言中即思维与语言的"一致性"，同一时间、同一对象、对象的同一方面应该一致。基于思维同一性的换译主要体现于认知关联性和认知范畴论。

（一）认知关联性

法律翻译的精准性要求强制性执行语篇译名同一律。因为即便在单语法律文献中，也忌讳使用同义词或近义词表达同一法律概念。同一律的逻辑基础是思想的确定性和一贯性，"运用概念、组织判断、进行推理从而表述思想的过程中不能任意变更和转换"[①]。俄汉双语语言习惯导致表达科学概念的术语有差异，互译时需从逻辑上

---

① 阎德胜：《逻辑同一律在俄汉翻译中的运用》，《外语学刊》1993年第2期。

保持同一性，使用换译以便术语同一。同一语篇遵循同一思维逻辑，即便语篇中出现上下位概念，但断定其表述思想同一时，即可通过换译保证概念的前后一致。科技翻译中除了术语概念，普通词汇概念、习语表达等表达同一事物的方式也应遵循思维同一性，无论在语篇中重复使用多少次。这点与文学翻译避免重复的修辞考量有绝对的差异。

译者（人或/和机）根据文本或语音尽量透彻理解原语语义，推测原语语用，并尽其所能用译语表达原语作者所勾画的现实世界和认知世界。王寅根据这种模式总结出六个观点：翻译具有体验性、翻译具有多重互动性、翻译具有一定的创造性、翻译的语篇性、翻译的和谐性以及翻译的"两个世界"[1]。其中，体验性因人而异，则选择最终译本词语也因人而异，客观上为换译提供了可能。多重互动性即"人"（原语作者、译者、译语读者）互动、"本"（双语文本）与"人"互动、"人、本"与"现实"互动。不断对比、不断选择的过程就为换译提供了可能。创造性允许不同译者对同一文本有不同的理解和阐释，不同文化背景下、不同语码之间的映射，必然要涉及不同的认知，自然会产生不同的译法，换译法合情合理地被纳入其中。

语言本身是一个能思能想的思维活动类型。语言有自我运行系统，骨架是语法，血肉是词汇，精髓是神韵，神经是语义，基础是逻辑。语言思维可以落实到语言单位上：语音、词素、词、短语、小句、复句、句群、篇章。语言思维的目的是表达意义，思维的单位是概念、判断、推理等。翻译中可以用一种概念替换另一种概念，比如表示因和果、局部和整体、工具和使用者的概念都可以相互替代。语法替代伴随着词汇替代。双语间词汇语义的形成、理解与转化涉及符号与指称、符号与译者思维的关系，词汇语义随语言规范和使用语境变化而变化。王寅从认知语言学角度揭示"词义扩大、

---

[1] 王寅：《认知语言学》，上海外语教育出版社2006年版，第582—587页。

缩小、扬升、贬降和转移"① 等五种词义的变化方式。所有这些变化都和译者的思维密切相关。

面对原语语符，译者先将其转化为概念或意象，译者在心理上选择与该概念或意象紧密相连的某一事物或事物的某一属性，以其作为认知对象后，将这一对象与其他事物或该事物的其他属性剥离并凸显出来，在译语中寻找表达该事物的概念或意象，并寻找凸显点以建立最佳关联。剥离凸显依据格式塔心理学研究成果，译者可能会按照图形与背景区分原则、临近性原则或类推原则等对认知对象进行解构和重构。在这个过程中，译者辩证地进行顺应与同化的过程，模仿和想象发挥重要作用。赵德远认为"语言与思维的实质是模仿与想象"②。因为聋哑人的语言与思维主要靠模仿，盲人的语言与思维主要靠想象。想象在此绝非天马行空，而是利用译者对已熟悉的事物之间的相似和相关特征，遵循联想的"相似律、对比律和接近律"等，将双语语言所表示的事物按照时间、空间和性质等途径建立关联。先模仿再创新，是正常的思维历程。语言与思维互为表里，语言是思维的外化，思维是语言的内化。换译过程是译者的神经机制、心理机制和生理机制综合协调运行的过程。黄跃进提出"模仿是人脑在语言思维的'再思'作用下，通过凸显象似性与投射同构性信息，生成遗传型或者变异型模因认知图式的过程"③。换译过程中，双语双思维共同交杂，认知开始模仿，从机械复制行为动作，到窥探动作背后的目的意图，"再思"作用更加明显，利用象似性构成两次单语内部以及一次双语跨语之间的三次隐喻，并分析同化理解记忆。"隐喻建构的语言特点是形式上搭配异常，语义上

---

① 王寅：《认知语言学》，上海外语教育出版社2006年版，第251页。
② 赵德远：《关于语言与思维的哲学思考》，《解放军外国语学院学报》2001年第1期。
③ 黄跃进：《模仿抑或创新——语言模因的模仿认知运行机制研究》，《西华大学学报》2013年第2期。

逻辑错置。"① 中间语语言形式背离了双语逻辑思维，经过换译处理，转移和替代概念，使语言形式搭配从异常变成正常，使语义从具体到抽象或相反，创造出新形象新意象，才能使译语形式服从双语逻辑意义。

（二）认知范畴论

范畴是人类思维所特有的形式，范畴划分反映着人类对某一领域的思维深度。人类对客观的思考越深入，概念、判断和推理进程越具体，范畴的划分就越细致。范畴不仅注重客观对象在人意识中的反映，更注重客观对象之间的客观和主观的联系，还注重联系的联系。经张思洁验证，"中国传统哲学中的道、诚、有无、言意、形神等19个范畴可确立为中国传统译论范畴"②。以范畴观点来审视换译系统，可以明确换译的概念内涵、外延、类型、机制、理据以及这些概念之间的相互联系，换译体系因而具备了主客观相统一的科学性。译者双语认知范畴主要靠隐喻和换喻来映射，关于这一点在第四章已经有过论述。人类习惯用他们熟悉的、有形的、具体的概念来映射、认识那些不熟悉的、无形的、抽象的概念，达成由表入里、由此及彼的隐喻化思维过程。隐喻化思维在换译中能够促成译者达成新的认知范畴。译者视角的变化即思维在认知范畴中的移动，当译者思维由此物转向彼物、由主体转向对象、由事物转向场景、由时间转向空间等，都能成为换译法使用的思维原因。

以肯否换译为例来作详细说明。

首先，关于肯定与否定的语言哲学思维就不同。语言哲学观点认为，一个思想加上一个否定词就转变成一个与其相对立的矛盾的

---

① 孙秋花：《隐喻相似性的思维生成机理与语言理解机制》，《学术交流》2014年第9期。

② 张思洁：《中国传统译论范畴及其体系略论》，《外语与外语教学》2007年第5期。

思想。现代汉语的否定表达是在相关词语前加上否定词，与原词表达一对矛盾的概念。"有无"概念是中国传统哲学本体论中的核心概念。"有"是肯定，"无"是否定。刘利民撰文论证了西方哲学是围绕being而进入形而上学的思辨，而中国先秦名家则是通过对动词"有"的反思而进入形而上学的思辨①。

其次，俄汉语否定语义显隐也存在差异。口语最能反映人的思维，汉民族思维方式是求同，西方民族注重张扬个性，显示差异。这种深层思维差异反映在了句义中。相对于肯定句，否定句具有更加明显的形式标记。显性否定结构即带有否定标志的结构，而隐性否定结构则主要借助于词汇手段（免得、难以、很少等）或反问语气来表达。虽然在反问句中，形式与意义相互矛盾，但因语气及语境的制约，并不会给译者带来多大困难。反问句置疑、辩驳和否认的功效使得译者关注点不是获取新信息，而是获取语句中隐含的说话人的主观情态，并以疑问句为外在媒介。双重否定形式加之反问语气，表达的情感往往更强烈，更有感染力。尽管如此，但有时为强调句子的否定意图，说话人不惜为否定意义比较隐晦的词语，再另加一个否定成分来凸显，结果造成形式上的冗余。沈家煊说"因为原来的句中含有否定的意思而又没有明确表达出来，说话人感到有必要强调否定的意思以避免误解，于是就加上事实上是赘余的否定词"②，像"避免、防止、后悔、拒绝"这样的词语都含有否定的意义又不是明确的否定词。"否定性成分具有共同的语义特征，它们都是表同一概念一组词中程度最小的一个。"③ "根据语义，程度极大的语词只能用于肯定结构的原则"④，"应该"能加"不"进行否

---

① 刘利民：《先秦"辩者二十一事"的语言哲学解读》，《哲学研究》2009年第9期。
② 沈家煊：《不对称和标记论》，江西教育出版社1999年版，第230—231页。
③ 石毓智：《现代汉语的否定性成分》，《语言研究》1989年第2期。
④ 石毓智：《肯定和否定的对称与不对称》，北京语言文化大学出版社2001年版，第53页。

定，而"必须"却不能，事实上不说"*不必须""*不得"，只说"不必""不用"。需要指出，否定之否定并不一定等于肯定。如：不怕他不来≠怕他来。张家骅从命题态度动词词汇语义结构角度分析了预设对命题态度动词谓语句的两个否定结果的影响，指出："否定词形式上否定全句谓语，语义上否定全句述位。"①

再次，俄汉语中否定表达方式也不同。汉语表达简练，概括性强。俄语表达富于解析性和形象性。句法结构中否定词位置的改变通常会涉及否定的范围、预设、焦点、量化等问题。袁毓林指出："否定对于语言表达式的语义理解的作用十分重大；有无否定词或隐性否定算子、否定或隐性否定算子落在什么地方（结构位置）、否定的作用范围（辖域）和具体对象（焦点）是什么，会直接影响到语句意义的表达。"他还"揭示动词'怀疑'有意义相反的两个义项（不相信 vs 相信、猜测）及其在分布上呈现出互补状态的句法语义机制"。② 这与张家骅的观点不谋而合，他通过对俄语动词的研究，确认表达"过程——过程终止界限"的结构"未完成体动词——（до тех пор）пока не ＋完成体动词"与"未完成体动词——（до тех пор）пока ＋完成体动词"在意义上是等同的。可见汉语、俄语语义否定义素本身具有表达方式上的矛盾性。语体色彩上，"普通话中'不、没、无'中，'不'是副词。'没'兼属副词和动词，其双音形式是'没有'。'无'是动词，是个文言词，书面语色彩较浓但口头上不是绝对不会出现"③。

最后，俄汉双语语境规约否定度量。肯定和否定都是关于现实的判断。肯定和否定的判断标准是深层语义逻辑，绝非简单地看形式上是否有否定词。否定形式的作用在于表达否定语气。否定包括

---

① 张家骅：《语义预设与双重否定》，《外语学刊》2013年第3期。
② 袁毓林：《动词内隐性否定的语义层次和溢出条件》，《中国语文》2012年第2期。
③ 邢福义：《否定形式和语境对否定度量的规约》，《世界汉语教学》1995年第3期。

全然否定和部分否定。否定并非只是否定形式（否定词、否定句法结构）本身，而是否定形式所负载的内容，否定形式外壳携带的语义，展现否定语气，蕴含否定评价。语境对否定度量有规约作用，一为起规约作用的"显性因素，即出现在上下文中的相关词语或句子"，二为"隐性因素，包括心理预设、情绪氛围、势态夸张等"[①]。我们无法否认邢先生的观点，因为任何否定形式都要出现在特定的语境之中。如 вы не скажете 若译为"您知不知道"，对方很有可能回答"不知道"，那样问话人岂不是很尴尬？译为肯定形式"请问"就避免了这样一种不愉快的情况。这就符合语用学"合作原则"，表达请求时语气委婉。"否定换为肯定"是避免尴尬，想给对方留下合作的余地。

二 思维矛盾性：换译本质因

语义与思维相伴而生。思维引导语义指向现实客体，该过程可称为指称过程，指向的客体即实指。同时，语义引导主体思维，明确现实客体对于主体的意义。思维的不确定性影响着语义的不确定性、游移性和疏略性。语境使语义从模糊、游移、不确定范畴进入精确、清晰和确定的范畴，进而使语义固定在特定的语法中。

（一）汉民族整体性思维与俄民族分析性思维

思维在具有共性的同时，还会显现其个性。不同民族、不同群体的思维方式不同。中国人喜欢归纳法，西方人包括俄罗斯人喜欢演绎法；中国人喜欢先分后总、先说原因后说结果，西方人则更喜欢先总后分、由果溯因。即便是程式化程度高的抽象缜密的科学语言，其思维逻辑也并非一目了然，千篇一律。

从哲学本体论角度看，汉民族注重整体性思维方式，受《易经》影响，强调从多归一、和谐共生。俄民族注重分析性思维，反映在

---

① 邢福义：《否定形式和语境对否定度量的规约》，《世界汉语教学》1995年第3期。

句式上，俄语句子以主语和谓语为主干，其他成分环绕中心，形成从主到次，枝丫蔓生的"树式"结构。汉语句式多以动词为中心，按时间先后顺序排列，横向铺陈，犹如"竹式"。"汉语的造句注重的不是空间构架的严整，而是线性的流动、转折，追求流动的韵律、节奏，不滞于形而是以意统形，削尽烦冗，辞约义丰。"① 这种结构上的差异透露着俄语重形合，汉语重意合。"中国传统哲学的整体观、汉民族的综合思维和模糊思维是汉语意合的理性根源，形合特征则是西方民族依照原子观哲学观念和形式逻辑思维法则对其语言的发展走向做出的自然选择。"② 俄汉双语句式转换时，应根据表义需要及时替代句式。

科学语体表达手段的逻辑性特征与抽象、概括的内容形成一对矛盾，即思维个性与语言表达构成了传达信息的障碍。"科学翻译的逻辑性重构是在保证原文科学真理、科学信息等内容表达完整的基础上，译者用最近似的译语表达手段，再现原文逻辑性的解构和建构过程。"③ "翻译建立在语言本身的矛盾性上，因为语言一方面连接人们，另一方面把人们隔开，因此我们不懂说另外一种语言的人。"④ 蕴含逻辑意义的双语语符在跨语转化时可对应，也可不对应。译者的分析与综合能力，可通过换译确保原语信息内容不变，化解"形式与内容"的对立矛盾，从而替换词语、调整语序、变动视角等，均可达到逻辑意义重构。

(二) 汉民族主体性思维与俄民族客体性思维

中国人和俄罗斯人的思维方式有别，中国人崇尚"天人合一"，

---

① 申小龙：《中国语言的结构与人文精神》，光明日报出版社 1988 年版，第 19 页。

② 张思洁、张柏然：《形合与意合的哲学思维反思》，《中国翻译》2001 年第 4 期。

③ 关秀娟：《科学翻译的逻辑性重构论》，《中国科技翻译》2013 年第 3 期。

④ Огнева, Е. А. *Художественный перевод: проблемы передачи компонентов переводческого кода: Монография. 2-е изд., доп.* Москва: Эдитус, 2012, стр. 8.

以自我为主体看待世界。俄民族受古希腊文明的熏陶，注重自然观，反映到语言中注重客体，常以物来做主语。如叙述"男孩-沉思"这一话题时，中国人喜欢"男孩陷入了沉思"，人做主语。俄语却是 Раздумье мальчика берёт（沉思控制了男孩），抽象名词做主语，"男孩"做直接补语。这种不同思维导致的语言表达的差异，互译时往往要采取主体和客体互换。大量俄语表示感情的抽象名词如 радость、ужас、страх、тоска、досада、скука、отчаяние、зависть、раздумье 等与动词 овладеть、брать、найти、охватывать、закрыться、оказаться 等连用，一般都会将主语由抽象名词换译为人。俄语这种客体性思维方式使得人们在言语表述中，把注意焦点放在动作的结果或承受者上，以此来表现主体的状态。俄语中物称多于人称以示客观性，而汉语习惯了主体性思维模式，描述客观世界时常以"我"为中心，人称句明显多于俄语。即便当不必强调人称时，也经常出现"大家、人们"等人称词语来泛指。俄语的无人称句、不定人称句、泛指句汉译时常常译为人称句。

语态换译特别是其中的主被换译，更能体现汉民族以主体意向性思维为主，俄罗斯则相对偏向客体对象性思维。俄语使用被动句的频率和范围远远大于汉语。汉语和俄语对动词客观命题事件的认知临摹不同，对动作和事件的认知方式具有系统上的差异性。俄汉小句互译时遵从顺应论，按照彼此的组句要求构句，及时变换语态。"被动态转换句所对应的是事件的状态观，即它表达的是主语处于一种简单的由谓语所表达的状态之中。"[①] 也就是把过程性的事件表达成状态性的事件，语法功能上被动化。句子"主语"并非通常意义上的事件的"制导者"，而是认知语义内涵上的"制导者"，因为事件缺乏明显的外部使因。被动句语义结构的典范是"受事+状态"。以俄译汉为例，应转变视角，以译语逻辑脉络为出发点，在人称与物称之间切换，以确保组句的逻辑清晰。手机微信公众号"俄语之家"

---

① 彭玉海：《俄语动词句式转换的认知阐释》，《中国俄语教学》2005 年第 1 期。

(Ruclub) 2016 年 9 月 26 日有过一则报道：Спасатели перестали выходить на связь накануне вечером и до последнего момента была надежда на их спасение. 汉译为：昨晚我们失去了与几名消防队员的联系，但直到最后一刻我们仍相信他们能够平安归来。其中，原语 была надежда на их спасение（他们得救的希望还在）是物称形式，随俄语整句显示的是客观事实。汉译"我们仍相信他们能够平安归来"则是人称形式，将视角落在"我们"身上，与前一小句的主语"我们"同指，表达出来我们对客观事实（原语—俄语表达）的主观态度，因前小句逻辑制约必须换译。

（三）汉民族模糊性思维与俄民族精确性思维

汉语倾向于把表局部的成分后置，从而形成以大统小的格局。语境从微观到宏观依次分为上下文语境、情景语境和文化语境，从小到大，从词语搭配到文本题材主题、文本交际功能，再扩大到文本社会文化、历史背景等，逐步剔除不适境的语义。

逻辑学当中的概念具有可变性，即词语因交际场合的变更、交际对象的改变、交际范围和交际领域的不同以及由于文章或讲话的要求或风格的不同而具有不同的概念意义，传达不同的信息。有学者把语言看作建构、存储和传达信息的符号学系统。既然如此，双语语言符号在承载信息的同时，也可以交换并传递信息。译者的思维对语言符号表示的概念有一套提取、存储机制。对于日常词语，译者往往只要掌握该日常词语及其对应译语的概念和所指对象，就能透过语形这个外壳进入词义中，得意忘形。对于文学语言，译者则需花费更多的认知消耗，不但要破"壳"而入，理解词语的指物义等基本词义，还要跳出"壳"外，浸入不同"壳"之间的间隙中，靠想象和推断甚至是灵感来理解其引申义、比喻义、联想义等隐藏的文化内涵意义。文学语言"具有意象性，可以唤起主体的经验内容；也就是审美过程。审美对象就是作为被知觉的艺术作品"①，因此，译者对于文学语言需要更加深切的人生体验。俄罗斯文艺学派认为，文学翻译应反映原作的艺术现实，更要使译作在美学上与原作相符，此时语言修辞起到辅助作用。"文学翻译过程绝不是单纯的语言活动，应该在改变原文语言的基础上去努力寻求两者艺术对应，艺术地再现原文中的形象。"② 原文中的形象依托仍在语言。语言的形象性包含在语义中，破解原语语义时，译者从语码中提取语义，这时头脑中有各种"表象"，通过各种联想唤起已有"形象"，促成"想象"过程，再以朦胧的"中间语"组建各种命题，辅之以逻辑的概念和判断等检验，落实在语表就成了"小句（或短语，但更多的是小句）"。该小句有对有错，有真有假，需进一步核实。"好记性不如烂笔头"在这一过程中也显效。

笔者曾听过俄罗斯译审抱怨说自己读不懂中国人的俄译文本，说逻辑混乱，不知所云，尤其是汉语科技文本的俄译。汉语科技文本、外宣文本中大量书面词汇频繁使用，语义虚松膨胀，"提高""加强"往往表达成"得到提高""得到加强"，屡见不鲜。其中"得到"是"分析型谓语"，本身语义融入后一词中。而俄语语法要求指代关系明确、逻辑清晰、删减合并替换之处大量存在，所以换译能派上用场。

[198] 这些年来，我们全面推进党的建设新的伟大工程，党的执政能力得到新的提高，党的先进性和纯洁性得到保持和发展，党的领导得到加强和改善。③

За эти годы наша партия добилась всестороннего прогресса во всех областях партийного строительства, способности Партии к управлению государством повысились, ее передовой антикоррупционный характер в

---

① Лукин, В. А. *Художественный текст: Основы лингвистической теории и элементы анализа.* М. : Ось-89, 1999, стр. 63.

② 转引自谢云才《文本意义的诠释与翻译》，上海外语教育出版社 2011 年版，第 172 页。

③ 习近平：《习近平谈治国理政》，外文出版社 2014 年版，第 14—15 页。

процессе развития еще более упрочился. Партийное руководство усилилось и улучшилось.①

"提高"在汉语中前有"新的"修饰，是名词，虚义动词"得到"构成的"得到新的提高"语义浓缩合译，整体换译为动词 повысились（提高了，完成体过去时，强调结果）。同理，"得到加强和改善"换译为动词 упрочился（巩固了）。同时，抽象名词"先进性"换译为形容词词组 передовой характер（先进的性质），"纯洁性"换译为 антикоррупционный характер（反腐性）。

（四）汉民族形象性思维与俄民族抽象性思维

逻辑是规律性的思维活动，思维差异导致逻辑演算方式差异，且直接影响语言表达，反映在各个领域。语言体现思维，表现于逻辑，原语表达形式，即某些词语、语序、语法结构暗含着逻辑脉络。思维分为三类：抽象思维（也叫逻辑思维）、形象思维（又称艺术思维）和直觉思维（灵感思维）。抽象思维的基本形式为概念、判断和推理。形象思维的基本形式是意象。直觉思维是抽象思维和形象思维共同作用的结果。

三类思维在熟语翻译转换过程中地位并不平等，信娜认为"概念转换是主体，即大部分术语翻译需借助概念转换；意象转换是次体，即仅称名形象化术语的翻译需借助意象转换并依附于概念转换；灵感思维是辅体，带有偶然性"②。一般认为科学翻译需多一些抽象思维，思维操作更多地倾向于结构—重组方式。文学翻译多一些形象思维，灵感思维似乎也更喜欢光顾，因而文学翻译思维多是直观—模拟式。

与文学翻译相对，狭义的非文学翻译，包括社科作品、科技作品、新闻报道、应用文等文本的翻译实践中，逻辑性体现得更加明

---

① 习近平：《习近平谈治国理政（俄文）》，俄文翻译组译，外文出版社 2014 年版，第 20 页。

② 信娜：《术语翻译思维单位转换说》，《中国科技翻译》2015 年第 1 期。

显。原语词句间关系，以及语句布局等，如果直接用对译出现逻辑不通、难以理解的情况时，就应换译。俄汉民族关于动静的认知思维有差异。俄语多用名词、动名词，整体偏爱静词，抽象性强。汉语多用动词，动态感十足，具体生动。这与俄罗斯人擅长抽象思维、中国人偏重形象思维有关。"动"与"静"本是中国哲学上的一对范畴，比通常物理学上所讲的运动、静止的含义要宽泛。如变易、有欲、有为、刚健等都被纳入"动"的范围，而常则、无欲、无为、柔顺等则被纳入"静"的范围。《太极图说》有言："无极而太极。太极动而生阳，动极而静，静而生阴，静极复动。一动一静，互为其根。"这是看到了动静之间互相依存、转化的关系。

第三节 换译的文化学理据

文化学以人类文化现象及其发生发展规律为研究对象。语言根植于特定的文化，文化以特定的语言结构为中心。尽管各民族有其独特的文化，但跨文化交际的成功证明不同文化可以互相借鉴、互相交融。翻译在跨文化交际中扮演的作用不言而喻，换译法广泛使用在跨文化交际中。文化学为换译提供外部因、现象因。文化的同质性和异质性、文化空缺与冲突都促使译者使用换译法。

一 文化同质性和文化异质性：换译外部因

换译的外部原因直接来自双语之间的不同文化属性，可从文化的同质性和异质性两个对立统一的角度加以分析。

（一）文化同质性

文化是历史的积淀，是民族的传承，可凝结在语言中。而语言具有同质性（homogeneity），同质语言观关注对语言的一般特性、共性、语言要素、系统、功能和结构等方面的宏观审视。心理文化则涉及审美情趣、宗教信仰、价值观念等。

1. 文化渗透性

无论哪个民族，哪个国家，其文化广义上都涵盖物质文化、制度文化和心理文化等方面。物质文化体现在人类日常生活的生产交通、日用物品、生活器具、家居服饰、饮食起居、军事装备等方面。制度文化涵盖生活制度（如饮食习惯、建筑工艺、卫生管理、娱乐方式等）、社会制度（如劳动管理、教育宗教、官方礼仪、艺术生产、道德风俗、法律政治、军队警察等）和家庭制度（如婚姻形式、亲属关系、家庭财产等）各个方面。而上述三大类文化存在互融互通的情况。

21世纪是信息时代，随着大众传媒的崛起，国际化的凸显，翻译作为跨文化交际的一种形式，面对的是摆脱狭窄的语言文字束缚，转向文化跨语言的潮流。各国各民族文化表现出渗透交融的趋势。翻译早已进入"文化转向"时代，文化对译者意识的引导作用更加明显。一方面，表现为对译者的显性意识的引导，形成译者双语映射知识，增加译者智能，因此译者本身具备的双语知识至关重要；另一方面，是对译者的潜意识也具有引导作用，引诱译者建立非母语思维模式、习惯等，此时译者的双语国情民风、民俗习惯等"杂学"功底也不可或缺。翻译过程是语言因素、社会因素和心理因素共同决定，译者习惯于就地取材、就近取譬，往往选择自己最熟悉的情景或事物以借景抒情或托物言志。这种文化心理是个人的，也是民族的。

文化心理有强有弱，决定着译者翻译策略的选择，如西方文学作品中的主人公名字采用归化处理，被译成类似中国人的名字（如郝思佳），符合中国读者的阅读接受习惯。"北京"英译有Peking和Beijing之分，两者的辩证发展，体现了民族文化心理由弱到强的渐进过程。

不同的文本类型对文化信息转化的要求不同。哲学政论、历史名著、文艺作品往往携带广博精深的原语文化，且一般需译者使用各种翻译方法以传达原语文化信息，因此译者此时必须重视文化信息，将其合情合理地用译语表示出来，且需照顾译语读者的接受程度。而对于实用性文本，如宣传资料、通知通告、新闻报道、通俗文化和科普读物等，则可抓住主要信息，适当放弃文化内涵的揭示，用通俗易懂的译语将实用性信息传达出来即可。此时译者应充分利用文化渗透性原理，让译语读者得到启发即可，不必过于强调文化信息、冗余信息而增加读者的阅读负担。

2. 文化兼容性

文化兼容性指不同民族的文化在交际过程中表现出的相互渗透兼容、相互影响和相互促进的特性。全球化浪潮下，文化具备适应性，多元文化在彼此交流中不断适应与融合。扮演重要角色的翻译既在两种文化之间穿梭，也促进着两种文化的交融，吸收各民族优秀的语言表达形式，促使语言出现变体。"混杂语"一度成为一种时髦语言，随着岁月淘洗，优胜劣汰，使翻译生态保持着活力。

译者在文化兼容的大环境下，面对双语非对应词汇或文化现象，常常表现出思维上的矛盾性：一方面他试图用译语最大程度地传递原语信息，使用换译法，确保跨文化交际成功；一方面他又受潮流文化的影响，倾向于整体原形移译，引进新奇表达方式。因为人类思维具有互通性，无论采取何种译法都能部分传递原语信息，只不过差异点在于传递程度和信息量。因文化具有多元性与适应性，原语信息通过译语进入读者大脑并非完全行不通，人类用不同的语言表达同样的思想终归是可能的。

文化适应性是指译者准确把握双语文化意蕴，以恰当的译语去适应译语文化环境并为读者接受。刘宓庆倡导"歌德模式"①，既不是要原语文化去削足适履地适应译语文化，也不是要译语文化去左右逢源地适应原语文化，而是达到二者的协调。汉语"伴君如伴虎"俄译为 Близ царя, близ смерти（接近沙皇，接近死亡），

---

① 刘宓庆：《文化翻译论纲》，中国对外翻译出版公司 2005 年版，第 74—78 页。

显然形象不同。因为汉民族的联想方式以组合为主,重个体的连贯性,关注形式;俄罗斯民族以聚合为主,着眼于整体,重意义的内在联系。

文化的兼容性还表现为大量的借词移译和音译等情况。文化兼容性要求译者一方面顺应文化态势,少用换译法,促进异域文化正向流动;另一方面鼓励译者多用换译法,以重构异域文化,为我所用,确保文化逆向传达。比喻等修辞格在一定程度上融合了不同民族的风俗习惯、生活经验、人文地理、审美情趣等因素,使得不同民族的事物中显现了类似的哲学价值。文化兼容性可以辅证换译,受双语多元文化冲击,译者很难凸显单一文化的存在特质。译者"将文化特征重新排列组合,识解文化模式、控制量变与质变,达到文化融合"[1]。换译时,不同文化元素从激烈冲突到调和共融的过程,本质上是异质文化的互相改变,其"突出表现,就是作为其组成部分的文化形式,在内容和形式上相互认同"[2]。强势文化与弱势文化对撞,融合呈现出某种"倾斜",表现为归化或异化策略。原语作者和译语读者都具备各自的社会属性,处在特定的文化氛围中,译者受二者影响,处在双语文化氛围中。译者的任务就是在两种文化交流互动中建构新的文本,促使双语文化在改变对方的同时也改变自己。

(二) 文化异质性

异质语言观(heterogeneity)关注不同语言之间要素、系统、结构和功能等方面的差异性,这种差异性就是造成跨语障碍的直接原因。文化是人类创造的价值,核心是思维形式,因思维形式差异而具有独特的民族性。全球化使得不同民族文化交融,加速了文化多元走向的步伐。文化要沟通,就要跨越语言障碍,翻译只是其手段之一。换译在破解不同文化障碍时发挥效力。这里的文化障碍可归

---

[1] 倪璐璐:《英俄汉科技文本形象换译探析》,《中国科技翻译》2018年第2期。
[2] 李晓东:《全球化与文化整合》,湖南人民出版社2003年版,第100页。

结为文化的民族性和干扰性两个方面。

1. 文化民族性

心理精神气质、民族性格和思维方式是文化民族性的最深体现。文化能够传承和流变。中国"人本文化"沉积形成"以人为中心"的思维理念。西方习惯于以物为主体，往往从客观事物出发看待问题。俄罗斯横跨欧亚大陆，思维理念"本体和客体"兼具。思维差异反映到语言上，汉语习惯以人或物为主语，英语习惯以物为主语，俄语则二者皆有。在抽象名词使用上，俄语更倾向于使用无主语句。文化民族性本质仍在于思维差异性。译者在传达文化民族性时，既要兼顾民族性文化信息传达正确，又应考虑如何将文化民族性的排异反应降至最低，避免文化定型论。

然而越是民族的就越是世界的。作为译者，应在适应这一当下时代潮流，吸收异域文化和优秀表达的同时，彰显自我民族意识。"翻译时传达了民族特点中最本质、最典型的东西，才能正确地反映原作的艺术现实。"[①] 翻译无论对内，还是对外，都不主张文化的一味归化或异化，而应根据所要传达信息的重点，兼容并蓄。当传达"民族性文化"的主要信息时应异化，而次要信息可以归化。对不同民族的风俗习惯、宗教信仰等独具特色的文化信息，在跨语翻译时要采取辩证的态度，分清不同时代的主要矛盾和次要矛盾，译法因时而异。

而对待跨文化交际的景点翻译，则要因地而异。汉语景点介绍往往语表形式对仗工整，词语浮夸，引经据典。俄译时译者一般不会将这种独特的语言民族性特点带入译语，而是根据俄语表达习惯，抓住文化主要信息，抓住逻辑主干，形成逻辑清晰、思路严谨的语句。这种译法除了考虑语言自身特点外，还注重俄语微观逻辑性与汉语意合性的差异。俄语形态体现逻辑美，汉语则展现模糊美。这

---

① ［俄］加切奇拉泽：《文艺翻译与文学交流》，蔡毅、虞杰编译，中国对外翻译出版公司1987年版，第72页。

种语言本身带来的障碍，靠换译以及其他译法来破除。此过程还要考虑修辞手段、伦理道德甚至政治等因素的干预。陆永昌倡导为使翻译"促进全世界文明的共享，体现与尊重各个民族的文明传统和价值观"①，应加速跨文化无障碍。

[199] 西安是中国西北地区最大的城市，地处关中腹地，位于中国地理位置的中心，东经108度，北纬34度。它位于黄河流域中部，关中平原南部。南倚秦岭山脉，东有灞河、浐河，西有沣河、涝河，南有潏河、滈河，北有泾河、渭河。古代素有"八水绕长安"之说。

Город является крупнейшим городом на северо-западе Китая. Географически Сиань располагается в центре Китая, в середине равнины Гуаньчжун. Его географическое положение — по восточной долготе 108 градусов, по северной широте 34 градуса. Он находится на берегу среднего течения реки Хуанхэ. К югу от города возвышается хребет Циньлин, в восточной части текут реки Бахэ, Чаньхэ; в западной части — Фэнхэ, Лаохэ; в южной части — Юйхэ, Хаохэ; в северной части — Динхэ, Вэйхэ. В древности это географическое положение называли «опоясыванием Сианя восьмью реками».②

该例是西安导游词，"关中腹地""秦岭山脉"以及八条河名都是特有地名表达。其中"关中腹地"俄译换译成 в центре Китая（在中国中心），外加阐释 в середине равнины Гуаньчжун（关中平原中部），"关中"音译。"秦岭山脉"处理方式也是专名音译加领属成为意译，为 хребет Циньлин，八条河同样如此处理。而"八水绕长安"意译为«опоясыванием Сианя восьмью реками»（西安被八条河环绕）。其中用"西安"换译"长安"，是历史因素所致。"西

---

① 陆永昌：《加速跨文化无障碍——翻译研究之方向》，《上海翻译》2005年第 S1 期。

② 徐莉编著：《全方位俄语导游指南及西安导游词》，陕西人民出版社 2008 年版，第 158 页。

安"古代就叫"长安",但为便于读者和听众理解,将这层历史积淀的文化变迁因素过滤掉,直接换译处理。

2. 文化干扰性

翻译中文化因素不仅涉及语言,而且体现不同的思维方式和民族特点。民族思维方式不同,语言结构及表达习惯亦不同。双语思维模式不同,概念表达也会产生差异。语言形式背后有意蕴,体现一个民族源远流长的精神内涵。民族审美定式与该民族思维方式有关,不同民族在鉴赏其他民族的文化时表现出"审美干涉"特点。

不同形式在不同的文化中可以具有相同的意义,即形式不同,意义相同。汉语"船头"俄译 нос лодки,英译 ship's bow。称名差异明显,但深层原因是处于不同地域的人类对于世界的认知方式不同,其中显现的形象孰优孰劣,并无定论。某一民族文化深深影响着其语言,并在语言中扎根发芽,俄语颜色形容词 голубой(天蓝色的)携带着非常独特的社会文化意义,即象征赏心悦目、欢愉美好,是汉语"天蓝色的"所无法相比的。因此汉译断不可局限在原义"蓝色的"上,更应根据搭配译出其比喻、引申、象征或联想义,如 голубая тишина(恬适的宁静)、голубые мысли и слова(美好的思绪和言语)、голубые года(岁月静好)、сирени шелест голубой(丁香树清婉的沙沙响)、голубая приветливая страна(温馨可爱的故土)。这些美好的文化意象通过俄语这一语言符号载体来表现俄语客观世界的本质特征和规律,体现俄罗斯民族的认知方式和思维习惯。汉语虽有类似的文化意象,但其语言载体却不相同,也就是说语言表达方式不同。

在俄汉文化交流中,上述意象与载体的差异,会导致文化冲突和摩擦。但如果上述翻译缺乏了文化元素,也就缺乏了灵性。正是这些特有的语言文化元素,才使得翻译生动。跨文化交际翻译中,译者对非母语民族文化了解不足,想当然地按照母语文化思维方式去理解并阐释,造成的交际障碍现象,被称为"文化负迁移"。译者若要避免文化负迁移,避免文化干扰性,就必须加强自身的双语语言意识和文化意识。所谓语言意识（языковое сознание），是指"借助于词汇、自由及固定词组、句子、篇章及联想场等语言手段形成及外化的意识形象之总和"①。译者只有对双语语法、词汇、句法、文化等具备全面的了解，具备足够的双语语言能力，才能在双语转化过程中游刃有余，充分发挥主体认知能力，辨识出文化差异导致的思维模式和概念结构的差异。

所谓文化意识是指对文化差异的高度敏感性，"而译者的文化意识指的是在跨文化交际中译者对交际双方行为（语言或非语言的）文化差异的识别经验"②。换译过程中文化差异是绝对的，文化干扰是必然的。译者掌握两种语言，在两种文化互相冲击对抗的情形下，透过词语语表，直抵语义，寻找语用，以语用为参照，才能更好地避免文化干扰。反映某一特定的文化观念的民族意识符号，在语言中大量存在于成语、惯用语、典故、俚语、俗语、谚语、格言、歇后语、套话等结构中，对于这些蕴藏着丰富的文化信息和鲜明的文化色彩的表达，切不可只顾字面语表意义，应在以语用价值为主、语里意义为辅的前提下，当换则换，不必过度小心。

语言之差、文化之差的"异质性"促成换译行为。换译的目的正在于打破文化隔阂，促进不同文化的了解与包容，是译者在自我文化与他者文化之间的一种双向交流活动。"无论从翻译的沟通与交流的根本属性来看，还是就翻译维护文化多样性的历史使命而言，尊重他者、尊重差异正是实现翻译伦理目标的基础与核心。同时，在中国文化'走出去'的时代背景下，中国文学的对外译介承载着中国文化对外传播与交流的战略意义，在目前'忠实'概念不断

---

① Тарасов, Е. Ф. "Актуальные проблемы анализа языкового сознания", отв. ред. Н. В. Уфимцева. *Языковое сознание и образ мира*. М. : ИЯ РАН, 2000. стр. 24 – 32.

② 安新奎：《跨文化交际冲突与翻译之策略》，《语言与翻译》（汉文版）2004年第 1 期。

遭到质疑和解构的现状下，对忠实原则的坚守、对异质性的保留与传达，既是翻译伦理的要求，也是思想与文化得以继承和传播的必要条件。"①

二 文化空缺与文化冲突：换译现象因

换译涉及语言、社会、文化、思维、情感等诸多要素，是一项复杂的思维转换活动。不同民族文化的差异性体现在语言、文化、思维等领域的迥异，破解这些迥异的跨文化交流需要换译。文化空缺与文化冲突是换译的现象因。在本书第四章第二节隐性换译机制的第二点"语用→语义→语形思维假说"中，我们已经论述了文化值更替的两种方式，即文化空缺更替和文化冲突更替。这是从语用向语义过渡的深入探寻，反过来，从语义向语用的论述如下。

（一）文化空缺

在基于语言学对等的传统翻译标准"等值"观下，双语翻译一般会设定原语的译语等值词，遂也产生"无等值词"的概念。巴尔胡达罗夫认为一种语言中有，而在另一种语言中因为某种原因无与之对应的词或固定词组的词汇单位就是无等值词②。关于空缺的产生，穆拉维耶夫和李向东都认为，概念的背景词素的不同和概念外延的不完全对应都会导致联想空缺的产生③。因为文化空缺（лакуна）导致了语言中的词汇空缺，也称为文化负载词或文化局限词，即原语中表示特有事物或概念的词语在译语中找不到对应词语，但这并不能阻碍翻译的进行。

---

① 刘云虹、许钧：《异的考验——关于翻译伦理的对谈》，《外国语》2016 年第 2 期。

② Бархударов, Л. С. *Язык и перевод（Вопросы общей и частной теории перевода）*. М., «Междунар. отношения», 1975, стр. 93.

③ Муравьёв, В. Л. *Лексические лакуны（На материале французского и русского языков）*. Владимир: пед. ин-т, 1975, стр. 24；李向东：《空缺现象与空缺研究》，《中国俄语教学》2002 年第 4 期。

典型的像物质生活方面的词汇空缺,如原语中有关饮食、服装、货币、单位、家居、医药等领域内的空缺词汇。一般情况下,处理方式是音译、音译加注、意译或者采用描写性翻译方法,进入译语中,成为译语中的外来词汇,被人们接受。原语中还有一些具有民族文化意蕴的词语在译语中没有对应表达,比如价值观念、社会制度、宗教信仰、传统文化等方面的用词用语等,这类词汇甚至成为跨文化交际与翻译的盲点。文化空缺词汇一般均音译,如中国传统哲学术语"阴阳",英译 Yin and Yang,俄译 Инь и Ян。但也可音译和意译并存,比如"道",英语音译为 Tao,俄语音译为 Дао,英语意译为 Way、Nature、Principle,俄语意译为 Путь、подход、график、функция、метод、закономерность、принцип、класс、учение、теория、правда、мораль 等。"文化局限词中的多义词,较之单义词,意译的可能性更小,音译的可能性更大。"[①] 文化空缺词是翻译过程中的关键因素,需要译者额外花费力气去破解、去传达。从认知视角看,译者一般基于相似性或相关性激活思维中的"联想链",以隐喻或转喻方式建构换译路径。用换译来处理文化空缺导致的词汇空缺,能将原语中的文化意蕴表达出来,换译的目的就达到了。

换译越过了双语文化差异和语言差异,找到了传递文化信息的方案,尽管在语言形式上或语义上完全不对等也不对应,但在语用价值上获得了最佳效果。从这点上看,换译的换形做到了舍义融值,做到了增义升值。从人类语言和思维的共性来看,词汇空缺能够破解,也在于哲学的辩证统一关系。"人类语言与思维的共性是词汇空缺可译的理论依据。"[②] 人类思维规律具有共性,在逻辑判断推理等方面拥有大致类似的思维能力。而语言作为传情达意的有效工具,在某种程度上是思维的外在表征,于是乎"人同此心,心同此理"。

[①] 王宏印:《中国传统译论经典诠释——从道安到傅雷》,大连海事大学出版社2007年版,第63页。

[②] 郭爱先:《词汇空缺及其可译性》,《解放军外语学院学报》1998年第5期。

而对于具有神秘色彩的文化空缺词语，采用音译的方式或使用基于音的特点创造出新词或新语的换译法，会带来一种特别的魔力，产生具有"陌生美"的语言效果，"任何一种语言对于本族语使用者来说，甚至对于谙熟该语言的外国人而言，都会产生一种特别的感染力。这种感染力，一般可以意会而不可以言传。保持这种语言的特殊魅力，在翻译中至关重要"①。

(二) 文化冲突

"文化冲突"这个术语是译语文化相对原语文化而言，导致的结果就是词汇冲突，即双语中有相同的词汇表达，但因文化语境等方面的限制，不能作为对应词而译，必须换成其他词来译的现象。以往研究大都将文化冲突的原因归为文化空缺，并将文化空缺分为完全空缺和部分空缺。部分空缺即双语中能找到概念意义或指称意义相同或相近的词，但文化内涵却此有彼无、此无彼有或虽此有彼有却完全不同，这种现象的实质就是文化冲突。文化具有潜在的吸收包容能力。自古以来，每一种优秀的文化无不是通过吸收内化其他文化而自我完善自我发展的。从这个角度来看，文化冲突是难点，但断然不是翻译攻克不了的难点。

文化意象的跨语转换往往会有文化冲突出现，翻译也讲适合度，并不是所有情况下都可用对应词来翻译。考虑到读者的接受度和传播的普及度问题，译者往往会用换译法来更替文化意象。如汉语"龙"的英译历经：dragon→chinese dragon→long→loong；俄译历经：дракон→китайский дракон→лон→лоон。采用渐进式路径，目的就是缓解文化冲突带来的文化休克，且到目前为止，"龙"的译法也没有确定的终极版本。译者的世界观和价值取向，所受的文化熏陶和社会地位，其心理因素与行为规范，在翻译过程中所扮演的角色以及翻译场合等因素，均制约着他是否会选择换译法来化解文化冲突。

---

① 王宏印：《中国传统译论经典诠释——从道安到傅雷》，大连海事大学出版社2007年版，第64页。

文化冲突词汇集中体现在成语谚语等熟语中，鉴于第四章已经论述过文化冲突更替情况，在此不再举例赘述。

　　对于文化冲突情况，译者要弄清词语表象之下的深层引申义和文化义，适时更替形象，以适应文化交流的需要。语义视角审视换译法破解文化冲突下的词汇冲突，可从"翻译过程中词汇—语义变体在形象转换时存在着动态对应模式"①的角度来阐释。语义变体的类型包括语义性变体和修辞性变体两大类。语义性变体分为词汇—语义变异和词汇—语境变异两种情况。"词汇—语义变异基于对客观事物相关特征的联想，语义结构内部的相关义素发生链式嬗变，从核心义素衍生出新的义素，演变的基本机制表现为换喻转移和隐喻转移。"②换喻转移基于特征、性质、情理等关联性，隐喻基于特点、特征、特性等相似性。从词义的角度来看，词义义素与义项本身就蕴含隐喻义，帕杜切娃认为，"鲜活的隐喻在形成语义不和谐时，充分展现其特质，显示出存在着名词范畴及与之相应的谓词范畴预设：在词语的日常使用中，范畴和预设是协调的，范畴协调被看作理所当然的而不被察觉；因此，隐喻现象的存在证明，名词的范畴和谓词应有的范畴预设是词义的重要组成部分"③。因此换译时，基于隐喻义而在双语之间跨语替代就成为一种可能。词语—语境变异则是因为特定语境凸显某些词的义素，且以隐喻形式发生范畴转换，从而说明换译的可行性。修辞性变体包括情感含义变异和情境含义变异两种。形象换译时，语义内涵一并被替代，语义中义素和义项相应地被对应转换。这些都是换译之所以"换"的语义解读。

---

　　① 谢云才：《翻译中形象转换的语义模式》，《解放军外国语学院学报》2013年第5期。
　　② 谢云才：《翻译中形象转换的语义模式》，《解放军外国语学院学报》2013年第5期。
　　③ ［俄］帕杜切娃：《词汇语义的动态模式》，蔡晖译，北京大学出版社2011年版，第150—151页。

但是文化冲突并不是绝对的，由于人类追求陌生美和新鲜美的喜好，很多新鲜词汇或表达，尽管最初违背了语言规则，造成文化冲突障碍，但用得久了，就习非成是了。比如中式英语 Long time no see，这句语法严重不通的英语可能是英语水平较低的中国人拿母语硬套的结果，但不管如何，这句话已成为"好久不见"的官方英语版本，甚至连土生土长的美国人也照说不误。这当然属于专门用来表达中国特有事物或现象文化内涵意义的英语变体，可采取音译、换译等语义再生方式使英语获得灵性。再如汉语打招呼用"你好吗？"英译是 How are you？（字面串联意思：怎么是你？）黄忠廉老师曾拿它为例，创造出 How old are you？（字面串联意思：怎么老是你？正确翻译应为：你几岁了？）的幽默。俄语中也有 китаизм，俄罗斯搜索引擎 yandex.ru 对 китаизм 的界定是，从汉语引入的词语或言语表达或语法结构，如带有异国情调的词汇：чай（茶）、женьшень（人参）、гонг（锣）、фанза（房子）、тайфун（台风）等；还有特有文化表达：Поднебесная（«китайское государство»）——天、бумажный тигр（«мнимо сильный и страшный политик, соперник»）——纸老虎、терять лицо（«выйти из себя, выказать свое раздражение»）——丢脸等。

综上所述，文化的同质性和异质性影响着译者的换译行为。文化空缺与文化冲突决定着译者的换译行为，加之本章第一节的语言的语形、语义和语用理据，以及第二节的思维同一性和矛盾性理据，就构成了换译的基本理据，即"一体两翼"理据。全译中三者与全译方法的关系，以译者视域图描绘。

全译方法受原语和译语双重文化、思维和语言的影响和制约，表现为双语"语—思—文"大三角下的"表—里—值"小三角。译者受控于作者和读者的视域，极力达到三者的"视域融合"（见图 5-1）。换译也是全译单位与原语思维和译语思维的碰撞结合。从原语到译语，全译方法表现为"范畴→策略→原则→方法→技巧"。全译单位贯穿于整个技巧的操作过程，以小句为中枢。在微观思维方面，呈现于原语理解、跨语转化和译语表达三个过程。同声传译，在此略有不同，表现为原理理解、瞬时记忆、跨语转化和译语表达四个阶段。其中瞬时记忆对其他三个过程来说是至关重要的，可以说是确保译文输出的前提。换译在译者视域图中位于"方法"一处，是译者操纵全译单位（词、短语、小句、复句和句群）在双语语言与思维中穿行，受制于双语文化，以"替代"方式巧妙达成全译单位的跨语转化。

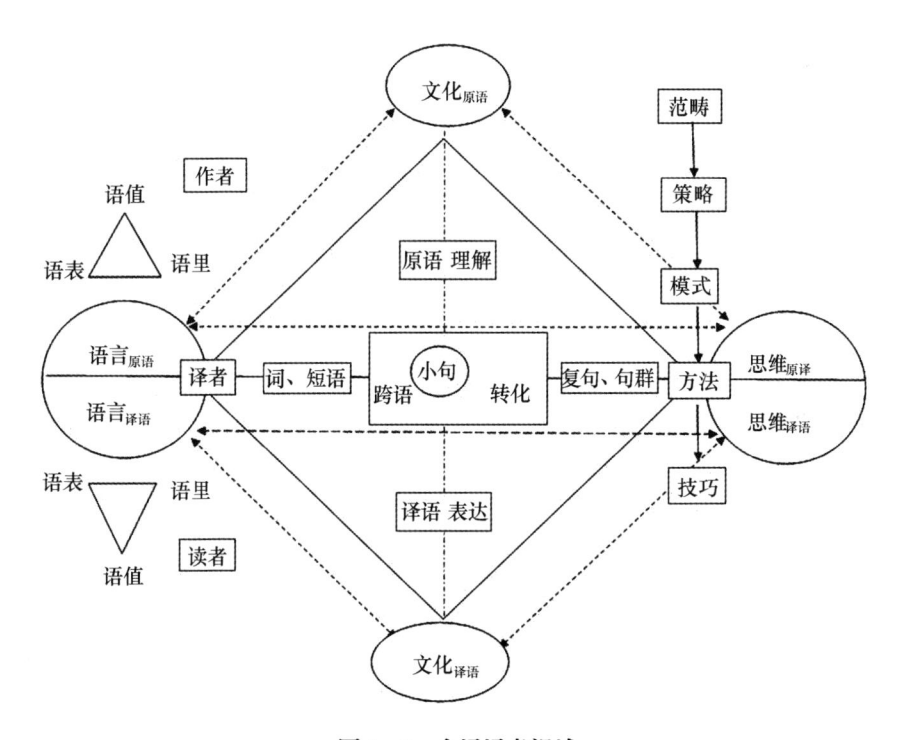

图 5-1　全译译者视域

第四节　换译的其他学科理据

换译可从人文科学、社会科学等学科中找寻理据，诸如文学、宗教学、史学、伦理学、管理学、心理学、认知学等学科都不同程度地影响了换译。前三节论述了翻译的"一体两翼"之语言学、思维学和文化学理据。本节只论述其他学科的代表哲学和美学理据。因为哲学是人文学科的通用基础,为换译提供根本性理据,哲学矛盾论是换译最本质的理据,辩证法提供辩证发展的眼光来看待换译。换译的终极追求是信达雅之美,所以在美学中也能找到换译理据。

一 哲学:换译宏观因

翻译方法论的任务在于阐释翻译过程中典型的、规律性的转换方法。换译法作为方法论的一部分,可以看作译本的内在属性在译者头脑中的能动反映,构成了译者对译本研究的起点认知模式。如此说来,换译法及其类型、运行机制、理据等概念体系将会互相补充,互相促进,更加接近换译的内涵,使之呈现为具有一定规律的系统。认知主体会对客体的各种客观属性进行抽象的、概括的分析,不断地接近和反映所研究客体的本质属性,从而不断地完善。系统性是换译的宏观哲学基础。矛盾论是换译的内在动因,辩证法是换译的内在标准。

(一) 换译之哲学矛盾论

矛盾是普遍存在的,是事物发展的内因。"矛盾律的逻辑要求是有条件的,即在同一时间、从同一方面、对同一对象不能做出两个相反或相矛盾的论断,以保持思维的首尾一贯性,避免自相矛盾。"[①] 双语形式和意义有时并不完全一致,互译时要保证逻辑连贯,根据类比推理,避免自相矛盾。"矛盾"可理解为不相类似的现象,表现在逻辑上就是对立性。逻辑对立性要求译者在同一时间内产出的文本中对某一思想要么肯定,要么否定,不允许肯定和否定同现。矛盾表现在语义上,是指语义成分不兼容,句法联系与语义关系不对应。译者采取换译法要破解矛盾,至少应针对语义前提不协调、基点不同、角度不同等现实,改变译语对应结构,如将原语

---

① 瞿麦生主编:《新应用逻辑学》,天津教育出版社1989年版,第117页。

主动句换译为译语被动句等。句子形式改变，语义上的矛盾由于句子结构变化而退化消解，异常的中间语调整后变成了译语规范语。换译的矛盾论主要体现于可译性与不可译性的对立，归化与异化的对立。

1. 可译性与不可译性之对立

可译性（переводимость/translatability）和不可译性（непереводимость/non-translatability）构成一对矛盾。但应承认，用加注的方式可以化解部分矛盾，这与译本可读性与否类似。葛浩文翻译莫言小说，为阅读效果考虑，不赞成加脚注。但同样是翻译莫言的俄罗斯翻译家叶果夫却持反对意见，他赞同使用脚注，且认为脚注可以帮助读者体会诸如成语、谚语、歇后语、双关语、俗语等含有文化色彩的表达。他说自己在"在俄译《酒国》的446页里有200多个脚注，在俄译《丰乳肥臀》的830页里有260多个脚注，在《生死疲劳》里一共有300多个脚注"[1]。不可译性与可译性是相对双语而言的。可译性指的是"在使用两种语言进行交际的条件下，客观存在着可以传达内容的可能性"[2]，"由于人的逻辑方式基本相同，再加上不同民族语言中存在着语义共相，便构成了可译性的基础"[3]。人类认识世界可以靠指称，尽管很多语言符号无法对应现实世界实际存在的指称物，如麒麟、独角兽等，但正是这种模糊指称形成了人类大致相同的思维。人类用语言来描写世界，指称具体事物，用语言一时半会儿说不清楚的事物，直接拿来具体事物或图片就清晰了，即便是不同语言之间的交流，一指称具体事物，交际双方都明白了，这侧面说明了不同语言之

---

[1] 叶果夫：《莫言的作品：文化差异和翻译》，《中国作家网》，http://www.chinawriter.com.cn/2014/2014-08-26/215873.html，2014年08月26日。

[2] Нелюбин, Л. Л. Толковый переводоведческий словарь. М.: Флинта Наука, 2003, стр. 148.

[3] 蔡毅、段京华编著：《苏联翻译理论》，湖北教育出版社2000年版，第25页。

间存在可译性。

可译性原则是针对语义整体而言的，整体范围内，个别不可译的部分溶解在整体中，被替换和补偿。但同时也应承认，使用不同语言的人在生活习惯、文化观念、所处社会制度等各个方面均有或多或少的差异，其生活接触的自然现象和物质产品也有很多不同，再加之因人而异，这些差异造成了翻译中有时难以指称具体对象。不可译性就是针对这种情况而提出的。不可译性指因双语语言和文化的差异，译语中没有原语对应词汇或表达方式的特性。当双语词义中大部分义素不对应时，出现不可译现象。

不可译性大都体现在独特的语言形式上。以俄语和汉语对比为例，俄语名词词形本身即显示阴性、阳性、中性三种词性之区分，汉语词形则没有。俄语名词词形显示单复数范畴，汉语名词也没有。俄语词类较为明确，一词词形即可显示所归属词类，汉语词类相对模糊，需入句方能确切体现词类归属。对于文化空缺词汇而言，形式上不可译，经过"替代"却能在意义上叫译。至于表达方式和构词方式，俄汉差别更加明显。俄语 Кто же, ребята（жеребята），пойдет с ним？利用发音相连制造滑稽效果。Же 和 ребята 落实于文本，因有逗号，不会产生歧义，但发音时两个单词中间不停顿就会让受话人误以为是 жеребята（小马驹），汉语虽然很难用一个词把这两种语义同时表达出来，却可以用阐释法补充。

另外某些不可译性还体现在风格上。俄国果戈理素有"含泪的笑"之标签，其文风精悍辛辣，讽刺幽默；中国鲁迅文风泼辣、犀利、反讽：这些风格特点在翻译后皆有不同程度的损耗。但是不可译性并不妨碍原文主要信息的传达，风格不可译，却可以近似。译者在传达语义的同时，兼顾语形，注重审美功效，使译语风格无限接近原语风格。

可译性与不可译性的区分标准也是难以一刀切的。语言规范是在社会历史中产生并变化着的，在一定历史时期，语言规范具有强制规定性，一旦违反即犯了语言错误，言语不合语法。修辞规范则比较灵活，因为修辞规范的阵地在言语中。言语中有些惯用法，没有充足理由解释，大家都这么用，习以为常。违反修辞规范会使言语不自然、不地道。"语言规范解决'对不对'的问题，修辞规范解决'好不好'的问题。"① 日常口语中当译者听到汉语"接听电话"时，头脑中按字面对应俄英译为 ответить на телефонный звонок/answer the telephone，但按照惯用法确是 возьми трубку（请拿起话筒）。以"话筒"借代"电话"，认知中以部分代替整体，有理有据，既遵守了俄语语言规范，又符合惯用法。双语频繁接触，语境语体类似，译者就会通过数次映射，形成惯用条件反射。也正如此，才能塑造负责任的、合格的译者。

不可译性是有条件的，一旦跳出文本，不可译性便向着可译性渐变。译者的翻译行为只是让译语无限地接近原语。即便一个小词，译者也无法使其真正精确到等于原语，因为符号意义随情景在不断变化。目前不可译论观点越来越少，"其原因在于现在的翻译理论把翻译放到语际交际的更大框架内去探讨。从这种翻译观出发，对与传达个别语言单位意义或文本语言特点相关的众多困难的探讨已经失去意义"②。翻译作为跨文化交际的一部分，逐字翻译，只单纯转换文本语言意义，势必会阻碍双语文化交流，因为"不可译"，所以要"换译"，这就是换译的哲学矛盾论观点。

2. 归化与异化之对立

归化（деместикация；одомашнивание/domestication）与异化（форенизация；отчуждение/foreignization）早有大批学者对其探讨过。"归化和异化可看成是直译和意译概念的延伸……直译和意译之争的靶心是意义和形式的得失问题，而归化和异化之争的靶心则是

---

① 张会森：《修辞学通论》，上海外语教育出版社2001年版，第83页。
② 吴克礼主编：《俄苏翻译理论流派述评》，上海外语教育出版社2006年版，第576页。

处在意义和形式得失旋涡中的文化身份、文学性乃至话语权利的得失问题。"① 归化与异化构成文化翻译策略上的一对矛盾，且涉及文化价值。"本体决定理据、客体制约理据和主体选择理据，三类理据共同构成归化与异化策略的哲学依据。"② 归化与异化都是针对译语文化而言的翻译策略。译者在处理这类文化翻译时，为使译文遵守译语文化规范，符合译语表达习惯，就必不可少地要使用换译法来更替原语陌生文化因素。

影视字幕翻译作为跨文化交际的代表，一直备受关注。字幕翻译有别于经典文学翻译和科学翻译，其受众是普通大众，又因时间短促的限制，译者往往采用归化策略，将文化色彩浓郁的原语词汇替代为译语形象化的语言甚至是俏皮话，换译屡见不鲜；因娱乐大众的轻松目的，还考虑到受众的基本文化层次和兴趣取向，其也并未遭到太多诟病。

(二) 换译之哲学辩证法

中国传统译论中的道、诚、有无、意象、虚静、虚实、本、信、达旨、化境、神似等范畴，在本体论、认识论中相互关联制约，才构成文质之辨、译名之争、信达雅之论，更涉及了直译意译、归化异化、形似神似、等值等效、可译不可译之识解。而语言学派与文艺学派、规范学派与描写学派、结构学派与解构学派之间的"语言—言语""历时—共识""规范—描写""结构—解构"等关于译学的二元对立思想限制着对翻译本质的深入识解。翻译往大了说涉及双语、双文化，往小了讲牵连思维转换心理，必须跳出"二元对立"思路，实现 N 元互补，以全新的批判辩证思维眼光，才能将翻译本质看通透。翻译本身就是辩证法的王国。换译法作为翻译本质最核心的译法，势必也应以辩证思维进行审视。

---

① 王东风：《归化与异化：矛与盾的交锋？》，《中国翻译》2002 年第 5 期。
② 谭华、熊兵：《文化翻译中归化与异化之哲学理据》，《外国语文研究》2016年第 6 期。

1. 翻译标准之辩证发展

翻译标准（критерий перевода）是衡量译文质量的尺度，通常从"信、达、雅"三个角度对比双语文本。符合翻译诠释客观要求的理想程度，是译者在翻译过程中自觉努力达到的目标。翻译标准是对翻译过程的高度概括，对翻译本质的科学诠释，也是对翻译行为的原则规定，对翻译质量的客观要求。翻译标准"等值—等效—似"的变迁说明人们对翻译具体行为的考量标准在与时俱进。

等值（эквивалентность/equivalence），含义相似的术语还有адекватность（等效/对等）、соответствие（对应）、полноценность（等价）、тождественнсть/тождество（等同）等，该标准基于语言学及其相关理论，核心是译语的形式和内容与原作在语言节奏、音效、信息、思想、形象、情调、语言风格与反映意境等各方面都等值。这样的"值"未免有些模糊，其含义解读的不确定，自然导致翻译标准出现问题。

科米萨罗夫认为，译者根本做不到用译语完全替代原语且让译语接受者认为译语完全等同于原语，因为"不仅在于很难转换某些具有诗意的形式特点、文学或历史联想、民俗特征和文学作品的细腻特征等，而且就连话语最基本元素在翻译中也很难做到完全相符"[①]。且大量翻译事实也证明，翻译时译者考虑的并不只是词语，更应是词语所反映的意义或意象。文学翻译中无等值词汇是常见现象，基于此很难达到双语完全等值。于是学者们对等值标准进行了深入的探讨，提出формальная эквивалентность（перевод Ф-Э，形式对等）和динамическая эквивалентность（перевод Д-Э，功能对

[①] Комиссаров, В. Н. *Современное переводоведение. Учебное пособие.* М.：ЭТС.，2004，стр. 116.

等）（Nida，1964；Комиссаров，1978）①，交际等值和功能等值（Gert Jäger，1975；Комиссаров，1978）②，逐步演化成等效（адекватность/эквивалентный перевод эффекта）。此时这些标准偏向于语用，"注重对文化信息的转换和语用对语义的制约"③，注重译文对译语读者所产生的效果。

全译和变译提出后，对双语文本进行对比考量，提出"似"的动态阈值标准。这一标准告别了以往的硬性规定，以动态眼光识别译者译本在形式、意义和功能三个层面上接近原语译本的程度。可见翻译标准从静态的、封闭的单一语言学视角转向动态的、客观与主观融合的多学科视角。翻译标准随翻译理论不断在发展完善，翻译时双语形式特点和本质特征正在被逐渐揭开。尽管现代翻译标准仍被批有瑕疵，但已经越来越接近翻译的本质。

20 世纪"中国传统译论的研究成果主要就是'案本——求信——神似——化境'这一翻译标准体系和各类翻译技巧"④。钱冠连 2002 年从语言哲学角度认为宇宙全息律可以论证语言全息律。部分与整体包含着相似的信息元。一种语言对应于宇宙，用宇宙全息律来解释，那么另外一种语言也可对应于宇宙，两种语言虽不同，但宇宙是唯一的。所以以宇宙为折点，双语之间也具有全息律，这就为换译运行提供了哲学基础。原语本身作为认知的对象，译者在认知过程中兼顾转化，形成译语。换译系统所表现出的类型结构、层次以

---

① Юджин，А. Найда．"К науке переводить. Принципы соответствий"，Пер. с англ. Л. Черняховской. Комиссаров，В. Н. *Вопросы теории перевода в зарубежной лингвистике.* М．：Междунар. Отношения，1978，стр. 114 – 137.

② Егер，Герт．"Коммуникативная и функциональная эквивалентность"，Пер. с нем. А. Батрака. Комиссаров，В. Н. *Вопросы теории перевода в зарубежной лингвистике.* М．：Междунар. Отношения，1978，стр. 137 – 156.

③ 转引自谢云才《文本意义的诠释与翻译》，上海外语教育出版社 2011 年版，第 158 页。

④ 司显柱：《对我国传统译论的反思——关于翻译技巧研究的思考》，《中国翻译》2002 年第 3 期。

及运行机制等动态特征标志着换译系统组织性的增加。

2. 翻译规范之辩证发展

翻译规范是有关翻译伦理的问题。特定历史时期的社会意识和个人意识都对翻译规范有影响。切斯特曼扩展了图瑞的翻译规范演变研究，认为翻译规范影响具体的翻译活动，"翻译规范是翻译理念因子演变而来"[①]，且指出翻译规范的基础和依据是"明晰、真实、信任和理解"四种价值观。他将翻译规范二分为期待规范和专业规范，后者又细分为责任规范、交际规范和关系规范。

翻译规范影响翻译策略的选择，描写翻译规范可以解释译者选择不同翻译策略的社会原因，从而洞悉翻译策略之下的翻译方法和技巧应用背后的社会原因。翻译规范制约翻译策略，影响翻译方法。"翻译策略的制定，要有的放矢，对症下药，同时也要权衡得失，有时还需要做出迫不得已的决定。"[②] 翻译策略是语篇翻译的操纵形式，通过原语和译语文本的对比可直接观察到。翻译策略旨在解决翻译问题，具体问题的解决方式就是翻译方法。翻译策略指向翻译规范，而翻译方法指向翻译目的。翻译策略说明整体上该注意哪些规范，翻译方法说明具体文本该如何译。"当翻译策略在译员中间传播并延续其存在时，通常是被以一种非正式的、很粗糙的方式阐述的，这使得它们具有可学性、可移动性、易接近性。"

对于翻译主体（译者）来说，"翻译策略是反复实验的过程"[③]。由翻译策略和翻译方法的分析可知，翻译方法也是辩证发展的。从而可译性和不可译性也不是断然绝对的。当翻译方法的发展能够满足文本可译性的需要，文本就逐渐由"不可译"转向"可译"。鲁迅主张"硬译"是在现代汉语还未发展到今日之程度时，他在《关于翻译的通信》中说："翻译——除出能够介绍原本的内容给中国读

---

① 韩江洪:《切斯特曼翻译规范论介绍》,《外语研究》2004 年第 2 期。
② 孙艺风:《翻译与跨文化交际策略》,《中国翻译》2012 年第 1 期。
③ 韩江洪:《切斯特曼翻译规范论介绍》,《外语研究》2004 年第 2 期。

者之外——还有一个很重要的作用：就是帮助我们创造出新的中国的现代言语……这样的译本，不但在输入新的内容，也在输入新的表现法。"① 可见，鲁迅主张"硬译"的根本目的在于帮助他那个时代的汉语创造新的字眼、新的句法，丰富词汇、语法结构和表达手段，他的前提是绝对的正确和绝对的白话。他是在反对半文不白、半死不活的言语。

客观世界中事物现象都是对立统一的，即"均一事之殊观或一物之两柄也"②。对立统一、相反相成规律在语言上最明显的体现就是"反训"，即用一组反义词来解释同一个词，还有"正话反说、反话正说"等。双语文本语义客观上体现为确定性和不确定性的辩证统一，译者解读原语文本主要从符号（声音或文本）入手，进行信息传递。译者在双语文本之信息传递（语义转化）过程中，扮演着至关重要的角色。译者视域直接导致文本语义解读、转化、重构等步骤上方法的差异，译法差异又会导致最终的译本差异。译者的译法观念决定了具体翻译操作行为的态度，态度直接影响译法。这不仅适用于某一个译者，而是影响着全部译者。因为同一译者不同时空的视域差与译法存在辩证关系，可以促进译本翻译质量的提高，类似于外国名著的修订版、增订版。不同译者的视域差与译法之间也存在辩证关系，在促进翻译批评发展的同时对翻译质量的提高具有积极作用，类似于同一名著的不同译本。

因此，我们有理由将所有使用换译法的译者抽象为一个集合体，如此，换译规范即是所有译者都应遵循的翻译行为规范，这本身就是翻译规律的一种体现。因此换译规范是社会性的，是不以某个人的个人意志为转移的。换译规范由翻译行为规定，并为使用换译法的译者所遵循。

---

① 鲁迅：《鲁迅文集·二心集·关于翻译的通信》，http://www.ziyexing.com/luxun/luxun_zw_exj_20.htm。
② 钱锺书：《管锥编》，中华书局1979版，第54—55页。

二 美学：换译目的因

译者的价值观取决于译者的社会阶层、语言修养、文化结构、个人经历等要素。译者的价值观与翻译美学交融。翻译中特别是文学翻译中，译者在原语文本情感刺激下，积极调控自身审美心理，全情投入、亲身体验原语文本，即审美客体的内容意蕴美、篇章结构美、修辞意境美、语言形式美、语音韵律美，再将这些美的感受与译者自身感悟与经验反复交融，直至构成一种忘"本"和忘"我"的境界，最后将这种审美情感凝结在恰切的译语中。换译法在欣赏与转化"美"的过程中往往是无意识的水到渠成的状态。

（一）形美

翻译涉及译者双语知识，并以译者心理转换过程为依托。译者大脑已有双语知识表征，基于神经网络联结，将双语形式展现出来。形式美即语言形式上体现的美，是可以直接感知的。"形美"体现于语音和语表形式上，通过形式表现"形象"，因而"形美"不仅可以从形式上，还可以从形象上进行挖掘。

1. 形态美

语音美是物质形态美，借助人类发音和听觉器官，直观可感。音位上的平仄、音响、节奏等方面发音韵律可反映语言节奏美。节奏是人类感知的事件在时间上的组织方式，以音步为基本单位，按"语素必单，音步必双"[①]的原则。一般由两个汉字构成，平仄交错，周期性重复。俄语节奏重在韵律交替、抑扬格、重音等方面以及各种辞格、语音或语法变异等。语音上声情并茂、朗朗上口、抑扬顿挫就构成了音节匀称、音调和谐。散文或诗歌，遣词造句一定是生动的，辞藻华丽，音韵和谐。译者自身对原语语音美的感知，节奏的把控，既来自语言文化修养，又来自自觉。很多外语歌曲，唱者不懂外语，完全不明白歌词，却听几遍就能唱出，除了唱者所

---

① 冯胜利：《汉语的韵律、词法与句法》，北京大学出版社1997年版，第145页。

具备的音乐天赋外，更重要的就是这些歌词本身具备音韵和谐、朗朗上口之美。

形式主义美学把"形式"看成是独立于"内容"的单独存在。形式是组织结构的外在表现或呈现方式。"美"是人的理念的感性显现。"形式美"是分离于"内容"的存在形式，是外观形式的美。就语言来讲，形式美包括语言在篇章中的对称协调、比例均衡、节奏韵律等特点。而"在中国古典诗歌中表现为整饬对仗美、参差变化美、韵律节奏美和语言色彩美"①。语言形式本身也展现形式美，俄汉双语无疑都关注语音押韵、形式对仗、格律顺畅。语形搭配妥当能形成平仄和谐，音乐感强，声、韵、调等各个方面交融和谐的美感，借助各种辞格营造"均齐美""回环美"和"错综美"的意境。语言结构上巧用汉语的四字格、叠词、成语等格式表达形式简洁、寓意丰富的语义。

形式美具有时代性，不同时代审美时尚不同。在全民通用普通话的今天，重拾先秦散文、汉赋、唐诗、宋词、元曲、明清小说的文风，总有一种优雅精致的传统味道，体现着磅礴深厚的民族之魂。以网上流传的莎翁小诗"You say that you love rain……"② 为例，小诗的汉译"普通版、文艺版、诗经版、离骚版、五言诗版、七言绝句版、吴语版、七律版"等各种版本似乎让汉译比原语更让人心动。原因何在？形态使然。形态强大的生命力还表现在很多诗歌的各种改写版本。而仓央嘉措的《见与不见》③ 就被网友大挖特挖，生发出"粉与不粉版、堵车版、微博版、加班版、外企版、减肥版、考试版、工资版、三国版、拆迁版、出租车版、失落版、跳槽版和风云版"等。这些令人啼笑皆非的改编，虽然内容早已千变万

---

① 魏家海：《宇文所安唐诗翻译形式对称的因循与重组》，《外语与外语教学》，2019年第5期。

② 来源见：http：//www.vikilife.com/78712.html。

③ 详见网址：http：//www.360doc.com/content/11/0123/20/3186697_88562303.shtml。

化，但是形式却都保留下来。《见与不见》原名《班扎古鲁白玛的沉默》，作者为仓央嘉措，或者扎西拉姆·多多，有争议。由于藏语原文未找到，且汉语版本流传更广，因而将汉语版视为原文，笔者尝试收集整理了一下《见与不见》的俄语、英语和日语版本。

[200] 见与不见
你见，或者不见我
我就在那里
不悲不喜
你念，或者不念我
情就在那里
不来不去
你爱，或者不爱我
爱就在那里
不增不减
你跟，或者不跟我
我的手就在你手里
不舍不弃
来我怀里
或者
让我住进你的心里
默然 相爱
寂静 欢喜

由于三语译文平行对照更能展现形式美，因而笔者将三语译文以表5-2呈现。

表 5-2　　　　　　　《见与不见》三语译本对照

俄语版	英语版	日语版
(2017-03-21, 公众号 ID: eyuetranslator)	源自《非诚勿扰2》英文字幕 (http://www.360doc.com/content/11/0123/20/3186697_88562303.shtml)	(http://baike.so.com/doc/5385036-5621470.html)
Видишь или нет	See Me or Not (The Silence of Vadjra Guru Pema)	会ってくれるかどうかもいい (全文由日语翻译董婷婷整理，日语博士刘金凤校对)
Видишь или нет Видишь меня или нет - я здесь, я рядом Не плачу, не смеюсь	It's doesn't matter if you see me or not I am standing right there with no emotion	会ってくれるかどうかもいい 私はあそこにいる 悲しんだり喜んだりはしないまま
Тоскуешь по мне или нет - мои чувства здесь, с тобой Никуда не денутся	It's doesn't matter if you miss me or not the feeling is right there and it isn't going anywhere	思ってくれるかどうかもいい その気持ちはあそこにある 行ったり来たりはしないまま
Любишь меня или нет - любовь здесь Неизменно	It's doesn't matter if you love me or not Love is right there and it is not going to change	愛してくれるかどうかもいい 愛は変わらない 増やしたり減らしたりはしないまま
Со мной ты или нет - я держу тебя за руку Никогда не отпущу	It's doesn't matter if you are with me or not My hand is in your hand and I am not going to let go	一緒になってくれるかどうかもいい 君の手のひらに繋いで 離したり舎てたりはしないまま
Обними меня или... позволь остаться в твоем сердце	Let me embrace you or let me live in your heart to eternity	懐に抱えて込もう 或いは 心に駐留しよう
В молчании и любви, В тишине и радости.	Silence. Love Calmness. Joy	黙然と愛し合い 静まる喜び

注：笔者想尽量保证诗歌形式特点，为求不串行，所以将字体调小，敬请谅解。

根据结构形式和格律划分，通常四句一首，也有六句或八句的，每句六个音节，一句三顿，不太讲求押韵。本诗《见与不见》采用"谐体"的藏族民歌形式。共六句，每句占三行，最后一句两行，部分遵循"谐体"形式，音韵和谐，词句典雅。三语种译本都保留了这种排列形态，在诗歌形态上展现美感。

2. 形象美

翻译审美目的在于用美的译语展现原语风姿。这个美既要译语形式美，又要形象美。形象美不仅体现于固有形象，还表现在陌生形象中。译作既要保存原有风味，又要"精神资致故我"[①]。译作在符合译语规范的同时，应积极、合理异化原语形象，保留原语陌生的形象，有助于丰富译语。"接受美学关注读者，强调以读者为中心。读者要接收有效信息，也在意美的感受。美的感受通常落实在各种修辞手段和形象性词汇上。"[②] 文学注重"陌生美"，文学翻译尝试一定范围的异化，翻译方法当然不仅局限于直译、音译加注等基本手段，换译虽然用得少，但仍可使用，让译作读起来像译作，就要在整体上和局部上都有别于创作。李智、王子春阐释鲁迅"异化"美学观时强调，"译者，异也"，换句话说，鲁迅"异化"翻译观以美学思想为逻辑起点，既"移情"又"益智"，蕴含翻译审美目的、译者和读者的审美诉求和翻译审美移植手段三个层面的含义。[③] "异国情调"经翻译转化产生"审美距离"，距离产生美，陌生的朦胧的美。另类形象所带来的视觉与听觉冲击，营造了新奇的美的境界，撩拨着读者的审美心弦。

（二）意美

语言意美是指语言形式之外，字里行间蕴含的意义美，语表形

[①] 钱锺书：《林纾的翻译》，载罗新璋编《翻译论集》，商务印书馆1984年版，第696页。

[②] 倪璐璐：《英俄汉科技文本形象换译探析》，《中国科技翻译》2018年第2期。

[③] 李智、王子春：《译者，异也——鲁迅"异化"翻译美学观之再阐释》，《中国翻译》2006年第4期。

式营造的意境美。词汇、语法、语篇等单看并无特别之处，然而组合到一起，就会因词汇搭配、语法构造、语篇制约而产生跨越时空、跨越地域、跨越心理的语义意境美。

1. 意义美

从符号学及信息论的角度看，译者翻译行为大致如下：译者先通过语言代码识解原语作者想表达的信息，此时译者和作者的共有背景知识和语境越接近，识解过程越容易。识解之后，译者利用双语知识将原语语言代码表达的信息用译语语言代码移植替代过来，以传递给译语读者。译语读者和译者的共有背景知识和语境越接近，译语读者越容易明白译语。共有知识和语境既有过滤功能，要求语境使用者自觉放弃可能不匹配语境的语言代码，又具备解释功能，帮助语境使用者领会语言代码的含义，推断模糊的语言代码的具体语义，辨别歧义，从字面意思推测言外之意。

当双语语音与语义无法两全时，舍"音"取"义"被奉为第一要旨，被尊为语言自然规律。"音"的意义虽失落，却可以使用换译法，通过书写手段、标点符号、遣词造句或修辞手段等方式来补偿。换译，要译意、译情、译气势、译神、译出佳译，了然于心，不着痕迹。当"形"与"义"不可兼顾时，"形"也要让位于"义"，退居次席。

表 5-2 中汉语的"不悲不喜、不来不去、不增不减、不舍不弃"四个构式相同的排比，到了俄译中没有都采用 не...не... 套用，而是根据"义"第一要旨，分别采用 Не плачу, не смеюсь（不哭，不笑），Никуда не денутся（哪儿也不去），Неизменно（不改变）和 Никогда не отпущу（哪儿也不让）等类似语义的句式排列下来。英语同理，采用 with no emotion（没有情感），and it isn't going anywhere（哪儿也不去），and it is not going to change（不会改变）和 and I am not going to let go（我不让去）等句式。日语是黏着语，因语言类型的差异，其否定标志在后，与汉语否定标志在前正好相反。悲しんだり喜んだりはしないまま（依旧不悲伤、不欢喜。注：な

い表示否定，まま表示依旧，保持原来的状态。二者合起来表示保持不……的状态不变。下同），行ったり来たりはしないまま（依旧不去、不来），増やしたり減らしたりはしないまま（依旧不增、不减）和离したり舍てたりはしないまま（依旧不舍弃、不放弃）。笔者在此忽略掉语言类型差异对诗歌所造成的影响，将注意力放在诗歌形式对应上。句式上的排比在语义正确的前提下，各个版本依旧尽量保全，以达到"意美"。

2. 意境美

意境是指通过形象性、情景交融的艺术描写，"把读者引入到一个想象空间的艺术境界"①。翻译当中的意境，其基本构成在于情景交融，由译者的"意"与"境"有机统一、浑然交融而形成意境。"意"是译者体验到的原语作者的情感理想的主观创造，要求译者与作者视域融合。"境"是对生活形象的反映，一是译者感觉到的作者描写的物象之境，二是译者体验到的作者心绪之境。这两种"境"都是语言做媒介，但译者领略"境"后，却感觉不到语言媒介的存在。莫捷斯托夫认为"艺术翻译的真谛就在于译者的创造才能，体现为对原语文本语义的阐释过程，体现于双语文化的和谐融合之中，体现在艺术形象的再度创造之中"②。原语艺术形象最终被移植到译语文本中，发生译者与作者以及译者与读者的二次视域融合。表5-2中《见与不见》渲染的意境可谓高深，其作者是藏传佛教六世达赖喇嘛仓央嘉措，其诗歌中吟唱爱情与人生，安静深情，是人间的无言大爱。爱情隐喻营造出悠远超脱的意境，冲击涤荡着心灵。诗歌形式上歌颂"爱情"，诗歌意蕴却分明探讨爱与生命两大主题，为世人，尤其是为困惑于男欢女爱的饮食男女指点迷津，传道解惑，是人生的大智大慧。

---

① 赵则诚：《中国古代文学理论辞典》，吉林文史出版社1985年版，第640页。

② Модестов, В. С. *Художественный перевод — история, теория и практика.* М. : Изд-во Литинститут. 2006, стр. 26.

汉语中表示色彩、情感、感觉的形容词可以构成"ABB 式"描写性叠词，具有鲜明的修辞特点，使意象生动活泼，使形象感人，造就语言意象的朦胧模糊的意境美。译者只能借助于语言文字隐隐约约地感受到语言文字的含蓄美、模糊美、朦胧美。但具体美在何处，却很难用文字表达出来。这对译者来说，是极大的考验。此时若想传达这种模糊美，必须跨越语言文字结构障碍，以译语朦胧意境来代替，委之以高超的文字技巧，要么"胜似"，要么根本"不似"，而被批评为不伦不类。

即便在逻辑性较强、文字较为枯燥的科技文体中，依然有意境美。形象性语言与清晰的逻辑思维交融组合，特别是形象换译"运用逻辑思维感知原语语义信息，运用形象思维把握原语信息营造的潜在形象，运用灵感思维创造最佳匹配与关联"①。逻辑思维、形象思维和灵感思维三位一体，完美融合"以获得译语读者的认知期待和原语作者意图的最佳关联，以使原文作者的意图与译文读者的期待达到高度吻合"②，催生换译的意境美。

（三）神美

"形似"主要指形状或外表相似，"神似"则指精神气质上的相似，可意会不可言传。"神似"以"形式"为基础，通过高度的"意似"关联。"神"对"形"有主宰作用："神贵于形也，故神制则形从，形胜则神穷。"（《淮南子·诊言训》）。可见双语若能"神似"即可构成神美。神美即神韵美，既体现在修辞美中又体现在思辨美里。

1. 修辞美

修辞是生动形象的有效语言交际，修辞美即修辞辞格展现的美。比喻、拟人、夸张、借代、谐音等辞格在双语中都可以通过换译进

---

① 倪璐璐：《英俄汉科技文本形象换译探析》，《中国科技翻译》2018 年第 2 期。
② 魏晓红：《接受美学视野下文学作品的模糊性及其翻译》，《上海翻译》2009 年第 2 期。

行相关属性的替代，使辞格暗藏的美得以传递。译者的感想、心境与原语的辞格交融，共筑神韵美。严复的"信、达、雅"之标准也与美学有渊源。人类自古追求"真善美"：为信者，是真，亦为美；为达者，是善，亦为美；为雅者，更为美。修辞辞格除了具备生动形象特征之外，也要符合逻辑。表5-2中作者通过爱情隐喻，将情与生命融为一体，净化凡夫俗子的心灵，涤荡普通大众的灵魂，是修辞美，更是神美。

与汉语相比，俄语更具修辞逻辑美。因为俄语词的形态丰富，内在逻辑性较高。如表5-2俄译本的形态上，除了俄语单词自身的形式变化，更有标点符号（-和...）的添加。相比较而言，英译本和汉译本都没有增加标点符号。汉语意合，更多美的感悟融入日常体验，知觉感悟较高，因此表5-2汉语版本在每节中断句后都省略了标点，单靠语流就能区分意义。另外，汉语中的各类景区简介，经常是比喻夸张齐上阵，徒具韵律与节奏美，选词虽华丽雅致却经不起严密的逻辑推敲，其表义更是虚之又虚。这类文本俄译时当以"美"的信息传达为主，重新理顺逻辑：美在哪里，美在实处。将表虚文字换译或减译，以便译语受众真正认识景区的"大美"。

2. 思辨美

语言表达的逻辑顺畅、思路清晰、干脆练达，铸就逻辑美。形式与内容逻辑连贯，形式上的音律和谐、节奏上的抑扬顿挫、形象情感丰沛与内容上的意义精练、意境交融共生，构成了思辨美。译本"神似"对译者文化修养要求甚高。像傅雷一样的翻译大家，上知天文下知地理，学富五车才高八斗者，也非个个译本都能"神似"于原语文本。译者想让读者获得同原文一样原汁原味的审美体验的愿望，似乎只能停留在翻译动机和目的上。"中国传统译论中翻译主体的一个显著的审美倾向是'以实引虚、以虚孕实'的含蓄之美。所谓'实'，是指在文学或翻译作品中直接可感的直接形象即艺术实在；'虚'则指在文学或翻译作品中由直接形象引发的通过联想或想象所得的间接意象，是对客观实在的虚化和超象。"①

中国人重视"悟性"，关注宏观与微观之间的幻境，在对立之间找寻和谐。表5-2《见与不见》看似在歌颂爱情，越品却越不然。那种淡如云影的意境与坚定不移的深情，似乎传递的不仅是男女之爱，更是人间无言大爱，但又欲言又止，回归本真的心境。佛曰，缘起缘灭，超然世外的爱，不就是《心经》所言的"不生不灭，不垢不净，不增不减"吗？译者应本着"人同此心，心同此理"的态度，方可具备超强审美敏感性。只有自觉欣赏双语特点和魅力，灵活恰当运用美学手段，调整翻译思维，对译语进行润色，才能在内容和形式上更贴近原语，获得最为近似的"神韵"效果。在换译实践过程中，译者追求通过换译法以意驭形，传达出"意在言外隐秀之美、以虚孕实含蓄之美、以形写神气韵之美、动静互涵和谐之美以及神与物化境界之美"②，追求换译的"本、信、神似、化境"。译者在判断美、认知美、鉴定美、品味美、享受美的过程中，思维无意识地遵循一定的内化的审美原则，在最终展现美时也无意识地使用换译法。因为此时换译已经内化为译者思维的一部分，是思维转化的一种手段。也只有这种下意识的思维，才能造就"神似"的换译，才能形成"无声胜有声"的思辨美。

本章小结

规律是事物之间内在的、必然的联系，是普遍的、客观的。方法以问题为起点，来自对问题的解析。问题阐释清楚了，方法自现，这是由于问题的本质属性体现规律性。在全译实践活动中，换译现

---

① 张思洁、李贵荣：《论译者之诚及致诚之道》，《外国语》2008年第2期。
② 张思洁：《中国传统译论范畴及其体系略论》，《外语与外语教学》2007年第5期。

象大量存在，认识并尝试去破解现象背后隐藏的规律，是换译机制要着重解决的问题，也是根据对换译的全方位认识来指导换译实践的目的。换译方法从语言学找到本体原因，从思维学和文化学找到支撑理据，从哲学寻觅本质的必然缘由，从美学找到或然原理。正是这些以及其他学科的支持，使换译作为全译方法之一显示出强大的生命力。

首先，换译与语言学关系最密切。以语言语表为依附，靠语义传递才能替代，同时受制于语用而表现出多样的译本。换译类型的划分以语言类型学为标准，分为有形换译和无形换译。这种直观的总结分析方式无疑源于背后强大的语言学理论支撑。语言学理据论述语形、语义和语用理据。语形上，语言规范与功能语体制约和限制双语的形义表征。语义上，语义整体性说明词无本义、义随语境。语义具有极强的语境适应性和替换功能。语义衍生机制即隐喻和换喻可说明换译替代的合理性和必然性。语用上，分析语境制约和情态语气。

其次，思维学为换译提供内在规律。思维学从双语思维同一性和矛盾性入手，正是因为双语语形体现思维差异，才使得换译成为翻译方法之备选项。双语思维同一性包括认知关联性和认知范畴论，为换译提供模拟操作方式和程序。双语思维矛盾性则是换译的内在缘由，体现在汉民族与俄罗斯民族思维在整体性/分析性、主体性/客体性、模糊性/精确性、形象性/抽象性等方面。

再次，文化学为换译提供可能语境，从双语文化渗透性、兼容性、民族性和干扰性四个方面论述文化同质性和异质性，从文化空缺和文化冲突说明换译选取的必然性，从而侧面说明换译绝非天马行空。

最后，哲学宏观上支撑换译。哲学乃人文科学的母学科。换译本质源于矛盾论和辩证法。辩证法则从翻译标准和规范之辩证发展两个角度审视换译的核心上级范畴：翻译的本质。其他学科，如美学之下形美、意美和神美均可说明换译。美学的形美、意美和神美制约着换译，也促进换译发展。换译的"形美"体现在确保双语的形态和形象美，"意美"彰显换译的双语意义和意境美，"神美"则流露于修辞和思辨上，换译求"似"即求"美"。其他各个学科如认知学、心理学、社会学等都或多或少地服务于换译，使换译成为跨文化交际成功的一项保证。这些理据一定程度上限制着换译必须遵循一定的章程，也就是一套完整有效的机制。

综上所述，换译理据要求换译机制，制约换译类型，揭示换译概念。对换译的语言学、思维学和文化学的深入探讨，明确了换译可以使用的深层原因。换译的哲学和美学理据从更高的层面指导并制约着换译的使用，从而整体上完成了"一体两翼＋空间＋点缀"式理据阐释。

结　　论

　　本书第一章为换译文献综述与评论。首先，笔者初步将换译归属在翻译策略、方法和技巧之范畴，梳理国内外翻译策略、方法与技巧等方面的相关文献。具言之，国外方面，笔者考察了俄苏自17世纪到目前的相关研究，重在分析20—21世纪的翻译学者的理论研究成果，从费道罗夫、列茨克尔、巴尔胡达罗夫、拉特舍夫、什维策尔、科米萨罗夫、加尔博夫斯基等学者的翻译思想中吸取精华。欧美方面则综合各种翻译理论及学派的观点，挑选出典型学者的典型观点，如加拿大的维纳和达尔贝勒纳，德国的施莱尔马赫、莱斯、费米尔、诺德，法国的乔治·穆南、尼卡·塞莱丝柯维奇，英国的卡特福德、纽马克，美国的奈达、罗曼·雅各布森等。国内方面，笔者则主要对期刊和专著文献进行梳理，时间从古代佛经翻译跨至今日。简略交代了自第一位探讨翻译原则、理论与方法的支谦，到提出各种翻译标准的现代学者的思想。重在从书籍和报刊中寻求换译的起源与发展脉络。通过以上梳理，得出换译之雏形孕育于翻译实践之中，并非笔者无中生有的臆造之物。随后笔者就换译研究视角、不足之处和发展趋势进行了简评。之后分析换译术语之流变、换译类型理据，并从多学科，即从翻译学、语言学、思维学、文化学及其他角度分析了换译的不同称名，构成第一章换译文献述评。结论是换译研究重视不够，空泛乏力，盲人摸象，表述各异，未成系统。以此观之，换译可在系统化、微观化、价值开发等方面加强研究。

第二章为换译概念界定。首先，以换译称名流变为出发点，从共时和历时角度梳理换译的众多称名，通过中国知网溯源了"换译"这一特定的称名，并通过词频表得出"换译"这一称名最具科学性之结论。辅之以换译称名术语化之称名语素、称名字数、称名方式、称名之译学考量，得出换译术语英译应为 substitution，俄译应为 замена。其次，从换译使用实践中双语语形矛盾，语词相异、语值极似的特点出发，深入探寻换译的本质特征为换形保义显值、换形舍义融值和换形增义升值三大类。从特点到本质来观换译定义，从现有定义出发采用"属＋种差"经典定义法和义素分析法相结合重新界定换译概念：换译是指译者（人或/和机器）将原语文化信息转化为译语时，替代原语对应单位或表达方式，以化解双语语形、语义、语用矛盾，符合译语思维方式和表达习惯的全译方法。紧接着从换译目的、换译原则反观换译定义的科学性。最后，说明换译的外延，即换译分类标准之符号三分法。阐释换译在翻译学科领域的战略地位，说明换译应用领域。因换译属于翻译方法系统，因而对换译与移译、换译与改译、全译与变译的区别与联系进行了简单论述。

第三章是换译系统的主体，也是换译系统的基本组成部分，即从实践出发归纳出的换译类型。换译具体类型涵盖面广，且角度不一。于是笔者从形态入手，将换译区分为有形换译和无形换译两大类。运用大量中俄互译事例分析有形换译的单位换译、标点换译和形象换译三小类。其中单位换译主要从换译单位，也是全译单位——音位、词素、词、短语、小句、复句和句群入手，细分为同层单位换译和跨层单位换译。标点换译相对直观，细分为标点内部换译和标点外部换译。形象换译则以表示形象的语表形式即词语的显性差异为着眼点，细分为物质层形象换译、制度层形象换译和精神层形象换译三小类。无形换译包括词类换译、语气换译、语态换译和视角换译四小类。词类换译即十大词类内部及相互之间的换译。语气换译涉及陈述语气、疑问语气、祈使语气和感叹语气之间的互换。语态换译针对的是双语表达的主动态、被动态和中动态之间的互换。视角换译主要阐述动静和肯否这些二元对立范畴之间的互换问题。当然换译具体类型来自换译实践的总结，换译具体小类远不止本书所论述的这些，仍需继续探索发现。

第四章假说换译运行机制。本书采用动静结合，点线交织的方式，模拟换译运行程序及方式。具体分为显性换译机制和隐性换译机制。第一，显性换译机制将静态的点，即概念和意象作为珍珠，通过思维认知分析，尝试揭示概念和意象替代机制。根据实践观察，概念替代程序为语言符号所指替代＞实指替代＞能指替代。概念替代方式则分为同层概念替代方式和跨层概念替代方式。同层概念替代方式包括语体同义表达方式替代、修辞同义表达方式替代、语境同义表达方式替代、委婉同义表达方式替代。跨层概念替代方式则包括上位概念替代和下位概念替代。意象替代机制也分意象替代程序和方式两个方面来论述。意象替代程序为基于时间顺序的和基于空间认知的意象映射替代两种。基于时间顺序，即在道路凸显图式中意象映射替代和在道路终点图式中意象映射替代。基于空间认知的意象映射替代则包括相同意象图式根据换喻相关性（强关联和弱关联）替代，以及相异意象图式根据隐喻象似性替代，象似性主要基于距离、数量、顺序、标记四类。意象替代方式分为换意替代和换象替代两种。第二，根据思维心理视角，尝试模拟思维操作程序，并以此作为金线，以线穿点（概念和意象），构成线条式逻辑脉络。分析全译微观过程，得出全译思维逻辑重在转化，换译思维逻辑核心在替代。从换译单位在原语理解、语际替代和译语表达三步中析出换译思维步骤。具言之，从原语语表形式——分解，语里意义逐项重构，语用价值步步彰显的过程中，以语形、语义和语用为着眼点，将隐性换译机制的操作程序归纳为两类：第一，（语义→语形）＋语用，其思维操作程序分为三步，第一步，原$_形$→原$_义$，第二步，原$_义$→中间语，第三步，中间语＋原$_用$→译$_形$；第二，语用→语义→语形，其思维操作程序分为四步，第一步，原$_形$→

原$_用$，第二步，原$_用$→原$_义$，第三步，原$_义$→中间语，第四步，中间语→译$_形$。通过逻辑推演，步步分析。虽然换译描述仅是对人脑运行机制的一种模拟尝试，重在揭示一维和二维运作，但二者结合并以认知方式揭示的三维思维更加复杂，没有详细论述，仍具备积极开发潜力。

  第五章重在寻找换译理据。以语言学理论作为主体，以思维学和文化学理论作为两翼，一体两翼是为其微观支撑。哲学理论作为宏观支撑，辅之以其他各学科如美学等理论的阐释。首先，换译的语言学理据仍然以符号学三分为出发点，详细论述换译的语形、语义和语用理据。语形上，先看双语语表形式与内容转化的语形表征，并以标点换译为例详细论述。再看单语语表，即语言规范与语体的展现，论述功能语体角度对语形的制约和限制。语义上，从语义整体性说明词无本义，义随语境的状态，强调语义具有极强的语境适应性和替换功能。从语义搭配上看，语义关联性突出。以词类换译和动静换译为例，揭示替代的深层语义逻辑原因。再从语义衍生机制即隐喻和换喻角度，分析换译替代的合理性和必然性。语用上，主要从与换译最相关的语境制约和情态语气分析，包括语境、情景、情感、语调等方面。其次，思维学为换译提供内在规律。双语思维同一性包括认知关联性和认知范畴论，为换译提供模拟操作方式和程序。双语思维矛盾性则是换译的必然理由。汉民族整体性思维与俄罗斯民族分析性思维、汉民族主体性思维与俄罗斯民族客体性思维、汉民族模糊性思维与俄罗斯民族精确性思维以及汉民族形象性思维与俄罗斯民族抽象性思维的"PK"，让换译成为可能，也成为必然。再次，文化学为换译使用提供可能。基于换译的文化同质性和异质性，从双语文化渗透性、文化兼容性、文化民族性和文化干扰性四个方面说明可供换译的文化层面原因。最后，其他学科也为换译提供理据。宏观上，换译理据可追溯到哲学的矛盾论和辩证法。因为可译性与不可译性之对立，以及归化与异化之对立，本质上属于哲学矛盾范畴。哲学辩证法则从翻译标准之辩证发展和翻译规范之辩证发展两个角度审视换译的最上级范畴：翻译的本质。换译之所以要换，其根本目的是求美，因此美学可从形美、意美和神美三个方面论述。具言之，换译形美体现在用换译法确保双语的形态和形象美。通过双语语形的分析，展现换译的双语意义和意境美。换译的神美则体现在修辞和思辨上。这些美的论据充分说明换译求"似"，也就是求"美"。最后的最后指出，限于篇幅不再论述其他学科，但其他学科确实也能为换译提供或多或少的理论支撑。

综上所述，本书做到了：第一，观察充分。本书从现象出发，简评了换译研究现状，界定了换译的概念，明确了换译的内涵和外延，区分了换译与移译和改译的概念。第二，描写充分。本书根据实例划分出有形换译和无形换译，并归纳其具体类型，一一解析。但同时本书也存在不足之处，即解释不太充分，主要表现在：第一，只能尝试运用思维认知心理，模拟建构显性换译机制和隐性换译机制。这种猜想无法用定性手段证实。第二，在语言学、思维学、文化学、哲学、美学方面为换译找到了部分支撑理据，其他学科理据由于篇幅和时间限制，暂时还未去探索。总体而言，本书遵循现象—概念—类型—机制—理据的逻辑思路，形成了一个 что - как - почему，what - how - why 自我完备的系统性换译研究，且以语言学理论为主体，以思维学和文化学理论作为两翼。宏观支撑探寻哲学领域，辅之以其他各学科如美学等理论阐释，构成"一体两翼 + 空间 + 点缀"式理据阐释框架。

参考文献

中文文献

［丹］叶斯柏森：《语法哲学》，何勇等译，商务印书馆 2009 年版。

［德］黑格尔：《小逻辑》，贺麟译，重庆出版社 2006 年版。

［俄］科米萨罗夫：《当代翻译学》，汪嘉斐等译，外语教学与研究出版社 2006 年版。

［俄］米·莱蒙托夫：《当代英雄》，草婴译，上海译文出版社 1978 年版。

［俄］帕杜切娃：《词汇语义的动态模式》，蔡晖译，北京大学出版社 2011 年版。

［俄］契诃夫：《契诃夫中篇小说选（俄汉对照全译本）》，沈念驹注译，中国宇航出版社 2015 年版。

［俄］屠格涅夫：《贵族之家》，非琴译，译林出版社 1994 年版。

［俄］屠格涅夫：《贵族之家》，沈念驹、徐振亚译，国际文化出版公司 2005 年版。

［俄］屠格涅夫：《贵族之家》，赵询译，四川文艺出版社 1986 年版。

［俄］屠格涅夫：《罗亭 贵族之家》，戴骢译，上海译文出版社 2006 年版。

［苏］L. V. Bondarko：《音位系统与言语行为研究的语音基础》

陈肖霞译,《国外语言学》1988年第1期。

［英］霍恩比:《牛津高阶英汉双解词典（第7版）》,王玉章等译,商务印书馆2009年版。

［俄］阿妮塔:《我叫拉姆博》,刘小满译,《译林》2015年第4期。

［俄］米哈伊尔·季莫费耶维奇·帕克:《南方的云》,孟宏宏译,《译林》2014年第2期。

安新奎:《科技翻译理论及实务研究》,陕西人民出版社2006年版。

安新奎:《跨文化交际冲突与翻译之策略》,《语言与翻译（汉文）》2004年第1期。

卜爱萍:《模因理论指导下的汉语歇后语英译》,《上海翻译》2014年第1期。

蔡毅、段京华编著:《苏联翻译理论》,湖北教育出版社2000年版。

陈国亭、梁冬雪:《最有趣的俄语故事·进阶篇》,北京语言大学出版社2011年版。

陈国亭主编:《中国幽默俄语秀》,哈尔滨工业大学出版社2014年版。

陈洁:《俄汉超句统一体对比与翻译》,上海外语教育出版社2007年版。

陈科芳:《基于语用推理机制的翻译过程框架》,《中国翻译》2010年第3期。

陈伟:《中国文学外译的滤写策略思考:世界主义视角——以葛浩文的〈丰乳肥臀〉英译本为例》,《外语研究》2014年第6期。

陈忠华、杨春苑:《认知处理经济原则与语篇效率》,《山东外语教学》2004年第5期。

谌莉文:《翻译过程的原型思维表征:概念框架转换》,《上海翻译》2016年第3期。

谌莉文：《口译言语行为过程的主体性协同概念框架》，《外语与外语教学》2014 年第 4 期。

崔卫：《俄语口语与语言的经济原则》，《中国俄语教学》1999 年第 4 期。

戴光荣：《汉语译文搭配特征研究："源语透过效应"个案探讨》，《当代外语研究》2013 年第 1 期。

戴浩一、叶蜚声：《以认知为基础的汉语功能语法刍议（上）》，《国外语言学》1990 年第 4 期。

戴昭铭：《文化语言学导论》，语文出版社 1996 年版。

单体瑞、朱丽彬：《韩中翻译中的主语成分换译与语序变换》，《韩国语教学与研究》2016 年第 3 期。

邓芝涵：《浅谈航空俄语中 который 定语从句（包括形动词短语）的译法》，《科技信息》2013 年第 16 期。

［加拿大］迪里索（Delisle, J.）、［瑞士］利加恩克（Lee-Jahnke, H.）、［法国］科米尔（Cormier, M. C.）编著：《翻译研究关键词》，孙艺风、仲伟合编译，外语教学与研究出版社 2004 年版。

方梦之：《译学的"一体三环"——从编纂〈译学辞典〉谈译学体系》，《上海翻译》2006 年第 1 期。

方梦之主编：《中国译学大辞典》，上海外语教育出版社 2011 年版。

冯奇、万华：《对立与统一排斥与互补——翻译的语言学视角》，《上海翻译》2012 年第 4 期。

冯胜利：《汉语的韵律、词法与句法》，北京大学出版社 1997 年版。

冯志伟：《现代术语学引论》，语文出版社 1997 年版。

傅兴尚等主编：《俄罗斯计算语言学与机器翻译》，语文出版社 2009 年版。

傅仲选：《实用翻译美学》，上海外语教育出版社 1993 年版。

龚人放主编：《俄汉文学翻译词典》，商务印书馆 2000 年版。

顾俊玲：《从拆字诗翻译看"不可译性"》，《中国社会科学报》2013年9月30日第A08版。

关秀娟：《科学翻译的逻辑性重构论》，《中国科技翻译》2013年第3期。

关秀娟：《全译上下文语境推进机制的语形学理据》，《中国俄语教学》2016年第3期。

关秀娟：《全译语境作用机制论》，博士学位论文，黑龙江大学，2012年。

郭爱先：《词汇空缺及其可译性》，《解放军外语学院学报》1998年第5期。

郭建中：《汉语歇后语翻译的理论与实践》，《中国翻译》1996年第2期。

国家汉语国际推广领导小组办公室、中华人民共和国国务院侨务办公室编：《中国地理常识（中俄对照）》，华语教学出版社2006年版。

韩江洪：《切斯特曼翻译规范论介绍》，《外语研究》2004年第2期。

韩庆果：《"歇后语"一词的英译名及歇后语翻译初探》，《外语与外语教学》2002年第12期。

郝斌：《俄语简单句的语义研究》，黑龙江人民出版社2002年版。

郝斌：《虚词的语义及其翻译》，《中国俄语教学》2006年第3期。

黑龙江大学俄语语言文学中心辞书研究所编：《大俄汉词典（修订版）》，商务印书馆2001年版。

胡谷明、黄西萌：《俄汉翻译中的补偿方法研究》，《中国俄语教学》2013年第1期。

胡孟浩：《俄语语法（下卷）》，上海外语教育出版社1991年版。

胡裕树主编：《现代汉语（增订本）》上海教育出版社 1992 年版。

胡壮麟等：《系统功能语法概论》，湖南教育出版社 1987 年版。

黄玫、王加兴主编：《俄汉对照：缤纷俄语阅读.3》，北京大学出版社 2015 年版。

黄颖编著：《新编俄语语法》，外语教学与研究出版社 2008 年版。

黄友义：《坚持"外宣三贴近"原则，处理好外宣翻译中的难点问题》，《中国翻译》2004 年第 6 期。

黄跃进：《模仿抑或创新——语言模因的模仿认知运行机制研究》，《西华大学学报》2013 年第 2 期。

黄忠廉、方仪力：《基于翻译本质的理论翻译学构建》，《中国翻译》2017 年第 4 期。

黄忠廉、关秀娟等：《译学研究批判》，国防工业出版社 2013 年版。

黄忠廉、倪璐璐：《跨层合译的语义—认知诠释——以俄/英语词素与词合译成汉字为例》，《外语学刊》2016 年第 6 期。

黄忠廉、孙瑶：《语篇翻译语域三步转换观》，《现代外语》2017 年第 2 期。

黄忠廉、杨荣广：《变译理论：深究与拓展》，《民族翻译》2018 年第 2 期。

黄忠廉、袁湘生：《变译理论专栏》，《上海翻译》2018 年第 4 期。

黄忠廉：《翻译思维研究进展与前瞻》，《外语学刊》2012 年第 6 期。

黄忠廉：《翻译研究的"三个充分"——翻译研究方法论思考》，《外语研究》2006 年第 5 期。

黄忠廉：《全译研究：返本出新——余承法〈全译方法论〉评介》，《东北亚外语研究》2015 年第 3 期。

黄忠廉：《小句全译语气转化研析》，《外国语》2010年第6期。

黄忠廉：《小句中枢全译说》，华中师范大学出版社2008年版。

黄忠廉：《译感：发现问题的神探》，《英语知识》2010年第6期。

黄忠廉等：《翻译方法论》，中国社会科学出版社2009年版。

黄忠廉等：《应用翻译学》，国防工业出版社2013年版。

黄忠廉等：《应用翻译学》，中国对外翻译出版公司2007年版。

贾明秀：《俄汉全译之对译探析》，硕士学位论文，黑龙江大学，2012年。

贾彦德：《汉语语义学》，北京大学出版社1999年版。

贾一村、贾文波：《"变译论"立名、立论：回归本源，兼收并蓄》，《民族翻译》2018年第2期。

江洪：《切斯特曼翻译规范论介绍》，《外语研究》2004年第2期。

姜秋霞：《对翻译转换范式的思考——兼论翻译的学科特性》，《中国外语》2007年第6期。

乐金声：《论英汉翻译中的形象转换》，《中国翻译》1998年第4期。

李东杰、蓝红军：《在批评中共建译学理论的中国学派——"第二届理论翻译学即译学方法论高层论坛"述略》，《民族翻译》2018年第2期。

李福印：《认知语言学概论》，北京大学出版社2008年版。

李全安：《文学翻译275问》，河南人民出版社1990年版。

李薇：《单词意象：洛特曼符号学要旨》，《中国文学研究》2015年第4期。

李锡胤：《李锡胤论文选》，黑龙江人民出版社1991年版。

李向东：《空缺现象与空缺研究》，《中国俄语教学》2002年第4期。

李晓东：《全球化与文化整合》，湖南人民出版社2003年版。

李莹：《感叹句标记手段的跨语言比较》，《汉语学报》2008 年第 3 期。

李永安：《词素层译法在中医名词术语翻译中的应用》，《中国科技翻译》2005 年第 2 期。

李占喜、何自然：《从关联域视角分析文化意象翻译中的文化亏损》，《外语与外语教学》2006 年第 2 期。

李占喜：《译文读者认知和谐的语用翻译策略选择原则》，《外文研究》2013 年第 3 期。

李照国：《中医翻译导论》，西北大学出版社 1993 年版。

李智、王子春：《译者，异也——鲁迅"异化"翻译美学观之再阐释》，《中国翻译》2006 年第 4 期。

李佐编译：《唐诗百首：汉俄对照》，北京交通大学出版 2015 年版。

廖秋忠：《廖秋忠文集》，北京语言学院出版社 1992 年版。

列夫·卡赞采夫·库尔滕：《思乡》，张克俊译，《译林》2015 年第 1 期。

林春泽、郑述谱：《词素层级的静态对比》，载张会森《俄汉语对比研究·下卷》，上海外语教育出版社 2003 年版。

林新华：《从"字神"看文学翻译中的语义认知和艺术效果——朱纯深译〈麦子〉析》，《中国翻译》2005 年第 4 期。

刘丽芬：《破折号标题：结构—语义—翻译视角》，《外国语文》2015 年第 6 期。

刘宓庆：《论翻译思维》，《外国语》1985 年第 2 期。

刘宓庆：《文化翻译论纲》，中国对外翻译出版公司 2005 年版。

刘永红：《论文学翻译的"前结构"及其运行机制》，《中国俄语教学》1999 年第 4 期。

刘圆媛、姬丽娟编译：《王者归来：普京的魅力演讲（俄汉对照）》，中国宇航出版社 2012 年版。

刘云虹、许钧：《异的考验——关于翻译伦理的对谈》，《外国语》2016 年第 2 期。

陆永昌：《俄汉文学翻译概论》，上海外语教育出版社 2007 年版。

陆永昌：《加速跨文化无障碍——翻译研究之方向》，《上海翻译》2005 年第 S1 期。

罗选民：《论翻译的转换单位》，《外语教学与研究》1994 年第 4 期。

吕瑞昌：《汉英翻译教程》，陕西人民出版社 1983 年版。

吕叔湘、朱德熙：《语法修辞讲话》，开明书店 1952 年版。

吕叔湘：《汉语语法分析问题》，商务印书馆 1979 年版。

吕叔湘：《语文常谈》，生活·读书·新知三联书店 1980 年版。

马建忠：《马氏文通》，商务印书馆 1983 年版。

马祖毅、任荣珍：《汉籍外译史》，湖北教育出版社 2003 年版。

毛泽东：《关于正确处理人民内部矛盾的问题（汉俄对照）》，韦光华注释，商务印书馆出版 1965 年版。

莫言：《酒国》，当代世界出版社 2003 年版。

穆雷：《中国翻译教学研究》，上海外语教育出版社 1999 年版。

倪波：《倪波集》，黑龙江大学出版社 2007 年版。

倪璐璐、周民权：《基于意象图式的俄汉换译机制研究》，《西安外国语大学学报》2019 年第 4 期。

倪璐璐、朱英丽、董燕：《俄语"程度副词＋情绪类心理动词"汉译语义学阐释》，《中国俄语教学》2016 年第 4 期。

倪璐璐：《"换译"之符号学诠释》，《中国科技翻译》2016 年第 2 期。

倪璐璐：《俄汉全译之换译探析》，硕士学位论文，黑龙江大学，2011 年。

倪璐璐：《换译思维机制解析》，《俄罗斯语言文学与文化研究》2016 年第 4 期。

倪璐璐：《英俄汉科技文本形象换译探析》，《中国科技翻译》

2018 年第 2 期。

潘炳信:《从音位学角度看音译》,《外语与外语教学》2000 年第 3 期。

彭玉海、李桓仁:《语言语义探微》,黑龙江人民出版社 2006 年版。

彭玉海:《动词认知语义与词汇语义空缺》,《外语学刊》2005 年第 6 期

彭玉海:《俄语动词句式转换的认知阐释》,《中国俄语教学》2005 年第 1 期。

彭玉海:《论动词转义的题元结构变异机制——动词语义的认知转喻研究》,《外语学刊》2009 年第 5 期。

齐光先:《实践汉俄音译法》,成都科技大学出版社 1991 年版。

钱歌川:《翻译漫谈》,中国对外翻译出版公司 1980 年版。

钱冠连:《何为语言全息论?》,《外语研究》2002 年第 2 期。

钱学森:《关于思维科学》,上海人民出版社 1986 年版。

钱锺书:《管锥编》,中华书局 1979 版。

钱锺书:《林纾的翻译》,载罗新璋《翻译论集》,商务印书馆 1984 年版。

钱锺书:《围城》,人民文学出版 2013 年版。

瞿麦生:《新应用逻辑学》,天津教育出版社 1989 年版。

申小龙:《中国语言的结构与人文精神》,光明日报出版社 1988 年版。

沈家煊:《句法的象似性问题》,《外语教学与研究》1993 年第 1 期。

石毓智:《现代汉语的否定性成分》,《语言研究》1989 年第 2 期。

司显柱:《对我国传统译论的反思——关于翻译技巧研究的思考》,《中国翻译》2002 年第 3 期。

孙秋花:《科技隐喻汉译的转化类型与策略》,《中国科技翻译》

2014 年第 2 期。

孙秋花：《隐喻相似性的思维生成机理与语言理解机制》，《学术交流》2014 年第 9 期。

孙淑芳：《俄语祈使言语行为研究》，黑龙江人民出版社 2001 年版。

孙艺风：《翻译与跨文化交际策略》，《中国翻译》2012 年第 1 期。

谭华、熊兵：《文化翻译中归化与异化之哲学理据》，《外国语文研究》2016 年第 6 期。

谭业升：《转喻的图式——例示与翻译的认知路径》，《外语教学与研究》2010 年第 6 期。

谭载喜：《西方翻译简史（增订版）》，商务印书馆 2004 年版。

汤玉婷：《俄汉全译之合译研析》，硕士学位论文，黑龙江大学，2013 年。

童宪刚：《俄语标点法的若干问题》，《中国俄语教学》1984 年第 1 期。

王秉钦、李霞编著：《简明俄汉翻译教程》，南开大学出版社 1999 年版。

王秉钦：《论翻译中的形象转换》，《外语学刊》1989 年第 5 期。

王秉钦：《文化翻译学：文化翻译理论与实践》，南开大学出版社 2007 年版。

王秉钦：《新编俄汉翻译教程》，海洋出版社 1990 年版。

王德春：《论翻译单位》，《中国翻译》1987 年第 4 期。

王东风：《归化与异化：矛与盾的交锋？》，《中国翻译》2002 年第 5 期。

王东风：《语篇连贯与翻译初探》，《外语与外语教学》1998 年第 6 期。

王福祥等：《语言学历史·理论·方法》，外语教学与研究出版社 2008 年版。

王宏印：《中国传统译论经典诠释——从道安到傅雷》，大连海事大学出版社 2007 年版。

王建国：《关联理论与翻译研究》，中国对外翻译出版公司 2009 年版。

王军：《论翻译中语篇解构与重构的思维模式》，《外国语》2001 年第 6 期。

王利众、孙晓薇：《俄汉语祈使范畴对比研究》，《哈尔滨工业大学学报》2006 年第 5 期。

王利众：《俄汉科学语言句法对比研究》，哈尔滨工业大学出版社 2005 年版。

王灵玲：《称名视域中的俄汉语词素义对比研究》，《外语学刊》2013 年第 4 期。

王铭玉：《翻译符号学的学科内涵》，《解放军外国语学院学报》2016 年第 5 期。

王铭玉：《语言符号学》，高等教育出版社 2004 年版。

王文斌：《矛盾修辞法的张力、成因及其认知消解》，《外语教学》2010 年第 3 期。

王孝、戈玲玲：《从言语幽默概论的视角探讨换译和意译在幽默翻译中的不同表现——以〈许三观卖血记〉及其英译本为例》，《海外英语》2015 年第 21 期。

王寅：《"新被字构式"的词汇压制解析——对"被自愿"一类新表达的认知构式语法研究》，《外国语》2011 年第 3 期。

王寅：《论语言符号象似性》，《外语与外语教学》1999 年第 5 期。

王寅：《认知语言学》，上海外语教育出版社 2006 年版。

王寅：《事件域认知模型及其解释力》，《现代外语》2005 年第 1 期。

王永：《俄语语气词隐含语义研究》，黑龙江人民出版社 2008 年版。

王育伦：《俄译汉教程》，黑龙江教育出版社2002年版。

魏家海：《宇文所安唐诗翻译形式对称的因循与重组》，《外语与外语教学》，2019年第5期。

魏晓红：《接受美学视野下文学作品的模糊性及其翻译》，《上海翻译》2009年第2期。

吴克礼主编：《俄苏翻译理论流派述评》，上海外语教育出版社2006年版。

吴自选：《变译理论与中国翻译理论学派的建构》，《上海翻译》2018年第4期。

习近平：《习近平谈治国理政（俄文）》，俄文翻译组译，外文出版社2014年版。

习近平：《习近平谈治国理政》，外文出版社2014年版。

谢昆：《俄汉语祈使范畴对比分析》，《中国俄语教学》2012年第3期。

谢信一：《汉语中的时间和意向》，载束定芳《语言的认知研究——认知语言学论文精选》，上海外语教育出版社2004年版。

谢云才：《翻译中形象转换的语义模式》，《解放军外国语学院学报》2013年第5期。

谢云才：《文本意义的诠释与翻译》，上海外语教育出版社2011年。

谢云才：《文学翻译形象转换的重塑性》，《中国俄语教学》2011年第3期。

信德麟等编：《俄语语法》，外语教学与研究出版社1990年版。

信娜：《试析术语符号性及翻译策略》，《上海翻译》2011年第4期。

信娜：《术语翻译的术语化探究》，《外语学刊》2012年第1期。

信娜：《术语翻译思维单位转换说》，《中国科技翻译》2015年第1期。

邢福义：《否定形式和语境对否定度量的规约》，《世界汉语教学》1995 年第 3 期。

邢福义：《汉语复句研究》，商务印书馆 2001 年版。

邢福义：《汉语小句中枢语法系统论略》，《华中师范大学学报（人文社会科学版）》1998 年第 1 期。

邢福义：《汉语语法学》，东北师范大学出版社 1998 年版。

邢福义主编：《现代汉语》，高等教育出版社 2006 年版。

徐莉编著：《全方位俄语导游指南及西安导游词》，陕西人民出版社 2008 年版。

徐莉娜：《共性与个性：词类转译解释》，《外语教学与研究》2005 年第 4 期。

徐盛桓：《篇章：情景的组合》，《外国语》1990 年第 6 期。

徐翁宇：《现代俄语口语概论》，上海外语教育出版社 2000 年版。

许钧：《"形"与"神"辨》，《外国语》2003 年第 2 期。

许钧等：《当代法国翻译理论》，湖北教育出版社 2001 年版。

许渊冲：《翻译的艺术》，五洲传播出版社 2001 年版。

薛恩奎：《词汇语义量化研究》，黑龙江人民出版社 2006 年版。

薛静芬、赵爱国：《当代俄语中的英俄复合词构词模式及俄化方式浅析》，《中国俄语教学》2012 年第 2 期。

阎德胜：《逻辑同一律在俄汉翻译中的运用》，《外语学刊》1993 年第 2 期。

杨静：《俄汉全译之转译研究》，硕士学位论文，黑龙江大学，2012 年。

杨明天：《俄语的认知研究》，上海外语教育出版社 2004 年版。

杨明天：《观念的对比分析：以俄汉具有文化意义的部分抽象名词为例》，上海译文出版社 2009 年版。

杨乃乔：《比较文学概论》，北京大学出版社 2002 年版。

杨全红：《变乃译中应有之意》，《上海翻译》2018 年第 4 期。

杨仕章：《外来语译法选择的文化学阐释》，《解放军外国语学院学报》2015 年第 1 期。

杨仕章：《文化翻译论略》，军事谊文出版社 2003 年版。

杨仕章：《文化关键词翻译研究》，《解放军外国语学院学报》2016 年第 1 期。

杨仕章：《异化视域中的文化翻译能力》，《解放军外国语学院学报》2013 年第 1 期。

杨子、王雪明：《现代汉语冗余否定的类型研究》，《语言研究》2015 年第 1 期。

余承法、黄忠廉：《化——全译转换的精髓》，《华中科技大学学报》（社会科学版）2006 年第 2 期。

余承法：《全译方法论》，中国社会科学出版社 2014 年版。

袁顺芝：《俄汉语言文化意象对比》，《外语学刊》2004 年第 3 期。

袁毓林：《动词内隐性否定的语义层次和溢出条件》，《中国语文》2012 年第 2 期。

张斌：《简明现代汉语》，复旦大学出版社 2004 年版。

张会森：《俄语口语及常用口语句式》，世界图书出版社 1994 年版。

张会森：《修辞学通论》，上海外语教育出版社 2001 年版。

张会森：《张会森集（汉、俄）》，黑龙江大学出版社 2007 年版。

张会森：《最新俄语语法》，商务印书馆 2000 年版。

张家骅：《"语义预设/语用预设"的一个视角》，《外语学刊》2009 年第 3 期。

张家骅：《俄汉动词语义类别对比述要》，《外语学刊》2000 年第 2 期。

张家骅：《俄语语义学：理论与研究》，中国社会科学出版社 2011 年版。

张家骅：《莫斯科语义学派的义素分析语言》，《当代语言学》

2006年第2期。

张家骅:《新时代俄语通论（下册）》,商务印书馆2006年版。

张家骅:《语义预设与双重否定》,《外语学刊》2013年第3期。

张家骅等编:《现代俄语概论》,黑龙江教育出版社1995年版。

张建华主编:《布宁短篇小说选》,陈馥译,外语教学与研究出版社2006年版。

张建华主编:《高尔基短篇小说选》,李辉凡等译,外语教学与研究出版社2006年版。

张健:《英语对外报道并非逐字英译》,《上海科技翻译》2001年第4期。

张娟:《我国文化"走出去"视听变译路径》,《民族翻译》2018年第2期。

张立茂、陆福庆编:《动词逆序词典》,福建人民出版社1986年。

张培基:《英汉翻译教程》,上海外语教育出版社1980年版。

张如奎编著:《俄语精彩阅读257篇》,中国宇航出版社2006年版。

张思洁、李贵荣:《论译者之诚及致诚之道》,《外国语》2008年第2期。

张思洁、张柏然:《形合与意合的哲学思维反思》,《中国翻译》2001年第4期。

张思洁:《中国传统译论范畴及其体系略论》,《外语与外语教学》2007年第5期。

张永中:《变译和全译在文化对外传播中的不同效度》,《上海翻译》2018年第4期。

张喆:《论语言符号象似性类型》,《外国语言文学》2004年第4期。

张志军、孙敏庆:《俄汉语"高/低（矮）"空间维度隐喻认知对比分析》,《中国俄语教学》2012年第1期。

章宜华、雍和明：《当代词典学》，商务印书馆 2007 年版。

赵春利、石定栩：《语气、情态与句子功能类型》，《外语教学与研究》2011 年第 4 期。

赵德远：《关于语言与思维的哲学思考》，《解放军外国语学院学报》2001 年第 1 期。

赵红：《俄语语篇中话题指称的回指与翻译》，《外语教学》2010 年第 4 期。

赵红：《修辞辨识与文学翻译略论》，《中国俄语教学》2011 年第 1 期。

赵陵生、王辛夷：《俄汉对比与俄语学习》，北京大学出版社 2006 年版。

赵为、荣洁：《俄语教学中标语句式的引入及其在汉译俄中的选用》，《外语与外语教学》1998 年第 3 期。

赵彦春：《关联理论对翻译的解释力》，《现代外语》1999 年第 3 期。

赵彦春：《关联理论与翻译的本质——对翻译缺省问题的关联论解释》，《四川外语学院学报》2003 年第 3 期。

赵彦春：《音律——与宇宙同构》，《四川外语学院学报》2001 年第 5 期。

赵彦春：《语言模糊性与翻译的模糊对等》，《天津外国语学院学报》2001 年第 4 期。

赵则诚：《中国古代文学理论辞典》，吉林文史出版社 1985 年版。

郑述谱：《试论术语标准化的辩证法》，《中国科技术语》2008 年第 3 期。

郑泽生、耿龙明：《俄汉翻译教程（上册）》，上海外语教育出版社 1986 年版。

中国社会科学院语言研究所词典编辑室编：《倒序现代汉语词典》，商务印书馆 2002 年版。

中国社会科学院语言研究所词典编辑室编：《现代汉语词典（第6版）》，商务印书馆2012年版。

中国社会科学院语言研究所词典编辑室编：《现代汉语词典》，商务印书馆2005年版。

钟晓雯：《俄语固定比较短语的解读》，《天津外国语大学学报》2016年第3期。

周领顺：《"变译"之名与实——译者行为研究（其九）》，《外语研究》2012年第1期。

周民权：《20世纪俄语成语学研究》，《中国俄语教学》2012年第1期。

周民权：《20世纪俄语音位学研究及其影响》，《外语学刊》2012年第2期。

周民权：《动词不定式主语刍议》，《外语教学》1988年第1期。

朱德熙：《语法讲义》，商务印书馆1982年版。

邹付容、冯阳光：《"易"带"译"路——变译理论回顾与断想》，《民族翻译》2018年第2期。

外文文献

Catford, J. A. *Linguistic Theory of Translation*. London: Oxford University Press, 1965.

Chomsky, N. "Deep Structure, Surface Structure and Semantic Interpretation". Studies in *General and Linguistics*. Tokyo: 1970.

Johnson, Mark. *The Body in the Mind: The Bodily Basis of Meaning, Imagination, and Reason*. Chicago: The University of Chicago Press, 1987.

Lakoff, G. *Women, Fire and Dangerous Things: What Categories Reveal about the Mind*. Chicago: The University of Chicago Press, 1987.

Nida, Eulgen A. & Taber, Charles R. *The Theory and Practice of Translation*. Shanghai: Shanghai Foreign Language Education Press, 2004.

Nida, Eugene. *Componential Analysis of Meaning*. Mouton: The

Hague, 1975.

Rádo, György. *Outline of a Systematic Translatology*. Babel: 1979.

Sperber, D. &Wilson, D. *Relevance: Communication and Cognition*. Oxford: Blackwell, 1995.

Арутюнова, Н. Д. *Язык и мир человека*. М.: Языки русской культуры, 1999.

Бархударов, Л. С. *Язык и перевод（Вопросы общей и частной теории перевода）*. М.: «Междунар. отношения», 1975.

Берков, В. П. *Вопросы двуязычной лексикографии（словник）*. СПб.: Изд-во Ленинградского университета, 1973.

Бодуэн де Куртенэ, И. А. *Лекции по введению в языкознание*. Спб.: Спбу, 1917.

Виноградов, В. С. *Введение в переводоведение（общие и лексические вопросы）*. М.: Издательство института общего среднего образования РАО, 2001.

Гарбовский, Н. К. *Теория перевода（2-е издание）*. М.: Изд-во. Моск. ун-та, 2007.

Герт Егер. "Коммуникативная и функциональная эквивалентность", Пер. с нем. А. Батрака. Комиссаров В. Н. *Вопросы теории перевода в зарубежной лингвистике*. М.: Междунар. Отношения, 1978.

Карасик, В. И. *Языковой круг: личность, концепты, дискурс*. Волгоград: Перемена, 2002.

Колесов, В. В. *Язык и ментальность*. СПб.: 2004.

Комиссаров, В. Н. "Интуитивность перевода и объективность переводоведения", *Язык. Поэтика. Перевод: Сборник научных трудов*. М.: Моск. гос. лигнв. ун-т, 1996.

Комиссаров, В. Н. *Современное переводоведение. Учебное пособие*. М.: ЭТС., 2004.

Комиссаров, В. Н. *Теория перевода（лингвистические аспекты）*:

Учеб. для ин-тов и фак. иностр. яз. М. : Высш. шк. , 1990.

Крупнов, В. Н. *Факторы цели и адресата в переводе*. М. : НВИ, 2011.

Крысин, Л. П. *Жизнь слова*. М: Просвещение, 1980.

Латышев, Л. К. , Семенов А. Л. *Перевод: Теория, практика и методика преподавания*. М. : Издательский центр «Академия», 1988/2008.

Лотман, Ю. М. *Внутри мыслящих миров*. М. : Школа "Языки русской культуры", 1999.

Лукин, В. А. *Художественный текст: Основы лингвистической теории и элементы анализа*. М. : Ось – 89, 1999.

Минияр-Белоручева, А. П. , Покровская М. Е. "Русско-английские соответствия исторических названий русского государства с точки зрения периодизации" *Вестник Московского университета*, 2012.

Миронова, Н. Н. Когнитивные аспекты перевода художественной литературы. *Вестник Московского университета. Сер. 22. Теория перевода*, 2013.

Мо Янь. *Большая грудь, широкий зад: Роман; Рассказы пер. с кит. , примеч. И. Егорова*. СПб. , Амфора. ТИД Амфора, 2012.

Мо Янь. *Красный гаолян; пер. с кит. Власова Наталья*. Издательство: Текст, 2018.

Мо Янь. *Перемены; пер. с кит. Власова Наталья*. Издательство «Эксмо», 2014.

Мо Янь. *Страна вина: Роман; Рассказы пер. с кит. , примеч. И. Егорова*. СПб. , Амфора. ТИД Амфора, 2013.

Мо Янь. *Устал рождаться и умирать: Роман; Рассказы пер. с кит. , примеч. И. Егорова*. СПб. , Амфора. ТИД Амфора, 2014.

Модестов, В. С. *Художественный перевод — история, теория и практика*. М. : Изд-во Литинститут. 2006.

Муравьёв, В. Л. *Лексические лакуны（На материале французского и русского языков）*. Владимир：пед. ин-т, 1975.

Нелюбин, Л. Л. *Толковый переводоведческий словарь*. М. : Флинта Наука, 2003.

Нуриев, В. А. "Трудности перевода имён собственных в художественном тексте" *Вестник Московского университета*, 2013, №2.

Огнева, Е. А. *Художественный перевод：проблемы передачи компонентов переводческого кода：Монография. 2-е изд., доп.* Москва：Эдитус, 2012.

Ожегов, С. И., Шведова Н. Ю. *Толковый словарь русского языка*. М. : ООО «А ТЕМП», 2006.

Пу Сулин：*Рассказы Ляо Чжая о необычайном. Пер. Алексеев Василий Михайлович*. Москва：Художественная литература, 1983.

Рахилина, Е. В. "Когнитивная семантика：история. персоналии. идеи. Результаты" *СЕМИОТИКА И ИНФОРМАТИКА*, 1998. № 36.

Рахилина, Е. В. "Семантика русских позиционных предикатов：стоять, лежать, сидеть и висеть" *Вопросы языкознания*, 1999, № 6.

Рахилина, Е. В. *Когнитивный анализ предметных имен：семантика и сочетаемость*. М. : Русские словари, 2008.

Рецкер, Я. И. *Теория перевода и переводческая практика. Очерки лингвистической теории перевода*. М. : Международ. отношения, 1974.

Тарасов, Е. Ф. "Актуальные проблемы анализа языкового сознания", отв. ред. Н. В. Уфимцева. *Языковое сознание и образ мира*. М. : ИЯ РАН, 2000.

Уфимцева, А. А. *Лексическое значение Принцип семитологического описания лексики*. М. : Наука, 1986.

Фёдоров, А. В. *Введение в теорию перевода*. М. : Литература на иностранных языках, 1953.

Фёдоров, А. В. *Основы общей теории перевода*（*лингвистические проблемы*）. М.：Высшая школа，1983.

Фёдоров, А. В. *Основы общей теории перевода*（*Лингвистические проблемы*）：*Для институтов и факультетов иностр. языков. Учеб. пособие. 5-е изд*. СПб.，Филологический факультет СПбГУ；М.，ООО "Издательский Дом" ФИЛОЛОГИЯ ТРИ，2002.

Фелицына, В. П.，Прохоров Ю. Е. *Русские пословицы, поговорки и крылатые выражения*. М.：изд-во. Русский язык，1979.

Фиккель, А. М. "Об автопереводе"，Теория и критика перевода. Л. изд. Ленингр. ун.，1962.

Цао Сюэ-цинь. *Сон в красном тереме том второй, перевод с китайского В. А. Панасюка*，Москва：Государственное издательство художественной литературы，1958.

Цянь Чжуншу. *Осажденная крепость*：*Роман*；*Рассказы Пер. с кит. В. Сорокина*. М.：Худож. лит.，1989.

Черняховская, Л. А. *Перевод и смысловая структура*. М.：Международные отношения，1976.

Чжао Юньпин. *Сопоставительная грамматика русского и китайского языков*. М.：Издательская группа «Прогресс»，2003.

Шанский, Н. М. *Фразеология современного русского языка*. М.，Высшая школа，1985.

Швейцер, А. Д. *Переводилингвистика*. М.：Воениздат，1973.

Швейцер, А. Д. *Теорияперевода*：*статус, проблемы, аспекты*. М.：Наука，1988.

Юджин, А. Найда. "К науке переводить. Принципы соответствий"，Пер. с англ. Л. Черняховской. Комиссаров В. Н. *Вопросы теории перевода в зарубежной лингвистике*. М.：Междунар. Отношения，1978.

引用网址

http://ccl.pku.edu.cn:8080/ccl_corpus/.

http://russian.news.cn/2019-03/27/c_137926644.htm.

http://russian.people.com.cn/n/2015/1211/c95184-8989409.html.

http://search2.ruscorpora.ru/search.xml.

http://www.360doc.com/content/11/0123/20/3186697_88562303.shtml.

http://www.qianyix.com/words/index.php?q=%D0%B2%D0%BF%D0%B5%D1%80%D1%91%D0%B4.

http://www.rucorpus.cn.

http://www.vikilife.com/78712.html.

http://www2.e-reading.club/chapter.php/62777/4/Cao_-_Son_v_krasnom_tereme._T._1._Gl._I_____XL..html.

http://xn----7sbagbc0btmolfb9ahq4ovb.xn--p1ai/publ/khrestomatija_dlja_detej_starshego_doshkolnogo_vozrasta/khvosty_russkaja_narodnaja_skazka/4-1-0-109.

https://paint-online.ru/users_art.php?item=20728.

https://wenda.so.com/q/1377608632066510.

https://www.litmir.me/br/?b=567&p=2.

http://smartfiction.ru/prose/lu/.

https://www.litmir.me/br/?b=205815&p=13.

https://www.litmir.me/br/?b=35954&p=6.

https://www.litmir.me/br/?b=5574&p=87.

https://www.litmir.me/br/?b=35954&p=30.

https://www.litmir.me/br/?b=94407&p=22.

https://www.rulit.me/books/son-v-krasnom-tereme-t-2-gl-xli-lxxx-read-5034-126.html.

鲁迅：《鲁迅文集·二心集·关于翻译的通信》，http://

www. ziyexing. com/luxun/luxun_zw_exj_20. htm.

蒲松龄:《聊斋志异》柳生,https://baike. so. com/doc/2226085 - 2355453. html.

蒲松龄:《聊斋志异》之《莲香》,https://so. gushiwen. org/guwen/bookv_11468. aspx.

叶果夫:《莫言的作品:文化差异和翻译》,《中国作家网》,http://www. chinawriter. com. cn/2014/2014 - 08 - 26/215873. html.

索 引

B

变译 1，2，17，22，26，28，36，43，44，46，50，52，53，72，75，77，82—92，101，127，161，162，302，306，339，392，408

标点换译 93，167，168，175，178，264，266，341，408，410

C

词类换译 18，26，31，43，67，68，79，80，110，189，191，225，263，264，304，343，351，353，408，410

D

单位换译 68，93，94，98，101，135，167，263，264，266，408

动静换译 26，67，79，80，243，262—264，353，410

对译 63—65，69，72—75，77，88，95，102，103，105，107，110，119，131，153，204，221，284，285，341，345，347，372，386

F

分译 63—65，72—75，77，88，126，155，249，314

风格似择优 335

G

改译 29，43，46，52，53，77，82—84，88—92，101，257，306，313，408，411

概念替代 266，267，274—275，279，280，337，409

H

合译 23，63—65，72—77，

88，146，154，161，171，175，194，195，199，203，219，278

换译　1—11，13，15—21，23—37，44—47，50—57，59—77，79—82，86，88—92，94，100—107，109，110，118，242，389，408

换译机制　3—5，8，9，92，262，264，265，283，286，301，302，319，327，337，338，360，380，405，406，409，411

换译类型　2，3，5，25，26，30，31，66，67，91—93，101，178，225，262，264，338，405—408

换译理据　3，26，27，30，34，92，264，338，339，386，406，410

换译内涵　55，92

J

减译　63—65，72—75，77，88，161，170—172，194，203，235，239，323，344，403

K

肯否换译　26，67，79，80，250，251，255，258，262—264，363

跨层单位换译　94，135，408

Q

全译　1，2，5，6，8，9，17，24，26，28，31，34，36，37，50，55，58，60，61，63—66，70—73，75，77，79，80，82—84，86—90，92，94，95，98—101，106，127，140，153，157，161，167，178，191，226，227，250，271，302，305，306，328，339，348，360，384，385，392，404，405，408，409

S

神美　402，403，405，406，411

视角换译　67，68，169，189，242，255，262，264，408，409

思辨美　403，404

T

同层单位换译　94，101，408

W

文化干扰性　378，410

（语义→语形）+语用语境假设 302

语义 2, 8, 50, 53, 63—65, 67, 72—75, 77—82, 88, 92, 105, 125, 133, 160, 164, 242, 322, 323, 332,

Y

语境美 402, 403
语形美 247, 399, 406, 411
语形→语义→语形语音假设 264, 266, 279, 383, 402, 408
语音美 178—183, 185—188, 263,
语音假设 31, 44, 67, 93,
语义美 395
语法转化 334, 335
语美 334, 395, 405, 406, 411
强制语法转化例 265, 282, 337, 409, 411

X

光形假设 4, 68, 76, 93, 188, 189, 263, 264, 405, 408, 411
文化普遍性 372, 375
文化同质性 372, 405, 410
文化变异性 373, 374, 405, 410
文化民族性 376, 410
文化兼容性 374, 375, 410

Z

增译 23, 63—65, 72—75, 77, 88, 129, 152, 159, 161, 199, 229, 244, 247, 249, 323

语用→语义→语形语音假设 263, 264, 368, 408, 409
语光假设 68, 189, 236, 242, 263, 264, 408
语气假设 67, 162, 189, 206, 225—228, 230, 233, 236, 408, 411
有形假设 4, 68, 76, 93, 94, 188, 263, 264, 405, 408, 411
隐性语法机制 4, 265, 301, 302, 337, 380, 409, 411
意义美 399, 400
意化转化 334
意美赋化 281—283, 298, 337, 409
意美 319, 321, 322, 334, 399, 401, 405, 406, 411
意境美 336, 395, 400—402, 406, 411
344, 345, 374, 375, 408, 411

后 记

《德汉双向辞条结构研究》是一本多年持续琢磨、研究探索的著作。自2008年课题立项前辞条结构作为研究论题开始，我就在不断搜索各种材料及资料，也在不断明晰思路；一个小小的翻译方法着手所延搁多年终于能落于文字？我不敢写又必须写，就这样一再拖延辗转如履薄冰，方才敢搁笔。

本书完稿之日，我也自知书中仍存有诸多问题，因为专业融会贯通不尽人意！他们暴露出的现实也使作为研究者的我不安，譬如：等术语解释较少，这不能算多着，两次论述间隔其衔接到我的观点，比如说：题目只占十之五六，难之甚其本体的真实性是否真切明显不够，这绘大段文字缓及整体其范畴的广大直现，从尤其有丰富的例子，难过于大段落这些例证许多也感到大篇幅材料内容的面貌能够精的某一重论点未清，可能重为困惑；而在立证性这种对比中所举主要文献又还少，难以填加重要的论据，如敛洽法研究比较多时间人推敲，如"有准统论"、"明态标法",翻译研究资料少别细密全问题入推敲，如"有不统论"、"明态标法"回题。那唯一能做的就是以其真实地反说，它看在从中解乘疑问，它看只重难论本还差，它看都加加重论述方方式所汇注，它看起差有说服力。于是，本书在辞条文内文的基础上几经修改，大在虚题目上、小细例子、只是采录与辞源上约有所提升，至于书中辞条的观点是否正确，是否方家方政正。

在本书即将出版之际，衷心感谢省内各出版社援助，从这次选题、立项准备各阶段到正式排校编辑过程所付出的努力。

谈天说地，老师您继续耳提面命，鼓舞小沈要他永葆赤子情怀，不畏艰难奋勇前行。后者是一一句句批改，甚至连标点符号也不放过。当时您虚龄八十三，身有心脏病与糖尿病，却也拄着拐杖，不顾了老伴您回"养老"的白头。"文化医院，我知水乡，等水无乐，当唯棋于邛长途记。刚刚翻译等等家仰，小脑麻木僻"，他一直坚持奋勇翻译中美那文信其自何的泼。据书时的其目无引为小事，在身旁，"工人精神"的指引下，虽然磨题诸多，但对在祖国家长接拿也介颇迎目的的骄气。特别感谢匿名审事专家们，北京被机相信是你们也是才能达成我们的一转解呐！

其他应感谢良师 李锡胤 刘辅、周启秋、张家骅、薛智等、孙维张、郑文梯、吕文昌、邓智、张春样、叶水松等老师，我在翻译方式永远是十年。你们沾得又多大的帮助，感谢最我及不尽。万，何以为父等人。翻译路走上，我们一起做以雄纸还是芝麻，关爱情，扫描花，传路，断像务，未来而，忽走了。感谢父亲！十年前父亲图家擦就世，母来和弟弟妹仍了苦累大的足感谢家人，但回顾起来，正是从那时起我们开始呢脸听着水的表酒与你生！

铭记三年，当我在北北研究新的地点。也是其个人生的转折点。十年弹指一挥间，等水不再，君行自思情。如今作为一名老师，我算明白了自己的研究路有价值，视为翻译学搭起一座路，也为学水作一点光和热。作为后人，只有加重加深心研究，才能对得起栽培我们的人，才能无愧于国家长来！都应该感谢中国社科院出版社的编辑者师！

谨以本书纪念父亲！

伍铁平
2020年1月12日